Herausgegeben in Verbindung mit
der Heinrich-Heine-Gesellschaft

Heine-Jahrbuch 2014

53. Jahrgang

Herausgegeben von Sabine Brenner-Wilczek
Heinrich-Heine-Institut
der Landeshauptstadt Düsseldorf

Verlag J. B. Metzler
Stuttgart · Weimar

Anschrift der Herausgeberin:
Dr. Sabine Brenner-Wilczek
Heinrich-Heine-Institut
Bilker Straße 12–14, 40213 Düsseldorf

Redaktion: Christian Liedtke

Bibliografische Information der Deutschen Nationalbibliothek
Die Deutsche Nationalbibliothek verzeichnet diese Publikation in der
Deutschen Nationalbibliografie; detaillierte bibliografische Daten
sind im Internet über <http://dnb.d-nb.de> abrufbar.

ISBN 978-3-476-02543-2
ISBN 978-3-476-01375-0 (eBook)
DOI 10.1007/978-3-476-01375-0

Dieses Werk einschließlich aller seiner Teile ist urheberrechtlich geschützt. Jede Verwertung außerhalb der engen Grenzen des Urheberrechtsgesetzes ist ohne Zustimmung des Verlages unzulässig und strafbar. Das gilt insbesondere für Vervielfältigungen, Übersetzungen, Mikroverfilmungen und die Einspeicherung und Verarbeitung in elektronischen Systemen.

© 2014 Springer-Verlag GmbH Deutschland
Ursprünglich erschienen bei J. B. Metzler'sche Verlagsbuchhandlung
und Carl Ernst Poeschel Verlag GmbH in Stuttgart 2014
www.metzlerverlag.de
info@metzlerverlag.de

Inhalt

Siglen IX

Aufsätze

I.

Michael Auer · Auf die Verlierer. Heines »Nordsee«-Oden 1
Markus Vahle · Rauchen verboten! Eine bislang unbekannte Quelle
    zu Heinrich Heines Essay »Der Schwabenspiegel« 13
Volker C. Dörr · Glauben, Zeugen, Schreiben: Heines »Geständnisse« 41
Sebastian Lübcke · Heine und der Fanatismus – Geistesaristokratie
    und ›Pöbel‹ 52

II.

Robert Krause · Auf dem Weg zum urbanen Intellektuellen.
    Heines Berliner Identitätskrise und ihre Deutung
    durch Ludwig Marcuse 82
Gabriele Schneider und Renate Sternagel · Fanny Lewald und Adolf Stahr:
    Ein bisher unbekannter Blick auf Heine. Mit unveröffentlichten
    Dokumenten aus dem Nachlass Lewald-Stahr 99

III.

Arnold Pistiak · »Weil ich so ganz vorzüglich blitze,/ Glaubt ihr,
    daß ich nicht donnern könnt'!« Das Blitzen des Meisters –
    aufgenommen und erneuert in Versen und Klängen seiner
    Schüler Majakowski und Eisler 120

Alfred Opitz † · Hegel – Heine – Hitler. Zur Kontinuitätsproblematik
   nationalromantischer Phantasmen 141

IV.

Martin Hollender · »Und Sie üben meinen Asra,/ Und ich sterbe,
   wenn Sie üben«. Louis Herrmanns Heine-Parodien 160
Christian Liedtke · Heines Denkmäler, 1891–2012. Ein kommentiertes
   Verzeichnis 170
Sabine Brenner-Wilczek · Das Heine-Jubiläum 1956 und die Stadt
   Düsseldorf. Aus den Planungsakten des Kulturamtes 215
Sylvia Steckmest · »Nach dem letzten Willen des Verblichenen«.
   Das große Erbe Carl Heines 224

Heinrich-Heine-Institut. Sammlungen und Bestände. Aus der Arbeit des Hauses

Karin Füllner · Neue Wege. Beiträge zu Ästhetik und Politik
   in Heines Texten. 16. Forum Junge Heine Forschung 2013
   mit neuen Arbeiten über Heinrich Heine 235
Christian Liedtke · »Düsseldorf – Moskau. Städte der Künste
   in der ersten Hälfte des 19. Jahrhunderts«. Eine Ausstellung des
   A. S. Puškin-Museums und des Heinrich-Heine-Instituts in Moskau ... 241

Buchbesprechungen

Beate Borowka-Clausberg (Hrsg.) · Salomon Heine in Hamburg.
   Geschäft und Gemeinsinn (Sabine Brenner-Wilczek) 247
Leslie Brückner · Adolphe François Loève-Veimars (1799–1854).
   Der Übersetzer und Diplomat als interkulturelle Figur
   (Bernd Kortländer) 249
Lucien Calvié · Heine / Marx. Révolution, Libéralisme, Démocratie
   et communisme (Robert Krause) 251
Gabriele B. Clemens (Hrsg.) · Zensur im Vormärz. Pressefreiheit
   und Informationskontrolle in Europa (Peter Stein) 254
Peter Drews · Heine und die Slaven. Die gesamtslavische Rezeption
   der Werke Heinrich Heines von den Anfängen bis zur Gegenwart
   (Zaira Aminova) 258

Inhalt

Götz Großklaus · Heinrich Heine – der Dichter der Modernität
 (Joseph A. Kruse) 261
Bernd Kortländer (Hrsg.) · »was die Zeit fühlt und denkt und bedarf«.
 Die Welt des 19. Jahrhunderts im Werk Heinrich Heines
 (Anne Stähr) 264
Ariane Martin, Bodo Morawe (Hrsg.) · Dichter der Immanenz.
 Vier Studie nzu Georg Büchner (Jan von Holtum) 267
Janina Schmiedel · »Sowohl im Leben wie in der Schriftwelt«.
 Untersuchungen zu den Versepen und einigen Zeitgedichten
 He inrich He nes (Bernd Kortländer) 270

Nachruf

Manfred Windfuhr · Marianne Tilch zur Erinnerung 273

Heine-Literatur 2013 mit Nachträgen 281

*Veranstaltungen des Heinrich-Heine-Instituts und der Heinrich-Heine-
 Gesellschaft e. V. Januar bis Dezember 2013* 307

Ankündigung des 18. Forum junge Heine-Forschung 318

Abbildungen 319

Hinweise für die Manuskriptgestaltung 322

Mitarbeiterinnen und Mitarbeiter des Heine-Jahrbuchs 2014 324

Siglen

B	=	Heinrich Heine: Sämtliche Schriften. Hrsg. von Klaus Briegleb. Bd. 1–6. München 1968–1976.
DHA	=	Heinrich Heine: Historisch-kritische Gesamtausgabe der Werke. In Verbindung mit dem Heinrich-Heine-Institut hrsg. von Manfred Windfuhr im Auftrag der Landeshauptstadt Düsseldorf. Bd. 1–16. Hamburg 1973–1997.
Galley/Estermann	=	Heinrich Heines Werk im Urteil seiner Zeitgenossen. Hrsg. von Eberhard Galley und Alfred Estermann. Bd. 1–6. Hamburg 1981–1992.
Goltschnigg/Steinecke	=	Heine und die Nachwelt. Geschichte seiner Wirkung in den deutschsprachigen Ländern. Texte und Kontexte, Analysen und Kommentare. Hrsg. von Dietmar Goltschnigg und Hartmut Steinecke. Bd. 1–3. Berlin 2006–2011.
HJb	=	Heine-Jahrbuch. Hrsg. vom Heinrich-Heine-Institut Düsseldorf (bis 1973: Heine-Archiv Düsseldorf) in Verbindung mit der Heinrich-Heine-Gesellschaft. Jg. 1–32 Hamburg 1962–1994; Jg. 33 ff. Stuttgart, Weimar 1995 ff.
Hirth	=	Heinrich Heine: Briefe. Erste Gesamtausgabe nach den Handschriften. Hrsg. und eingel. von Friedrich Hirth. Bd. 1–6. Mainz, Berlin 1949–1950.
Höhn	=	Gerhard Höhn: Heine-Handbuch. Zeit, Person, Werk. Stuttgart, Weimar ^{1}1987, ^{2}1997, ^{3}2004.
auf der Horst/Singh	=	Heinrich Heines Werk im Urteil seiner Zeitgenossen. Begründet von Eberhard Galley und Alfred Estermann. Hrsg. von Christoph auf der Horst und Sikander Singh. Bd. 7–12. Stuttgart, Weimar 2002–2006.
HSA	=	Heinrich Heine: Werke, Briefwechsel, Lebenszeugnisse. Säkularausgabe. Hrsg. von den Nationalen Forschungs- und Gedenkstätten der klassischen deutschen Literatur in Weimar (seit 1991: Stiftung Weimarer Klassik) und dem Centre National de la Recherche Scientifique in Paris. Bd. 1–27. Berlin, Paris 1970 ff.
Mende	=	Fritz Mende: Heinrich Heine. Chronik seines Lebens und Werkes. 2. bearb. u. erw. Aufl. Stuttgart, Berlin, Köln, Mainz 1981.
Werner/Houben	=	Begegnungen mit Heine. Berichte der Zeitgenossen. Hrsg. von Michael Werner in Fortführung von H. H. Houbens »Gespräche mit Heine«. Bd. 1, 2. Hamburg 1973.

Aufsätze

I.

Auf die Verlierer
Heines »Nordsee«-Oden

Von Michael Auer, München

Nicht umsonst bezeichnet sich Heinrich Heine in einem Brief an Julius Campe einmal als den »Hofdichter der Nordsee« (HSA XX, 254). Hat er doch mit der »Nordsee« freirhythmische Verse vorgelegt, die über Goethe auf die höfisch-aristokratische Tradition der Ode, vor allem auf das pindarische Siegeslied, zurückweisen. Diesen in der Forschung – soweit ich sehen kann – bislang vernachlässigten Traditionszusammenhang will ich untersuchen; und zwar, weil ich davon ausgehe, dass dadurch die sonderbare Tatsache erklärt werden kann, dass Heine zwar mehrfach und nachdrücklich den innovativen Charakter seiner »Nordsee«-Lyrik betont, aber nie wieder an ihre Form anschließt.[1] Dieser Widerspruch, der in der Forschung nach wie vor nicht zufriedenstellend plausibilisiert wurde, lässt sich m. E. auf die paradoxe Geste zurückführen, mit der sich Heine in die Tradition der Ode einschreibt. Da er nicht mehr die Sieger der Geschichte, sondern deren Verlierer feiern will, mutet er der Form eine unerhörte Verkehrung zu, die nur einmal möglich ist. Dass er die Odenform in dieser Verkehrung auch gleichsam zu Ende schreibt, hat Folgen für das Selbstverständnis von Heines eigenem Schreiben, das sich zeitlebens zwischen Poesie und Prosa ansiedelt. Denn in der gegen sich selbst gewendeten Form der Ode artikuliert sich eine gegen sich selbst gewendete Dialektik, die nicht wie Hegel den Siegeszug der Prosa der Moderne als Überwindung einer Poesie der Heldenzeit verkündet, sondern aufzeigt, wie selbst noch diese Geschichtserzählung Hegels an der angeblich abgetanen Heldenpoesie fortschreibt.

Meine Betrachtungen gliedern sich in drei Teile: zwei längere, gefolgt von einem kürzeren, abschließenden und ausblickenden Abschnitt.

1.

Bevor ich mich Heine selbst zuwende, muss ich – in aller gebotenen Kürze – auf die Tradition der Ode eingehen. Die folgenden formhistorischen Ausführungen werden notwendig holzschnittartig bleiben und dienen nur dem Zweck, meine Thesen zu profilieren.

Das, was man im 18. Jahrhundert als Ode bezeichnet, erweist sich schnell als eine seltsam zusammengewürfelte Gattung. Herder, der in ihr die Wurzel jeglicher Dichtung suchte, fand keine durchweg gültigen Merkmale der Form, weshalb er sie als »Proteus unter den Nationen« charakterisierte.[2] Tatsächlich galten damals so unterschiedliche Dichtungen wie altgriechische Dithyramben und römische Carmina, germanische Bardengesänge und alttestamentarische Psalmen als Oden.[3] Zum wohl wichtigsten Bezugsautor dieser Tradition avanciert im 18. Jahrhundert der altgriechische Dichter Pindar.[4] Immer wieder wird auf seine Epinikien Bezug genommen, die Sieger bei den Panhellenischen Spielen feiern. Die Gründe für die Bedeutung Pindars sind zugleich poetologischer und politischer Natur. Seine Siegeslieder nehmen für sich in Anspruch, das glückliche Geschehnis eines Sieges, das ansonsten der Vergessenheit anheimfallen würde, zu etwas Ruhmwürdigem zu machen, dieses Geschehnis also gewissermaßen selbst erst hervorzubringen, indem er ihm einen Sinn zuspricht. Der Held konstituiert sich also Pindars Konzeption zufolge dadurch, dass er besungen wird.

Dieses Verhältnis von Held und Sänger wird in der folgenden Tradition auf die Beziehung von Souverän und Dichter übertragen. Modellbildend sind hier Horaz' berühmte Augustus-Oden. Mit Horaz werden aus den aristokratischen Siegesliedern Pindars höfische Herrscheroden, die dank der Komplexität des Verhältnisses von Potentat und Poet panegyrische, aber auch paränetische Züge annehmen können: Der Dichter kann sich im Lob des Herrschers ergehen, aber auch Ansprüche an ihn anmelden. Die solchermaßen der Form innewohnenden Spannungen sind es auch, die der Ode erlauben, eine Schlüsselrolle bei der Autonomisierung der Literatur zu spielen, die sich vor allem im Laufe des 18. Jahrhunderts von den höfischen Kontexten emanzipiert. Dabei wird insbesondere das pindarische Siegeslied zum Vorbild, von dem schon Horaz behauptet hat, es erhebe sich über die Gesetze der dichterischen Form.[5] Weil Pindar außerdem über die Gestaltung von Held und Herrscher gewissermaßen verfügen will, wird er zum Vorbild eines Dichters, der sich nicht nur unabhängig vom Herrscher, sondern über diesen sogar erhoben weiß.[6]

Die sich auf Pindar berufende erhabene Dichtung zwischen Klopstock und Goethe tritt in Konkurrenz zum politischen Souverän, indem sie sich in einer autonomen Sphäre selbst gleichsam souverän setzt. Legitimieren kann sich dieser quasi-souveräne Charakter dadurch, dass Dichtung als eine »heilige« ausgegeben wird.7 Damit tritt also ein sakraler, mithin religiöser Aspekt hinzu, der vornehmlich aus der Psalmendichtung herrührt und der den ausdrücklich politischen Charakter solcher Autonomie tendenziell in den Hintergrund drängt (aber niemals ganz verdrängt). Diese Verdrängung ließe sich etwa anhand von Goethes frühen Sturm-und-Drang-Oden, vor allem der »Harzreise im Winter« zeigen. Soweit in aller Kürze zur unförmig-›proteischen‹ Form der Ode.

An Goethes früher, erhaben-religiöser und zugleich implizit politischer Lyrik scheint sich mir Heine in den ersten beiden Abteilungen der »Nordsee« abzuarbeiten. Im Gegensatz zur folgenden dritten (und letzten) Abteilung sind diese nicht in Prosa, sondern in Versen verfasst. Formal zeigt sich der Rückgriff auf die durch Goethe vermittelte Ode in der zumeist freirhythmischen Anlage der Gedichte, inhaltlich in der erhabenen Verklärung der Natur. Das Meer wird für Heine – das eingangs angeführte Zitat vom »Hofdichter der Nordsee« legt dies bereits nahe – damit aber nicht nur zum Element einer individuellen Natur- und Selbsterfahrung. Als Hof verstanden, wohnt dem Meer schon eine gesellschaftliche und politische Dimension inne. Sinnfällig wird der Rückgriff auf die Ode spätestens im fünften Gedicht, das von der Inthronisation einer Königin kündet, die vom lyrischen Ich mit der Sonne gekrönt und dem blauen Himmel ummantelt wird. Da hier, wie die ironische Wendung des Gedichts zeigt, eigentlich die Überhöhung einer Geliebten gemeint ist, werden das höfisch-politische Ereignis der Krönung und eine intim-private Situation überblendet: Der Hof der Nordsee entsteht, indem das lyrische Ich einer Geliebten den Hof macht. Wie viele der anderen parodistischen Wendungen dient diese Ironisierung höfischer Repräsentation nicht zuletzt dem Zweck, aufzuzeigen, dass die in der Ode verliehene Souveränität (sei es, wie hier, die eines Herrschers bzw. einer Herrscherin, sei es, wie anderswo, die des lyrischen Ichs) eine bloße Illusion ist.

Heine hat das Gedicht, das in der Fassung der »Reisebilder« »Huldigung« überschrieben ist, für die Neuausgabe im »Buch der Lieder« in »Krönung« umbenannt – und gleich an den Anfang der Sammlung gestellt. Durch diese Eingriffe in den Text wird die Tradition höfischer Gelegenheitsdichtung also gleich zu Beginn aufgerufen. Die Verschiebung des Gedichts an den Anfang hat den weiteren Effekt, dass sich die Frage nach der lyrischen Form der »Nordsee« schon im Eingangsgedicht aufdrängt. Heben sich doch die freien Rhythmen dieses und der meisten der nun folgenden Gedichte ganz entschieden von der strengen Regelmäßigkeit der »Sonette[ ]«, »Terzinen« und »Stanzen« ab, die das lyrische Ich hier angeblich zum »Hofstaat« seiner Herrscherin machen will (DHA I, 359).

Die im Eingangsgedicht anklingende (und schon ironisierte) Verbindung von hoher Lyrik und höfischer Politik wird im tragenden Motiv der Seefahrt weiter verfolgt. Seit der altgriechischen Odentradition kann die Schifffahrtsmetapher sowohl für die Geschicke des Gemeinwesens als auch für den Gang der Lyrik stehen. Wie die »Reise von München nach Genua« bezeugt, ist Heine mit dieser Tradition durch die einflussreiche horazische Ode »O navis referent« vertraut, in der die Schifffahrtsmetapher im Zentrum steht (s. DHA VII, 33). Während der spätere Heine vor allem auf die politische Dimension des Motivs abhebt – die Metapher des Staatsschiffs findet sich bis in die Journalistik der späten 40er Jahre hinein –, sind die poetologischen Aspekte der Seefahrt in seiner »Nordsee«-Lyrik ebenfalls präsent. Nicht nur das Motiv der Seefahrt, sondern auch die Motive, die während dieser Fahrt ins Spiel gebracht werden, verweisen auf die Tradition der Ode. Heines lyrische Odyssee auf der »Nordsee« ist durch eine Hypertrophie miteinander konkurrierender mythologischer und geschichtlicher Erzählungen charakterisiert, die das poetologische Prinzip, das hinter Pindars politischer Dichtung steht, geradezu überborden lässt. Um das zufällige Ereignis eines Sieges in eine historischmythologische Erzählung einzubetten, konnte Pindar aus einer Vielzahl verschiedener Mythen und sogar von Varianten einer bestimmten Mythe auswählen, eine Situation, auf die seine Gedichte immer wieder reflektieren. Welche Versatzstücke er – teilweise sogar unter explizitem Ausschluss anderer sich anbietender – in einer bestimmten Ode verarbeitet, hängt vor allem davon ab, in welchem der griechischen Stadtstaaten sie aufgeführt werden soll.[8] Die Wahl des Mythos hat also für Pindar eine gesellschaftspolitische wie auch poetologische Bedeutung.

An Heines ›Hof‹ der Nordsee wird dieses poetologische Modell in eine andere Art von politischer Öffentlichkeit verlagert, wobei sich Pindars Ansatz noch verschärft. Himmel und Meer werden zu Projektionsflächen, auf denen verschiedene, inkompatible Narrative mythischer Sinngebung – und zwar offenbar ganz bewusst – neben- und übereinander projiziert werden. Die Mythen, die dabei ins Spiel kommen, stammen zudem nicht nur wie bei Pindar aus der griechischen Tradition, sondern gleich aus mehreren Mythologien. Dies ist nicht nur deshalb eine wichtige Neuerung, weil sich Heine damit auf markante Weise in die Tradition der pindarischen Ode einschreibt, sondern auch, weil sich hier andeutet, in welcher Weise er die Ode gegen geschichtsphilosophische Teleologien mobilisieren kann. »Die Nordsee« ruft nämlich die gesamte Hegel'sche Weltgeschichte noch einmal auf. In den »Vorlesungen über die Philosophie der Geschichte«, die Heine, wie man weiß, im Wintersemester 1822/23 gehört hat[9], unterscheidet Hegel vier aufeinanderfolgende Stadien dieser Weltgeschichte: die orientalische, die griechische, die römische und die germanische Welt.[10] Diese Einteilung hat eine Entsprechung in der Ode des 18. Jahrhunderts, die – wie oben bereits gesagt – orientalische, griechische, römische und germanische Dichtungen auf einen Begriff zu bekommen versucht.

Dass dieser Synkretismus der Ode bei Heine geradezu ausgestellt wird, lässt sich besonders gut am Beispiel der Sonne belegen, hier wohl die Zentralfigur mythisierender Deutung. Ich wähle dieses Beispiel übrigens auch deshalb, weil der Bezug von Ode und Geschichtsphilosophie darin augenfällig wird. In einem der ersten Gedichte wird die Sonne in die römische Tradition gestellt und als eine männliche Figur gedeutet. »Luna, die Göttin, und Sol, der Gott« (DHA I, 361), hätten sich, wie der anschließende, offenbar erfundene Mythos berichtet, einst zerstritten und wanderten seither getrennt übers Himmelszelt. Am Ende des ersten Zyklus' – in der berühmten Christus-Epiphanie auf hoher See – wird aus dem heidnisch-römischen Sonnengott auf einmal das »Sonnenherz[ ]« (DHA I, 391) des christlichen Heilsbringers. Im zweiten Zyklus sodann ändert sich sogar das Geschlecht der Sonne. Nun tritt sie als eine weibliche Figur auf, die nicht mehr vom Mond geschieden, sondern mit dem »alten Meergott« (DHA I, 405) unglücklich verheiratet ist. Und zu guter Letzt entpuppt sich die Sonne als die Nase des Weltgeistes:

> Die glühende Sonne dort oben
> Ist nur eine rothe, betrunkene Nase,
> Die Nase des Weltgeist's;
> Und um die rothe Weltgeist-Nase
> Dreht sich die ganze, betrunkene Welt. (DHA I, 425)

Die Reihe mythischer Sinngebungen endet mithin in der Geschichtsphilosophie Hegels.

2.

Wenn man so will, führt »Die Nordsee« ihre Leser an der »Weltgeist-Nase« herum. Und zwar nicht nur inhaltlich, sondern auch strukturell. Die in den Gedichten erfolgende gegenseitige Relativierung der mythologisch-religiösen Geschichten steht – ähnlich wie Hegels Dialektik der Religion oder Kants Dialektik des transzendentalen Scheins – im Dienste der Aufklärung. Dieser Aufklärung verfällt nun aber auch noch Hegels Anspruch, Philosophie und Geschichte durch seine dialektische Methode zu vollenden. Zwar kommt der zweite Zyklus, wie es im Titel des »Weltgeist«-Gedichts heißt, »Im Hafen« (und dort im Bremer Ratskeller) an, doch hat das lyrische Ich auch hier keinen festen Grund unter den Füßen. Das betrunkene Drehen der Welt lässt keine Verinnerlichung der Weltgeschichte in einem zu sich gekommenen Weltgeist zu. Anstatt zu einer »Er-Innerung«[11] im Hegel'schen Sinne werden die Erinnerungen veräußerlicht und zwar in das spiegelnde Glas mit Wein, der taumeln macht, indem man ihn trinkt:

> Wie doch die Welt so traulich und lieblich
> Im Römerglas' sich wiederspiegelt,
> Und wie der wogende Mikrokosmus
> Sonnig hinabfließt in's durstige Herz!
> Alles erblick' ich im Glas,
> Alte und neue Völkergeschichte […]. (DHA I, 423)

Diese Bewegung von Verinnerlichung und Veräußerlichung wird auch in der Verlaufsform des Gedichts dargestellt, das in seinem Gang eine unmögliche Bewegung inszeniert: Das lyrische Ich wird in einer Art Initiation in die innersten Gemächer des Kellers eingelassen, zugleich aber am Schopfe gepackt und aus dem Lokal geworfen. Dabei wird die Initiation durch den Rauswurf textlich gerahmt: In Vers 27 heißt es, der Kellermeister packe das lyrische Ich am Schopfe, sodann wird von der Initiation berichtet – aber nur um dann zu erzählen, wie das lyrische Ich auf die Straße gesetzt wurde. Weil so nicht klar wird, ob die Initiation tatsächlich stattgefunden hat oder nur geträumt wurde, wird sie durch die textliche Rahmung gleichsam eingeklammert.

Welche Dialektik Heines torkelndes Weltgeschehen bestimmt, wird in dem oft als zentrales Gedicht der »Nordsee« geltenden »Die Götter Griechenlands« verhandelt. »Die Götter Griechenlands« sind eine Art Kontrafaktur des gleichnamigen Schiller-Gedichts, gegen das es inhaltlich wie formal jedoch markant absticht. Wo Schillers lyrisches Ich die mythische Verbrämung der Natur als ästhetisierende Weltanschauung feiert und deren Ende betrauert, macht dasjenige Heines aus seiner grundlegenden Antipathie keinen Hehl:

> Ich hab euch niemals geliebt, ihr Götter!
> Denn widerwärtig sind mit die Griechen,
> Und gar die Römer sind mir verhaßt. (DHA I, 415)

Auch formal heben sich Heines freie Rhythmen gegen Schillers regelmäßige, gereimte Strophen ab, in denen die ästhetische Ordnung des mythischen Kosmos, von der sein Gedicht spricht, metrisch sinnfällig wird.

Die freien Rhythmen der »Nordsee« orientieren sich dagegen eher an Goethes Sturm-und-Drang-Lyrik.[12] Was hinter Heines nicht Goethe'scher, sondern pseudo-Goethe'scher Umschrift des Schiller-Gedichts steht, wird in einer Anekdote aus der »Dritten Abteilung« der »Nordsee« deutlich: Dort wird in adliger Runde die Frage gestellt, ob Schiller oder Goethe größer sei. Entgegen den für Schiller optierenden Aristokraten, die die angebliche »Irreligiösität« Goethes und die daraus möglicherweise entspringenden »falschen politischen Ansichten« fürchten (DHA VI, 146), spricht sich der hinzugezogene Erzähler für Goethe aus: Weil dieser »mit seinem klaren Griechenauge, Alles sieht, das Dunkle und das Helle, nirgends die Dinge mit seiner Gemütsstimmung kolorirt« (DHA VI, 147). Dies ist ein ganz anderes Griechentum als dasjenige Schillers, das sich gerade in solcher Koloratur gefalle und das Dunkle mit dem Hellen verdrängen wolle.

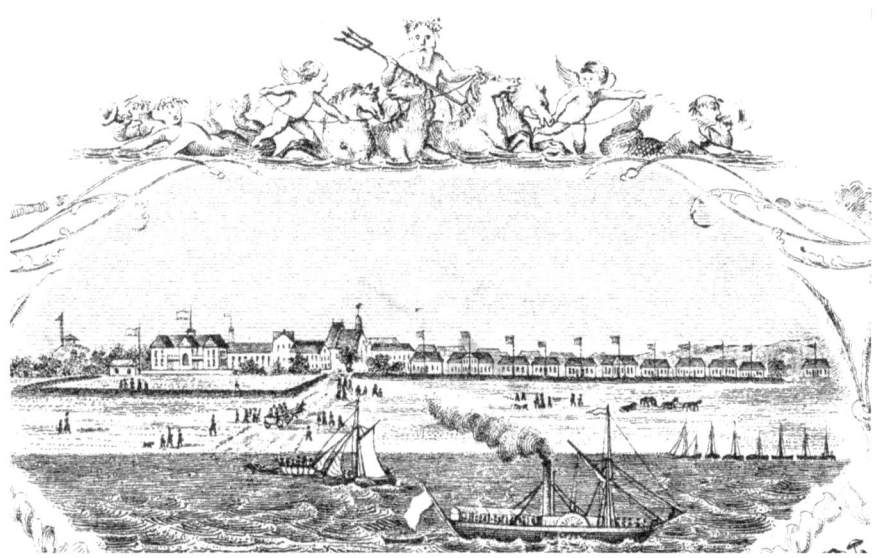

Zeitgenössische Ansicht von Norderney

Die Strategie des Rückgriffs auf Goethe steht auch hinter Heines Gegenentwurf zu Schillers »Götter Griechenlands«. Doch setzt sich das lyrische Ich dieses Gedichts – ebenso wenig wie der spätere Erzähler der Anekdote – ein Paar Goethe'scher »Griechenaugen« ein, sondern die »neuen Augen«, die der »Zerrissenheit der Denkweise unserer Zeit« (DHA VI, 143) entsprechen. Goethe gegen Schiller auszuspielen, dient also einer Überwindung der sentimentalischen Nostalgie für eine vergangene, angeblich goldene Zeit, nicht jedoch der Rückkehr zu einer Goethe'schen Naivität. Dem lyrischen Ich erscheinen die Götter folglich nicht als in sich ruhende »Götterbilder/ Von leuchtendem Marmor« (DHA I, 413), sondern haben sich von vornherein in ephemere Wolkenformationen aufgelöst. So treten sie, wie es anschließend heißt, »selber« (ebd.) auf, und zwar als das, was sie heute sind: Gespenster, die keine Ruhe finden. In dieser Form »nachtwandelnde[r] Schatten« (DHA I, 415) feiert das geschichtlich ›Verdrängte‹ (das Wort fällt im Gedicht mehrfach) einen letzten unheimlichen Auftritt.

Die Abwendung vom griechischen Olymp wird im Gedicht – anders als man nach der Kritik an Griechen und Römern vermuten könnte – allerdings nicht vom Hass und Abscheu des lyrischen Ichs bestimmt. Denn angesichts der »neuen, herrschenden, tristen Götter« (DHA I, 417) – dahinter steht eine Kritik an Christentum und Kirche, vielleicht auch am sogenannten Gott der neuen Zeit, dem Kapital – wird das lyrische Ich von einem Groll erfasst und will nunmehr für die toten Götter kämpfen. Die Paradoxie dieser Parteinahme kulminiert darin, dass es, indem es für sie kämpft, die Weltanschauung ihrer heroischen Zeit verrät:

> Denn, immerhin, Ihr alten Götter,
> Habt Ihr's auch eh'mals, in Kämpfen der Menschen,
> Stets mit der Parthei der Sieger gehalten,
> So ist doch der Mensch großmüth'ger als Ihr,
> Und in Götterkämpfen halt' ich es jetzt
> Mit der Parthei der besiegten Götter. (DHA I, 417)

So bricht das lyrische Ich gerade dadurch mit den Göttern, dass es sich auf ihre Seite schlägt. Dieser inhaltlichen Paradoxie entspricht das Gedicht formal, wenn es mit der aristokratischen Form des Siegesliedes bricht, indem es sie ein letztes Mal aufruft. Die inhaltliche Abkehr von den Griechen ist hier an eine formale Verkehrung der Ode gebunden, die nunmehr einen Gesang auf die Verlierer anstimmt.

Heine spielt damit mit einer zentralen These der idealistischen Geschichtsphilosophie. Hegel zufolge gehört die aristokratische Zeit der Heroenkämpfe, auf die die »Kämpfe der Menschen« im eben angeführten Zitat anspielen, unwiderruflich der Vergangenheit an.[13] Diese vergangene Epoche sei auch eine ausgezeichnete Zeit der Poesie gewesen, sodass die Geschichte heute in einer nicht mehr poetischen, sondern prosaischen Zeit angekommen sei, in der Institutionen und nicht mehr Individuen die adäquaten Träger des Weltgeistes darstellten.[14] Auf diese Thesen nimmt Heine zum Abschluss der »Dritten Abteilung« der »Nordsee« ganz unmissverständlich Bezug (s. DHA VI, 163) – nicht umsonst im selbst prosaischen Teil des Textes.

Der Verweis auf Hegel erlaubt es auch, die Innovationskraft der »Nordsee«-Lyrik, die Heine immer wieder betonen wird, klarer zu umreißen. Ihre Modernität ist darin zu suchen, dass sie die alteuropäische Form der Ode endgültig zu Ende schreibt, indem sie die Form in der Form ad absurdum führt. Wenn »Die Nordsee« von der Poesie in die Prosa der »Dritten Abteilung« übergeht, hebt sie jene sozusagen dialektisch auf. Diese dialektische Überwindung der Ode im Dreischritt der »Nordsee« erklärt auch, warum Heine – trotz seiner emphatischen Bejahung der Originalität seiner »Nordsee«-Gedichte – nicht an sie anschließt. Da er hier die Oden-Form in der Form überwunden hätte, würde ein jeder Versuch, dies noch einmal zu leisten, notwendig hinter das Geleistete zurückfallen.

3.

Was »Die Nordsee« damit darstellt, ist aber keine literarische Illustration der Hegel'schen These eines Übergangs von der Poesie zur Prosa. Das Verhältnis dieser beiden wird hier ganz anders gedacht. »Prosa der Moderne« kann nicht wie bei Hegel heißen, dass die Poesie schlicht vorbei sei. Anders gesagt sind die Mythen nicht durch die Philosophie, die Religion nicht durch die Wissenschaft überwunden. So wird deutlich, wie Heines Text – wie ich oben bereits angedeutet habe – den teleologisch gerichteten Gang des Weltgeistes an sich irrewerden lässt. Der wissenschaftliche Anspruch der Hegel'schen Philosophie wird dadurch untergraben, dass auch seine Geschichtsphilosophie als ein Siegeslied lesbar wird. Sie gleicht einer pindarischen Ode darin, dass sie die kontingente Vielfalt kultureller, gesellschaftlicher und politischer Ereignisse in ein sinnstiftendes Narrativ einbettet, das sich mythisch in der Heldensage eines zu sich kommenden Weltgeistes überhöht. Derart zum Helden eines sich als Wissenschaft ausgebenden Mythos wird der Weltgeist, so lässt sich von Heine her argumentieren, eben dadurch, dass er die Vielzahl der (Sonnen-)Mythen gegeneinander ausspielt, sich aber somit auch an ihre Stelle setzt.[15]

»Die Nordsee« geht hier scheinbar den entgegengesetzten Weg, wenn sie nach der dialektischen Aufhebung der griechischen Heroenwelt, die ja nicht nur für Schiller und Goethe, sondern auch noch für Hegel modellbildend ist[16], auf die für Hegel anfängliche ›orientalische Welt‹ zurückgreift. Im letzten Viertel des lyrischen Teils der »Nordsee« werden die bis dahin vorherrschenden griechischen, römischen und germanischen Mythologien von einem hybriden Orient verdrängt. Diese Wendung ist aber nicht als Nostalgie für eine historische Urzeit zu verstehen, sondern soll auf die Präsenz des Ältesten im Neuesten aufmerksam machen.[17] Die vier Welten der Hegel'schen Geschichtsphilosophie werden bei Heine auf der Projektionsfläche, die ihm die Nordsee bietet, entzeitlicht und damit sozusagen simultanisiert. Dies darzustellen, ist die Ode durch ihren proteischen Charakter geradezu prädestiniert. Die »Nordsee«-Oden zeigen somit, dass die »Zerrissenheit der Denkweise unserer Zeit« (DHA VI, 143), die ich oben bereits im Zusammenhang mit den Weimarer Klassikern angesprochen habe, »aus allen Ländern und Zeitaltern zusammengelesen« (DHA VI, 147f.) ist. Diesem Zusammengelesenen hätte die Prosa der Moderne zu entsprechen, nicht es in einer Geschichtsphilosophie aufzuheben.[18]

Mit dem Übergang von der Poesie zur Prosa dankt der selbsternannte »Hofdichter der Nordsee« ab, der sich zuvor ja auch oft genug als Heldenfigur seiner Oden stilisiert hat.[19] Dass sich der Hof der Nordsee in die Wellenbewegungen des Meeres auflöst, spiegelt die irreduzible Pluralität der Sinn-Horizonte wider, die sich zwar gegenseitig relativiert haben, aber nach wie vor präsent sind. Damit zeigt Heine, dass die prosaische Welt der Moderne mit der vormodernen Zeit der höfisch-aristokratischen Repräsentation nicht einfach abgeschlossen hat. Die Wege, die aus diesem Meer in eine im emphatischen Sinne ›neue‹ Zeit führen, die keine Restauration des *ancien régime* wäre, können, so Heines Einsicht, weder die Philosophie noch die Dichtung vorgeben. Derart eines gewissen *telos* beraubt, würde die Zukunft vor den modernen Menschen »woge[n]«, wie vor dem schiffbrüchigen lyrischen Ich »die Wasserwüste« (DHA I, 401). Und diese modernen Menschen selbst würden den »Nomaden der Nordsee« (DHA I, 421) gleichen, die der Text einmal heraufbeschwört.

Jedoch führt diese Lagebestimmung bei Heine interessanterweise nicht (zumindest nicht zu dieser Zeit) zum geschichtlichen Fatalismus, sondern zur Bejahung der – wie der Wein im Römerglas – zugleich betäubenden und begeisternden Erfahrung der Moderne. Deren irreduzible Vielfalt sucht er in seiner kulturellen und politischen Publizistik der 1830er und 40er Jahre gerecht zu werden, welche ebenso von distanzierender Ironie wie von dithyrambischem Engagement zeugt. Der in der »Nordsee« inszenierte prekäre Übergang von der Poesie zur Prosa dient einer Weiterführung der Aufklärung, die einsieht, dass auch sie sich nie ganz von ihren Mythen freimachen kann. Funktion von Heines »Nordsee«-Oden wäre es, die Prosa der Moderne darüber aufzuklären.

Anmerkungen

Der Beitrag entspricht dem Text des Vortrags, den ich beim 16. Internationalen Forum Junge Heine Forschung im Dezember 2013 im Heinrich-Heine-Institut, Düsseldorf gehalten habe.

1 Auf diese Paradoxie wurde zuletzt hingewiesen von Peter Hasubek: »Hofdichter der Nordsee«. Heines Naturgestaltung in seinen »Seebildern« der »Nordsee«-Zyklen. – In: ders.: Vom Biedermeier zum Vormärz. Arbeiten zur deutschen Literatur zwischen 1820 und 1850. Frankfurt a. M. 1996, S. 127–150, hier S. 127–128.
2 Johann Gottfried Herder: Von der Ode. – In: ders.: Frühe Schriften 1764–1772. Hrsg. von Ulrich Gaier. Frankfurt a. M. 1985, S. 59–99, hier S. 79. Auf Heines Wertschätzung Herders als vorurteilsfreiem Literaturkritiker wird hingewiesen in Manfred Windfuhr: »Unsere großen Meister«. Materialien zu Heines intellektuellem Deutschlandbild. – In: Politisierung – Poetisierung. Deutschlandbilder in der Literatur bis 1848. Hrsg. von Wilhelm Gössmann und Klaus-Hinrich Roth. Paderborn 1994, S. 217–239, hier S. 229f.
3 Siehe auch hierzu exemplarisch Herder: Von der Ode [Anm. 2], S. 60–65.
4 Pindars Bedeutung lässt sich u. a. daran ermessen, dass er im 18. Jahrhundert neben Shakespeare zum zentralen Genie-Paradigma avanciert. Siehe hierzu Jochen Schmidt: Die Geschichte des Genie-Gedankens in der deutschen Literatur, Philosophie und Politik 1750–1945, Bd. I. 3., verb. Aufl. Heidelberg 2004, S. 179–192.

5 Siehe hierzu Horaz: Carmen IV.2. – In: ders.: Sämtliche Werke. Hrsg. von Karl Bayer, Manfred Fuhrmann und Gerhard Jäger. München 1993, S. 174–179.

6 Dies gilt, wie man seit langem weiß, insbesondere für Klopstock: »Mit bis dahin unerhörter Härte und Entschiedenheit hat Klopstock sich öffentlich als Dichter zum politischen Kritiker aufgeworfen und sich mit höchstem Anspruch neben und über die Könige gestellt.« Gerhard Kaiser: Klopstock als Patriot. – In: Nationalismus in Germanistik und Dichtung. Dokumentation des Germanistentages vom 17. bis 22. Oktober 1966. Hrsg. von Benno von Wiese und Rudolf Henß. Berlin 1967, S. 145–169, hier S. 158.

7 So in Friedrich Gottlieb Klopstock: Von der heiligen Poesie. – In: ders.: Ausgewählte Werke. Hrsg. von Karl August Schleiden. München 1962, S. 997–1009.

8 Siehe hierzu grundlegend John T. Hamilton: Soliciting Darkness. Pindar, Obscurity, and the Classical Tradition. Cambridge (Mass) 2003, S. 77–96.

9 Siehe Windfuhr: »Unsere großen Meister« [Anm. 2], S. 238.

10 Der Gang der Weltgeschichte durch diese vier sogenannten Welten hindurch wird skizziert in Georg Wilhelm Friedrich Hegel: Vorlesungen über die Philosophie der Geschichte. Hrsg. von Eva Moldenhauer und Karl Markus Michel. Frankfurt a. M. 1986, S. 132–141.

11 Diese Er-Innerung, von der am Ende der »Phänomenologie des Geistes« die Rede ist, ist kein bloß subjektives Verhältnis zur Vergangenheit. Vielmehr stellt sie nur deshalb »das Innere« schlechthin dar, weil sich in ihr eine »höhere Form der Substanz«, »das neue Dasein« und »eine neue Welt« ausbilden, die der Zeit und der Geschichte enthoben sein sollen. Von diesem Inneren spricht Hegel zudem (in einem abgewandelten Schiller-Zitat) wie von einem »Kelche dieses Geisterreiches«, aus dem dem absoluten Geist »seine Unendlichkeit« schäume. Georg Wilhelm Friedrich Hegel: Phänomenologie des Geistes. Hrsg. von Hans-Friedrich Wessels und Heinrich Clairmont. Hamburg 1998, S. 530–531. Auf die Bedeutung der Schlusspassagen der »Phänomenologie« für Heine wurde bereits aufmerksam gemacht von Klaus Briegleb: Abgesang auf die Geschichte? Heines jüdisch-poetische Hegelrezeption. – In: Heinrich Heine. Ästhetisch-politische Profile. Hrsg. von Gerhard Höhn. Frankfurt a. M. 1991, S. 17–37, hier S. 31.

12 Das scheint mir u. a. auch dadurch unterstrichen zu sein, dass Heine nicht nur den Vers aus Schillers »Götter«-Gedicht: »Venus Amathusia« – das die kretische Venus aus Amathus feiert – im Vers: »Venus Libitina« (DHA I, 415) – der Venus als Totengöttin – persifliert, sondern zudem einen Vers aus »Wanderers Sturmlied« (dem Gedicht, in dem Goethe am deutlichsten auf Pindar zurückgreift) umschreibt und umdeutet: Aus Goethes »Jupiter Pluvius« wird »Jupiter Parricida« (DHA I, 413), aus dem regenbringenden Gott der vatermordende.

13 Diesen geschichtsphilosophisch bedeutsamen »heroischen« »Weltzustand« überträgt Hegel auf die »Ästhetik«, wenn er sie bei den Griechen (genauer bei Homer) geschildert sieht. Was diesen Weltzustand von der (geschichtsphilosophisch weiterentwickelten) Neuzeit unterscheide, ist ihre »ursprünglich poetische Mitte«, die nunmehr eine »bloß verständige Prosa« abgelöst habe. Georg Wilhelm Friedrich Hegel: Vorlesungen über die Ästhetik. Hrsg. von Eva Moldenhauer und Karl Markus Michel. Frankfurt a. M. 1986, Bd. 3, S. 341 und 332.

14 Diesem Trägerwechsel verdankt sich, wie ebenfalls in der »Ästhetik« argumentiert wird, die gegenwärtige »prosaische Ordnung der Dinge«. Ebd., S. 332.

15 Tatsächlich formuliert Hegel die Herrschaft der Institutionen in griechisch-aristokratischen Begriffen, wenn er davon spricht, dass darin die »ἄριστοι« die Herrschaft antreten würden. Hegel: Philosophie der Geschichte [Anm. 10], S. 539.

16 So zitiert Hegel in seiner Geschichtsphilosophie affirmativ Schillers Gedicht über »Die Götter Griechenlands«. Vgl. ebd., S. 304.

17 Man könnte darin sogar eine (in Hegels und womöglich auch in Heines Sinne) ›jüdische‹ Geste ausmachen. Hegel zufolge zeichnen sich die Juden des Alten Testaments gegenüber den anderen Völkern der orientalischen Welt durch die »Möglichkeit einer *geschichtlichen* Ansicht« aus: Dort lehre »der prosaische Verstand [...] die Sonne als Sonne« sehen, nicht als mythologische Figur. Hegel: Philosophie der Geschichte [Anm. 10], S. 243. In dieser Hinsicht fallen die Griechen hinter die Israeliten zurück. Heines Hinwendung zu ›orientalischen‹ Mythen und Dichtungen ist somit vielleicht als eine Strategie lesbar, ein jüdisches gegen ein griechisches Denken auszuspielen.

18 In diesem Sinne bemerkt Hans Blumenberg, dass Heines Auseinandersetzung mit dem Mythos auf dem »Ausschluß jeder geschichtsphilosophischen Allegorese« beruht. Hans Blumenberg: Arbeit am Mythos. Frankfurt a. M. 2006, S. 649.

19 So beispielsweise in »Die Nacht am Strande« (DHA I, 364–369).

Rauchen verboten!
Eine bislang unbekannte Quelle
zu Heinrich Heines Essay
»Der Schwabenspiegel«

Von Markus Vahle, Aachen

> Wer weiß, vielleicht am Ende meiner Tage
> überwinde ich meinen Widerwillen gegen
> den Tabaksqualm und lerne rauchen und
> halte die ungewaschensten Reden vor dem
> ungewaschensten Publikum ... (DHA XI, 71f.)

> Heine [nimmt] umgekehrt auch das
> Gewichtigste und Heiligste in seinem Munde
> so leicht, als ob es eine Cigarre wäre. [...] Der
> Untergang des Christenthums stellte sich ihm
> in so erhabener Schönheit dar, wie dem Nero
> der Brand der Stadt Rom, aber er war auch
> frivol genug, den Brand selber zu schüren.
>
> Wolfgang Menzel[1]

»Es ist die Zeit des Ideenkampfes, und Journale sind unsre Festungen«, schreibt Heinrich Heine am 11. November 1828 an Gustav Kolb (HSA XX, 289). Bereits anhand dieser kurzen Äußerung, geschrieben auf seiner Italienreise während eines Aufenthaltes in Florenz, wird die eminent strategische Bedeutung ersichtlich, die Heine der periodischen Presse beimaß. Das ephemere und schnelllebige Medium der Tagespresse, das gegenüber dem Buch den entscheidenden Vorteil bot, ad hoc und tagesaktuell auf gesellschaftliche und politische Entwicklungen zu reagieren, erschien Heine als besonders gut geeignet, möglichst unmittelbar auf die öffentliche Meinung Einfluss nehmen und damit in dem ausschließlich mit literarischen Mitteln geführten »Befreyungskriege der Menschheit« (DHA VII, 74) entscheidende publizistische Duftmarken setzen zu können. Insofern sah er im

Zeitungs- und Journalwesen ein probates und überdies in seiner publizistisch-aufklärerischen Wirksamkeit nicht zu unterschätzendes »mächtige[s] Beförderungsmittel der Volksintelligenz« (DHA XI, 136). Ute Radlik hatte bereits auf den wichtigen, aber häufig übersehenen Umstand aufmerksam gemacht, dass Heine seinen Weg nicht gleich als erfolgreicher und gefeierter Zeitschrift(en)steller und Lyriker, sondern zunächst als relativ unbedeutender Journalist begann.[2] Als solcher war er naturgemäß auch auf die regelmäßige Lektüre von Zeitungen und Zeitschriften angewiesen, die insbesondere in den Jahren seines späteren Pariser Exils eine zunehmend wichtigere Informationsquelle werden sollten. Nicht zuletzt die deutschen Blätter, die sich Heine in den einschlägigen Pariser Journal-Lesekabinetten, in Lese-Cafés, bei Buchhändlern oder auch auf anderem Wege besorgte, erfüllten für den Exilanten eine wichtige Brückenfunktion in die Heimat, um möglichst immer auf dem Laufenden zu bleiben. Gerade in einer gründlichen Zeitungslektüre habe Heines politischer Geist immer wieder neue Nahrung und Anregungen von außen gefunden und sei dadurch zu vielen literarischen Arbeiten überhaupt erst angeregt worden.[3] »Diesen Morgen«, schreibt Heine etwa in seiner Börne-»Denkschrift« (»Helgoländer Brief« vom 10. August),

> [...] ist wieder ein Paquet Zeitungen angekommen. Ich verschlinge sie wie Manna. Ein Kind wie ich bin, beschäftigen mich die rührenden Einzelheiten noch weit mehr als das bedeutungsvolle Ganze. (DHA XI, 51)

Die Wirkung, die das gedruckte Wort in diesem Fall auf den durch die ›brandheiße‹ Zeitungsnachricht vom Ausbruch der Pariser Julirevolution (1830) euphorisierten Leser ausübt, ist derart extrem, dass dem solchermaßen ›Entflammten‹ am Ende selbst eine kalte Dusche nicht mehr zu helfen vermag:

> Ich bin ganz Freude und Gesang, ganz Schwert und Flamme! Vielleicht auch ganz toll .... Von jenen wilden, in Druckpapier gewickelten Sonnenstralen ist mir einer ins Hirn geflogen, und alle meine Gedanken brennen lichterloh. Vergebens tauche ich den Kopf in die See. Kein Wasser löscht dieses griechische Feuer. (ebd., 50)

Besucher berichten auch in späteren Jahren noch von mehreren Tischen und Gestellen voller Zeitungen im Zimmer Heines, die auf eine intensive Zeitungslektüre des Dichters – auch noch für die lange Zeit seines Krankenlagers – schließen lassen.[4] Wenn man die Pariser Zeitzeugenberichte aus jenen Tagen liest, könnte man mitunter den Eindruck gewinnen, als habe Heine mehr Zeit in Lesekabinetten und mit Zeitungslektüre verbracht als zu Hause am heimischen Schreibtisch, was natürlich nicht ganz den Tatsachen entspricht. Eine stärkere Beachtung und Inaugenscheinnahme dieses Mediums hinsichtlich seines Impetus' auf das Heine'sche Schreiben scheint jedenfalls einstweilen noch ein weitgehend unbearbeitetes Forschungsdesiderat zu sein und verspricht für die Zukunft, dass sich gerade in Art und Umfang der Heine'schen Zeitungsrezeption noch spannende Entdeckungen in seinem Gesamtwerk machen lassen dürften.

Vorerst ist es gelungen, eine bislang unbekannte Quelle zu Heines literaturkritischem Essay »Der Schwabenspiegel« genauer zu ermitteln. Diese ist insofern gleich in mehrfacher Hinsicht interessant, weil sie nicht nur ein bezeichnendes Licht auf das damals vorherrschende gesellschaftspolitische und religiöse Klima im vormärzlichen Deutschland der Restaurationsepoche wirft, sondern auch Rückschlüsse auf Heines Lesegewohnheiten und strategisch wohl kalkulierte Schreibtechniken erlaubt. Die Spur führt dabei gleich in zwei Richtungen. Zum einen nach Bayern und zwar in das Umfeld der von Heine zeitlebens literarisch so unerbittlich befehdeten ›ultramontanen‹ Kirchenkreise; zum anderen in die damalige preußische Rheinprovinz, genauer gesagt: nach Köln und zu dem durch die gewaltsame Absetzung und Inhaftierung des Kölner Erzbischofs Clemens August Freiherr von Droste-Vischering ausgelösten und als so genannte »Kölner Wirren« (1837–1841) in die Geschichte eingegangenen langjährigen Konflikt zwischen Preußen und der katholischen Kirche.[5]

In der betreffenden Stelle des »Schwabenspiegel« setzt sich Heine, das vermeintliche ›Haupt des Jungen Deutschland‹ (vgl. DHA XI, 155), mit dem von Wolfgang Menzel gegen ihn erhobenen Vorwurf auseinander, er richte mit seinen Schriften das Christentum zugrunde, indem er die Grundpfeiler der Kirche moralisch unterminiere. Dies waren inzwischen hinlänglich bekannte Pauschalunterstellungen, wie sie das berühmt-berüchtigte Bundestagsverbot vom Dezember 1835 öffentlichkeitswirksam und verhängnisvoll stigmatisierend kanonisiert hatte.[6]

Diesen Unterstellungen des »literarische[n] Mouchard« (DHA XI, 157), wie Heine Menzel in seiner »Salon«-Vorrede »Über den Denunzianten« genannt hatte, begegnet der so Angegriffene mit einem halb scherzhaft, halb ernst gemeinten Vergleich. In diesem greift Heine den insinuierten Vorwurf des moralisch-sittlichen Brandstiftertums parodistisch auf, wie Menzel ihn in Zeitungsartikeln pauschal gegen das Junge Deutschland erhoben hatte[7]:

> Ich habe herzlich lachen müssen, denn dieses Zetergeschrey erinnerte mich an einen andern armen Sünder, der auf dem Marktplatz zu Lübek mit Staupenschlag und Brandmark abgestraft wurde, und plötzlich, als das rothe Eisen seinen Rücken berührte, ein entsetzliches Mordio erhob und beständig schrie: ›Feuer! Feuer! es brennt, es brennt, die Kirche steht in Flammen!‹ Die alten Weiber erschraken auch diesmal über solchen Feuerlärm, vernünftige Leute aber lachten und sprachen: der arme Schelm! nur sein eigner Rücken ist entzündet, die Kirche steht sicher auf ihrem alten Platze [...]. (DHA X, 271f.)

Weiter heißt es bei Heine:

[...] auch hat dort die Polizey, aus Furcht vor Brandstiftung, noch einige Spritzen aufgestellt, und aus frommer Vorsorge darf jetzt in der Nähe der Religion nicht einmal eine Zigarre geraucht werden! Wahrlich, das Christenthum ward nie ängstlicher geschützt als eben jetzt. (ebd.)

Der Kommentar der Düsseldorfer Heine-Ausgabe (vgl. DHA X, 721) ging seinerzeit davon aus, dass es sich dabei um eine von Heine möglicherweise frei erfundene Geschichte handelt. Zumindest für den zweiten Teil dieses Zitats kann jetzt der Gegenbeweis angetreten werden. Und zwar findet sich die Referenzquelle mit hoher Wahrscheinlichkeit in der Erstausgabe der in Frankfurt am Main erscheinenden »Katholischen Kirchenzeitung« (im Weiteren auch abgekürzt als ›KKZ‹). Diese zwischen 1838 und 1845 zwei Mal wöchentlich in einer Auflagenhöhe von 1.000 Stück erscheinende Zeitung, die mit dem erklärten Programm antrat, als »wahrhaft katholisches Organ« und »im Geiste eines echt katholischen Zusammenwirkens« das »disharmonische Aggregat aller von der Kirche durch spätere Schismen und Häresien in's Leben getretenen Sekten und Parteien, soweit sie noch Bestand haben oder neue entstehen«, entschieden bekämpfen zu wollen, sollte durch ihre maßlosen verbalen Ausfälle gegenüber Andersgläubigen in der damaligen, von konfessionellen Gegensätzen und wachsenden Spannungen geprägten Zeitungslandschaft eine gewisse traurige Berühmtheit erlangen. Sie ist, zusammen mit einer ganzen Reihe anderer Glaubenspostillen dieser Machart, ein typisches Produkt der schnell anwachsenden Kirchenblattbewegung der Katholiken im Deutschland jener Tage, die die apostolische Linie Roms treu und kompromisslos verfochten und journalistisch eine entschieden antipreußische Stoßrichtung führten.[8] Zu ihren besten Zeiten sollen angeblich bis zu 112 Korrespondenten der Redaktion der Frankfurter »Katholischen Kirchenzeitung«, die für ihre Berichterstattung aus aller Welt gleich von Beginn ihrer ersten Ausgabe an einen universalen Anspruch erhob, regelmäßig zugearbeitet haben.[9] Zu ihren Mitarbeitern konnte die KKZ zeitweise so illustre Namen wie Clemens von Brentano, François-René de Chateaubriand, Johann Friedrich Overbeck, Franz von Baader und nicht zuletzt Joseph Görres zählen, um nur die prominentesten zu nennen. Karl Gutzkow, der Verfasser des vieldiskutierten und von Menzel als ›unmoralisch‹ verleumdeten Romans »Wally, die Zweiflerin«, sah das neue Kirchenblatt in seiner einseitigen Festlegung auf die römisch-katholische Sache hingegen betont kritisch und kommentierte in seinem »Telegraphen« insbesondere die Rolle und Person ihres Herausgebers, Julius V. Höninghaus, nicht ohne Ironie.[10]

In den Spalten 7f. findet sich in der KKZ Nr. 1 vom 3. Januar 1838 unter der Rubrik ›Bayern‹ ein anonymer Artikel, der sich empört gegen den Vorwurf verwahrt, die Katholiken in Bayern ließen es an dem gebotenen Respekt und der nötigen Ehrerbietung gegenüber dem bayerischen Königshaus und der königlichen Familie fehlen.

Nach seinen mittlerweile mehr als zehn Jahre zurückliegenden, als ausgesprochen demütigend empfundenen Erfahrungen mit den einflussreichen klerikal-ultrakonservativen Kreisen in München, die seinerzeit Heines Bemühungen um eine Professur für Geschichte – nicht zuletzt unter Hinweis auf seine jüdische Herkunft – erfolgreich vereitelt hatten (»Ich bin jetzt umlagert von Feinden und intriguirenden Pfaffen« [HSA XX, 319]), und seiner daraus resultierenden großen persönlichen Enttäuschung über König Ludwig I., die sich später u. a. in beißenden Spottversen auf den Bayernkönig und dessen mehr oder weniger dilettierende Lyrikversuche Luft verschaffen sollte[11], dürfte der mittlerweile ins Pariser Exil emigrierte Dichter solche Zeitungsmeldungen mit großer Wissbegierde förmlich aufgesogen haben. In dem, was er in o. g. Ausgabe der »Katholischen Kirchenzeitung« zu lesen bekam, konnte sich Heine in seiner entschiedenen Ablehnung des preußischen Staatskirchentums, »jene[r] Mißgeburt« (DHA VII, 194), wie er es nannte, und gegenüber der ›heiligen‹, oder wohl zutreffender gesagt: unheilvollen Allianz von Thron und Altar, die er maßgeblich für die Schwächung und innere gesellschaftspolitische sowie konfessionelle Zerrissenheit Deutschlands mitverantwortlich machte, nur bestätigt gefühlt haben. Teilweise liest sich das bornierte konfessionelle Denken, das in jenen kleinkarierten »Kirchenzeitungsschnüffeleyen« (ebd.) zum Ausdruck kommt, wie ein unterhaltsames Seitenstück zu dem, was Heine bereits Ende der 1820er Jahre in seinen »Reisebildern«, insbesondere in »Die Stadt Lukka«, in Bezug auf die beiden großen konfessionellen Parteien und ihre ständigen, gegenseitigen Befehdungen näher ausgeführt hatte.[12]

Hinzu kommt des Weiteren noch, dass sich Heine gerade zu diesem Zeitpunkt (also 1837/38) selbst mit dem Plan zur Gründung einer »Deutschen Zeitung«, die in Paris erscheinen sollte, trug. Es sprechen also gleich mehrere Gründe dafür, warum das neue Kirchenblatt, das schon aufgrund seines Namens und seiner Zielklientel in das geistige Umfeld des Münchener Görres-Kreises weist[13], die besondere Aufmerksamkeit Heines auf sich gezogen haben dürfte. Da passt es auch ins Bild, dass das Königreich Bayern seine kurz zuvor gegen Wolfgang Menzel gerichtete Vorrede »Über den Denunzianten« zusammen mit »Salon« III unmittelbar nach Erscheinen konfisziert hatte (in Preußen waren Heines Schriften ja ohnehin schon seit längerem verboten). Das Setzen einer kleinen literarischen Spitze gegen das streng katholische Bayern mag dem Verfasser des »Schwabenspiegel« daher nur mehr als angebracht erschienen sein.

Hintergrund für die den katholischen Bayern protestantischerseits unterstellten »antilegitimistischen Tendenzen« war die vorangegangene Kritik in einem »Hermelitisch-liturgisch-pädagogischen Correspondenzblatt«, das Anstoß daran

genommen hatte, dass just am Namensfest der Gemahlin von König Ludwig I.,
Therese von Bayern – »welche der lutherischen Confession zugehört«, wie sich der
anonyme Redakteur der »Katholischen Kirchenzeitung« in einer Fußnote beeilt
hinzuzufügen – in öffentlichen, an Kirchenpforten angeschlagenen Bekanntma-
chungen zur Feier des Namensfestes der Hl. Teresa von Avila (15.10.) in der Würzburger Kirche der barfüßigen Karmeliter aufgerufen und bei dieser Gelegenheit
allen Gläubigen volle Absolution in Aussicht gestellt worden war. Voraussetzung
sei freilich, dass sie an diesem Tag nach abgelegter Beichte und Erteilung der heiligen Kommunion »um Frieden und Eintracht der Fürsten und Potentaten, und
Ausreutung der Ketzerei und um die Mehrung der christkatholischen Kirche«
beteten. Darin sah das protestantische Blatt eine ungebührliche »Unschicklich-
keit«, denn man verstehe als Protestant nur zu gut, wer mit dem Vorwurf der
Ketzerei gemeint sei. Ja, mehr noch: »[...] wenn die Geistlichkeit am Theresien-
tage dazu auffordert«, so der rezitierte Autor (ein gewisser Dekan Brandt), »so
könnte ein argwöhnischer Mensch sich versucht fühlen, darin eine absichtliche
Beleidigung der königlichen Familie und eine versteckte Prostestation gegen die
Feierlichkeiten zu suchen, welche in andern Kirchen [gemeint sind in diesem Fall
natürlich die protestantischen; MV] der Königin zu Nutz und Ehren gehalten
werden«. Diesen Vorwurf freilich konnte der Autor der KKZ offenbar nicht auf
sich und seinen »gut katholisch[en]« (DHA VIII, 113) und königstreuen Landsleuten sitzen lassen. »Wir katholische Bayern«, kontert der Schreiber bissig,
»lieben und schätzen die Person unserer hohen Landesmutter«. »Allein«, stellt
er weiterhin klar, »diese Liebe und Hochschätzung dehnt sich freilich nicht auf
ihre Religion, die protestantische, aus; aber auch eben so wenig machen wir
unsern protestantischen Mitbürgern es zu einem Vorwurfe, daß sie ihre An-
hänglichkeit an die Person unseres geliebten Königs nicht auf seine katholische
Religion ausdehnen« (Sperrungen im Original; MV). Anschließend wird – quasi
als Retourkutsche – süffisant eine längere Passage aus einem Artikel der »Neuen
Würzburger Zeitung« zitiert, die ihrerseits über das Namenstaggedenken angeblich Folgendes berichtet hatte:

> In den gestrigen Metten [...] haben sich Dinge zugetragen, die wir nicht mit Stillschweigen
> übergehen können. Wenn rohe und ungebildete Leute, der Heiligkeit des Ortes vergessend,
> bei einer der feierlichsten Handlungen der katholischen Kirche im Gotteshause sich Unfug
> und unanständiges Betragen zu Schulden kommen lassen, so verdient schon dieses nicht
> bloß eine sehr ernste Rüge, sondern auch das thätige Einschreiten der Behörden; was soll
> man aber erst sagen, wenn Personen, die durch ihre Stellung im Staat und in der Gesell-
> schaft berufen scheinen, mit gutem Beispiel voranzugehen, das Exempel der Entweihung
> des Tempels geben? Wenn Neugier oder vielleicht noch andere Dinge Andersglaubende in
> unsere Kirche führten, so können wir mindestens fordern, dass sie sich anständig betragen.
> Ob viele der Personen anderer Confessionen nicht besser daran gethan hätten, zu Hause zu

bleiben, wollen wir hier nicht weiter berühren, doch muss die Aufführung eines protestantischen Assistenzarztes Dr. v. d. * J e d e n , welchem Glaubensbekenntniß er auch angehört, auf's Höchste empören.[14]

Die »Neue Würzburger Zeitung« (NWZ) war – neben den von Joseph Görres 1838 in München gegründeten »Historisch-politischen Blättern für das katholische Deutschland« – eine der wort- und wirkmächtigsten katholischen Tageszeitungen jener Tage. Michael Schmolke bezeichnet sie, neben den aufgrund ihrer markanten Einbandfarbe allgemein auch als ›gelbe Hefte‹ bezeichneten »Blättern für das katholische Deutschland«, als den »zweite[n] Aktivposten praktischer katholischer Presseentwicklung nach oder im Zusammenhang mit dem Kölner Ereignis«.[15] Die Kölner Geschehnisse hatten wie ein Weckruf auf die katholische Presse gewirkt und ließen sie fortan in den konfessionell umstrittenen Konfliktthemen erstmals offensiv, teils auch in aggressiv-verbaler Weise ihre kirchenpolitischen Positionen nach außen hin vertreten.[16] Unter der Redaktionsleitung des Journalisten Ernst Zander (1803–1872)[17], der von fast allen NWZ-Beiträgen der alleinige Urheber war, erlebte das einst nahezu unbedeutende Provinzblatt einen ungeheuren Aufschwung. Im Rheinland sollen die Artikel der NWZ »geradezu verschlungen«[18] worden sein und dienten vielen anderen deutschen Journalblättern, wie in unserem Fall auch, als willkommene Nachrichtenquelle. Während des Kölner Kirchenstreits 1837/38 vertrat das Blatt eine extrem katholische Richtung und leistete sich sogar – was für die damalige Zeitungslandschaft durchaus noch eine Seltenheit war – einen eigenen Korrespondenten in der Rheinprovinz. In dem Streit zwischen dem preußischen Staat und dem Kölner Erzbischof Clemens August von Droste-Vischering, der sich bekanntermaßen an der Mischehenfrage entzündet hatte, ergriff Zander, der 1827 zum katholischen Glauben konvertiert war, mit aller Entschiedenheit Partei für den bedrängten und schließlich gewaltsam seines Amtes enthobenen katholischen Kirchenfürsten. Wochen bevor Görres mit seiner berühmten antipreußischen Kampfschrift »Athanasius« entscheidenden Anteil an der nachhaltigen Politisierung des deutschen Katholizismus nehmen und eine wahre Flut an Streit- bzw. Flugschriften auslösen sollte, gab Zander Tag für Tag Kostproben für das wachsende Selbstbewusstsein des deutschen Katholizismus und seine neu entdeckte publizistische Schlagkraft. Neben der aggressiven Rhetorik seiner Artikel, die seinem Blatt eine schnell anwachsende Leserschaft bescherte, lag das Geheimnis seines publizistischen Erfolges vor allem in einem erstaunlich intimen Insiderwissen aus höchsten Regierungskreisen, das ihn für Preußen zu einem ständigen Ärgernis werden ließ und die bayerisch-preußischen Beziehungen diplomatisch ernsthaft zu belasten drohte.[19]

Clemens August Freiherr Droste zu Vischering (1773–1845)

»Katholiken! Mit reitender Artillerie und brennenden Lunten ist der katholische Erzbischof von Köln von seinem bischöflichen Sitze abgeführt worden, weil er in geistlichen Dingen, in Sachen der katholischen Lehre sich nicht dem Verlangen der weltlichen Macht fügen wollte«[20], donnerte Zander etwa am 26. November 1837, nur wenige Tage nach der spektakulären Verhaftung Droste-Vischerings. Es waren gerade solche, die inzwischen bekannten näheren Umstände übertrieben dramatisierenden Szenen wie die von der »reitenden Artillerie« und den »brennenden Lunten«, die den verhafteten und auf die Festung Minden gebrachten Kirchenfürsten in den Augen des katholischen Teils der Bevölkerung zu einem regelrechten Märtyrer stilisieren sollten und die ohnehin schon erhitzten Gemüter immer weiter anstachelten.[21] Ein Großteil der übrigen deutschen Presseblätter, zumal der katholischen, beteiligte sich nur zu bereitwillig an dieser Art der Legendenbildung. In seiner Polemik gegen Preußen wurde Zander mit dem weiteren Fortgang der Affäre immer maßloser und blindwütiger, so dass sich die preußische Regierung schließlich dazu genötigt sah, eine förmliche Protestnote an die Adresse des bayerischen Königs zu senden, mit dem Ziel, die Absetzung des notorischen Unruhestifters zu erwirken. Erst nachdem die preußische Regierung damit gedroht hatte, beim Bundestag ein Verbot der Zeitung zu erwirken, gab Ludwig I., der lange Zeit keinen Handlungsbedarf gesehen hatte, der Forderung schließlich nach einigem Zögern und Taktieren nach.[22]

Jener ›unverschämte‹ »Mensch« (gemeint ist der besagte protestantische Assistenzarzt), hieß es nun in dem NWZ-Artikel im Anschluss weiter, dessen gehässiger und moralisierender Tonfall wiederum die Verfasserschaft Zanders vermuten lässt, habe nicht nur die Dreistigkeit besessen, mit Hut auf dem Kopf in der Kirche umherzugehen,

> [...] sondern sich sogar erfrecht, dort während der heiligen Handlung C i g a r r e n z u r a u - c h e n , bis er von einem Landwehrposten [...] ergriffen und der Polizei überliefert wurde. Nur dem besonnenen Benehmen der Letztern, welche, das Nachdringen der erzürnten Menge zu hindern, sogleich die Thüre sperrte, ist es zuzuschreiben, daß der Unverschämte nicht auf der Stelle eine zwar ungesetzliche, aber unter den Umständen sehr entschuldbare schwere Züchtigung erfahren hat« (Sp. 8; Sperrungen im Original; MV).

Es besteht kaum ein Zweifel daran, dass Heine das Zigarren-Motiv im »Schwabenspiegel« dieser, von der Frankfurter Kirchenzeitung kolportierten Passage aus dem NWZ-Artikel verdankt und für seinen eigenen Prosatext weiterverwertet hat.

Auch der zeitliche Quellenzusammenhang stützt diese Annahme. Heine beendete die Arbeit an seinem Manuskript im Frühjahr 1838 (vgl. zur Entstehungsgeschichte den Kommentar der DHA X, 681); Kenntnis von dem Schmähartikel in der NWZ hatte er hingegen spätestens im Januar oder Februar 1838 durch, so unsere begründete Annahme, die von uns nachgewiesene Lektüre der »Katholischen Kirchenzeitung«. Wir vermuten, dass Heine das strengkirchliche Blatt in einem der einschlägigen Pariser Lesekabinette, sehr wahrscheinlich bei »Bär und Ettinghausen« in der Rue de Louvois Nr. 8, in die Finger bekommen hatte, das für den Paris-Korrespondenten zu einer wichtigen Anlaufstelle und Informationsquelle für aktuelle Nachrichten aus der Heimat werden sollte. So heißt es etwa am 4. Dezember 1837 in einem Schreiben Heines an August Lewald: »Seit das deutsche Lesekabinett errichtet ist, erfahre ich doch schon mehr Heimisches als ehemals.«[23] (HSA XXI, 241) Ebenso gut käme das Lesekabinett von Brockhaus und Avenarius im Palais Royal als denkbare Bezugsquelle in Frage.

Der in der NWZ überlieferte Zigarren-Fauxpas und das, was Heine im »Schwabenspiegel« daraus gemacht hat, ist aus mehreren Gründen ungemein aufschlussreich. Zum einen ist es das Umfeld, in dem das begangene und durch die KKZ moralisch verurteilte ›Sakrileg‹ des Rauchens in einer Kirche zitiert wird: Die erste Ausgabe der »Katholischen Kirchenzeitung«, die gleich auf ihrem Titelblatt groß mit einer Rede des Papstes aufmacht, bespricht – von einigen unbedeutenden Kurzmeldungen einmal abgesehen – fast ausnahmslos das Kölner Ereignis und dessen (kirchen-)rechtliche Bewertung. Ohne die Kenntnis dieses ursprünglichen Kontextes bleiben indes sowohl der aktuelle zeitgeschichtliche Bezug als auch die politische Brisanz der relativ harmlosen Anekdote, die bei heutigen Lesern eher für ein amüsiertes Schmunzeln sorgt, weitgehend verborgen. So politisch unbedenklich und harmlos, wie Heine gegenüber seinem Verleger Campe behauptet hatte (vgl. HSA XXI, 298), war der »Schwabenspiegel« in Teilen demnach also offenbar doch nicht!

Wie wir durch einen Artikel von Ludwig Wihl über einen Besuch bei seinem Landsmann wissen, haben die Geschehnisse in seiner rheinischen Heimat auch Heine in seinem Pariser Exil offenbar stark beschäftigt und emotional bewegt. »Die religiösen Zwiste«, heißt es in Wihls Bericht,

> [...] die kurz nach dieser Bekanntschaft, in Köln zwischen der Regierung und dem Erzbischof ausbrachen, boten vielfachen Stoff zur Discussion dar, nicht minder die Angelegenheit der sieben Göttinger Professoren und die Hannöverschen Vorgänge. Heine hatte nicht übel Lust, gegen Görres und seinen Athanasius herauszuschreiten und gab den Vorsatz nur auf, als er erfuhr, daß ein anderer Kämpe, Gutzkow, sich schon die Rüstung angelegt habe. Vom mittelalterlichen Görres existirt eine Schrift, worin das Christentum als überlebt dargestellt sein soll, die hätte Heine gar zu gern dem Athanasius mit einigen freundlichen Worten nachschicken mögen.[24]

Heine selbst äußert sich schließlich gegenüber Karl August Varnhagen von Ense in einem Schreiben vom 13. Februar 1838 ausführlich zu den Kölner Vorgängen, wobei er sich – gewiss nicht ganz ohne Kalkül, spekulierte er doch darauf, dass ihm die preußische Regierung die Einfuhr seiner projektierten Pariser »Deutschen Zeitung« wenigstens für die Rheinprovinz konzessionieren würde – ganz auf die Seite Preußens schlägt.[25] Das rigide Vorgehen des preußischen Obrigkeitsstaates in der Kölner Angelegenheit, die beim österreichischen Staatskanzler Fürst von Metternich nicht ganz zu Unrecht die Befürchtung eines politischen Flächenbrandes geweckt hatte (er verglich es mit einer »Rakete, welche zwischen Heu- und Pulvermagazinen geflogen« sei, und nun gehe »das Brennen und Knallen los«)[26], wird von Heine darin nicht nur verteidigt, sondern sogar ausdrücklich begrüßt. Es hat daher keineswegs nur spottenden Charakter, wenn er das Vergehen des Zigarrerauchens unmittelbar mit der drohenden Brandgefahr, hier konkret: mit der »Furcht vor Brandstiftung« in Verbindung bringt.

Durch den unweigerlich lächerlich wirkenden Umstand, dass die Polizei zur Vorbeugung zusätzlich »noch einige Spritzen aufgestellt« hat, bekommt diese Stelle bei Heine also eine eindeutig politische Konnotation. Die Textstelle lässt sich in verschiedene Richtungen deuten. Einerseits beinhaltet das Bild der »aufgestellten Spritzen« eine gewisse Drohgebärde. Die sich beim Lesen förmlich aufdrängende Assoziation von Feuer-/Bleispritze liegt, so meinen wir, nahe. Die abschließende Feststellung des Autors, dass »das Christenthum [...] nie ängstlicher geschützt [ward] als eben jetzt«, die uns in ähnlicher Form auch noch einmal im »Rabbi von Bacharach« – hier allerdings in Bezug auf das Judentum und dort zusätzlich noch in leicht modifizierter Form – begegnet[27], könnte folglich durchaus vor dem Hintergrund der Kölner Wirren gelesen und gedeutet werden, was zugegebenermaßen rein spekulativ ist. Die Bemerkung könnte demnach auf die spektakulären Umstände der Festnahme Droste-Vischerings abheben, die sehr wahrscheinlich auch Heine durch die von uns auszugsweise zitierten zeitgenössischen deutschen Presseberichte geläufig waren.[28] Zudem erinnert der Hinweis auf das ›ängstlich geschützte‹ Christentum auffallend an eine Stelle in Heines »Geständnissen«, wo der Dichter den Petersdom als *das* Symbol für die römisch-katholische Kirche mit einer »Bastille des Geistes« vergleicht und dabei die Gelegenheit zu einer rückblickenden Klarstellung grundsätzlicher Art nutzt (»Von fanatischer Feindschaft gegen die römische Kirche kann bey mir keine Rede seyn«):

> […] behauptet immerhin, dieselbe werde jetzt nur noch von Invaliden vertheidigt: aber es ist darum nicht minder wahr, daß auch diese Bastille nicht so leicht einzunehmen wäre, und noch mancher junge Anstürmer an ihren Wällen den Hals brechen wird. Als Denker, als Metaphysiker, mußte ich immer der Consequenz der römisch-katholischen Dogmatik meine Bewunderung zollen; auch darf ich mich rühmen, weder das Dogma noch den Cultus je durch Witz und Spötterey bekämpft zu haben […]. Ich brauche wohl nicht erst zu gestehen, daß in derselben Weise, wie kein blinder Haß gegen die römische Kirche in mir waltete, auch keine kleinliche Rancune gegen ihre Priester in meinem Gemüthe nisten konnte: wer meine satirische Begabniß und die Bedürfnisse meines parodirenden Uebermuths kennt, wird mir gewiß das Zeugniß ertheilen, daß ich die menschlichen Schwächen der Clerisey immer schone, obgleich in meiner spätern Zeit die frommthuenden, aber dennoch sehr bissigen Ratten, die in den Sacristeyen Bayerns und Oesterreichs herumraschein, das verfaulte Pfaffengeschmeiß, mich oft genug zur Gegenwehr reizte. Aber ich bewahrte im zornigsten Ekel dennoch immer eine Erfurcht vor dem wahren Priesterstande […]. Denn katholische Priester waren es, denen ich als Kind meinen ersten Unterricht verdankte; sie leiteten meine ersten Geistesschritte. (DHA XV, 50f.)

Weiterhin spielt Heine im »Schwabenspiegel« auf den – in diesem Fall weitaus schwerwiegenderen – Vorwurf der »Brandstiftung« verbaler Art, nämlich mittels Literatur an, die es durch entsprechende »schützende« bzw. ›vorbeugende‹ Maßnahmen (z. B. die Zensur) zu unterbinden gilt. Das gegen die Schriften des Jungen Deutschland verhängte Publikationsverbot hatten wir ja bereits erwähnt.[29] Dem öffentlichen Vorwurf des literarischen Brandstiftertums[30] sah sich etwa auch der von uns bereits mehrfach erwähnte Joseph Görres mit seinem »Athanasius« ausgesetzt:

> Einen Feuerbrand, gegen die preußische Regierung geschleudert, nennen sie den Athanasius. Wie? dieß in strengster Mäßigung und in klarster Ruhe geschriebene Buch wäre eine Brandfackel, in die preußische Regierung hineingeworfen? Da müsste die Regierung doch ganz und gar die Natur eines Selbstzünders haben, wollte sie durch solche Worte einfachster, schlichtester Wahrheit, von einem ganz und gar machtlosen Individuum ausgesprochen, sich

inflammiren lassen. Wahrlich! habt ihr wahrhaft Besorgnisse vor Feuersgefahr, dann müßt ihr die Apparate zur Brandlegung ganz an anderer Stelle suchen; und wenn wir, an Handlungen vorübergehend, sie in Büchern sehen wollen, dann wären ganz andere zu nennen: zum Theil von Agenten der Regierung selbst geschrieben [...]. Das Buch, heißt es weiter, ist keine Vertheidigung, die wäre schon erlaubt; sondern ein direkter Angriff, der nicht geduldet werden kann. Also von der einen Seite darf man gegen die Kirche Alles sich gestatten; alle Mittel sind recht, selbst Kanonen und Bajonette nicht zu vergessen.[31]

Doch zurück zu unserer Textstelle im »Schwabenspiegel«. Erinnert sei etwa daran, dass in der endlosen Geschichte der Rauchverbote und Sanktionen gerade die Vermeidung der Brandgefahr und die Wahrung des öffentlichen Anstandes den staatlichen Behörden immer wieder als willkommener Vorwand gedient hatten, energisch gegen das Rauchen vorzugehen. In der Verhängung solcher Verbote zeigten sich viele europäische Städte zum Teil recht erfinderisch. Andererseits konnten sie mit der damals überwiegend vorherrschenden traditionellen Holzbauweise und der häufig sehr engen Quartiersbebauung in den Innenstädten zunächst recht einleuchtend begründet werden. In den meisten Städten und Ortschaften war es daher strengstens verboten, auf offener Straße zu rauchen, und die Schildwachen waren angewiesen, gegen etwaige Verstöße energisch einzuschreiten.[32] Wer in flagranti beim Rauchen erwischt wurde, hatte mit teils empfindlichen Strafen zu rechnen. In deutschen Landen, allen voran in Preußen, ging man besonders unnachgiebig gegen Verstöße vor. Dort wurde regelrecht Jagd auf Personen gemacht, die sich an vermeintlich feuergefährlichen Orten dem Genuss des blauen Dunstes allzu ungeniert hingaben, was zu ständigen Konflikten und einem teils recht kuriosen Katz-und-Maus-Spiel zwischen dem rauchenden Teil der Bevölkerung und den Behörden führte. Dort machte sich, so absurd dies auf uns heute auch wirken mag, schon des Vorwurfs der Missachtung der Staatsgewalt und Respektlosigkeit schuldig, wer etwa rauchenderweise an einem Wachposten des königlich-preußischen Heeres vorüberschlenderte.[33] Welch eine Ungeheuerlichkeit! Das Hauptargument blieb jedoch stets, dass das Rauchen in der Öffentlichkeit schlechterdings als grober Verstoß gegen die guten Sitten und die öffentliche Moral galt. Zunehmend wurden die Verbote von der Bevölkerung jedoch als pure Schikane und Bevormundung durch den absolutistisch-repressiven Obrigkeitsstaat empfunden, gegen die sich wachsender Widerstand regte. »Es handelte sich bei dem Rauchverbot«, so schreibt Werner Luft, »um den Versuch, zu erproben, ob und wie sehr sich der freie Mann von seinen Oberen bevormunden ließ, im Namen einer Sittsamkeit, deren Wesen und Grenzen jene allein bestimmen wollten«.[34] So verwundert es nicht weiter, dass die Quellen etwa für die preußische Hauptstadt für die erste Hälfte des 19. Jahrhunderts von wiederholtem ›Rauchrummeln‹ unter der Bevölkerung und vermehrten ›Tabakunruhen‹ berichten.[35]

Die Kleriker waren indes die Ersten, die beim ersten Tabakrauch angewidert die Nasen rümpften und bereits den Untergang des Abendlandes heraufbeschworen. Für sie war der Tabak, in dem sie eine ernsthafte Konkurrenz zum Weihrauch sahen, nichts weiter als ein verwerfliches Höllen- bzw. Teufelskraut, das aufgrund seiner heidnischen Provenienz überall Sodom und Gommora wittern ließ.[36] »Wo das höchste Glück«, bemerken Mark W. Rien und Gustaf Nils Dorén in ihrem »Tabago Buch« treffend, »ins Jenseits verlagert wurde, da mußte den irdischen Genuß der Bannstrahl treffen«.[37] Gemäß Heines Sensualismus- und Glückseligkeits-Credo, wonach der Mensch nicht nur zum Darben bestimmt sei, sondern während der kurzen Spanne seines irdischen Daseins ein gleichsam göttlich verbrieftes Anrecht auf persönlichen Lebensgenuss und Glücksfreuden habe, musste die Verdammung des Rauchens in der bzw. durch die Kirche für ihn geradezu als bedenkliches zeitsymptomatisches Indiz erscheinen. Anhand der Raucher-Anekdote aus der »Katholischen Kirchenzeitung«, die Heine bereitwillig aufgriff, ließ sich einmal mehr die ausgesprochene Genuss- und Leibfeindlichkeit einer Institution trefflich demonstrieren, die er in seinem Werk wiederholt als ›nazarenisch‹ und reaktionär gebrandmarkt hat.

Wie dem auch sei, die Kirche führte einen regelrechten Kreuzzug gegen die sich seit dem Dreißigjährigen Krieg in Europa epidemieartig verbreitende Modeerscheinung des ›Tabaktrinkens‹. Dennoch konnten die zahlreichen kirchlichen Rauchverbote, die sich seit dem 16. Jahrhundert häuften, nicht verhindern, dass der Tabakgenuss selbst unter der Geistlichkeit immer mehr Anhänger fand. Selbst vor Kirchenportalen (auch vor denen von St. Peter in Rom) und dem Allerheiligsten, der Feier der Eucharistie, machte der blaue Dunst nicht länger Halt.[38] So sah sich etwa Papst Urban VIII. (1568–1644) dazu genötigt, das Rauchen in Kirchen und in deren Umkreis per päpstlicher Bulle zu verbieten. Wer sich nicht an dieses Verbot hielt, dem wurde kurzerhand die Exkommunikation angedroht. Sein Nachfolger, Papst Innozenz X. (1574–1655), verfügte schließlich ein Rauch- und Schnupfverbot für St. Peter, nachdem der Heilige Vater während der Hochämter immer öfter hatte beobachten müssen, dass selbst Mitglieder seines Hofstaates ganz ungeniert mehr dem Genuss des Tabakkonsums frönten, anstatt ihre Aufmerksamkeit der feierlichen Liturgie und dem Seelenheil zu widmen.[39]

Zweifellos war sich auch Heine, als er an seinem »Schwabenspiegel« schrieb, die hohe Symbolkraft und die inhärente starke Provokationsgeste des Rauchens *coram publico*, noch dazu in einem Gotteshaus, gewärtig. Zumal, wenn es sich dabei obendrein auch noch um das damals erst allmählich aufkommende Schmauchen einer Zigarre handelte als dem gleichsam ›schwersten‹ damals verfügbaren Rauchgerät, das somit faktisch den Tatbestand einer »trotzigen Waffe«[40] erfüllte.

Wer im 19. Jahrhundert rauchte, der demonstrierte damit nämlich nicht nur einen gewissen Hang zu einer ungeniert ausladenden Genussfreudigkeit, sondern gab, ob er nun wollte oder nicht, gleichsam auch ein politisches Statement zur persönlichen Autonomie und zum damals im Aufstreben begriffenen Bürgertum ab, das ihn von Obrigkeits wegen *per se* verdächtig machte. Zudem stellte die Solidarität, die sich unter Rauchern über sämtliche soziale Klassenschranken hinweg bis heute schnell einzustellen vermag, die auf Standesdünkel und Hierarchien aufgebauten Grundlagen des restaurativen Ständestaates auf gefährliche, gleichsam ›demagogische‹ Weise in Frage.[41] Vom stillen Einvernehmen unter Rauchern bis zur konspirativen Vorbereitung revolutionärer Umstürze brauchte es, so zumindest die Denkweise der chronisch misstrauischen Obrigkeit, nur eine Zigarrenlänge. »[A]uch das Unschuldigste ist jetzt bedenklich« (HSA XXI, 160), klagt Heine in einem Brief etwa über verschärfte Zensurmaßnahmen, und selbst scheinbar Harmloses wie das Rauchen in der Öffentlichkeit erregte bereits Verdacht.

Kurzum, Rauchen galt als demokratisch und mithin als politisch suspekt, wenn nicht gar als subversiv:

> Das Rauchen im Freien wurde noch vielfach als eine demonstrative Auflehnung gegen die herrschende Staatsgewalt betrachtet. Ebenso wie jeder, der bei der damaligen Zylindermode einen Filzhut trug, sich schon einer revolutionären Gesinnung verdächtig machte, so witterte man auch in jedem Raucher auf der Straße einen gefährlichen Demokraten.[42]

Insbesondere die Zigarre, später das Statussymbol schlechthin für eine etwas arg selbstzufrieden und bisweilen auch ein wenig überheblich wirkende Bourgeoisie, wurde gerade eben zu jener Zeit, als Heine nach Paris übersiedelte, zum Inbegriff für stutzerhaftes Dandytum. Die wohl prominenteste Pariser Raucherin jener Jahre mit einem Faible für selbst gedrehte ›Papiercigarettos‹ war die Französin George Sand (1804–1876). Mit der Sand, die bis heute als frühes Musterbeispiel und Vorkämpferin der Frauenemanzipation gilt, pflegte Heine in den Jahren seines Pariser Exils engen freundschaftlichen Kontakt.[43] In einem Pariser Journal aus dem Jahr 1831 steht zu lesen, dass die Zigarre, bis vor wenigen Jahren noch ein unfashionabler »Gegenstand der Verwerfung«, neuerdings zum »untrennbaren Begleiter der Pariser Stutzer geworden« sei: »Die Cigarre ist von Tabakstuben in die Kaffeehäuser, von den Kaffeehäusern auf die Promenade gedrungen; von hier in die Salons ist nur ein Schritt […].« Wenn dies so weitergehe, so prophezeite das Pariser Journal, »so werden wir bald in den Boudoirs den Weihrauchduft der Cassoletten durch den Tabaksdampf verdrängt sehen«.[44] Für das restaurative Deutschland war eine solche Freizügigkeit einstweilen noch völlig undenkbar. In Preußen, namentlich in Berlin, wo noch das 1764 durch Friedrich den Großen verhängte Rauchverbot griff, galt die Zigarre gegenüber der konservativ-philiströsen

Tabakspfeife, die man nur in den eigenen vier Wänden rauchen durfte, »als eine ungebührliche [...] liberale Dreistigkeit und ein demokratisches Symbol für Volksverhetzer und Wühler«[45] und wurde weiterhin gleichermaßen unbeirrt wie unerbittlich verfolgt.

Noch im Revolutionsjahr 1848 empörte sich die konservative »Neue Preußische Zeitung«, wegen ihres Eisernen Kreuzes im Titelkopf im Volksmund auch kurz nur »Kreuzzeitung« genannt:

> Die Cigarre ist das Scepter der Ungenirtheit. Mit der Cigarre im Munde sagt und wagt ein junges Individuum ganz andere Dinge, als es ohne Cigarre sagen und wagen würde. Die Subordination des Soldaten läßt sich mit der Cigarre im Munde dem Offizier gegenüber nicht behaupten, und jede feinere Subordination, deren Grade bekanntlich [...] unzählig sind, wird mehr oder minder niedergetreten oder verabsäumt durch diese Schenkensitte.[46]

Doch mit den wie auch immer begründeten Rauchverboten und Schikanen sollte spätestens mit dem Ausbruch der Berliner Märzrevolution von 1848 endgültig Schluss sein. Es ist bezeichnend, dass – neben der eingeforderten allgemeinen Presse-, Meinungs- und Versammlungsfreiheit – das Recht auf Rauchen in der Öffentlichkeit_mithin zu den wichtigsten politischen Forderungen der Märzdemonstranten gehörte. Erst als den aufgebrachten Berlinern, die demonstrierend vor das Königsschloss gezogen waren, hoch und heilig versichert worden war, dass künftig gleichfalls das Rauchen ›och im Dierjarten‹ (Tiergarten) mit »die jrine Beeme« (DHA VII, 95) wieder uneingeschränkt erlaubt sei, zog die durch diese Zusage einigermaßen besänftigte Menge friedlich und zufrieden gestimmt von dannen.[47]

Der Eindruck, dass Heine im »Schwabenspiegel« eine Lanze für das Rauchen zu brechen scheint und noch dazu »während der heiligen Handlung« gutheißen würde, darf nun freilich nicht zu dem Schluss verleiten, als ob er selbst ein großer Freund des blauen Dunstes gewesen wäre. Es darf vielmehr angenommen werden, dass Heine insgeheim eine ordentliche Portion Sympathie und Mitleid mit dem ob seines Vergehens an den öffentlichen (Zeitungs-)Pranger gestellten und angeblich um ein Haar verprügelten Rauch-›Delinquenten‹ empfunden haben mag. Schließlich hatte doch auch er selbst in der Vergangenheit schon einmal den gebotenen Respekt beim Betreten eines Gotteshauses vermissen lassen und sich damit den Vorwurf der Blasphemie eingehandelt.[48]

Darüber hinaus lässt sich anhand der Textstelle anschaulich nachverfolgen, dass Heine in der Rezeption des vorgefundenen Sprachmaterials wenig zimperlich zu Werke ging, wenn es ihm nur geeignet genug erschien, daraus ein besonders treffendes Bonmot zu machen oder beim Leser durch einen möglichst bildhaften Sprachwitz einen Lacher zu landen. Denn kaum anders als mit kühl berechnender

Ironie und »parodirende[m] Uebermuth« ließe sich sonst seine – absichtlich vorgetäuschte, wie getrost gemutmaßt werden darf – Parteinahme für das Rauchen etwa mit seiner Aussage in Einklang bringen, wonach er »weder das Dogma noch den Cultus je durch Witz und Spötterey bekämpft« habe (DHA XV, 50f.). An bekenntnishaften Äußerungen wie dieser sind zumindest Zweifel angebracht. Immerhin lässt sich dem Heine'schen Text zugute halten, dass in ihm ja lediglich die Rede ist vom Rauchen »in der Nähe der Religion« im Gegensatz zu »während der heiligen Handlung« (wie es in der Originalzeitungsmeldung hieß), was zumindest noch einen gewissen Respekt erkennen ließe.

Heine war nämlich, anders als die Stelle im »Schwabenspiegel« zunächst vermuten lassen könnte, ein bekennender Nichtraucher, dem der Tabaksqualm – ähnlich seinem »College[n] Wolfgang Goethe« (ebd., 55) – regelrecht zuwider war (vgl. DHA XI, 71f.). Das bestätigen auch Zeitgenossen Heines, wie etwa der französische Romancier Théophile Gautier, der den deutschen Exilschriftsteller um 1833 herum als rundum solide beschreibt: »Er trug weder Kinn- noch Schnauz-, noch Backenbart, rauchte nicht, trank kein Bier, und wie Goethe verabscheute er die drei Dinge.«[49] Eine längere Passage im »Buch Le Grand« (Kap. XIII) widmet Heine, unter Anführung einiger älterer Publikationen über den Tabak, ausführlich einer Reihe prominenter Nikotin-Anhänger und -Gegner. Sich selbst reiht er dort nicht gerade unbescheiden in die illustre Ahnengalerie jener »große[n] Männer« ein, »die keinen Tabak geraucht haben; z. B. Cicero, Jutinian, Goethe, Hugo, Ich« (DHA XI, 204). In der »Romantischen Schule« geht Heine *expressis verbis* auf Goethe und dessen ausgeprägte Tabakrauchaversion ein. Dort heißt es:

> Die Orthodoxen waren ungehalten gegen den großen Heiden [...]; sie sahen in ihm den gefährlichsten Feind des Kreuzes, das ihm, wie wir sagte, so fatal war wie Wanzen, Knoblauch und Tabak; nemlich so ungefähr lautet die Xenie, die Goethe auszusprechen wagte, mitten in Deutschland, im Lande wo jenes Ungeziefer, der Knoblauch, der Tabak und das Kreuz, in heiliger Allianz, überall herrschend sind. (DHA VIII, 155)

Von Goethe, der es nur schwer ertragen konnte, wenn in seiner Gegenwart geraucht wurde, stammt schließlich auch die wohl bekannteste Raucherschelte in der deutschsprachigen Literatur. Das Rauchen, so meinte der Weimarer Dichterfürst in einem uns von Dritten überlieferten Gespräch, mache dumm, es mache unfähig zum Denken und Dichten und nicht zuletzt sei es überhaupt nur eine Sache für Müßiggänger:

> Zum Rauchen gehört auch das Biertrinken, damit der erhitzte Gaumen wieder abgekühlt werde. Das Bier macht das Blut dick und verstärkt zugleich die Berauschung durch den narkotischen Tabaksdampf. [...] Wenn es so fortgehen sollte, wie es den Anschein hat, so wird man nach zwei oder drei Menschenaltern schon sehen, was die Bierbäuche und Schmauch-

lümmel aus Deutschland gemacht haben. An der Geistlosigkeit, Verkrüppelung und Armseligkeit unserer Literatur wird man es zuerst bemerken. [...] Aber es liegt auch im Rauchen eine arge Unhöflichkeit, eine impertinente Ungeselligkeit. Die Raucher verpesten die Luft weit und breit und ersticken jeden honetten Menschen, der nicht zu seiner Verteidigung zu rauchen vermag.[50]

Auch im Heine'schen Werk wimmelt es nur so vor dickbäuchigen, debattierenden und deutschtümlerischen Biertrinkern, kurzum: vor »dummen Tabaksgesichtern« (HSA XX, 137).

Die taktische Erwähnung beider Genussmittel soll dem Leser einen latenten Hang zur Spießbürgerlichkeit und ein ausgeprägtes Phlegma im politischen Denken sowie Handeln signalisieren. Sehr häufig tauchen beide Motive bei Heine daher in Kombination mit der in der Geistestradition der Romantik stehenden Philistersatire auf.[51] In der »Harzreise« etwa äußert Heine über das »Brockenbuch« und die darin enthaltenen poetischen Herzensergießungen der zahlreichen Besucher, des »große[n] Philistertroß'«, naserümpfend: »Das ganze Buch riecht nach Käse, Bier und Tabak; man glaubt einen Roman von Clauren zu lesen.« (DHA VI, 129) Wenig besser ergeht es den gleichermaßen ›imprägnierten‹ Lustspielen von Ernst Raupach, für die Heine kaum schmeichelhaftere Worte findet: »Wo er Frauenzimmer sprechen läßt, tragen die Redensarten unter der weißen Mousselinrobe eine schmierige Hose von Gesundheitsflanell und riechen nach Tabak und Juchten.« (DHA XII, 231) Anrüchig, im weitesten Sinne ›billig‹ trifft es wohl noch am ehesten, was Heine mit dieser Art von qualitativ zweifelhafter (Schund?-) Literatur und den sich in ihr offenbar reichlich tummelnden Schmierenkomödianten gemeint haben könnte. In der »Romantischen Schule« lobt Heine indes die Verdienste August Wilhelm Schlegels in seinem Bemühen um eine ästhetische und leicht verständliche deutsche Prosa. Früher habe man dagegen »ein verworrenes, trockenes Deutsch« geschrieben, »welches nach Talglichtern und Tabak roch« (DHA VIII, 173). Heine bringt dessen Verdienst um die deutsche Schriftsprache – nicht ohne ironischen Hintergedanken – unmittelbar mit der spiritualistisch-asketischen Lebensführung des Romantikers in Verbindung: »Herr Schlegel gehörte zu den wenigen Deutschen die keinen Tabak rauchen, eine Tugend, welche er der Gesellschaft der Frau v. Staël verdankte.«[52] Und in seinem populären »Wintermährchen« muss der Dichter die erschreckende Feststellung machen, dass die von ihm so geliebten Franzosen immer mehr seinen deutschen Landsleuten ähneln:

> Sie philosophiren und sprechen jetzt
> Von Kant, von Fischte und Hegel,
> Sie rauchen Tabak, sie trinken Bier,
> Und manche schieben auch Kegel.

> Sie werden Philister ganz wie wir
> Und treiben es endlich noch ärger;
> Sie sind keine Voltairianer mehr,
> Sie werden Hengstenberger. (DHA IV, 102)

Wenn Heine in einem Bruchstück zu Caput I seines »Wintermährchens« sogar seiner Sehnsucht »nach Tabaksqualm/ Hofräthen und Nachtwächtern/ Nach Plattdeutsch, Schwarzbrod, Grobheit sogar/ Nach blonden Predigerstöchtern« (DHA IV, 291) poetischen Ausdruck verliehen hat, so kann dies einstweilen nur mit seinem damaligen großen Heimweh erklärt werden. Die Tatsache, dass der Tabaksqualm in dieser Aufzählung bezeichnenderweise an erster Stelle rangiert, die »blonden Predigerstöchter[]« hingegen an letzter (!), lässt für die zurückliegenden zwölf Jahre seines Pariser Exils eine vielsagende Ernüchterung erkennen. Jedenfalls muss es, so legen es diese Verse zumindest nahe, um die persönliche Seelenlage des Exilanten damals schon eben nicht gerade zum Besten gestanden haben.

Eine besonders witzige Textstelle, um es damit bei diesen wenigen Beispielen bewenden zu lassen, die Heines Abneigung gegenüber dem Tabakkonsum belegt, findet sich schließlich in der »Börne«-Denkschrift. Im dritten Buch macht Heine dem Leser das ironische Geständnis, dass er einst die ernsthafte Absicht gehabt habe, ein gefeierter Volksredner zu werden. Daraus wurde dann freilich am Ende doch nichts, denn, so liefert Heine als kuriose Begründung nach: Bei einer deutschen Revolution werde nämlich intensiv geraucht! Er erklärt:

> Denkt Euch meinen Schreck, als ich in Paris der obenerwähnten Volksversammlung beywohnte, fand ich sämmtliche Vaterlandsretter mit Tabakspfeifen im Maule, und der ganze Saal war so erfüllt von schlechtem Knasterqualm, dass er mir gleich auf die Brust schlug und es mir platterdings unmöglich gewesen wär, ein Wort zu reden ...
> Ich kann den Tabaksqualm nicht vertragen, und ich merkte, daß in einer deutschen Revoluzion, die Rolle eines Großsprechers in der Weise Börnes et Consorten nicht für mich paßte.[...] Wer weiß, vielleicht am Ende meiner Tage überwinde ich meinen Widerwillen gegen den Tabaksqualm und lerne rauchen und halte die ungewaschensten Reden vor dem ungewaschensten Publikum ... (DHA XI, 71f.)[53]

Eine banale Rauchallergie als Vereitelerin eines potentiellen Agitators, ja vielleicht sogar einer möglichen deutschen Revolution – das ist eine in ihrer ganzen Absurdität tragisch-komische Vorstellung, mit der Heine die deutsche Misere der Vormärz-Epoche allerdings äußerst humorvoll auf den entscheidenden (Brenn-)Punkt zu konzentrieren versteht.

Festzuhalten bleibt zum Schluss, dass Heine im Rahmen seiner Möglichkeiten auch aus der räumlichen Entrückung des Pariser Exils, wie wir sahen, ein erstaunlich gut informierter Beobachter und Kommentator der deutschen Zustände blieb. Und dies manch gegenteiligen – bisweilen auch Heines eigenen (»Ich bin ganz von allem deutschen Verkehr abgeschnitten« [HSA XXI, 155]) – Unkenrufen von Kritikern und Gegnern zum Trotz, die ihm mit den sich aufaddierenden Jahres seines Exils eine unablässig fortschreitende Entfremdung von heimatlich deutschen Gefilden vorwarfen.

Der Umstand, dass heutzutage mancher konservative Zeitgenosse beim Aufglimmen einer Zigarette in einem Gotteshaus abermals das Ende aller abendländischen Zivilisation gekommen sehen will, während andere bereits ernsthaft über die Gründung einer »Kirche der Raucher Gottes« nachdenken (mit der Absicht, dort die ›heilige Dreifaltigkeit‹ in Gestalt von Rauch, Feuer und Asche anzubeten)[54], zeigt darüber hinaus, wie aktuell der gesellschaftliche Dauerkonflikt um das Rauchen respektive wie zeitlos und modern Heines Beobachtungen zu diesem Thema bis heute (geblieben) sind. Vorsichtig versöhnlich könnte beide Parteien vielleicht ein alter jüdischer Witz – er kursiert übrigens auch in einer katholischen Variante – stimmen, den wir hier zum Abschluss unseres Beitrags noch zum Besten geben möchten. Vermutlich hätte er auch Heines Wohlwollen gefunden:

Zwei Talmud-Schüler kommen eines Tages zum Rabbi, und einer von beiden fragt seinen Lehrer: »Rabbi, darf man beim Beten eigentlich rauchen?« Der Rabbi ist empört und antwortet: »Natürlich nicht! Wie kommst du denn auf diese verrückte Idee?« Darauf meint der andere Talmud-Schüler: »Warte, du hast nur falsch gefragt.« Er wendet sich an den Rabbi: »Rabbi, darf man denn beim Rauchen beten?« Darauf der Rabbi entspannt: »Natürlich! Beten kann niemals schaden!«

Anmerkungen

1 Wolfgang Menzel: Die deutsche Literatur, 2., vermehrte Aufl. 4. und letzter Teil. Stuttgart 1836, S. 335, 337f.

2 Ute Radlik: Heine in der Zensur der Restaurationsepoche. – In: Zur Literatur der Restaurationsepoche 1815–1848. Hrsg. von Jost Hermand und Manfred Windfuhr. Stuttgart 1970, S. 460–489, hier S. 468.

3 Vgl. Eberhard Galley: Heinrich Heines Privatbibliothek. – In: HJb 1 (1962), S. 96–116, hier S. 98f.

4 Werner/Houben II, 306.

5 Auslöser für den Konflikt war die Frage der gemischten Ehen und der Erziehung daraus hervorgehender Kinder. Durch die 1815 zu Preußen neu hinzugekommenen Provinzen Rheinland und Westfalen mit ihrer überwiegend katholischen Bevölkerung sorgte diese Frage zunehmend für Spannungen und erwies sich als ernsthaftes Problem für die staatliche Integration der neuen Provinzen. Die katholische Kirche machte die kirchliche Einsegnung gemischter Ehen

von der Zusage der katholischen Taufe und Erziehung der Kinder abhängig. Die konkrete Praxis sah jedoch vielerorts anders aus, ohne dass die Kirche dagegen Einspruch erhob. In Preußen war 1803 bestimmt worden, dass die Religion des Vaters für die Erziehung des Nachwuchses ausschlaggebend sei. Eine Kabinettsorder von 1825 übertrug diese Regelung auch auf die neu erworbenen westlichen Provinzen. Ein stillschweigendes Übereinkommen von 1834 zwischen der preußischen Regierung und dem liberalen Kölner Erzbischof, Graf Spiegel, billigte, entgegen eines anderslautenden päpstlichen Breve von 1830, auch weiterhin diese bislang zur Anwendung gekommene Praxis. Unter Spiegels Nachfolger, dem deutlich konservativeren Erzbischof Clemens August von Droste-Vischering, einem kirchenpolitischen Hardliner, kam es drüber zum Konflikt. Als Droste in der Sache stur blieb und nicht nachgeben wollte, wurde er schließlich am 20.11.1837 unter Gewalt und militärischem Aufgebot auf die Festung Minden gebracht. Erst der Thronwechsel zu Friedrich Wilhelm IV. im Jahr 1840 entschärfte den Konflikt, der dem politischen Katholizismus einen entscheidenen Auftrieb gegeben hatte. Vgl. Bruno Gebhardt: Handbuch der deutschen Geschichte. Bd. 3: Von der Französischen Revolution bis zum ersten Weltkrieg. Hrsg. von Herbert Grundmann, 8., vollst. neubearb. Aufl., Stuttgart 1965, S. 114f. Als ein Versuch, preußischen Staat und (katholische) Kirche respektive die katholisch dominierte Rheinprovinz nach den Kölner Wirren wieder miteinander zu versöhnen, ist auch der Weiterbau des Kölner Doms zu betrachten. Vgl. zu Heines zeitweiligem Engagement für die Vollendung dieses »Allerdeutschenhaus« (Görres) und ›Symbol der nationalen Einheit‹ im Pariser »Hülfsverein für den Kölner Dombau« den weiterführenden Kommentar in DHA IV, 1100ff.

6 Darin war den Autoren des Jungen Deutschland (unter ihnen namentlich auch Heine) zum Vorwurf gemacht worden, »die christliche Religion auf die frechste Weise anzugreifen, die bestehenden sozialen Verhältnisse herabzuwürdigen und alle Zucht und Sittlichkeit zu zerstören«. Daher sei es dringend notwendig, hieß es in dem Dekret weiter, »diesen verderblichen, die Grundpfeiler aller gesetzlichen Ordnung untergrabenden Bestrebungen« Einhalt zu gebieten. Zit. n. Das Junge Deutschland. Texte und Dokumente. Hrsg. von Jost Hermand, Stuttgart 1966, S. 331.

7 So hatte Menzel im »Literaturblatt« Nr. 109 vom 23.10.1835 unter dem Titel »Unmoralische Literatur« gewarnt: »Die Erscheinung solcher Bücher möge den Unwillen rechtfertigen, mit dem ich gegen das junge Volk aufgetreten bin. Unkundige mögen hieraus erkennen, *wie weit* diese neue Schule der frechsten Unzucht, des unerlaubtesten Frevels gegen alles Heilige bereits gegangen ist. [...] Ich weiß zwar wohl, daß es einigen sichern Leuten lächerlich scheint, solche tolle Phantasien einiger wenigen verirrten Jünglinge für ernstlich gefährlich zu halten; ich weiß, daß ihr Krieg gegen das Christenthum, gegen die Moral, gegen die Ehe vor der Hand nicht mehr bedeutet, als wenn eine junge Eulenbrut Krieg führen wollte mit der alten Sonne. Allein aus einem Funken kann ein Brand werden.« Zit. n. Politische Avantgarde 1830–1840. Eine Dokumentation zum ›Jungen Deutschland‹. Hrsg. von Alfred Estermann. Bd. 1. Frankfurt a. M. 1972, S. 56–64, hier S. 61 (Kursivsetzung im Original; MV).

8 Verantwortlich für den Inhalt zeichnete damals Julius Vincenz von Paula Höninghaus, ein Konvertit und ›Doctor der Philosophie und Ritter des päpstlichen Ordens vom goldenen Sporn‹, wie er sich selbst nannte, der zwischen 1826–42 als Schriftsteller und Journalist kurzfristig eine bedeutendere Rolle in der katholischen Publizistik spielte. 1842 als Redakteur der »Kirchenzeitung« entlassen und später sogar wegen eines Vergehens gegen die Sittlichkeit steckbrieflich gesucht, entzog er sich 1844 durch Flucht ins Ausland (angeblich nach Belgien, andere Quellen sprechen von Amerika). Rudolf Pesch nennt in seiner 1964 publizierten Dissertation Höninghaus' »Katholische Kirchenzeitung« seinen »besten Beitrag zur katholischen Presse«.

Ders.: Die kirchlich-politische Presse der Katholiken in Deutschland vor 1848. Ein Überblick über die Entwicklung der katholischen Kirchenblattpresse in Deutschland [...]. Stuttgart 1964, S. 37. Dagegen meint Heinrich Heil: Zur Entwicklung der katholischen Presse in Frankfurt am Main. Ein Beitrag zur Geschichte der ›Frankfurter Volkszeitung‹ anläßlich ihres 50jähr. Jubiläums [...]. Frankfurt a.M. 1921, S. 8: »Das Frankfurter Unternehmen Höninghaus' krankte, wie die meisten Zeitungen und periodischen Zeitschriften der damaligen Zeit, an dem Mangel an Volkstümlichkeit. Die Unternehmer, Redakteure und Mitarbeiter gehörten wohl zu den besten katholischen Schriftstellern der Zeit, aber sie waren keine Journalisten im eigentlichen Sinne des Wortes. Seitenlange, zum Teil hochwissenschaftliche Abhandlungen, die heute noch ihres Stiles und vor allem des wertvollen, in ihnen aufgespeicherten Materials wegen zur Beurteilung der Zeitgeschichte für den Gebildeten von Wert sind, füllten den Hauptteil des zur Verfügung stehenden Raumes. Sie wurden in den l i t e r a r i s c h e n S a l o n s [...] mit Genuß gelesen. Aber in die M a s s e d e s V o l k e s, das zu gewinnen und der guten Sache zu erhalten es eigentlich galt, vermochte sie nicht zu dringen. So blieb die Leserzahl eine beschränkte; die Rentabilität blieb infolgedessen aus.« (Sperrungen im Original; MV) Die von Heil genannten Gründe waren vermutlich mit die Ursache dafür, warum das Blatt sein Erscheinen nach gerade einmal sieben Jahren 1845 endgültig einstellte.

9 Vgl. Pesch: Die kirchlich-politische Presse der Katholiken [Anm. 8], S. 37.

10 So kommentierte Gutzkow im Februar 1838 in seinem »Telegraphen für Deutschland« (Nr. 27, S. 215) ironisch: »In Frankfurt a.M. erschien bisher eine U n i v e r s a l - K i r c h e n z e i t u n g, wo Juden Katholiken und Protestanten versöhnt sich die Hand boten. Mit dem neuen Jahre sind alle drei, jeder s e i n e s Weges gegangen, und Herr Jul. V. H ö n i n g h a u s, (nicht Jul. v. Höninghaus) setzt das Blatt nun für die Interessen des Katholizismus fort. Dieser Herr nennt sich ›Ritter vom goldnen Sporn‹ und hat ihn verdient; denn erst ein Blatt zu gründen, das für drei Religionen bestimmt ist und darnach auch ein Terrain sich erobern muß, und dann das eroberte Terrain mit einem Male n u r für die Anpflanzung des Katholizismus auszubeuten; dazu muß man ein Schüler Loyolas seyn, wenn auch nur ein geheimer.« (Sperrungen im Original; MV)

11 Der Bayernkönig handelte sich damit von Seiten Heines den Vorwurf der ›Majestätsbeleidigung der Poesie‹ ein (vgl. DHA XI, 67). Heinz Gollwitzer vertritt die Ansicht, dass Ludwig I. »sich nicht auf das Glatteis literarischer Öffentlichkeit [hätte] begeben dürfen. Es war unbesonnen, den Gegnern des Königtums auf solche Weise Angriffsflächen zu bieten«. Ders.: Ludwig I. von Bayern. Königtum im Vormärz. Eine politische Biographie. München 1986, S. 108.

12 »Eben weil ich ein Freund des Staats und der Religion bin, hasse ich jene Mißgeburt, die man Staatsreligion nennt, jenes Spottgeschöpf, das aus der Buhlschaft der weltlichen und der geistlichen Macht entstanden, jenes Maulthier, das der Schimmel des Antichrists mit der Eselinn Christi gezeugt hat. Gäbe es keine solche Staatsreligion, keine Bevorrechtung eines Dogmas und eines Cultus, so wäre Deutschland einig und stark und seine Söhne wären herrlich und frey. So aber ist unser armes Vaterland zerrissen durch Glaubenszwiespalt, das Volk ist getrennt in feindliche Religionspartheyen, protestantische Unterthanen hadern mit ihren katholischen Fürsten oder umgekehrt, überall Mißtrauen ob Kryptokatholizismus oder Kryptoprotestantismus, überall Verketzerung, Gesinnungsspionage, Pietimus, Mystizismus, Kirchenzeitungsschnüffeleyen, Sektenhaß, Bekehrungssucht, und während wir über den Himmel streiten, gehen wir auf Erden zu Grunde. Ein Indifferentismus in religiösen Dingen wäre vielleicht allein im Stande uns zu retten, und durch Schwächerwerden im Glauben könnte Deutschland politisch erstarken.« (DHA VII, 194) Vgl. auch Heines Brief an Carl Herloßsohn vom 16.11.1830: »Der Deutsche

merkt wohl das Bündniß der Clerisey mit der Aristokrazie, aber wenn er auch wünscht, daß man die Wechsler und Taubenkrämer aus dem Tempel hinauspeitsche, so wird er doch verdammt ungehalten wenn er sieht, daß man bey dieser Gelegenheit hie und da ein Heiligenbildchen verletzt – [...] Aber es kommt die Zeit, wo der deutsche Michel einsehen wird, daß die Religionsinteressen ein Landesunglück sind, und daß es heilsam wäre wenn sie sammt u[nd] sonders im Indifferentismus ersöffen. Dann gäbe es keine katholischen und protestantischen Deutschländer mehr, sondern ein ganzes, großes, freyes Deutschland!« (HSA XX, 420f.) Es sei nur beiläufig darauf hingewiesen, dass Heines Idealvorstellung von einer politischen Erstarkung mittels »Indifferentismus« und Schwächung im Religiösen im diametralen Gegensatz zu dem steht, was etwa der Frühromantiker Novalis in seinem Aufsatz »Die Christenheit oder Europa« propagiert hatte. Dieser hatte sich genau umgekehrt gerade durch die Wiedererweckung und Stärkung des Christentums eine Renaissance Europas erhofft. Vgl. Novalis: Werke in einem Band. Hrsg. von Hans-Joachim Mähl u. Richard Samuel. München, Wien 1999 [Sonderausgabe], S. 543f.

13 Die im Mittelpunkt unserer Betrachtungen stehende, in Frankfurt am Main herausgegebene »Katholische Kirchenzeitung« ist indes nicht zu verwechseln mit der gleichnamigen, seit 1830 in Aschaffenburg (bis 1829 in Offenbach a.M.) erscheinenden »Katholischen Kirchenzeitung« (1829–1837; ab 1837 dann als »Herold des Glaubens«), die maßgeblich von dem bedeutenden Publizisten Johann Baptist von Pfeilschifter (1793–1874) geprägt wurde. Durch die Mitarbeit von u. a. Franz von Baader, Joseph Görres (der nach dem Niedergang des »Herolds« im Jahr 1843 vereinzelt auch Beiträge für die Frankfurter Kirchenzeitung geliefert haben soll) und anderer bedeutender Persönlichkeiten der Zeit besaß diese Zeitschriftengruppe als Sprachrohr der katholisch-publizistischen Bewegung große politische Bedeutung. Vgl. Heinz Hürten: Katholische Zeitschriften (19./20. Jh.). – In: Historisches Lexikon Bayerns. [online abrufbar unter URL: http://www.historisches-lexikon-bayerns.de/artikel/artikel_44899; letzter Zugriff: 14.06.2014]. Es kann daher nicht ausgeschlossen werden, dass Heine die geistige Urheberschaft aufgrund der Namensgleichheit, mehr oder weniger zu Recht, im geistigen Umfeld des Münchener Görres-Kreises verortet haben könnte. Zu Pfeilschifter und Heine siehe auch die interessante Überlieferung von Aloys Clemens in Werner/Houben I, 222. Zum Münchener ›Eos-Kreis‹ um Görres und von Baader s. Gollwitzer: Ludwig I. von Bayern [Anm. 11], S. 563ff.; ferner auch Pesch: Die kirchlich-politische Presse der Katholiken [Anm. 8], S. 25f.

14 Trotz intensiver Bemühungen ließ sich das Zitat anhand der Original-Zeitungsquelle leider nicht näher überprüfen. Die Suche nach der entsprechenden Ausgabe der NWZ blieb ergebnislos. Der Verf. dankt insbesondere der Klosterbibliothek der Benediktinerabtei Metten, namentlich Herrn Bibliothekar Manfred Sailer, für die freundliche Unterstützung bei den Recherchen.

15 Michael Schmolke: Die schlechte Presse. Katholiken und Publizistik zwischen ›Katholik‹ und ›Publik‹ 1821–1968. Münster 1971, S. 52.

16 Vgl. hierzu Pesch: Die kirchlich-politische Presse der Katholiken [Anm. 8], S. 14: »In der ersten Hälfte des 19. Jahrhunderts sind die publizistischen Mittel in der Hand der Katholiken, einzelner oder von Gruppen, mehr selbständig als im Dienst der Hierarchie, mehr und mehr zu bedeutenden Waffen im Gesinnungskampf der Weltanschauungen und Konfessionen sowie in kirchenpolitischen Auseinandersetzungen geworden. Dabei haben die Katholiken von allen Mitteln, den Flugblättern und Streitschriften, den Zeitschriften, den Kirchenblättern und der Tagespresse Gebrauch gemacht. Im Dienste des Glaubens und ihrer Kirche mußten die Publikationen der Katholiken den Anspruch erheben, ihre Leser nicht nur zu informieren, ihnen Nachrichten zu vermitteln, sondern sie auch meinungsbildend zu führen, ihr Urteil an Hand des

aktuellen Geschehens oder allgemeiner Zeitfragen im Sinne der katholischen Religion zu bilden. Sie waren aufgerufen, sich mit den weltanschaulichen und in steigendem Maße auch konfessionellen Gegnern auseinanderzusetzen und um die öffentliche Meinung zu ringen. Daß in der katholischen Presse dabei das apologetische und konservative Element eine bedeutende Rolle spielte, liegt auf der Hand. Fiel der katholischen Presse doch die Aufgabe zu, eine geschlossene Gemeinschaft und ihre Institutionen zu bewahren und vor heftigen Angriffen in Schutz zu nehmen. Daß die katholische Presse sich schließlich gezwungen sah, an alle Ereignisse ›den Maßstab der Religion‹ anzulegen, hing mit der starken Konfessionalisierung des gesamten Lebens bis zur Entscheidung für Groß- und Kleindeutschland sowie mit der zunehmenden Politisierung des Katholizismus zusammen.«

17 Zur Biographie und Person Zanders, der beruflich wie privat wohl kein ganz einfacher Mensch gewesen zu sein scheint, siehe vor allem Elmar Roeder: Der konservative Journalist Ernst Zander und die politischen Kämpfe seines ›Volksboten‹. München 1972 [= Miscellanea Bavarica Monacensia. Hrsg. von Karl Bosl und Michael Schattenhofer], zu seiner Würzburger Tätigkeit für die KKZ hier vor allem ebd., S.11ff. Bezeichnend für die Person Zanders ist, dass er selbst bei der bayerischen Zensur als hochkonservativ und streng katholisch galt, zudem in der von ihm gepflegten Zeitungssprache als maßlos verschrien war. Vgl. Schmolke: Die schlechte Presse [Anm. 13], S. 53. Da verwundert es nicht sonderlich, dass er mit den Zensoren ständig über Kreuz gelegen haben soll.

18 Roeder: Der konservative Journalist Ernst Zander [Anm. 17], S. 13. Da die NWZ in Preußen Anfang Januar 1838 verboten worden war, gingen fromme katholische Damen im Rheinland dazu über, die Zeitung des Nachts heimlich abzuschreiben und auf diese Weise dennoch zu verbreiten. Vgl. ebd., S. 14. Der von Karl Gutzkow redigierte »Telegraph für Deutschland« (Nr. 27, S. 216, Februar 1838) bemerkte hierzu ironisch: »Die Würzburger Zeitung bildet sich ein, sie würde, da sie in Preußen verboten ist, nun von den Damen am Rhein Nachts abgeschrieben. Wahrscheinlich sind das jene Damen, welche sich verpflichtet haben sollen, nie ›gemischte Ehen‹ einzugehen.«

19 Vgl. Roeder: Der konservative Journalist Ernst Zander [Anm. 17], S. 15: »In Berlin zweifelte man daran, daß Zander als Privatperson über so genaue Korrespondenzberichte und über die Kenntnis geheimen Aktenmaterials verfügen könne. Nach Ansicht der preußischen Regierung trug die NEUE WÜRZBURGER ZEITUNG Zanders ›nicht mehr das Gepräge einer gewöhnlichen Zeitung‹. Sie hielt diese für das ›Werkzeug einer wohlgerüsteten Partei‹, die mit Unterstützung der bayerischen Regierung gegen Preußen arbeitete. Außenminister Abel wies diese Unterstützung in einer fünfzigseitigen Denkschrift zurück und brachte seinerseits aus preußischen Zeitungen Zitate, in denen über Bayern geschimpft wurde.« (Hervorhebung im Original; MV)

20 Zit. n. Schmolke: Die schlechte Presse [Anm. 15], S. 53.

21 Nur einen Tag nach Zanders Weckruf an die Katholiken war in der Beilage zu der in Augsburg erscheinenden »Allgemeinen Zeitung«, für die auch Heine als Korrespondent arbeitete, ganz ähnlich zu lesen gewesen (Nr. 331 vom 27.11.1837): »Vielleicht würde die Bevölkerung Kölns [...] den ganzen Vorgang erst folgenden Tages erfahren haben, wenn nicht die Ankunft einer starken Abteilung Dragoner von Deutz und die Aufstellung von Piquets in den zum erzbischöflichen Palaste führenden Straßen, die noch überdies mit Truppen umgeben waren und vor welchen zwei Stück Geschütz, wobei Artilleristen mit brennenden Lunten, aufgefahren wurden, die öffentliche Aufmerksamkeit in Anspruch genommen hätte.« Wiederabgedr. in: Friedrich Keinemann: Das Kölner Ereignis und die Kölner Wirren (1837–41). Weichenstellungen, Ent-

scheidungen und Reaktionen mit besonderer Berücksichtigung Westfalens. Ein Nachtrag zu: Das Kölner Ereignis, sein Widerhall in der Rheinprovinz und in Westfalen. Hamm 1986, S. 252. Vgl. auch die Beilage zur »Allgemeinen Zeitung« Nr. 337 vom 3.12.1837, wo es entgegen der früheren Darstellung plötzlich als Richtigstellung auf einen Bericht der Frankfurter »Ober-Postamts-Zeitung« (Beilage zu Nr. 324) heißt: »M. als Augenzeugen versichern, daß solche [gemeint sind »militärische Anstalten«; MV] sich auf die Aufstellung schwacher Infantrieabteilungen zu beiden Seiten der Gereonstraße, in der die erzbischöfliche Wohnung liegt, und die Begleitung des Hrn. Erzbischofs durch eine schwache Reiterabteilung bis vor den Ort beschränkt hat. Wenn daher der Verfasser jenes Aufsatzes durch die Straßen sprengende Offiziere, aufgefahrene Kanonen, Artilleristen mit brennenden Lunten gesehen hat, so können dies nur Schreckbilder seiner Phantasie gewesen sein.« Ebd. S. 255. Vgl. auch die empörte Äußerung von Annette von Droste-Hülshoff, wonach sich die Preußen in Münster, wo es zu massiven Zusammenstößen und zum Einsatz berittener Husaren gegen die demonstrierende Bevölkerung gekommen war, bei ihrem Vorgehen »wie Tiger« aufgeführt hätten. Ebd., S. 2.

22 Zur Rolle Bayerns während der Kölner Wirren und zum Umgang mit Zander vgl. Gollwitzer: Ludwig I. von Bayern [Anm. 11], S. 571ff. »Obwohl dem König Zanders Sprache mißfiel, wurde es ihm nicht leicht, gegen Zander einzuschreiten. Noch mehr als die Gefahr, daß die Bundesgesetzgebung über die bayerische Pressegesetzgebung gestellt würde, fürchtete er, ›daß es auch selbst den Schein nicht bekomme, als gäbe der König von Bayern die katholische Sache auf und würde er doch lauer – wie leicht entsteht nicht ein solcher Wahn!‹« Ebd., S. 573. Zander trat schließlich pro forma am 1.6.1838 von der NWZ-Direktion zurück, nachdem ihm Ludwig I. heimlich eine einmalige Entschädigungszahlung von 2000 Gulden gewährt hatte. Faktisch behielt Zander bei der NWZ aber auch danach weiterhin alle Fäden in der Hand. Vgl. Roeder: Der konservative Journalist Ernst Zander [Anm. 17], S. 16f.

23 Vgl. Ludwig Wihls Bemerkung in einem Artikel (Oktober 1837) über Heine: »Es war vordem nicht so leicht, sich in Paris mit der laufenden Literatur in Zusammenhang zu halten. Das oben angeführte Institut, wo wir uns zuerst begrüßten, hat diese Erleichterung verschafft.« Werner/Houben I, 355. Vgl. auch Theodor Mundts Bemerkung gegenüber Karl August Varnhagen von Ense (7.4.1837): »Von deutscher Literatur und Wissenschaft lebt Heine hier völlig isoliert und liest fast nichts, außer den wenigen deutschen Blättern, die in dem Lesekabinett im Palais Royal ausliegen.« Ebd., S. 342.

24 Werner/Houben I, 361. Zum besseren Verständnis: Nachdem der neue König von Hannover, Ernst August, 1837 den Thron bestiegen hatte, erklärte dieser die seit 1833 geltende liberale Verfassung für aufgehoben. Gegen diesen handstreichartigen Verfassungsbruch protestierten sieben Professoren der Göttinger Universität, die öffentlich erklärten, sich nach wie vor an den Eid auf die alte Verfassung gebunden zu fühlen und verweigerten dem neuen König folgerichtig die Huldigungsformel. Dieser reagierte daraufhin mit der Amtsenthebung aller so genannten ›Göttinger Sieben‹.

25 Vgl. HSA XXI, 253f. Die dort beschriebene Sorge, dass durch den Kölner Konflikt die Rheinlande an Frankreich verloren gehen könnten, äußert Heine auch in der »Börne«-Denkschrift: »Was kümmert es aber die frommen Leute in München, ob man am Rhein deutsch oder französisch spricht; für sie ist es hinreichend, daß man dort lateinisch die Messe singt. Pfaffen haben kein Vaterland, sie haben nur einen Vater, einen Papa, in Rom.« (DHA XI, 104)

26 Zit. n. Kienemann: Das Kölner Ereignis [Anm. 21], S. 103.

27 Vgl. DHA V, 131, und Heines Kommentar beim Anblick einer Prozession in »Die Stadt Lukka«: »Es waren fast mehr Soldaten als Geistliche; aber zur Unterstützung der Religion ge-

hören heut zu Tage viele Bajonette, und wenn gar der Segen gegeben wird, dann müssen in der Ferne auch die Kanonen bedeutungsvoll donnern.« (DHA VII, 170)

28 Vgl. auch die Lektüre-Empfehlung an Heine durch seinen Verleger Julius Campe bez. der »Cölnischen BischofsSache« und Campes Hinweis auf die diesbezüglich von Karl Gutzkow stammende Berichterstattung im »Telegraphen für Deutschland« (HSA XXV, 101). So hatte Gutzkow in einer mehrteiligen Artikelserie »Ueber die Entsetzung des Erzbischofs von Köln und die Hermes'sche Lehre« u. a. im Januar 1838 (»Telegraph« Nr. 6, S. 45f.) die Kölner Vorgänge mit den rhetorischen Worten kommentiert: »Die bloße Annahme, als triebe Aberglauben und störrischer, formeller Fanatismus zu jenen Römischen Umtrieben, scheint für unser Zeitalter zu demüthigend, als daß man nicht nach edlern Beweggründen für sie forschen sollte. Indessen darf man sich nicht Alles, was in dieser Rücksicht sich hat geltenden machen wollen, zu schönem und entschuldigendem Lichte ausmalen. Wer kann den Einfluß der Jesuiten berechnen? Wer jene Andeutung über den Zusammenhang mit Belgischen Priesterumtrieben? Wer kann bei Herrn von Droste nachweisen, in wiefern sich Westphälischer Ritterschaftsstolz und feudalistischer Privilegiengeist in seine Opposition gegen die Regierung mischt? Unerwähnt aber darf nicht gelassen werden, dass zwischen Münster und Köln W ü r z b u r g und A s c h a f f e n b u r g in der Mitte liegen, zwei katholische Nester, wo die lichtscheuen Eulen ausgebrütet werden [gemeint sind die dort erscheinende »Neue Würzburger Zeitung« und die »Katholische Kirchenzeitung«; Anm. MV], die man nach Athen zu Markte tragen will, wo Weltpriester, Klostergeistliche und Laienbrüder eine Verschwörung eingegangen zu haben scheinen, die Politik auf den erbärmlichsten Servilismus, und die Religion auf den niederträchtigsten Aberglauben zurückzuschrauben. Ein Beweis, daß hier alle höhere geistige Zurechnung aufhört und die reaktionären Umtriebe nur eine umgekehrte Demagogie sind, die sich lediglich im Geiste des Widerspruchs gefällt, liegt z. B. darin, daß Herr v o n P f e i l s c h i f t e r bei jenen Artikeln gegen Preußen nicht unbetheiligt ist, und zweitens daß das Hauptorgan derselben, die W ü r z b u r g e r Z e i t u n g, von einem getauften Juden redigirt wird, der früher ein so großer Revolutionär, wie jetzt Conservativer ist. Der Ultra-Royalismus ist so gut eine Revolution, wie der Jakobinismus. Jener würde keines der Mittel verschmähen, welche dieser zu gebrauchen pflegt. Männer, wie Pfeilschifter, J. Jacoby, die Herausgeber des Berliner politischen Wochenblattes, die Soufleure der neuesten Hannöverschen Politik, machen mehr Unruhe im Lande, als der Liberalismus, mit dem sich die Regierungen jetzt verbünden müssen, weil z. B. solche Vorgänge, wie die Kölner, nur von ihm richtig gewürdigt und aufrichtig gebilligt werden.« (Sperrungen im Original; MV)

29 Mit »frommer Vorsorge« war nämlich laut Heine auch das Bundestagsverbot von 1835 einst begründet worden. Vgl. DHA XI, 155.

30 Zu der Überlegung, inwiefern dieser Vorwurf auch auf Heine selbst zutrifft, siehe die interessante Zwitterrolle als Brandstifter und Feuerlöscher in Personalunion, die sich der Ich-Erzähler in die »Die Stadt Lukka« zu eigen macht: »Schon als Knabe [...] gefiel mir die [bei Plutarch geschilderte; MV] Erzählung von dem Weibe, das durch die Straßen Alexandriens schritt, in der einen Hand einen Wasserschlauch, in der andern eine brennende Fackel tragend, und den Menschen zurief, daß sie mit dem Wasser die Hölle auslöschen und mit der Fackel den Himmel in Brand stecken wolle, damit das Schlechte nicht mehr aus Furcht vor Strafe unterlassen, und das Gute nicht mehr aus Begierde nach Belohnung ausgeübt werde.« (DHA VII, 182)

31 Joseph Görres: Gesammelte Schriften. Bd. XVII: Schriften zum Kölner Ereignis. Erster Teil. Athanasius. Bearb. von Heinz Hürten. Paderborn u. a. 1998 [= Joseph Görres gesammelte Schriften, Hrsg. im Auftr. der Görres-Gesellschaft von Wilhelm Schellberg], S. 150f. Wolfgang Menzel hatte in einer dreiteiligen Artikelserie im »Literaturblatt« vom März 1838 Görres' »feind-

seliges Wort« im »Athanasius« in scharfer Form als einen (untauglichen) Versuch zurückgewiesen, »einen neuen Religionskrieg entzünden« zu wollen (Nr. 25, S. 98f.).

32 Vgl. Egon Caesar Conte Corti: Geschichte des Rauchens. ›Die trockene Trunkenheit‹. Ursprung, Kampf und Triumph des Rauchens. Mit zahlreichen Abbildungen. Frankfurt a. M. 1986, S. 214.

33 Vgl. ebd., S. 248.

34 Werner Luft: Rauchringe. Feste des Tabaks. Von Zigarren, Pfeifen und Zigaretten, vom Schnupfen und vom Kauen. München 1961, S. 176.

35 Ungemein materialreich und unterhaltsam hat dies Corti: Geschichte des Rauchens [Anm. 32], S. 247–280, anhand der Berliner Rauchverbote und des zähen Kampfes der Bevölkerung dagegen für die Jahre zwischen 1800 und 1848 dargestellt. Vgl. auch Olaf Briese: »Jleechgültigkeit und rochen im Thierjarten«. Tabak und Ekstase in den Rebellionen 1830 und 1848. – In: Jahrbuch des Forum Vormärz Forschung 3 (1997), S. 27–42.

36 Vgl. hierzu das Kapitel »Die hohe Obrigkeit greift ein« bei Georg Böse: Im blauen Dunst. Eine Kulturgeschichte des Rauchens. Stuttgart 1957, insbes. S. 46ff.; vgl. auch Corti: Geschichte des Rauchens [Anm. 32], S. 106f.

37 Mark W. Rien, Gustaf Nils Dorén: Das neue Tabago Buch. Ein Buch vom Tabak und der Kulturgeschichte des Rauchens. Hrsg. von Reemtsma Cigarettenfabriken GmbH Hamburg, Reinbek 1985, S. 49. Über möglich Gründe für die kirchlichen Vorbehalte ebd., S. 48: »War es das tiefverwurzelte Gefühl, daß Feuer und Rauch die Insignien des Teufels und damit die Zeichen des Bösen sein könnten? War es der rituelle Ursprung des Tabakrauchens, der als eine Art ›heidnischer Weihrauchkult‹ auf den Widerstand der Kirche stieß? [...] Oder war es am Ende die Abneigung gegen das Genießen an sich, für die das Tabakrauchen – ähnlich wie zu gewissen Zeiten der Genuß des Kaffees, des Tees oder exotischer Gewürze – zum willkommenen ›Ventil‹ wurde?«

38 Schon im Jahr 1575 verbot ein mexikanisches Konzil für ganz Spanisch-Amerika den Gebrauch des Tabaks in den Kirchen. Bald jedoch hatten auch bei den europäischen Geistlichen, die als Missionare in die neu entdeckten Gebiete kamen, der dort heimische Gebrauch des Rauchens derart überhand genommen, dass Gesetze erwogen werden mussten, die wenigstens verhindern sollten, dass Priester während des Messelesens und der heiligen Handlungen schnupften und rauchten. Vgl. Corti: Geschichte des Rauchens [Anm. 32], S. 106f.

39 Eine ausführliche Darstellung der päpstlichen Rauchverbote in dem Online-Artikel von Ulrich Nersinger: ›L' erba santa – das heilige Kraut‹: Die Päpste und der Tabak. URL: http://www.kath.net/news/19492 (letzter Zugriff: 7.4.2014). Siehe zum genauen Wortlaut der von Papst Urban VIII. am 30. Januar 1642 erlassenen Bulle ebd.

40 Claus-Marco Dieterich: Dicke Luft um den blauen Dunst: Geschichte und Gegenwart des Raucher/Nichtraucher-Konflikts. Marburg 1998, S. 24.

41 Vgl. Rien, Dorén: Das neue Tabago Buch [Anm. 37], S. 46: »Obrigkeiten in deutschen Landen begannen zu ahnen, daß es so etwas wie Solidarität der Raucher gab, vor der die soziale Rangordnung in den Hintergrund trat. Wenn der Bauer sich nicht mehr scheute, den Mann von Stand um Feuer zu bitten« und umgekehrt – dann war es höchste Zeit, solchen Tendenzen Einhalt zu gebieten.«

42 Corti: Geschichte des Rauchens [Anm. 32], S. 258f.

43 Vgl. Heinrich Laubes Artikel über einen auf Ende 1839 datierenden Besuch bei der Schriftstellerin: »Nachdem sie den Kaffee getrunken, rollte sie sich aus leichtem Tabak kleine Papiercigarretos zusammen und, sich umsehend unter den Gästen, die unterdeß zahlreicher geworden waren, und die Cigarrchen in der flachen Hand präsentirend, suchte sie sich die

wahrscheinlichen Raucher aus. Sosthènes [...] war schnell übergangen: starker Schnupfer, Hofmann, rauchen nicht? – Nein, Madame. Ein berühmter Schauspieler, Namens Bocage, war ebenfalls noch frei von der in Paris eindringenden Sitte; Heine deßgleichen – Ah, Sie kommen aus Deutschland, sagte sie zu mir, Sie rauchen mit mir eine Cigarre.« Werner/Houben I, 429.

44 Zit. n. Böse: Im blauen Dunst [Anm. 36], S. 62f.

45 Corti: Geschichte des Rauchens [Anm. 32], S. 275f.

46 Zit. n. Böse: Im blauen Dunst [Anm. 36], S. 62.

47 Diese amüsante Anekdote hat uns Werner Siemens in seinen »Lebenserinnerungen« überliefert. Als ein gewisser Fürst Lichnowsky im Namen des Königs eigenmächtig erklärt hatte, dass alle Forderungen des Volkes erfüllt seien, erscholl aus der Menge die Frage: »›Ooch det Roochen?‹ – ›Ja, auch das Rauchen.‹ – ›Ooch im Tiergarten?‹ – ›Ja, auch im Tiergarten darf geraucht werden, meine Herren.‹ Das schlug durch. ›Na, dann können wir ja zu Hause jehen.‹«. Zit. n. Corti: Geschichte des Rauchens [Anm. 32], S. 277.

48 Als Beispiel sei auf eine Stelle in Heines »Reisebildern« verwiesen: »Man mag sagen was man will, der Katholizismus ist eine gute Sommerreligion. Es läßt sich gut liegen auf den Bänken dieser alten Dome, man genießt dort die kühle Andacht, ein heiliges Dolce far niente, man betet und träumt und sündigt in Gedanken, die Madonnen nicken so verzeihend aus ihren Nischen, weiblich gesinnt verzeihen sie sogar, wenn man ihre eignen holden Züge in die sündigen Gedanken verflochten hat, und zum Ueberfluß steht noch in jeder Ecke ein brauner Nothstuhl des Gewissens, wo man sich seiner Sünden entledigen kann.« (DHA VII, 42) Es waren gerade solche Textstellen, die Wolfgang Menzel gegen das Junge Deutschland in Harnisch brachte und insbesondere Heine den Vorwurf der Irreligiosität und Immoralität einbringen sollten: »Auch in den Reisebildern suchte er den Hauptreiz im Herabziehen des Heiligen und Ernsten ins Gemeine. Wir sehen da den Judenjungen, mit der Hand in den Hosen, frech vor den italienischen Madonnenbildern stehen. [...] Trotz seiner augenfälligen, absichtlich zur Schau getragenen Nichtswürdigkeit wurde Heine in Deutschland fast vergöttert und sammelte sich unter seiner schmutzigen Fahne eine ganz Schar von Nachahmern. Diese Leute nannten sich ›das junge Deutschland‹. [...] Die Physiognomie des jungen Deutschland war die eines aus Paris kommenden, nach der neusten Mode gekleideten, aber gänzlich blasierten, durch Lüderlichkeit entnervten Judenjünglings mit spezifischem Mochus- und Knoblauchgeruch. Die Hauptlehre der Jungdeutschen war ›Rehabilitation des Fleisches‹.« Zit. n. Das Junge Deutschland [Anm. 6], S. 336ff.

49 Werner/Houben I, 273.

50 Zit. n. Corti: Geschichte des Rauchens [Anm. 32], S. 241.

51 Vgl. Ursula Hofstaetter: Langeweile bei Heine. Heidelberg 1991, S. 148.

52 Germaine de Staël, die den Tabak geradezu gehasst haben soll, wird folgender, wenig diplomatischer Aphorismus zugeschrieben: »Wer Tabak raucht, riecht wie ein Schw ... Wer Tabak schnupft, sieht aus wie in Schw ... Wer Tabak kaut, ist ein Schw ... .« Zit. n. Vom Glück des Rauchens. Der Tabak und seine Genüsse. Dortmund 1983, S. 263.

53 Vgl. hierzu auch August Lewalds briefliche Äußerung vom 20.1.1835 gegenüber Heine: »Seit jener Zeit, wo wir in Hamburg auf unserm Sopha saßen, hat sich manches hier zugetragen, ohne daß sich Viel verändert hätte. Es ist alles nur eine leere Klopffechterei, ein leeres Strohdreschen, ähnlich den lautgeführten Discursen bei Bier und Taback, worin sich unsere stille, denkende Nation so sehr gefällt.« (HSA XXIV, 289)

54 Vgl. Michael Prüller: Culture Clash: Alles Heilige. Rauchen in der Kirche ist nicht nur für ihre Gesundheit urgefährlich. Es könnte das Ende der Kulturgeschichte der Menschheit ein-

läuten. Online unter URL: http://diepresse.com/home/meinung/cultureclash/1471545/Culture-Clash_Alles-Heilige (letzter Zugriff: 16.5.2014) sowie den Online-Artikel »Kirche der Raucher Gottes« unter URL: http://www.kath.net/news/20364 (letzter Zugriff: 13.5.2014). Die Idee, eine Raucher-Religion zu gründen, hatte vor seinem Kollegen aus dem niederländischen Alkmaar auch schon ein bayerischer Gastronom gehabt, der (ebd.) mit den Worten zitiert wird: »Bei den Katholiken ist es der Weihrauch, bei den Buddhisten sind es Räucherstäbchen, bei uns die Zigaretten.« Die »Kirche der Raucher Gottes« ist übrigens 2008 von der holländischen Raucherpolizei [!] VWA verboten worden. Vgl. URL: http://www.rauchernews.de/news/2008/08/19/rauchpolizei-fordert-raucherkirche-zu-strafzahlung-auf/ (letzter Zugriff: 13.5.2014).

Glauben, Zeugen, Schreiben:
Heines »Geständnisse«

Von Volker C. Dörr, Düsseldorf

Offenbar über einen langen Zeitraum hat Heine das groß angelegte Projekt seiner Autobiographie verfolgt; das heißt, er hat es womöglich weniger produktiv verfolgt als zur Selbstmythisierung genutzt (wenn nicht gar als ›Waffe‹ eingesetzt[1]) – ein Vorgehen, das seine Frau Mathilde nach seinem Tod fortgesetzt hat. Prototypisch ist etwa der Bericht Alfred Meißners über seinen Besuch bei der Witwe des Dichters im Jahr 1856:

> »Nun muß ich Ihnen doch noch zeigen«, sagte sie, »was wir noch von Henri haben.« Dabei schloß sie einen Wandschrank auf. Die unteren Fächer desselben waren leer, im obern Fache stand ein breiter, über eine große Manneshand hoher Stoß von Papieren. Es waren lauter ausgebreitete übereinandergelegte Foliobogen, wohl geordnet. Ich erkannte am Format die mit Bleistift beschriebenen Bogen wieder, die ich vor Jahren öfter auf Heine's Bett gesehen, die Bogen, nach denen ich jetzt vergeblich gespäht hatte. Aber konnten ihrer wirklich so viele sein? Ich mußte die Zahl derselben auf funf- bis sechshundert schätzen. »Sind das die Memoiren?« fragte ich in hoher Erregung. »Es sind die Memoiren!«[2]

Die später erfolgende Veröffentlichung des gleichnamigen Textes der »Memoiren« löst die Spannung nicht auf, rechtfertigt die »Erregung« des Besuchers kaum. Die schmale Schrift von deutlich weniger als fünf- bis sechshundert Bogen (es sind ja nicht einmal fünf bis sechs) erzählt im Wesentlichen Anekdotisches aus Heines Düsseldorfer Jugend (darunter die Episode mit der Liebe zum »rothen Sefchen«, der »schönen Scharfrichterstochter« [DHA XV, 93, 99]) sowie liebevolle Erinnerungen an seinen Vater und bietet dazu Reflexionen über die Widrigkeiten, die damit verbunden sind, wenn man in Düsseldorf den Namen Harry bzw. in Paris den Namen Henri Heine (»M̧ͬ Enri Enn« oder gar »M̧ͬ Un rien« [DHA XV, 84]) trägt – alles weder nicht von Belang noch ohne Interesse; aber um das Ergebnis eines großen Projektes handelt es sich dann offenkundig doch nicht.

Ähnliches gilt, wenn man Heines Selbstäußerungen, etwa aus Briefen, mit dem anderen, bereits zu Lebzeiten veröffentlichten autobiographischen Text vergleicht, der womöglich auch als Bruchstück einer großen Konfession angesehen werden kann: der ebenfalls wenig umfängliche Text, der heute den Titel »Geständnisse« trägt.

Während Heine sein Projekt einer großen Autobiographie verfolgt, plant er offenbar nicht weniger als einen Roman seines Lebens[3], und er verzichtet auch nicht auf eine nur allzu naheliegende Allusion an denjenigen, an dem er sich zeitlebens abgearbeitet hat, an Goethe nämlich[4] – spricht er doch, Mitte der 1820er Jahre, auch davon, eine »Art ›Wahrheit und Dichtung‹« in Arbeit zu haben (HSA XX, 187).

Seit 1811 ist der Vergleich jeder literarischen Autobiographie mit dem gattungstaxonomischen Ur-Meter aus der Feder des literarischen Übervaters in jedem Falle unabdingbar. Was dann 1854 aus Heines Feder unter dem Titel »Geständnisse« erscheint, stellt sich aber, wenigstens zunächst, in einen anderen Teilzusammenhang der Gattungstradition – und zwar über den durchgestrichenen zunächst vorgesehenen Titel (dessen Spuren nicht vollständig aus dem Text getilgt sind). Ursprünglich hatte der Text ja »Bekenntnisse« heißen sollen[5]; erst später verändert Heine ihn, die religiösen Konnotationen in juristisch-moralische verwandelnd und damit eine »Verschiebung« von der »Seelenschau« hin zu einer »Rede vor dem Gesetz«[6] vornehmend, in »Geständnisse«. Mit diesem neuen Titel aber ist weniger Goethe aufgerufen als vielmehr einer von dessen wichtigsten gattungsgeschichtlichen Vorläufern: Jean-Jacques Rousseau und seine 1782/89 erschienene Autobiographie »Les Confessions«. Allerdings ist der Rousseau-Bezug auch durch die Umbenennung in »Geständnisse« keineswegs getilgt; denn zum einen lässt sich »confessions« durchaus auch korrekt mit »Geständnisse« übersetzen, zum anderen spielt Rousseau im Text selbst eine nicht unwesentliche Rolle: als Kontrastfigur – und als veritabler Prügelknabe.

Nachdem Heine mit dem ersten Satz der »Geständnisse« zunächst den anonymen »geistreichen Franzosen« aufgerufen hat, der ihn einen »romantique défroqué« genannt habe, beginnt bereits der zweite Satz mit dem für die Gattung der Autobiographie wesentlichsten Personalpronomen: »ich« (DHA XV, 13). (Zum Vergleich: Bei Rousseau beginnt bereits der erste Satz mit »Ich«: »JE [!] forme une entreprise qui […].«[7]) Heine aber spricht zunächst gar nicht über sich selbst, sondern über das Sprechen über sich selbst, genauer: über das Nicht-Sprechen über sich selbst, darüber nämlich, dass er in seinem eigenen Buch »De l'Allemagne« (zu dessen Neuausgabe die französische Version der »Geständnisse« ja die Vorrede darstellen), nicht vorkomme – und das völlig zu Unrecht. Vorkommen müssen hätte er, weil er nach eigenem Urteil (und wer wollte ihm da widersprechen?) »in der Geschichte der deutschen Romantik eine große Erwähnung verdiene«. Dass er dem nicht habe Rechnung tragen können und dass damit eine »Lacune«, eine Lücke, in seinem Buch über Deutschland entstanden sei, liege zuletzt daran, dass die »Abfassung einer Selbstcharakteristik [...] nicht bloß eine sehr verfängliche, sondern sogar eine unmögliche Arbeit« sei, denn: »mit dem besten Willen der Treuherzigkeit kann kein Mensch über sich selbst die Wahrheit sagen«. Damit aber erklärt Heine mit wenigen Federstrichen die Gattung der Autobiographie zu einem Ding der Unmöglichkeit, was er unterstreicht, indem er Züge ihrer Geschichte ausradiert: »Auch ist dies« – also: über sich selbst die Wahrheit zu sagen – »niemandem bis jetzt gelungen, weder dem heiligen Augustin, dem frommen Bischof von Hippo, noch dem Genfer Jean Jacques Rousseau« (DHA XV, 13).

Mit Augustinus ist der zweite – bzw. chronologisch: der erste – Vorgänger aufgerufen, auf den sich der Titel »Bekenntnisse« bezogen hätte. Viel wichtiger aber ist der Bezug auf Rousseau; dem nämlich sei die wahrheitsgemäße Selbstbeschreibung »am allerwenigsten« gelungen – und das, wo er sich »den Mann der Wahrheit und der Natur nannte, während er doch im Grunde viel verlogener und unnatürlicher war, als seine Zeitgenossen« (DHA XV, 13).

Dieser outrierten Darstellung Rousseaus setzt Heine eine Selbstverpflichtung zur Aufrichtigkeit entgegen, die das Buch betrifft, das sein Leser »jetzt in Händen ha[]t« und dessen integraler Bestandteil die »Geständnisse« sind:

Ich wollte nicht bloß seinen Zweck, seine Tendenz, seine geheimste Absicht, sondern auch die Genesis des Buches hier offenbaren, damit jeder um so sicherer ermitteln könne, wieviel Glauben und Zutrauen meine Mittheilungen verdienen. (DHA XV, 28)

Damit die in den »Geständnissen« offenbarten Sachverhalte den Inhalt von »De l'Allemagne« zu beglaubigen vermögen, müssen sie ihrerseits wahr sein; denn aus Unwahrem folgt trivialerweise alles. Das heißt, Heine fordert »Glauben und Zutrauen« auch für seine »Geständnisse« ein, oder anders: Heine behauptet implizit, mit den »Geständnissen« – nach Augustinus, Rousseau, Goethe und ihren untauglichen Versuchen – die erste wahre Autobiographie geschrieben zu haben.

Worin äußert sich aber nun die behauptete spezifische Unwahrheit der Kontrastfigur Rousseau? Am ausführlichsten bezieht Heine sich hier auf die bekannte Geschichte, der zufolge der hochgerühmte Pädagoge Rousseau seine eigenen Kinder ins Findelhaus gesteckt habe – oder eben, so Heine, nicht seine eigenen Kinder, sondern die seiner Frau:

Schon vor dreyßig Jahren machte mich einer der größten deutschen Psychologen auf eine Stelle der Confessionen aufmerksam, woraus bestimmt zu deduziren war, daß Rousseau nicht der Vater jener Kinder seyn konnte; der eitle Brummbär wollte sich lieber für einen barbarischen Vater ausgeben, als daß er den Verdacht ertrüge, aller Vaterschaft unfähig gewesen zu seyn. Aber der Mann, der in seiner eignen Person auch die menschliche Natur verleumdete, er blieb ihr doch treu in Bezug auf unsre Erbschwäche, die darinn besteht, daß wir in den Augen der Welt immer anders erscheinen wollen, als wir wirklich sind. Sein

Selbstportrait ist eine Lüge, bewundernswürdig ausgeführt, aber eine brillante Lüge. (DHA XV, 14)[8]

Nun steht – nicht nur in Heines Text, sondern schon topischerweise – das Zeugen von Kindern mit dem Schreiben von Büchern in enger Korrelation. Bei Heine wird sie jedoch etwas verquer, man ist versucht zu sagen: durch die Hintertür, eingeführt. Heine nämlich zitiert zunächst die »Meinung« der »Frau von Staël« – mit der eine weitere wichtige Gewährsperson für Heines »Geständnisse« aufgerufen ist[9] –, wonach »das Genie kein Geschlecht habe«; und dass er dieser Meinung durchaus beizupflichten geneigt ist, sieht man daran, dass er sie umgehend für eine seiner Invektiven gegen August Wilhelm Schlegel, den »getreuen Cicerone« der »Frau von Staël«, einsetzt: »Das war ein Genie ohne Geschlecht.« (DHA XV, 16) Und im Blick auf den Geschlechterdiskurs des 19. Jahrhunderts wird auch deutlich, wo hier der Witz liegt: Geschlecht gibt es ja eh nur eines: das männliche; die Frau, und hier eben auch das Genie, hat das Schicksal, über kein Geschlecht zu verfügen, oder jedenfalls nur über ein insuffizientes – ein Schicksal, das Heine auch August Wilhelm Schlegel unterstellt. Im Kontrast mit Napoleon schließlich wird dann der Topos auf die prototypische Weise zitiert: »Wie Napoleon diejenige Frau für die größte erklärte, welche die meisten Kinder zur Welt gebracht, so erklärte die Staël denjenigen Mann für den größten, der die meisten Bücher geschrieben.« (DHA XV, 17) Damit ist auch erklärt, warum das Genie über kein Geschlecht verfügt: Weil das Zeugen zum Schreiben verschoben ist. Und zugleich wird Rousseau, als Zeugungsunfähiger, gewissermaßen neutralisiert, weil Heine ihm zwar selbstredend nicht einmal implizit »Genie« zugestehen würde; aber Bücher hat er doch geschrieben – jedenfalls mehr als »Kinder zur Welt gebracht« (und womöglich eben auch mehr als Kinder *gezeugt*). Und wo steht Heine im Bezug auf die Dichotomie weibliches Kinder-zur-Welt-Bringen vs. männliches Schreiben, die hier etwas verquer ist, weil das Genie auch als männliches nicht männlich sein muss (oder sein darf?), weil das Genie eben keines Geschlechtes bedarf? Diese Frage soll noch ein wenig zurückgestellt bleiben.

Explizit charakterisiert Heine sein Vorhaben nicht so vollmundig, dass er es unternehme, als erster eine wahre Selbstbeschreibung abzuliefern. Tatsächlich ist es so, dass Heines »Geständniskonzept [...] – aus dem Wissen um die Unmöglichkeit eines wahren Selbstbildes [...] – das Selbstporträt als Zentrum autobiographischen Schreibens verwirft«.[10] Daraus folgt jedoch noch nicht, dass er kein solches liefert. Explizit geht es ihm allerdings vorgeblich nur um einen Lückenschluss, um die Schließung einer Lücke im Text, die auch ein quasi-körperlicher Mangel der gerundeten Form zu sein scheint – jedenfalls ist das die Doppelbedeutung des Terminus »Lacune«, mit dem Heine das in der Sache ungerechtfertigte Fehlen seiner Person als Objekt von »De l'Allemagne« beschreibt:

»Ja, die Weiber sind gefährlich ...«.
Passage über Madame de Staël aus Heines »Geständnisse«-Manuskript, 1852

Doch der Lacune, welche dieses mangelnde Portrait verursacht, werde ich in den folgenden Blättern einigermaßen abzuhelfen suchen, indem ich hier genugsam Gelegenheit finde, meine Persönlichkeit so bedenklich als möglich hervortreten zu lassen. (DHA XV, 15)

Das aber doch ist ein merkwürdiges Programm: Geständnisse abzulegen, die den Geständigen »bedenklich«, also doch wohl dubios, wenn nicht suspekt, erscheinen lassen – ist nicht das Gegenteil, also Bedenken auszuräumen, indem ein Verdacht womöglich bestätigt wird, die eigentliche Funktion eines Geständnisses? Einlösen will Heine das jedenfalls durch die »Aufgabe [...], hier nachträglich die Entstehung dieses Buches und die philosophischen und religiösen Variationen, die seit seiner Abfassung im Geiste des Autors vorgefallen, zu beschreiben« (ebd.). Als hermeneutisches Vorgehen mag es in der Tat heute »bedenklich« scheinen, Textgenese und Beschreibungen des »Geistes des Autors« (die von außen ja stets spekulativ bleiben müssen) so engzuführen, wie Heine dies ankündigt – für die Autoren-Autobiographie ist es nicht weniger als das unabdingbare Programm.

Die wesentlichen »philosophischen und religiösen Variationen«, die Heine beschreibt, betreffen aber wohl sein Verhältnis zur Hegel'schen Philosophie und zum von ihr induzierten Atheismus, von dem Heine sich zwischenzeitlich wieder abgewandt hat – und zwar, wie sich zeigt, zunächst und im Wesentlichen aus ästhetischen Gründen, die einen von Hochmut nicht ganz freien feinen Unterschied markieren:

> […] als ich sah, daß Schmierlappen von Schuster- und Schneidergesellen in ihrer plumpen Herbergsprache die Existenz Gottes zu läugnen sich unterfingen – als der Atheismus anfing, sehr stark nach Käse, Branntwein und Tabak zu stinken: da gingen mir plötzlich die Augen auf, und was ich nicht durch meinen Verstand begriffen hatte, das begriff ich jetzt durch den Geruchssinn, durch das Mißbehagen des Ekels, und mit meinem Atheismus hatte es, gottlob! ein Ende. (DHA XV, 30)

Und dieser ästhetisch begründete »Widerwille gegen den Atheismus« – samt seinem, in zweiter Instanz erst genannten »Bündniß […] mit dem schauderhaft nacktesten, ganz feigenblattlosen, communen Communismus« (ebd.) – habe dann auch seine Konsequenzen für Heines Haltung zum Idealismus Hegel'scher Prägung gehabt: »[…] da ich mir gestehen mußte, daß allen diesen Gottlosigkeiten die Hegelsche Philosophie den furchtbarsten Vorschub geleistet, ward sie mir äußerst unbehaglich und fatal.« (DHA XV, 35)

Der Aspekt, den Heine an der Hegel'schen Philosophie nun, im Rückblick auf seinen Rückblick, am meisten verachtet, ist derjenige der Selbstvergottung: »Ich war jung und stolz, und es that meinem Hochmuth wohl, als ich von Hegel erfuhr, daß nicht, wie meine Großmutter meinte, der liebe Gott, der im Himmel residirt, sondern ich selbst auf Erden der liebe Gott sey.« (ebd.) Dem stellt Heine als heilsame Entwicklung seinen Weg zum Glauben gegenüber, den er freilich in bemerkenswerter Weise historisiert:

> Ich kehrte zurück in die niedre Hülle der Gottesgeschöpfe, und ich *huldigte* wieder der Allmacht eines höchsten Wesens, das den Geschicken dieser Welt vorsteht […]. […] Die Existenz eines Gottes *war* seitdem für mich […] ein Quell des Heils […]. (DHA XV, 37; Hervorhebung VD)

Von diesem »Heil« ist nun, in der von Krankheit gezeichneten Gegenwart, eigentlich nichts übrig geblieben als die recht gering zu veranschlagende »Wohlthat […], daß es Jemand im Himmel giebt, dem ich beständig die Litaney meiner Leiden vorwimmern kann, besonders nach Mitternacht, wenn Mathilde sich zur Ruhe begeben, die sie oft sehr nöthig hat« (ebd.). (Und wenn sonst von Gottes Gegenwart die Rede ist, dann bewegt sich die Rede vom »lieben Gott« hart am Rande der Banalität der Phrase [vgl. DHA XV, 32].)

Der Leser, der als diametrale Gegenposition zum entschieden abgelehnten Atheismus ein ebenso entschiedenes Bekenntnis zum Glauben erwartet, wird also enttäuscht. Zwar schreibt sich Heine ein »Wiedererwachen des religiösen Gefühls« zu (DHA XV, 43), aber explizit und ausführlich zu einem konkreten Glauben bekennt er sich nicht wirklich. Damit korrespondiert, dass Glaubensinhalte nicht als Glaubensinhalte erscheinen, sondern als kulturhistorische Fakten und Prozesse. Moses etwa beschreibt Heine – »unter eindeutig säkularisierter Perspektive«[11] – nicht als den Überbringer der Zehn Gebote und damit des Wortes Gottes, sondern als den »großen Künstler«, der keine »Kunstwerke aus Backstein und Granit« geschaffen habe, sondern »ein Volk Gottes, das allen anderen Völkern als Muster, ja der ganzen Menschheit als Prototyp dienen konnte: er schuf Israel!« (DHA XV, 41)

Ausführlicher noch würdigt Heine das Judentum gemeinsam mit dem Protestantismus im Zusammenhang der Überlieferungsgeschichte der Bibel – und dies explizit, um der Frage nach seinem eigenen (protestantischen) Glauben »durch keine direkte Beantwortung [zu] begegnen«. Den Protestantismus schätzt Heine immer noch »wegen der Verdienste […], die er sich durch die Eroberung der Denkfreyheit erworben«, und das weil – und nicht etwa obwohl – dies »der Boden ist, auf welchem sich später Leibnitz, Kant und Hegel bewegen konnten«. Das heißt aber nichts anderes, als dass Heine am Protestantismus dessen Vorbereitung des Atheismus schätzt; denn dieser ist doch Produkt der Hegel'schen Philosophie, die jener vorbereitet habe. Noch wichtiger aber erscheint Heine nun die protestantische »Auffindung und Verbreitung des heiligen Buches« (DHA XV, 43). Die Juden, so Heine, haben die Bibel »gerettet aus dem Bankerott des römischen Reichs« und das »theure Buch« bewahrt, »bis es der Protestantismus bey ihnen aufsuchte und das gefundene Buch in die Landessprachen übersetzte und in alle Welt verbreitete« (DHA XV, 44).

Dieser Genealogie schreibt Heine grundsätzliche Auswirkungen auf eine ganze Reihe wesentlicher Kulturleistungen zu – auf eine nicht: auf den Glauben.

> Es ist für den beschaulichen Denker ein wunderbares Schauspiel, wenn er die Länder betrachtet, wo die Bibel schon seit der Reformazion ihren bildenden Einfluß ausgeübt auf die Bewohner, und ihnen in Sitte, Denkungsart und Gemüthlichkeit jenen Stempel des palästinischen Lebens aufgeprägt hat, das in dem alten wie in dem neuen Testamente sich bekundet.

Das heißt, die Bibel hat einen eminenten Einfluss auf Moral, Philosophie und soziale Umgangsformen, indem sie Formen »palästinischen Lebens« tradiert. Als Zeugnis des Glaubens erscheint sie hier nicht – oder doch nur in Spuren:

> [...] indem sie [die Juden; VD] die Bibel über die ganze Erde verbreiten [...] und der Exegese, der individuellen Vernunft überliefern, stiften sie das große Reich des Geistes, das Reich des religiösen Gefühls, der Nächstenliebe, der Reinheit und der wahren Sittlichkeit [...]. (DHA XV, 45)[12]

Damit aber ist das genealogische Geschehen, das sich im, den Katholizismus verschweigenden, Übergang vom Judentum zum Protestantismus abspielt, im Wesentlichen als textuelles bestimmt: Es geht um die Überlieferung eines Buches und dessen Überantwortung an die »Exegese« der »individuellen Vernunft«. Auf diese Weise werden – und das ist vor dem geistesgeschichtlichen Horizont alles andere als überraschend – Judentum und Protestantismus aufs Engste mit dem Moment der Schrift, also mit einem sublimierten Moment der Zeugung, verkoppelt.

Und der Katholizismus? Er erscheint im Zusammenhang mit Heines Bericht von seiner katholischen Eheschließung, die offenbar von einigen als Konversion zum Katholizismus missdeutet worden ist, und ist dort mit dem nicht-sublimierten Moment der geschlechtlichen Fortpflanzung verschränkt. Heine berichtet, dass Protestanten überhaupt nur dann »eine besondere Dispens des Erzbischofs«, die zur Heirat mit einer Frau katholischen Glaubens berechtigt, erhielten, wenn »der Gatte sich schriftlich verpflichtet, die Kinder, die er zeugen würde, in der Religion ihrer Mutter erziehen zu lassen« – eine Verpflichtung, die Heine offenbar leichten Herzens eingehen konnte: »Aber unter uns gesagt, da ich wohl wußte, daß Kinderzeugen nicht meine Spezialität ist, so konnte ich besagten Revers mit desto leichterm Gewissen unterzeichnen [...].« (DHA XV, 49)

Der Katholizismus ist die Religion der Mutter, des Zur-Welt-Bringens von Kindern, die der protestantische Vater nicht zeugt – weil er Schrift erzeugt. Heines Mutter wiederum erscheint in den »Geständnissen« zwar nicht mit dem abgelehnten Atheismus verkoppelt, aber doch mit dem Deismus – und mit Rousseau. Im Zusammenhang mit dem Bericht über ihre Erzählung davon, wie sie den Vorschlag des Schulrektors Schallmeyer abgelehnt habe, der junge Heine solle sich doch »dem Dienst der Kirche widmen« – und zwar pikanterweise der katholischen Kirche – und ein Priesterseminar beziehen, heißt es: »Die alte Frau bereute jetzt sehr, einen so vernünftigen Vorschlag abgelehnt zu haben; aber zu jener Zeit träumte sie für mich sehr hochfliegende weltliche Würden, und dann war sie eine Schülerinn Rousseaus, eine strenge Deistinn [...].« (DHA XV, 53) Aber es sind eben, trotz ihrer deistischen Position, gar keine Vernunftgründe gewesen, die dagegen gesprochen haben, den Sohn Priester werden zu lassen (im Gegenteil, Vernunftgründe hätten ja gerade dafür gesprochen – wenn auch ironisch gebrochene), sondern auch in diesem Falle ästhetische: Der Mutter sei es nämlich nicht recht gewesen, »ihren ältesten Sohn in jene Soutane zu stecken, welche sie von deutschen

Priestern mit so plumpem Ungeschick tragen sah. Sie wußte nicht, wie ganz anders ein römischer Abbate dieselbe mit graciösem Schick trägt [...].« (ebd.)

Rektor Schallmeyer hingegen habe Heines »Naturell frühzeitig durchschaut [...] und wohl am richtigsten begriff[en], welches geistige und physische Clima demselben am angemessensten und heilsamsten gewesen seyn möchte« (DHA XV, 53). (Den merkwürdigen Unterton, den in Zeiten fortgesetzter Enthüllungen sexueller Gewalt in Erziehungseinrichtungen, auch kirchlichen, die Formulierung »physisches Clima« bekommen hat, muss man wohl verdrängen; vielmehr weist sie wohl voraus auf die Ästhetik, ja den modischen »Schick« der Soutane.)

In den »Geständnissen« operiert Heine im Blick unter dem Signum einer entschiedenen Ablehnung des – und vor allem seines eigenen – Atheismus mit ästhetischen Kategorien. Ein ethisches Argument findet sich hingegen in den »Memoiren« und dort prominenterweise ganz am Schluss; dort werden dann prototypischer- und topischerweise die Person des Vaters und das Moment der Sünde (und der implizit angedrohten Strafe) verkoppelt. Der Text der »Memoiren« endet mit einer »Standrede«, mit einem Machtwort des Vaters, und der einzige Anklagepunkt lautet »Gottesleugnung«. Die zitierte Strafpredigt des Vaters (und Heines Text) schließt aber mit den Worten »Ich bin dein Vater und also älter als du und dadurch auch erfahrener; du darfst mir also aufs Wort glauben, wenn ich mir erlaube dir zu sagen, daß der Atheismus eine große Sünde ist.« (DHA XV, 100)

Dieses Machtwort im Namen des Vaters, des göttlichen Vaters, dessen Rededuktus hier imitiert wird (»Ich bin dein Vater«), erlaubt sich selbst das Sagen, setzt sich also, wie könnte es anders sein, selbst in die Machtposition ein – das ist ja auch gerade das Wesen der väterlichen (Straf-)Rede. Dem Sohn hingegen gibt die Rede eine Erlaubnis zum Glauben, die tiefengrammatisch ein Befehl ist: »du darfst mir also aufs Wort glauben [...], daß der Atheismus eine große Sünde ist«. Genau besehen, fordert Heines Vater seinen Sohn also nicht auf, an Gott zu glauben, sondern an die Sündhaftigkeit des Atheismus. Und genau diese etwas paradoxe Konstruktion macht den Kern des Atheismus-Diskurses der »Geständnisse« aus, die eben doch keine »Bekenntnisse« formulieren.

Die Fronten verlaufen dabei etwas unklar: auf der einen Seite das mütterliche Prinzip, das – wie auch anders? – mit dem Moment des Kinder-zur-Welt-Bringens verbunden ist; auf der anderen Seite der strafende Vater, der für die Ablehnung des Atheismus steht. Väterlich ist hier aber nicht die leibliche Zeugung, sondern das Moment der Schrift, und gegen den Atheismus steht nicht der Glaube an die Heilige Schrift, sondern der Text der Bibel als Grund und Garant eines kulturellen Zusammenhangs, in den der Sohn Heine sich einschreibt. Der Deismus hingegen, für den die Mutter einstehen muss, gilt Heine gerade nicht als erster Schritt auf dem Weg in den Atheismus, und trotz der Verbindung mit Rousseau zollt Heine jenem seinen Respekt, denn er revidiert dezidiert seine Ansicht aus »De l'Allemagne«, die Vernunftkritik des Deismus, der selbst »in der Theorie zu Grunde gerichtet sey«, habe »auch dem Daseyn Gottes selber ein Ende macht« (DHA XV, 39).

Rousseaus missachtungsvoller Umgang mit der Wahrheit hingegen trifft Heines ganze Verachtung. Von einem Moment aber, das Heine im Zusammenhang mit Rousseaus »Bekenntnissen« eingeführt hat, gelingt es ihm nicht, sich freizuhalten: Wollte er sich doch davor »hüten, hier in diesem Buche mich selbst abzukonterfeyen« (DHA XV, 15) – aber genau das tut Heine. Dass er dabei kein Bekenntnis zum Glauben ablegt, keines ablegen kann, ist seinerseits Gegenstand seiner »Geständnisse«. Dadurch, dass es sich eben nicht um »Bekenntnisse« handelt, streicht Heine nicht nur Rousseaus Namen durch – das tut er ja mit großer Verve –, sondern auch denjenigen Augustinus'. Vom Ende der Fortsetzung, der »Memoiren« her rückwärts gelesen, beugt sich Heine dem Machtwort des Vaters, indem er dem Atheismus eine Absage erteilt; dass diese ihrerseits ganz säkular ausgefallen ist, macht den Gegenstand der »Geständnisse« aus – neben einer für die Gattung der Autobiographie ja ganz konstitutiven Inthronisierung der eigenen Person. Diese trägt durchaus noch Spuren der abgelehnten idealistischen Selbstvergottung – und das gegen die explizit formulierte Einsicht in die »Unmöglichkeit, in der Geschichte eine gottähnliche Position einzunehmen«[13], und den zugleich vollzogenen »Abschied von der liberalen Vorstellung einer zügellosen Selbstentfaltung des bürgerlichen Individuums, das sich – ohne soziale Skrupel – nur seiner eigenen Vervollkommnung widmet«.[14] Denn es bleibt ja durchaus auffällig, dass Heine sich zu Beginn des Textes nicht etwa bloß vornimmt, die *Entstehung* von »De l'Allemagne« *darzustellen*, sondern vielmehr die »*Genesis* des Buches [zu] *offenbaren*«, damit seine Mitteilungen »Glauben« verdienen. Heines Himmel aber bleibt leer, und Heines Ich ist zwar nicht der »liebe Gott«, aber doch Subjekt der »Geständnisse« ebenso wie deren eigentliches Objekt – womit Heine die von ihm so vehement abgewertete Traditionsreihe Augustinus – Rousseau – Goethe bruchlos fortschreibt. Darüber legt er kein Geständnis ab.

Anmerkungen

Dies ist der überarbeitete Text eines Vortrags, der im Rahmen des Symposions »Der späte Heine. 1848–1856«, 7.–8. Juli 2014, an der Sichuan International Studies University in Chongqing/China gehalten worden ist; er erscheint demnächst in chinesischer Übersetzung.

1 Liliane Weissberg zufolge hat Heine seine »Memoiren« als »weapon [...] to traumatize relatives and friends« genutzt: »and they drew money, if not blood«. Dies mache seine »Memoiren«

in gewisser Hinsicht zu Heines »most successful work«, weil sie ihm selbst wie dann seiner Witwe eine lebenslange Pension eingetragen haben. Liliane Weissberg: Heinrich Heine writes about his life. – In: Modern Language Notes 122 (2007), S. 563–572, hier S. 567.

2 Alfred Meißner: Geschichte meines Lebens. Wien, Teschen 1884, Bd. II, S. 348f.; zit. n. DHA XV, 1058.

3 Vgl. George F. Peters: Der große Heide Nr. 2. Heinrich Heine and the Levels of His Goethe Reception. New York u. a. 1989, S. 160.

4 Vgl. ebd.; zur Autobiographie ebd., S. 159–165.

5 Vgl. DHA XV, 267 (Kommentar).

6 Sigrid Weigel: Heinrich Heines »Geständnisse«. Zur Archäologie einer Schreibposition zwischen »Confessiones« und »De l'Allemagne«. – In: Konterbande und Camouflage. Szenen aus der Vor- und Nachgeschichte von Heinrich Heines marranischer Schreibweise. Hrsg. von Stephan Braese. Berlin 2002, S. 25–41, hier S. 31.

7 Jean-Jacques Rousseau: Les confessions. Genf 1782, Bd. 1, o. P. [S. 1].

8 Mit der Formulierung »einer der größten deutschen Psychologen« mag Joachim Heinrich Campe gemeint sein, der Onkel von Heines Verleger; vgl. DHA XV, 463 (Kommentar). Zur »Erbschwäche« als »Effekt einer Kulturgeschichte der Selbstrepräsentation« vgl. Weigel: Heinrich Heines ›Geständnisse‹ [Anm. 6], S. 28.

9 Zur »Spur von de Staëls Namen in Heines Schriften über Deutschland« vgl. ebd., S. 36ff.

10 Ebd., S. 29.

11 Jost Hermand: Die soziale Botschaft der »Geständnisse«. – In: »Ich Narr des Glücks«. Heinrich Heine 1797–1856. Bilder einer Ausstellung. Hrsg. von Joseph A. Kruse. Stuttgart, Weimar 1997, S. 313–317, hier S. 314.

12 Jost Hermand setzt einen anderen Akzent, wenn er darauf hinweist, dass mit Religion »in diesem Werk weniger eine heilsgeschichtliche als eine soziale Botschaft gemeint ist«. Ebd.

13 Weigel: Heinrich Heines »Geständnisse« [Anm. 6], S. 32.

14 Hermand: Die soziale Botschaft [Anm. 11], S. 316f.

Heine und der Fanatismus – Geistesaristokratie und ›Pöbel‹?

Von Sebastian Lübcke, Gießen

> La politique dans une œuvre littéraire, c'est un coup de pistolet au milieu d'un concert [...].[1]

In »Lutezia« bemerkt Heine einmal, dass der »Fanatismus ein ansteckendes Uebel [ist], das sich unter den verschiedensten Formen verbreitet, und am Ende gegen uns alle wüthet« (DHA XIII, 46). Diesem Befund entspricht die bemerkenswerte Breite der von Heine thematisierten Fanatismen, die vom religiösen über den politischen bis hin zum atheistischen und sogar zu einem aufgeklärten Fanatismus reichen. Dennoch prägt die Fanatismuskritik der Aufklärung Heines intellektuelles Selbstverständnis vorerst zutiefst. Heines Auseinandersetzung mit dem Fanatismus nimmt ihren Ausgang in den aufgeklärten Vorbehalten insbesondere gegen den religiösen Fanatismus.[2] Dieser wird von Diderots und d'Alemberts »Encyclopédie« (1751–1780) als von Intoleranz, blindem Glaubenseifer und Gewalt geprägter Aberglauben definiert.[3] Der Fanatiker begehe danach lächerliche, ungerechte und grausame Taten (»des actions ridicules, injustes, & cruelles«) nicht nur ohne Schuldbewusstsein, sondern sogar mit Freude und Trostgefühl (»avec une sorte de joie & de consolation«).[4] In der zu Heines Lebzeiten begonnenen, von Ersch und Gruber herausgegebenen und wie die »Encyclopédie« der Aufklärung verpflichteten »Allgemeinen Encyklopädie der Wissenschaften und Künste« (1818–1889) wird die zeitgenössische Begriffsverwendung von Fanatismus zunächst »auf seine ursprüngliche und eigenthümliche Bedeutung einer in Gewaltthätigkeiten ausbrechenden *religiösen* Schwärmerei« eingeschränkt.[5] Ausgehend von der Französischen Revolution und ihrem *terreur* kommt es im Laufe des 19. Jahrhunderts jedoch zu einer Begriffsausweitung auf politische Phänomene.[6] Die politische Situation der Restauration, des Vormärz und der Julirevolution 1830 in Frankreich oder der Märzrevolution 1848 in Deutschland leistet der Präsenz des Fanatismus im öffentlichen Diskurs weiteren Vorschub. Das belegt Ludwig Börnes »Ueber den Umgang mit Menschen« (1824) beispielhaft. Dort heißt es nach der Darlegung des Ich-Erzählers, dass der »Ultra«

den »Liberalen« um der eigenen Machterhaltung willen verfolgen und vernichten lasse[7]: »Wenn du zehn, wenn du hundert, wenn du tausend fanatische Menschen hinrichten lässest, hast du darum den Fanatismus zerstört? [...] Fanatismus ist wie eine Tontine, der Anteil der Verstorbenen fällt den Überlebenden zu.«[8]

Im philosophischen und literarischen Diskurs des 19. Jahrhunderts begegnet der Fanatismus z. B. in Fichtes 1806 publizierter »Anweisung zum seligen Leben«. Fichte beschreibt hier die dem Sinnlichen Zugewandten als »Fanatiker[] der Verkehrtheit«.[9] In ihrer Vorurteilsbehaftung[10] und Gewaltbereitschaft gehorchten sie einem bündigen Prinzip des Fanatismus: »[...] wenn die Gegner recht hätten, dann wäre ich ja ein armer Mensch.«[11] Daran ist besonders delikat, dass Heine die Fichteaner selbst in »Zur Geschichte der Religion und Philosophie in Deutschland« als ›Willensfanatiker‹ ins Visier genommen hat. Auch Kierkegaard kommt 1844 auf die »Fanatiker« zu sprechen, die den für seine intellektuelle Unabhängigkeit verehrten Lessing dem »positiv Soziale[n]«, d. h. einer Gruppe bzw. Schule, zuordnen oder ihn davon ausgrenzen wollen.[12] In der Literaturgeschichte zeichnet sich Heinrich von Kleist durch seine in der Tradition Voltaires und Helvéticus' stehende Kritik des religiösen Fanatismus aus.[13] Mit »Michael Kohlhaas« (1810) hat er überdies einen fanatisch nach Gerechtigkeit Verlangenden dargestellt.[14]

Mit großer Nachdrücklichkeit ist der Fanatismus in Heines Gesamtwerk zu finden. Die Heine-Forschung hat die Bedeutung des Fanatismus für Heine durchaus bemerkt, doch das Thema bislang noch nicht in den Mittelpunkt einer Auseinandersetzung gestellt. An dem Gedicht »Disputazion« aus dem »Romanzero« haben Joseph A. Kruse[15] und Hartmut Kircher[16] bereits pointiert auf den Fanatismus hingewiesen. Daneben ist bereits auf Heines Urteil über den »fanatische[n] Nationalismus«[17] der Deutschen aufmerksam gemacht und der Fanatismus im Zusammenhang mit der »Börne«-Denkschrift mit Blick auf den »fanatische[n] Spiritualist[en]«[18] Börne und den »politisch-religiösen Einseitigkeitsfanatismus«[19] des Zeitkreises registriert worden. Mein Versuch, Heines Überlegungen zum Fanatismus in einer nicht erschöpfenden, aber sehr wohl repräsentativen Breite vorzustellen, ist neben zentralen Charakterzügen des Fanatismusdiskurses auf eine Profilierung von Heines intellektuellem Selbstverständnis zugeschnitten. Heine hat, wie ich zeigen will, den Fanatismus wiederholt mit dem ›Pöbel‹ verknüpft und sich selbst geistesaristokratisch von ihm und dem Fanatismus abgegrenzt.

1. Religiöser Fanatismus

Zu Heines Lebzeiten haben jüdische Emanzipationsbestrebungen antisemitische Gegenbewegungen nach sich gezogen.[20] Sie prägen Heines Leben und Werk zutiefst.[21] Für Heines Auseinandersetzung mit dem religiösen Fanatismus erweist sich vor diesem Hintergrund das Christentum als bevorzugtes Ziel der Kritik.[22] Vor allem am Katholizismus stellt Heine ein erhebliches Gewaltpotenzial fest, das er sowohl an seiner eigenen Gegenwart als auch historisch im Umgang der Kirche mit Andersgläubigen, der radikalen Unterdrückung der Sinnlichkeit oder auch dem restaurativen Bündnis mit der Staatsgewalt (›Staatsreligion‹) festmacht (vgl. DHA VII, 193). Besonders originell an Heines Auseinandersetzung mit dem religiösen Fanatismus sind m. E. die Verfremdungsverfahren. Sie machen die im Rahmen der dominanten kulturellen Logik ›selbstverständlichen‹ Verhaltensweisen als Fanatismen auffällig. Zu diesem Zweck lässt Heine Ludwig Börne in der gleichnamigen Denkschrift sich für einen antisemitischen Philosophieprofessor wünschen, dass er selbst einmal in die Lage einer diskriminierten Minderheit komme:

> Am liebsten wär' mir's, er ginge zur See und machte Schiffbruch an der nordafrikanischen Küste. Ich habe nemlich jüngst gelesen, daß die Mahometaner, die dort wohnen, sich durch ihre Religion berechtigt glauben, alle Christen, die bey ihnen Schiffbruch leiden und in ihre Hände fallen, als Sklaven zu behandeln. (DHA XI, 23)

Das Gerücht betrifft genauer einen unter nordafrikanischen Sklaventreibern zum Ausbrüten von Eiern gezwungenen Theologen. Käme der antisemitische Professor einmal in diese Situation, so würden ihm »allerley Gedanken in den Sinn« kommen, »die ihm bisher nie eingefallen, und ich wette, er verwünscht den Glaubensfanatismus, der in Europa die Juden und in Afrika die Christen herabwürdigt« (DHA XI, 23). Die Heines europäischen Lesern bekannte Konstellation des ›Glaubensfanatismus‹, bestehend aus einer christlichen Mehrheit und einer jüdischen Minderheit, wird hier durch die Verlagerung in den nordafrikanischen Kulturkontext verfremdet.[23] Indem an dieser Stelle die in Deutschland herrschende christliche Mehrheit als unterdrückte Minderheit in Nordafrika dargestellt wird und so die Gewaltverhältnisse fiktiv auf den Kopf gestellt werden, werden die ansonsten auf die fanatische Eigenlogik beschränkten Denk- und Handlungsweisen aus der Opferperspektive erfahrbar. Die Verfremdung erweist sich daher aus guten Gründen als Darstellungs- und Reflexionsmedium des Fanatismus. Sie kann dem Fanatiker die unreflektierte Verselbständigung seines Denkens und Handelns unmittelbar vorführen. Eine argumentative Aufklärung des Fanatikers müsste hingegen an seiner hermetisch auf eigene weltanschauliche Standpunkte beschränkten Perspektive scheitern. Diese ideologische Horizontverengung des Fanatikers hat Heine unter dem weiter unten ausgeführten Schlagwort der ›Borniertheit‹ ausdrücklich mit Blick auf den Fanatismus verhandelt.

Die Passage aus der »Börne«-Denkschrift ist kein Einzelfall der verfremdenden Darstellung des Fanatismus. In den »Geständnissen« beschreibt Heine mit demselben Verfahren, dass die Kölner Inquisition den »verhetzen Pöbel« zu Pogromen an den in den sozial niedrigen Schichten bereits um ihres vermeintlichen Reichtums beneideten Juden mobilisiert habe[24], um den lauter werdenden Verdacht zu ersticken, dass die Kirche im Widerspruch zum hebräischen Wortlaut der Bibel stehe (vgl. DHA XV, 44). Zur besseren Profilierung der fanatischen Grundzüge der macht- und sozialpolitisch motivierten Ausschreitungen unter dem »religiösen Deckmantel« (ebd.)[25] werden die Kölner Ereignisse in ein strukturanaloges Szenario in Santo Domingo übertragen:

> Die blutige Parodie eines solchen Wahnsinns sahen wir beim Ausbruch der Revoluzion von Sanct Domingo, wo ein Negerhaufen, der die Pflanzungen mit Mord und Brand heimsuchte, einen schwarzen Fanatiker an seiner Spitze hatte, der ein ungeheures Crucifix trug und blutdürstig schrie: Die Weißen haben Christum getödtet, laßt uns alle Weißen todtschlagen! (ebd.)

Die ›schwarzen Fanatiker‹ bleiben mit den ›schwarzen Kutten‹ des Katholizismus verwandt.[26] Die Verlagerung in einen fremden Kulturkontext und in die zugespitzte Form – Parodie – problematisiert etwas für den christlichen Antisemiten allzu Selbstverständliches: die Ermordung Jesu durch *die* Juden. Da in Heines verfremdender Darstellung aber *den* Weißen die Ermordung Jesu vorgeworfen wird, wird hier die hellhäutige Mehrheit der Deutschen an die Stelle der in Deutschland ja tatsächlich unter dem antisemitischen Vorwand der Ermordung Jesu diskriminierten Juden versetzt. Die Übertragung des Kreuzigungsvorwurfs von *den* Juden auf *die* Weißen führt zu einer bemerkenswerten, erkenntnisproduktiven Spannung. Denn so, wie den antisemitischen Christen zufolge *die* Juden Jesus ermordet hätten, so nahe- und zugleich fernliegend dürfte es den mitteleuropäischen Lesern erscheinen, dass die Dunkelhäutigen *den* Weißen *tout court* ebendiesen Vorwurf machen. Durch die Umkehr der Schuld- und Gewaltverhältnisse verfremdet Heine den Antisemitismus in Deutschland also insofern eindrücklich, als dessen Generalisierungstendenz und Willkür unvermittelt ins Auge stechen. Dies ist gerade für die Fanatismuskritik aufschlussreich. Die von Heine enttarnte *Relativität* der fanatischen Gegenüberstellungen läuft der für den Fanatismus charakteristischen *Verabsolutierung* eigener Denkschemata nämlich diametral entgegen.

Für Heines Verfremdungsverfahren des religiösen Fanatismus ist noch ein weiteres Szenario aus Übersee zu beachten. Im »Börne«-Buch berichtet Heine enttäuscht von Amerika als »ungeheure[m] Freyheitsgefängniß« (DHA XI, 37). Dieses Urteil rührt aus Heines Sensibilität für die Unterdrückten:

> Ihr lieben deutschen Bauern! geht nach Amerika! dort giebt es weder Fürsten noch Adel, alle Menschen sind dort gleich, gleiche Flegel ... mit Ausnahme freylich einiger Millionen, die eine schwarze oder braune Haut haben und wie die Hunde behandelt werden!« (ebd.)

Das für viele Deutsche tatsächlich zum Einwanderungsland gewordene Amerika sei vielmehr ein von hellhäutigen Christen beherrschtes Land, deren »Brutalität womit dort die freyen Schwarzen und die Mulatten behandelt werden« – Heine meint ausdrücklich nicht die Sklaven – empörend sei (ebd.). Bei dieser Diskriminierung werde die entfernteste Verwandtschaft mit einem »Neger [...], wenn auch nicht mehr in der Farbe, sondern nur in der Gesichtsbildung«, zum Anlass »größte[r] Kränkungen« genommen (ebd.). Wie hängt das mit Heines Verfremdungsstrategien zusammen? – Dem Engagement für die rassistisch Unterdrückten in Amerika schließt sich eine für Heines europäische Heimat aufschlussreiche Bemerkung an. Er nennt die rassistischen Ächtungen Erscheinungen, »die uns in Europa fabelhaft dünken« (ebd.). Bedenkt man jedoch, dass Heine die genealogische Diskriminierung der Juden in Deutschland im vierten Buch der »Börne«-Denkschrift ausdrücklich darlegt (DHA XI, 83f.)[27], kann es sich nur um aufmerksamkeitssteuernde Ironie handeln, solche Zustände für Europa als abwegig abzutun und sie trotzdem anzuführen.

2. Antisemitismus – »Der Rabbi von Bacherach« und sein zeitgeschichtlicher Wiedergänger

Weitere Argumente für die Zentralität des Fanatismus in Heines Gesamtwerk bietet die 1824[28] bei einem Berlin-Aufenthalt begonnene und 1840[29] veröffentlichte Erzählung »Der Rabbi von Bacherach«. Es wird sich zeigen, dass gerade der Publikationskontext der Erzählung die Bedeutung des Fanatismus für das die diasporische Leidensgeschichte des Judentums thematisierende Fragment herausstellt.[30]

Der »Rabbi« beginnt mit einem historischen Rückblick.[31] Es werden die Judenverfolgungen während der Kreuzzüge und des 14. Jahrhunderts »am Ende der großen Pest« beschrieben (DHA V, 110). Heines Darstellung der antisemitischen Ausschreitungen ist für den Fanatismusdiskurs aufschlussreich:

> Der gereizte Pöbel, besonders die Horden der Flagellanten, halbnackte Männer und Weiber, die zur Buße sich selbst geißelnd und ein tolles Marienlied singend, die Rheingegend

und das übrige Süddeutschland durchzogen, ermordeten damals viele tausend Juden, oder marterten sie, oder tauften sie gewaltsam. (ebd.)

Die Flagellanten werden als Form des ›gereizten Pöbels‹ bezeichnet.[32] Sie werden dem ›verhetzten Pöbel‹ aus dem oben angeführten Beispiel der unter Anleitung der Kölner Inquisition verübten Übergriffe auf die Juden zur Seite gestellt. Daneben treten die Flagellanten als selbstkasteiende Glaubenseiferer auf, die – und die Verbindung ist Programm – Marienlieder singend Juden töten, foltern und zum Christentum zwingen.[33] Die pointierte Assoziation des Widerspruches zwischen Anspruch und Wirklichkeit des Fanatikers wird als Charakteristikum im weiteren Verlauf der Erzählung ausgeführt. Zu diesem Zweck wird zunächst die Ausgeliefertheit der Diaspora-Juden beschrieben. Sie wird durch die Gerüchte belegt, dass Juden Hostien stählen, mit Messern durchstächen und zum Bluten brächten sowie in dem angeblich am Passahfest verübten Ritualmord an »Christenkindern« – was die Erzählung selbst noch thematisieren sollte[34] –, um ihr Blut bei nächtlichen Gottesdiensten zu gebrauchen (DHA V, 110). Habe sich eine solche Verleumdung erst verbreitet, so werden die »betende[n] Judenfamilie[n]« überfallen und wiederum »gemordet, geplündert und getauft« (ebd.). Erneut ist die kontrastästhetische[35] Verbindung von einerseits Mord und Plünderung und andererseits Taufe sowohl irritierend als auch bezeichnend für den die ideologischen Inkongruenzen mittels der selbstbestätigenden Eigenlogik planierenden Fanatismus. Über die fanatischen Gewaltausschreitungen hinaus wird das ›Christenkind‹ hier sogar noch heiliggesprochen und zum Patron eines ihm zu Ehren gestifteten Doms ernannt:

> Sankt Werner ist ein solcher Heiliger, und ihm zu Ehren ward zu Oberwesel jene prächtige Abtey gestiftet, die jetzt am Rhein eine der schönsten Ruinen bildet, und mit der gothischen Herrlichkeit ihrer langen spitzbögigen Fenster, stolz emporschießender Pfeiler und Steinschnitzeleyen uns so sehr entzückt, wenn wir an einem heitergrünen Sommertage vorbeyfahren und ihren Ursprung nicht kennen. (DHA V, 110)

Heine hebt aber anders als die romantische Ruinen- und Mittelalterfetischisierung der Rheinidylle ihren ›Ursprung‹ ausdrücklich hervor: »Zu Ehren dieses Heiligen wurden am Rhein noch drey andre große Kirchen errichtet, und unzählige Juden getödtet oder mißhandelt.« (ebd.) Die deutsche Rhein-, Burgen- und Ruinenlandschaft ist – dem dekonstruierenden In- und Nebeneinander von Kirchenerrichtung und Judenvernichtung entsprechend – mithin wesentlich von Mord und Religionshass geprägt, so leicht sie Jahrhunderte später nurmehr als ästhetisch oder religiös erbauender Kulturschatz betrachtet wird. Das Verdikt der Geschichtsvergessenheit trifft die von Heine auf diesen Fetischismus zugeschnittene »Romantische Schule« freilich mit Nachdruck.

Die diasporisch erlittenen Verzerrungen des Judentums werden im zweiten Kapitel bestätigt.[36] Der dem ersten Kapitel strukturparallele Rückblick auf die mittelalterliche Entstehungsgeschichte des Ghettos führt auch hier für den Fanatismus relevante Gesichtspunkte an. Darunter fallen Bemerkungen über mittelalterliche »Judenschlacht[en]« und die ständige Bedrohung des Judenviertels durch Erstürmungen durch den – wiederum milieuspezifisch formulierten – »Christenpöbel« (DHA V, 125).

Wie im ersten Kapitel besteht auch im zweiten eine motivische Parallele zwischen dem historischen Rückblick und dem Erzählgeschehen. Die Beziehung zwischen der christlichen Mehrheit und der jüdischen Minderheit in Deutschland steht auch bei der Ankunft Abrahams und Saras im Frankfurter Ghetto im Fokus. Während *vor* dem Ghettotor der christliche Trommler Hans das bei den Judenschlachten gesungene Geißlerlied spielt, werden die Bacheracher Flüchtlinge von den zu Karikaturen verzerrten, jüdischen Figuren Jäkel dem Narren und dem ängstlichen Nasenstern *hinter* den Ghettotoren empfangen (vgl. DHA V, 126).[37] Für Heines Fanatismuskonzept ist Nasenstern bezeichnend. Mit der wiederholten Beteuerung, dass er »ein einzelner Mensch«[38] sei und »wirklich Furcht« habe (DHA V, 128), konkretisiert er die archetypische Leidensgeschichte des Judentums in seiner Person.[39] Sein Verhältnis zum Trommler steht genau besehen stellvertretend für das zwischen Juden und Christen in Deutschland. Es verdeutlicht, dass die Opfer des Fanatismus einzelne Menschen mit existenzieller Furcht sind und eben kein dem Antisemitismus und anderen Fanatismen zugrundeliegendes Abstraktum wie z. B. *die* Juden.[40]

Für den Fanatismus und die Beziehung zwischen Christen und Juden in Deutschland, wie Heine sie sieht, sind die Dialoge an der Ghettogrenze aussagekräftig. Beispielhaft stellt die Antwort des Trommlers auf Nasenterns Bitte[41] um ein anderes Lied als das Geißlerlied die frappierende Unverbindlichkeit der Christen heraus. Denn der Trommelhans begegnet Nasenterns Angebot, etwas trinken zu gehen, wenn er ein anderes Lied spiele, wie folgt: »Der Teufel hole die Juden, aber du, lieber Nasenstern bist mein Freund, ich beschütz dich, und wenn wir noch oft zusammen trinken werde ich dich auch bekehren.« (DHA V, 126) Diese Passage zeigt die antisemitische Unbeschwertheit des Trommlers, seine selektive Bonhomie bestimmten Juden gegenüber und den Vorrang eigener Interessen.[42] Wenn der passend zu den hier artikulierten Annehmlichkeiten – etwas trinken zu gehen – und der von Heine wiederholt nahegelegten sozialen Herkunft des Fanatikers – aus dem ›Pöbel‹ – mit »rauhe[m] Biertone« (ebd.)[43] vorgestellte Trommelhans Vorteile aus der Beziehung zu den Juden zieht, dann macht er offenbar Geschäfte mit ihnen. Dabei verliert er ihre Taufe jedoch nie aus den Augen.[44] Dass der christliche Vorsteher des Ghettos aber auch ganz anders kann, beweist Nasensterns Bericht von der Misshandlung des kopfüber zwischen zwei Hunden aufgehängten Juden Strauß, wozu »der Trommelhans« nicht minder »trommelte« (DHA V, 128).

Der Unverbindlichkeitsverdacht im Umgang der Christen mit den Juden in Deutschland bestätigt sich nach Nasensterns, den Trommelhans weckenden Aufschrei »Gefahr!«:

> »Tausend Donner Sakrament! Der Teufel hole die Juden! Das ist schon das drittemal, daß du mich heute aus dem Schlafe weckst, Nasenstern! Mach mich nicht rasend! Wenn ich rase, werde ich wie der *leibhaftige Satanas*, und dann, *so wahr ich ein Christ bin*, dann schieße ich mit der Büchse durch die Gitterlucke des Thores, und dann hüte jeder seine Nase!« (DHA V, 131; Hervorhebung SL)

Bemerkenswerterweise schwört der Trommler den Juden als Christ, dass er bei der nächsten Störung seines Schlafes zum ›leibhaftigen‹ Teufel werde, der bekanntlich die Juden holen solle. Die Verschränkung von Christentum und Teufelei entlarvt das Christentum in seiner mit dem Glaubensgrundsatz der Nächstenliebe konfligierenden Gewaltbereitschaft. Während der Stifter des Christentums noch als ›leibhaftiger Gott‹ erschienen war, stellen sich die Christen offenbar zunehmend als ›leibhaftige Teufel‹ heraus. Überdies wird eine offenkundig verfehlte Strafäquivalenz erkennbar. Zum einen läuft man als Jude Gefahr, erschossen zu werden, wenn der Schlaf eines Christen gestört wird; zum anderen ist die blinde Vergeltung an der jüdischen Gemeinde – ›und dann hüte *jeder* seine Nase‹ – von einer für den Fanatismus typischen, pogromartigen Generalisierung gekennzeichnet.

2.1. Zur Publikationsgeschichte des »Rabbi«

Die Publikationsgeschichte macht die Bedeutung des religiösen Fanatismus für den »Rabbi« noch deutlicher.[45] Die Erzählung erscheint 1840 in Heines viertem Band des »Salon« unter dem Eindruck der Anschuldigungen des französischen Botschafters in Damaskus und des französischen Außenministers Louis-Adolphe Thiers, dass der Damaszener Rabbi einen Kapuzinerpater für das – wie im ersten Kapitel des »Rabbi« – Passahfest geschlachtet habe (DHA XIII, 59f.).[46] Dieses Gerücht hat in der westeuropäischen Öffentlichkeit antisemitische Reaktionen hervorgerufen.[47] Deshalb leuchtet es ein, dass Heine die Ereignisse im Nahen Osten sowohl mit den Verleumdungen der Juden im mittelalterlichen Europa (vgl. DHA XIII, 46 und 82), die dem knapp 15 Jahre zuvor begonnenen Erzählfragment zugrunde liegen, als auch dem zunehmenden Antisemitismus in Heines eigener Gegenwart verbindet.

Bevor Heine aber den Fanatismus der französischen Verleumder fokussiert, berichtet er in »Lutezia« zunächst davon, dass die französische Presse selbst die Ritualmorde als einen »religiösen Fanatismus« bezeichnet habe, »der noch im Oriente herrschend sey« (DHA XIII, 60). Von einer orientalischen ›Wildwüchsigkeit‹ der Christenschlachtung könne nach Heine allerdings gar keine Rede sein. Der »occidentalische[] Aberglauben« habe dagegen erst gegen den skeptischen Widerstand der Muslime von den Franzosen im »Pöbel von Damaskus« als besonders fruchtbarem Boden für den Fanatismus gesät werden müssen (DHA XIII, 46). So hat sich der mit dem Fanatismusvorwurf gegen den Orient verbundene Anspruch westlicher Aufgeklärtheit gerade bei den Damaszener Ereignissen als aufgeklärter Fanatismus entstellt (s.u.).

Es ist aufschlussreich, dass Heine die Verleumdungen der »Unkenntniß der morgenländischen Zustände« (DHA XIII, 61) zurechnet. Sie stellen vielmehr »im fanatischen Sonnenbrand der Klöster des Libanons und ähnlicher Spelunken des Aberglaubens« ausgeheckte »Phantasmen« dar (ebd.). Der Fanatismus besteht folglich im Irr- bzw. Aberglauben, der sich abseits der tatsächlichen Gegebenheiten als realitätsfremde Erfindung (in abgeschiedenen ›Spelunken des Aberglaubens‹ *jenseits* der ›morgenländischen Zustände‹) verselbständigt habe. Fanatische Weltordnungen verdanken sich danach der Unkenntnis der wirklichen Verhältnisse und den an ihrer Stelle absolut gesetzten ideologischen Konstrukten (›Phantasmen‹).

Der Konstruktcharakter bestätigt sich in der anschließenden Betrachtung der mitteleuropäischen Auseinandersetzung mit dem Judentum auf ganz konkrete Weise. Das Leid der Diaspora-Juden errege hier nämlich nurmehr als mittelalterlich anmutender, »poetische[r] Stoff« schauerliches Gefallen (DHA XIII, 46). Die Diskursverschiebung vom politischen in den ästhetischen Diskurs könnte zwar zunächst als Entschärfung des mitteleuropäischen Antisemitismus verstanden werden, doch sprechen nicht nur die dortigen antisemitischen Reaktionen auf die Damaszener Geschehnisse, ihre Gesamtdarstellung bei Heine und die zeitgleiche Publikation des »Rabbi« dagegen. Dem widerspricht auch eine weitere Beobachtung Heines an der zeitgenössischen Literatur. Diese fasse die Juden gemeinsam mit Werwölfen und Hexen in eine Kontrastkategorie blutrünstiger Feinde der aus dem »Rabbi« allzu bekannten »fromme[n] Christenkinder« (ebd.). Die Literatur setzt hier offenbar wie im Falle des Damaszener Gerüchts ein (kultur)poietisches ›Phantasma‹ an die Stelle der Tatsachen.[48] Heine kritisiert daran, dass die zeitgenössischen Leser über solche Geschichtchen lachen und ihre zwar nicht für die ›Christenkinder‹, doch für die Juden in der Tat blutige Realität vergessen würden (DHA XIII, 46). Mit dem »Rabbi« tritt er solchen verfälschenden, kulturpoietischen Sinnzusammenhängen beispielhaft entgegen. Er stellt den antisemitischen Generalverdacht gegen die Juden als Täter darin insofern richtig, als die Juden ja »viel eher zu den Gejagten« als zu den Jagenden zählten (DHA VI, 151). Die ›Phantasmen‹ der christlich-deutschen ›Siegergeschichte‹ werden im »Rabbi« also ganz im Sinne von Walter Benjamin »gegen den Strich« gebürstet und aus Opferperspektive zurechtgerückt.[49]

3. Republikanischer Fanatismus

In Heines Auseinandersetzung mit dem Republikanismus wird der Fanatismus ebenfalls profiliert. Eine systematische Lesart der »Börne«-Denkschrift mit Blick auf den Fanatismus fehlt jedoch noch immer.[50] Ihren Ausgang nehmen Heines Überlegungen in der berühmten Unterscheidung zwischen ›Hellenen‹ und ›Nazarenern‹.[51] Börne wird hier wie der von Heine ebenfalls in der Denkschrift und besonders in »Der Denunziant« satirisch bedachte Nationalist und Interimsrepublikaner Wolfgang Menzel den Nazarenern zugeordnet (vgl. DHA XI, 18). Ihr Naturell zeichnet sich durch eine fanatische Bedingungslosigkeit aus, die aufgrund des Forschungsstandes[52] nicht ausgeführt zu werden braucht und der Heine distanziert gegenübersteht.[53]

Die Praxis des Fanatikers wird vor allem im dritten Buch der »Börne«-Denkschrift erörtert. Es wird Heines Wiedersehen mit Börne im Pariser Herbst 1831 beschrieben: »Das bischen Fleisch, das ich früher an seinem [Börnes; SL] Leibe bemerkt hatte, war jetzt ganz verschwunden, vielleicht geschmolzen von den Stralen der Juliussonne, die ihm leider auch ins Hirn gedrungen.« (DHA XI, 59) Börnes dem nazarenischen Asketismus verpflichtetes Äußeres wird hier unter Rekurs auf einen politischen ›Hitzestich‹ durch die Julirevolution 1830 mit dessen Werbung für die zwar »sehr blutig[e]«, aber »nothwendig[e]« politische Revolution verknüpft (ebd.). Dieser dem Fanatiker eigene »ultra radikale[] Ton[]« habe sich in Börnes »Briefen aus Paris« bestätigt (DHA XI, 64). Die Heftigkeit der 1834 erschienenen letzten Sammlung der Heine unter anderem eine zuungunsten der Wahrheit verfolgte »ästhetizistische Kunstgesinnung« vorwerfenden »Briefe«[54] habe Heine insofern überrascht, als er – unvergleichlicher Satiriker – mit diesem Kontrast zu Börnes gewöhnlich hoch kontrolliertem, fast spießbürgerlichem Stil nicht gerechnet habe (ebd.). Dieser Stilkontrast betont hier aber zugleich die von Heine in der »Börne«-Denkschrift in den Blick gefasste Psychologie des Fanatikers. Denn Börnes republikanischer Enthusiasmus bzw. seine im Zeichen von Heines sozialspezifischem Fanatismuskonzept stehenden, »pöbelhafte[n] Töne« würden danach nur die Folge von Börnes Enttäuschung über sein in der bisherigen Mäßigung wirkungsloses Leben darstellen (DHA XI, 72). Heine erkennt am Fanatiker also eine Überkompensation der eigenen Bedeutungslosigkeit.

Trotzdem beginnen Börnes Überzeugungen in den Pariser republikanischen Zirkeln um sich zu greifen. Heine stellt Börnes Auftritte zur stärkeren Profilierung ihres fanatischen Potenzials in ein für den Fanatismus topisches, religiöses Licht. So habe man die wirkungsästhetisch formulierte, »bündig[e], überzeugend[e], volksmäßig[e]« und – wovon Heine sich als Geistesaristokrat distanziert – nicht zufällig »kunstlose« »Propaganda« mit »deutschem Glauben« und »apostolischem Eifer« vernommen und »in die Heimath« getragen (DHA XI, 69f.). Ebenso passt der »Bergpredigerton« mit der Szenerie – »Börne mit 600 Schneidergesellen auf den Montmartre gestiegen, um ihnen eine Bergpredigt zu halten« (DHA XI, 70) – glänzend überein. Schon Rippmann schreibt mit Blick auf Börne und Robespierre über das »Naturell aller dieser ›Bergprediger‹«, dass ihnen nach Heine »der fanatische Zug zum Märtyrer an[hängt]«.[55]

Neben den religiösen Grundstrukturen des republikanischen Fanatismus erweist sich die von Heine mehrfach konstatierte Verwandtschaft mit dem ›Pöbel‹ auch hier als tragend. Es seien deutsche Schneider- und Handwerksgesellen, die sich an den Republikanismus halten, sodass die »pariser Propaganda [...] vielmehr aus rohen Händen als aus feinen Köpfen [bestand]« (DHA XI, 69). Das politische Bekenntnis der Masse habe sich allerdings anderen Gründen als der politischen Überzeugung verdankt. Heine führt sie auf eine hier noch subtile, später ausgeführte nationalistische Motivation zurück: »wohl fürnemlich, um in der lieben Sprache der Heimath über vaterländische Gegenstände mit einander zu konversiren« (ebd.). Dieser Tendenz entsprechend komme es bei den Zusammenkünften zu einer Fanatisierung der Gemüter, die die politischen Plattitüden wie das Nationale und die Gesellschaftsnivellierung begünstigten:

> Hier wurden nun, durch leidenschaftliche Reden, im Sinne der rheinbayrischen Tribüne, viele Gemüther fanatisirt, und da der Republikanismus eine so grade Sache ist, und leichter begreifbar, als z. B. die konstituzionelle Regierungsform, wobey schon mancherley Kenntnisse vorausgesetzt werden: so dauerte es nicht lange und tausende von deutschen Handwerksgesellen wurden Republikaner und predigten die neue Ueberzeugung. (ebd.)

Pointiert gesagt, stößt Heine vor allem der Populismus ab, der seine – erneut wird der religiöse Fanatismus eingeblendet – ›Prediger‹ aus mangelnder Einsicht für Alternativen gewinne.

Für Heines schöngeistige Vorbehalte gegen den politischen Fanatismus ist die Reaktion auf den Auftritt eines verwachsenen und die Gleichheit aller Menschen behauptenden Schustergesellen aufschlussreich (vgl. DHA XI, 70).[56] Die elitäre Abneigung gegen den Republikanismus[57] wird in dieser hochironischen Passage auf eine für Heine eigentümliche Weise inszeniert. Denn gerade angesichts eines äußerlich verwachsenen Menschen die politische und rechtliche Gleichheit der Menschen in Zweifel zu ziehen, stellt Heines für den Republikanismus bereits problematische politische Differenziertheit in ein bewusst ironisches und rein ästhetisches Licht. Ganz so, wie schon Adorno den nicht sehr zuverlässigen Sozialisten Heine ins Visier genommen hat[58], so grenzt sich Heine offenbar auch vom Republikanismus ab, und zwar als Dichter und Schöngeist. Die Gewichtsverlagerung vom politischen Engagement zur Schönheit ist aber – genau besehen – eine aufgrund der politischen Nähe zu den republikanischen Werten entstandene Abwehrhaltung gegen die parteipolitische Instrumentalisierung des Denkens und der Kunst.

Für Heines ästhetische Ablehnung des politischen Fanatismus ist in aller Kürze auf seine Auseinandersetzung mit den politästhetischen ›Charakterdichtern‹ einzugehen. Charakter habe danach derjenige, »der in den *bestimmten* Kreisen einer *bestimmten* Lebensanschauung [...] waltet, sich gleichsam mit derselben identifizirt, und nie in Widerspruch geräth mit seinem Denken und Fühlen« (DHA XI, 120; Hervorhebung SL). Der Charakterdichter wird somit durch Widerspruchsfreiheit und Gruppenorientierung definiert. Mit ihr steht die Heteronomieästhetik im Vordergrund.[59] Der Charakterdichter schreibe ausdrücklich für ein Publikum und werde aufgrund der Bestätigung vorhandener, kleingeistiger Überzeugungen populär (ebd.).[60] Heines Poetik zeichnet sich dagegen durch ihre Brüche, ihre Ironie[61] und ihr freiheitliches Bekenntnis zu Autonomieästhetik und Schönheit aus.[62] Deshalb überrascht Heines Bemerkung kaum, dass er von den »geistig Blöd- und Kurzsichtigen« der »Willkühr, Inkonsequenz, Charakterlosigkeit« bezichtigt worden sei (ebd.). Vielmehr erachtet Heine es für ein »Zeichen von *Bornirtheit*, wenn man von der *bornirten* Menge leicht begriffen und ausdrücklich als Charakter gefeiert wird« (ebd.; Hervorhebung SL). Angesichts der strukturparallelen ›Borniertheit‹ im Produktions- und Rezeptionskontext zeichnet sich die beschränkte Verabsolutierung einer Meinung als Kernmerkmal des einer einzigen, ›bestimmten‹ kulturellen Logik verschriebenen Charakterdichters ab. Seine rückhaltlose Anpassung rückt den Charakterdichter in unmittelbare Nähe zum Fanatiker, während Heine gerade der Widersprüchlichkeit und artifiziellen Willkür von Börne bezichtigt wird (vgl. DHA XI, 121ff.). Dabei handelt es sich bei Heines Widerspruchsbereitschaft weniger um Heuchelei als um eine für fanatische Tendenzen überaus sensible Differenziertheit des Denkens und Schreibens. Heines notorisch ironische Poetik lässt sich mithin auf seine Haltung zum Fanatismus zurückführen: Während dieser sich durch Ironie- und Widerspruchsfreiheit auszeichnet, treten bei Heine dem Preisendanz'schen Ironiekonzept entsprechend subjektive Ambivalenzen gerade in den Vordergrund.[63]

Kehren wir zurück zur politischen Seite des republikanischen Fanatismus: Wie in der Darstellung der republikanischen Versammlungen angedeutet, wird Heines Unbehagen am Republikanismus auch durch die zunehmend nationalistische Gesinnung der Republikaner begründet.[64] Wie nah sich Nationalismus und Republikanismus stehen[65], zeigen Heines Darlegungen über die tendenziösen, das Lager zeitweise wechselnden Deutschtümler (DHA XI, 84).[66] Heine warnt jedoch mit Blick auf die beiden Fraktionen des Republikanismus, dass sich nur die Klügeren unter ihnen darüber im Klaren gewesen seien, dass die deutschnationale Minderheit aufgrund ihres Fanatismus mächtiger auf die Masse wirke als der kosmopolitische Flügel der Republikaner:

> In der That, jene regenerirten Deutschthümler bildeten zwar die Minorität, aber ihr Fanatismus, welcher mehr religiöser Art, überflügelt leicht einen Fanatismus, den nur die Vernunft ausgebrütet hat; ferner stehen ihnen jene mächtigen Formeln zu Geboth, womit man den rohen Pöbel beschwört, die Worte »Vaterland, Deutschland, Glauben der Väter u. s. w.« elektrisiren die unklaren Volksmassen noch immer weit sicherer als die Worte: »Menschheit, Weltbürgerthum, Vernunft der Söhne, Wahrheit ....!« (DHA XI, 85)

Erneut ist es der ›Pöbel‹, der durch fanatische Botschaften mobilisiert werden soll. Dabei zählen Heine zufolge weniger die Inhalte als die ›Formeln‹.[67] Besonders die nationalistischen Parolen seien in Deutschland offenbar wirkungsvoll (vgl. DHA XI, 84). Dieses Urteil wird durch die im Börne-Buch angeführte Vorgeschichte der zum Republikanismus konvertierten Deutschtümler wie Wolfgang Menzel erklärt. Es seien jene Burschenschaftler, die 1817 auf dem Wartburgfest das nationalistische Pendant zum liberalistischen Bergfest von Hambach gefeiert haben und nun dennoch zum selben Lager zählten (vgl. DHA XI, 83). Dabei zeichnet Heine die Vergangenheit jener Republikaner in den Farben des Fanatismus, wenn er die Wartburger des »beschränkte[n] Teutomanismus« bezichtigt, der »viel von Liebe und Glaube greinte, dessen Liebe aber nichts anders war als Haß des Fremden und dessen Glaube nur in der Unvernunft bestand« (ebd.).[68] Über die religiöse Verschleierung schierer Dummheit – Heine schreibt »Unwissenheit« (ebd.) – hinaus ist die Formulierung aufgrund des Umschlagens von Liebe für das Eigene in Hass gegen das Fremde für den Fanatismus bezeichnend. So soll es in diesen Kreisen auch zur Erstellung von genealogischen Festschreibungen und Regelkatalogen darüber gekommen sein, was die deutsche Identität im Kern ausmache (vgl. DHA XI, 83f.).[69] Darunter zählt Heine ironischerweise auch den starken Bierkonsum (vgl. DHA XI, 84), wodurch die Nationalisten des »Börne«-Buchs in unmittelbare Nachbarschaft zu den aus der »Wintermährchen«-Vorrede und dem »Rabbi« bekannten ›Bierstimmen‹ des ›Pöbels‹ gerückt werden. Ungeachtet der Höhenkammkultur der ›Weimaraner Weltbewohner‹[70] wurzelt der Nationalismus in den deutschen Niederungen aus Heines Perspektive also tatsächlich tief.

5. »Willensfanatismus«

Neben dem Nationalismus und Republikanismus ist der »Willensfanatismus« (DHA VIII, 117) im Zusammenhang mit der idealistischen Philosophie am Ende des dritten Buches von »Zur Geschichte der Religion und Philosophie in Deutschland« zu analysieren. Der Fanatismusdiskurs wird dabei behilflich sein, die komplexe Schlussprophetie verständlich zu machen. Denn anders als in der sonst kritischen Haltung gegen die deutsche Revolutionsmüdigkeit (vgl. DHA II, 125f. oder 127f.) kommt es in dieser Passage zu einer bemerkenswerten Umdeutung der deutschen Mentalität zur Methode, über die religiöse und philosophische zur politischen Revolution zu gelangen (vgl. DHA VIII, 117).[71] Danach hätten sich mit den idealistischen Doktrinen von Kant, Fichte und Schelling – die Naturphilosophie spielt hier wieder eine revolutionäre Rolle[72] – politische Energien gestaut, die auf eine Entladungsmöglichkeit warteten:

> Es werden Kantianer zum Vorschein kommen, die auch in der Erscheinungswelt von keiner Pietät etwas wissen wollen, und erbarmungslos, mit Schwert und Beil, den Boden unseres europäischen Lebens durchwühlen, um auch die letzten Wurzeln der Vergangenheit auszurotten. Es werden bewaffnete Fichteaner auf den Schauplatz treten, die, in ihrem Willensfanatismus, weder durch Furcht noch durch Eigennutz zu bändigen sind; denn sie leben im Geiste, sie trotzen der Materie, gleich den ersten Christen […] ja, solche Transzendentalidealisten wären, bey einer gesellschaftlichen Umwälzung, sogar noch unbeugsamer als die ersten Christen, da diese die irdische Marter ertrugen um dadurch zur himmlischen Seeligkeit zu gelangen, der Transzendentalidealist aber die Marter selbst für eitel Schein hält […]. Doch noch schrecklicher als Alles, wären Naturphilosophen, die handlend eingriffen in eine deutsche Revoluzion und […] die dämonischen Kräfte des altgermanischen Pantheismus beschwören […]. (DHA VIII, 117f.)

Diese Prophetie frank und frei für Ironie im gebräuchlichen Sinne zu erklären oder gar für ein utopisches »Idealkonstrukt« eines zukünftigen Deutschlands[73], würde Heines komplexe Beziehung zu einer deutschen Revolution unterschätzen. Bei aller Problematik der Parallelstelleninterpretation[74] spricht gegen den eindimensionalen Spott für die deutsche Intelligenzija, *erstens* dass Heine eine Parallele zwischen der sozialpolitischen Revolution in Frankreich und der deutschen Geistesrevolution zieht: Kant sei der Robespierre und Fichte der Napoleon der Philosophie (DHA XI, 134).[75] Auch spricht *zweitens* Heines sonst weitaus klarere Ironiemarkierung seiner Prophezeiungen gegen eine reine Verspottung.[76] Vergleicht man die Passage mit der am Schluss der »Bäder von Lukka« erzielten Desillusionierung prophetischer Rhetorik, sind die Ironiemarker in der hier untersuchten Revolutionsprophetie lediglich »Nebentöne«.[77] Es darf zudem *drittens* nicht vergessen werden, dass Heine durchaus an ein freies Deutschland glaubt.[78] Außerdem ist *viertens* Heines Urteil über die heldenmutigen Urchristen von Anerkennung getragen (vgl. DHA VII, 195)[79], und der germanische Pantheismus firmiert gemeinhin als Gegenbild zum Katholizismus (vgl. DHA VIII, 19f.). So heißt es auch in der Revolutionsprophetie, dass sich die alten steinernen Götter der Germanen erheben werden, »und Thor mit dem Riesenhammer springt endlich empor und zerschlägt die gothischen Dome« (DHA VIII, 118). Hieraus lässt sich schließen, dass die im Preisendanz'schen Sinne verstandene Ironie in dieser Passage jede Stabilität des Standpunktes untergräbt.[80] Um trotzdem eine Auflösung der Verstrickungen zu erzielen, muss die Szene im Kontext von Heines Fanatismuskonzept betrachtet werden.[81]

Das Wechselspiel zwischen Warnung und Drohung, Anerkennung und Sorge, Witz und Ernst greift auf eine schwer zu entwirrende, kontrastästhetische Weise ineinander[82], doch steht eine um die Unaufhaltsamkeit der deutschen Revolution bekümmerte Warnung im Zentrum.[83] So wie schon im VII. Caput des »Wintermährchen« die dem Gedanken folgende Tat das eigene Herzblut fordern sollte[84], so warnt Heine auch hier vor der barbarischen Zerschlagung der alten Welt. Er fürchtet den Blitz nach dem grollenden Donner, um die schon seit Hölderlins »An die Deutschen« prominente Donner-Blitz-Metapher an dieser Stelle emotional aufzuladen. Die Entmachtung des *ancien régime* durch eine nicht weniger gewaltbereite Masse stellt für Heine keine Alternative dar.[85] Er plädiert zu nachdrücklich für eine gemäßigte Revolution und weiß zu genau um die Dialektik der gesellschaftlichen Verhältnisse (vgl. DHA VIII, 142).[86] Was überdies – und entscheidend – schon zu Beginn der Prophetie ins Auge sticht, ist das verdächtige Zugeständnis an die Republikaner, dass die deutsche Revolution trotz ihres philosophischen Fundaments nicht milder ausfallen werde als die französische (vgl. DHA VIII, 117). Dabei haben die Überlegungen zum republikanischen Fanatismus bereits gezeigt, wie skeptisch Heine ihrer Gewaltbereitschaft gegenübersteht. Dieselbe Gewalt steht auch in der idealistischen Revolutionsprophetie zur Debatte. Um diese unbehagliche Beziehung zwischen Idealismus und Gewalt aufzudecken, dient Heine das unvermittelte Umkippen vom »Paradies metaphysischer Spekulation in den Hort des politischen und militärischen Chauvinismus«.[87] Erst die Montage kann also die für den Fanatismus symptomatische Verschränkung des Geistes mit dem realpolitischen Gewaltpotenzial entlarven und in ihrer deutungserschwerenden Komplexität transportieren. Heines Hauptkritikpunkt an dem politischen Horizont der deutschen Geistesrevolution bleibt danach der Fanatismus. Das bestätigt noch Heines Rückblick auf die in »De l'Allemagne« prophezeiten »grauenhaften Erscheinungen« einer deutschen Revolution in den »Geständnissen« (DHA XV, 33).

6. Aufgeklärter Fanatismus

Neben dem religiösen und politischen Fanatismus erörtert Heine auch den Hass gegen den Fanatismus selbst. Der performative Widerspruch im Fanatismus gegen den Fanatismus wird im Kontext des Damaszener Ritualmordgerüchts fokussiert. Heine beschreibt dafür den ultramontanen Journalismus Frankreichs als »Zwitterwesen von adeligem Hochmuth und romantischer Bigotterie« (DHA XIII, 60).[88] Aristokratie, Religion und Romantik werden so in ein für Heines Kulturkritik schon in der »Romantischen Schule« wesentlich angelegtes Verhältnis gesetzt.[89] Daher habe es anlässlich der Damaszener Ereignisse durchaus nahegelegen, wie Heine bemerkt, dass die vom französischen Außenminister Thiers verbreiteten Gerüchte in der französischen Presse keinen Widerstand gegen den »im Orient neuangefachten Fanatismus« (ebd.) erfahren haben.

Dennoch begegnet Heine dieser Tatsache mit einer kulturspezifisch begründeten Skepsis. Die vom »L'Univers« kolportierten Unterstellungen[90] fänden nämlich nicht irgendwo, sondern gerade in Frankreich solch einen Anklang, dort also, wo man »allen Priestertrug abgeschworen und sich als Nationalfeinde des Fanatismus« einen Namen gemacht habe (DHA XIII, 82). Obwohl Heine zunächst versucht, die Leichtgläubigkeit der französischen Öffentlichkeit – des »gemeinen Volk[s]« – mit Blick auf die Aufklärung zu retten und an ihr tief sitzendes Misstrauen gegen die Religionen erinnert, bleibt der sie beseelende »blinde[] Zorn gegen allen Aberglauben« (ebd.) ein allzu klares Indiz für die fanatische Verselbständigung *einer* bestimmten, wenn auch ›aufgeklärten‹, Weltanschauung. Die Aufklärung schlägt in diesem Paradebeispiel von ›Dialektik der Aufklärung‹ in eine Selbstverabsolutierung um[91], die Heines Sensibilität für fanatische Strukturen als Fanatismus detektieren musste: ein Fanatismus zwar nicht im Sinne des »Fanatismus gegen die Juden«, wie er festhält, »sondern aus Haß gegen den Fanatismus selbst« (ebd.). Zum Fanatismus wird die Aufklärung offenbar dann, wenn sie unreflektiert und durch vorurteilende Dichotomien zwischen Vernunft und Religiosität geprägt wird.[92] In einem solchen Fall verstellt die Aufklärung einen kritischen Blick auf religionsfeindliche Verleumdungen.

Aus Heines Perspektive gewinnt die ›Aufklärung‹ überdies eine massenbewegende Funktion, indem sie sich vereinfachender, orientalistischer Dichotomien bedient.[93] Durch Heines Bemerkung, dass in Syrien und Russland noch bedingungsloser Gehorsam für die Macht bestehe, während »die Begeisterung für das römisch-katholische Dogma« in Europa bereits so erschöpft sei wie »die Ideen der Revoluzion [...] nur noch laue Enthusiasten« fänden (DHA XIII, 113), entlarvt er den aufgeklärten Fanatismus als ›westliches‹ Pendant zu religiösen und politischen Fanatismen des ›Orients‹. Für Frankreich wird daher aufgrund seines Mangels an

Begeisterten scharfsinnig festgestellt, dass »wir [...] uns wohl nach neuen frischen Fanatismen umsehen [müssen], die wir dem slavisch-griechisch, orthodoxen absoluten Kaiserglauben entgegensetzen könnten!« (ebd.) Am postrevolutionären Frankreich wird also ein Defizit an massenmobilisierenden Ideologien erkannt. Mit dem Scheitern des katholischen und revolutionären Fanatismus bietet sich in Abgrenzung zum Fanatismus des Ostens die angebliche Aufgeklärtheit des Westens besonders an. In ihrer abgrenzenden Funktion ist sie allerdings, wie Heine herausstellt, längst zum Fanatismus degeneriert.

7. Atheistischer Fanatismus

Heines in der »Matratzengruft« wiedergefundene Religiosität[94] erweist sich als hochgradig integrativ.[95] Damit widersetzt er sich den Dogmen positiver Religionen und auf diesem Wege ausdrücklich dem Fanatismus: »Von fanatischer Feindschaft gegen die römische Kirche kann bey mir nicht die Rede seyn, da es mir immer an jener Bornirtheit fehlt, die zu einer solchen Animosität nöthig ist.« (DHA XV, 50) Diese Bemerkung ist für Heines Selbstverständnis aufschlussreich. Er setzt sich mit ihr dezidiert von fanatischen Positionen ab. Es habe ihm an der dafür nötigen ›Borniertheit‹ gefehlt und er sei nicht engstirnig und »kleinlich[]« genug für den »blinde[n] Hass« gewesen (DHA XV, 51). Das unterscheidet ihn offenbar von den aufgeklärten Fanatikern. Im »Romanzero«-Nachwort wird die Grenze zum Fanatismus ähnlich gezogen. Die an Heines eigene frühere Vorhaltungen gegen den vermeintlich am Totenbett konvertierten Schelling (vgl. DHA VIII, 113) erinnernden Vorwürfe der Atheisten gegen den späten Heine werden folgendermaßen zusammengefasst:

> Andere, in ihrer Intoleranz, äußerten sich noch herber. Der gesammte hohe Clerus des Atheismus hat sein Anathema über mich ausgesprochen, und es giebt fanatische Pfaffen des Unglaubens, die mich gerne auf die Folter spannten, damit ich meine Ketzereyen bekenne. (DHA III, 179)

Heine überträgt das vom religiösen Fanatismus Bekannte auf den atheistischen Fanatismus.[96] Die Strukturanalogie ist unverkennbar und müsste im Rahmen der religiösen Wende an anderer Stelle ausgebaut werden.

Im Kontext der religiösen Wende soll hier aber eine andere Form des atheistischen Fanatismus erwähnt werden: die kommunistische. Hier bestätigt sich die schon in Heines Auseinandersetzung mit dem Republikanismus auffallende Abwehrhaltung gegen politische Massenbewegungen[97]:

> Als ich aber merkte, daß die rohe Plebs, [...] ebenfalls dieselben Themata zu diskutiren begann in seinen schmutzigen Symposien [...], als ich sah, daß Schmierlappen von Schuster- und Schneidergesellen in ihrer plumpen Herbergsprache die Existenz Gottes zu läugnen sich unterfingen – als der Atheismus anfing, sehr stark nach Käse, Branntwein und Tabak zu stinken: da gingen mir plötzlich die Augen auf, und was ich nicht durch meinen Verstand begriffen hatte, das begriff ich jetzt durch den Geruchssinn, durch das Mißbehagen des Ekels, und mit meinem Atheismus hatte es, gottlob! ein Ende. (DHA XV, 30)

Heines Blick auf das Volk, »diese[n] arme[n] König in Lumpen« (DHA XV, 31), den vom Monarchen nichts als seine Armut und sein Elend zu trennen scheint[98], idealisiert nichts, bleibt aber aufmerksam für die materialistischen Bedingungen ihrer Realität. Die Ursache für das Unbehagen an der Inthronisierung des ›Pöbels‹[99] liegt – anders als in den frühen 1840er Jahren[100] – in der doktrinären Radikalität des ›Pöbels‹.[101] Die Kommunisten firmieren in Heines Werk ab 1848 als »Cohorten der Zerstörung« und »Gleichmacher[]«, die »der schrecklichen Consequenz ihrer Doktrin« blind gehorchen (DHA XV, 33). Heines Scheu vor dem Kommunismus habe deshalb nichts mit den Sorgen der Kapitalisten gemein, die um ihr Geld oder – und das ist echt marxistisch – ihre Souveränität in »Ausbeutungsgeschäften« fürchten; vielmehr sei es die »Angst des Künstlers und des Gelehrten« vor der Nivellierung individueller Eigenschaften (DHA XV, 30).[102] So ist der atheistische Kommunismus zunächst einmal aufgrund seiner für den Fanatismus charakteristischen *Orthodoxie* des *Unglaubens* problematisch:

> Die Handwerker bilden den Kern einer Unglaubens-Armee, die vielleicht nicht sonderlich disciplinirt, aber in doktrineller Beziehung ganz vorzüglich einexerzirt ist. Diese deutschen Handwerker bekennen sich größtentheils zum krassesten Atheismus, und sie sind gleichsam verdammt, dieser trostlosen Negazion zu huldigen, wenn sie nicht in einen Widerspruch mit ihrem Prinzip [...] verfallen wollen. (DHA XV, 33)

Der Kommunismus versieht den Atheismus also aufgrund seines den widerspruchsfreien ›Charakteren‹ entsprechenden Fanatismus mit einem *dégoût*: »der fanatische Eifer mancher dieser Prädikanten ist entsetzlich!«, schreibt Heine. »Wir haben jetzt fanatische Mönche des Atheismus, Großinquisitoren des Unglaubens, die den Herrn von Voltaire verbrennen lassen würden, weil er doch im Herzen ein verstockter Deist gewesen.« (DHA XV, 29) Erneut fällt die Übertragung der für den religiösen Fanatismus zentralen Begriffe ›Mönch‹, ›Großinquisitor‹ und ›Scheiterhaufen‹ hier auf den atheistischen Fanatismus auf. Es ist die Engstirnigkeit sowohl der Atheisten als auch der konfessionell organisierten Deisten, die Heine an den Fanatikern welcher Art auch immer abschreckt. Zudem darf nicht vergessen werden, dass Heine den ›Pöbel‹ wiederholt für die Umsetzung des fanatischen Gedankenguts verantwortlich macht. So spricht er auch in den »Geständnissen« von der »große[n] rohe[n] Masse«, die »die Einen das Volk, die Andern den Pöbel nennen [...]. Ganz besonders empfindet der Dichter ein unheimliches Grauen vor dem Regierungsantritt dieses täppischen Souverains« (DHA XV, 30). Heines Vorbehalte gegen die kommunistische Masse stellen offenbar eine kaum zu überschätzende Fortführung der schon im »Börne«-Buch angelegten Verankerung von Heines Überlegungen – bei allem politischen Bewusstsein – im Schönen bzw. in der autonomen Kunst dar (vgl. DHA XI, 129).[103] Von einer rein ironischen Volksverachtung[104], einer von Gemeinplätzen wimmelnden Untergrabung des aristokratischen Bildes vom Kommunismus[105] und der Werbung für diesen als letzter Bastille gegen die Deutschnationalen[106], die Plutokratie sowie das *ancien régime*[107], kann angesichts der dezidiert antifanatischen Selbstverortung des Dichters jenseits der Masse folglich keine Rede sein. Dagegen muss das politische Engagement des späten Heine differenzierter betrachtet werden.[108] In Abgrenzung zum ambivalenzresistenten Fanatiker lässt sich für Heines Inszenierung der religiösen Wende deshalb grundsätzlich das »ironische Sprechen [...] nicht etwa als Zeichen von ›Unverbindlichkeit‹, sondern gerade als Medium der Wahrheit« verstehen[109], des Sowohl-als-auch.

Gerade vor diesem Hintergrund ist die mit Heines notorischer Ironie verbundene Ablehnung des Fanatismus bemerkenswert. Weiterführende Untersuchungen müssten die zentrale Wechselwirkung zwischen Fanatismuserfahrung und ihrer ironisch-differenzierten Begegnung herausarbeiten. Heines Gespür für fanatische Dynamiken hat in meiner Arbeit fast notwendig zur Profilierung eines der Autonomieästhetik und Schönheit verpflichteten Dichters geführt, der sich als Geistesaristokrat wiederum bewusst vom allzu leicht zu fanatisierenden ›Pöbel‹ abgrenzt:

> Denn Schönheit und Genie sind ja auch eine Art Königthum, und sie passen nicht in eine Gesellschaft, wo jeder, im Mißgefühl der eigenen Mittelmäßigkeit, alle höhere Begabniß herabzuwürdigen sucht, bis aufs banale Niveau. Die Könige gehen fort, und mit ihnen gehen die letzten Dichter. (DHA XI, 129f.)

Anmerkungen

1 Stendhal: La Chartreuse de Parme. Paris 1972, S. 429f.

2 Vgl. zur Fanatismuskritik in der Aufklärung Werner Schneiders: Das Zeitalter der Aufklärung. 3. Aufl. München 2005, S. 7.

3 Vgl. programmatisch für die Aufklärung den Artikel von Alexandre Deleyre: Fanatisme. – In: Encyclopédie. Dictionnaire raisonné des sciences, des arts et des métiers, par une Société de Gens de lettres. Hrsg. von Denis Diderot und Jean d'Alembert. Paris 1756, Bd. VI, S. 393–401, hier S. 393: »c'est un zele aveugle & passionné, qui naît des opinions superstitieuses.«

4 Ebd.
5 Karl Herrmann Scheidler: Fanatismus oder Fanaticismus. – In: Allgemeine Encyklopädie der Wissenschaften und Künste. Hrsg. von Johann Samuel Ersch und Johann Gottfried Gruber. Leipzig 1845, Bd. XLI, S. 365–371, hier S. 369 (Hervorhebung im Original).
6 Vgl. ebd., S. 368.
7 Ludwig Börne: Ueber den Umgang mit Menschen. – In: ders.: Sämtliche Schriften. Neu bearb. und hrsg. von Inge und Peter Rippmann. Dreieich 1977, Bd. 1, S. 743–749, hier S. 746f.
8 Ebd., S. 747.
9 Johann Gottlieb Fichte: Die Anweisung zum seligen Leben. Hrsg. von Fritz Medicus. Hamburg 1954, S. 35.
10 Ebd., S. 37.
11 Ebd., S. 36.
12 Sören Kierkegaard: Abschliessende unwissenschaftliche Nachschrift zu den Philosophischen Brocken. Erster Teil. Übersetzt von Hans Martin Junghans. Düsseldorf, Köln 1957, S. 62.
13 Vgl. ausführlich Jochen Schmidt: Heinrich von Kleist. Die Dramen und Erzählungen in ihrer Epoche. Darmstadt 2003, S. 22ff.
14 Horst Sendler: Michael Kohlhaas – damals und heute. Vortrag, gehalten vor der Juristischen Gesellschaft zu Berlin am 24. Oktober 1984. Berlin, New York 1985, S. 27.
15 Vgl. Joseph A. Kruse: »Die wichtigste Frage der Menschheit«. Heine als Theologe. – In: Heinrich Heine. Neue Wege der Forschung. Hrsg. von Christian Liedtke. Darmstadt 2000, S. 147–162, hier S. 148.
16 Vgl. Hartmut Kircher: Heinrich Heine und das Judentum. Bonn 1973, S. 279.
17 Zvi Tauber: Heinrich Heine interkulturell gelesen. Übersetzt von Liliane Granierer. Nordhausen 2006, S. 45.
18 Ebd., S. 109.
19 Martin Bollacher: Die Pariser Prosa: Frankreich und Deutschland. – In: Heinrich Heine. Epoche – Werk – Wirkung. Hrsg. von Jürgen Brummack. München 1980, S. 140–202, hier S. 202.
20 Vgl. zum Verhältnis jüdische Emanzipation und antisemitische Gegenbewegung z.B. Walter Hinck: »Land der Rätsel und der Schmerzen«. Heinrich Heines Deutschlandbild. – In: Heinrich Heine. Neue Wege der Forschung. Hrsg. von Christian Liedtke. Darmstadt 2000, S. 181–197, hier S. 181. Auch Hans Keilson: Die Faszination des Hasses. Das Verhältnis von Juden und Christen in Deutschland – Ein Versuch. – In: Vergegenwärtigungen des zerstörten jüdischen Erbes. Franz-Rosenzweig-Gastvorlesungen, Kassel 1987–1998. Hrsg. von Wolfdietrich Schmied-Kowarzik. Kassel 1997, S. 253–288, hier S. 280f., verdeutlicht das Konfliktpotenzial des Emanzipationsversuchs.
21 Vgl. z.B. Jan-Christoph Hauschild, Michael Werner: Heinrich Heine. München 2002, S. 11f.; vgl. Jürgen Voigt: O Deutschland, meine ferne Liebe … Der junge Heine zwischen Nationalromantik und Judentum. Bonn 1993, S. 23f.; vgl. Anne Maximiliane Jäger: »Ich bin jetzt nur ein armer todtkranker Jude …«. Zu Heines Judentum. – In: HJb 44 (2005), S. 67–80, hier S. 67f.
22 Als Jude in Deutschland ist Heine mit der christlichen und nicht selten antisemitisch geprägten Mehrheitsreligion konfrontiert, ein Verhältnis, das auch Karl Marx: Zur Judenfrage. – In: ders. und Friedrich Engels: Studienausgabe in 4 Bänden. Hrsg. von Iring Fetscher. 9. Aufl. Frankfurt a. M. 1972, Bd. 1, S. 31–60, hier S. 32, skizziert.
23 Im Unterschied zu meiner Lesart als verfremdende Umkehr der religiösen und soziokulturellen Verhältnisse nimmt Kruse: »Die wichtigste Frage der Menschheit« [Anm. 15], S. 148, diese Stelle m.E. zu wörtlich, wenn er die Anekdote als »gegen die Ausgrenzungstendenz der

durch ihren Absolutheitsanspruch intolerant gewordenen Religionen des Christentums und des Islams« versteht.

24 Heine stellt hier treffende historische Überlegungen an, die die gesetzliche Verweigerung von Grundbesitz und des Erwerbs in einem Handwerk verantwortlich macht für die Beschränkung der jüdischen Geschäfte auf Handel und Finanzwesen, »welche die Kirche für Rechtgläubige verpönte, so waren sie, die Juden, gesetzlich dazu verdammt, reich, gehaßt und ermordet zu werden« (DHA XV, 44). Vgl. dazu auch Ernst H. Gombrich: Betrachtungen zur Tragödie des Judentums. – In: ders.: Jüdische Identität und jüdisches Schicksal. Eine Diskussionsbemerkung. Mit einer Einleitung von Emil Brix und einer Diskussionsdokumentation von Frederick Baker. Hrsg. von Emil Brix und Frederick Baker. Wien 1997, S. 55–64, hier S. 57: »Sie [die Juden; SL] durften zwar keinen Landbesitz haben (die einzige Grundlage für Macht und Einfluß), aber, zumindest in der Theorie, durften die Christen nicht Geld auf Zinsen leihen, und je mehr die Bevölkerung wuchs und die Marktwirtschaft anstieg, umso mehr wurden ihre Dienste gefragt, bis sie als kapitalistische Enklave innerhalb der Feudalgesellschaft fungierten.« Als die Chancen des Kapitalismus und Handels von den Bauern und dem Adel erkannt wurden, sind diese »lukrativen Positionen bereits von Juden besetzt gewesen«, was neben der Verachtung der Juden zum Neid auf sie führte. Ebd., S. 60f. Über die Marx'sche Identifikation von Judentum und Kapitalismus vgl. Marx: Zur Judenfrage [Anm. 22], S. 54ff.

25 Die katholische Kirche tritt hier als Gewaltäter auf, dem jedes Mittel, »sowohl Lüge als Mord [...], zumal in Betreff der Juden«, zur Errettung des »Seelenheil[s] der Welt« erlaubt erscheine (DHA XV, 44). Vgl. dazu Scheidler: Fanatismus [Anm. 5], S. 365, wo das »Ausbrechen solcher verwirrten Gedanken, Gefühle und Triebe in wirkliche, verwerfliche Handlungen und zwar Gewaltthätigkeiten, deren Verübung dem Fanatiker nicht blos erlaubt, sondern selbst verdienstlich erscheint [...]; daher das bekannte jesuitische Princip der Heiligung schlechter Mittel durch den guten Zweck hiebei immer zum Grunde liegt.«

26 Vgl. zu den Schwarzröcken z. B. aus dem lyrischen Nachlass »Bimini« (DHA III, 379).

27 »Mit welchem kleinseligen Sylbenstechen und Auspünkteln diskutirten sie [die Altdeutschen; BL] über die Kennzeichen deutscher Nazionalität! wo fängt der Germane an? wo hört er auf? [...] Wer nur im siebenten Glied von einem Franzosen, Juden oder Slaven abstammte, ward zum Exil verurtheilt.«

28 Erich Loewenthal: Der Rabbi von Bacherach. – In: HJb 3 (1964), S. 3–15, hier S. 4, präzisiert sogar auf einen der beiden Sederabende, am 12. oder 13. April.

29 Vgl. z. B. Höhn ³2004, 437f.; vgl. auch Franz Finke: Zur Datierung des »Rabbi von Bacherach«. – In: HJb 4 (1965), S. 26–32, hier S. 30f., der aufgrund des »vielberufene[n] Stilbruchs, der schon im zweiten Kapitel« einsetze, nachweist, dass wohl über die Hälfte des »Rabbi« erst 1840 verfasst worden ist. Vgl. ebenso auch in Bezugnahme auf Finke Hartmut Kircher: »Wie schlecht geschützt ist Israel ...«. Zur Szene am Frankfurter Ghetto-Tor in Heines »Rabbi von Bacherach«. – In: HJb 11 (1972), S. 38–55, hier S. 39.

30 Die Repräsentativität der Erzählung zeigt sich z. B. in den biblischen Namen, vgl. auch Jürgen Brummack: Das Narrenmotiv im Werk Heinrich Heines vor dem Hintergrund der deutschen Romantik. – In: Heinrich Heine und die Romantik/and the Romanticism. Erträge eines Symposiums an der Pennsylvania State University (21.–23. September 1995). Hrsg. von Markus Winkler. Tübingen 1997, S. 72–85, hier S. 81, und vgl. ebd., S. 146, über die Parallele der Kinderlosigkeit.

31 Vgl. zur Anlehnung an romantische Formprinzipien Loewenthal: Der Rabbi von Bacherach [Anm. 28], S. 4; vgl. auch Kircher: Heine und das Judentum [Anm. 16], S. 221. Vgl. zur formalen Anlehnung an Walter Scott Manfred Windfuhr: Der Erzähler Heine. »Der Rabbi von Bacherach« als

historischer Roman. – In: Heinrich Heine. Ästhetisch-politische Profile. Hrsg. von Gerhard Höhn. Frankfurt a. M. 1991, S. 276–294, hier S. 278f. und S. 291. Auch Kircher: Heine und das Judentum [Anm. 16], S. 211, macht auf die ihnen gemeinsame Technik aufmerksam, die gegenwärtigen Burgruinen und die altertümliche Stadtsilhouette als Anlass zum Rückblick ins Mittelalter zu nehmen.

32 Vgl. zur Selbstgeißelung auch Scheidler: Fanatismus [Anm. 5], S. 365.

33 Die in »Bekehrungs- und Verfolgungssucht« ausartende Religiosität ist nach dem Universallexikon der Gegenwart und Vergangenheit oder neuestes encyclopädisches Wörterbuch der Wissenschaften, Künste und Gewerbe bearbeitet von mehr als 220 Gelehrten. Hrsg. von Heinrich August Pierer. 2. vollständig umgearbeitete Aufl. Altenburg 1842, S. 237, Sp. 2, ein Charakteristikum des Fanatismus.

34 Dazu Windfuhr: Der Erzähler Heine [Anm. 31], S. 284: »Heine aktualisiert die im Pessachfest enthaltene Sinnebene zusätzlich dadurch, daß er die erzählte Gegenwart als Wiederholung der Vergangenheit anlegt. Die Festversammlung gerät erneut in Todesgefahr; wie die Juden einst von den Ägyptern bedroht wurden, so jetzt von den Christen. [...] Historische und zeitgenössische Leidensgeschichte überlagern sich.«

35 Vgl. Gerhard Höhn: Kontrastästhetik. Heines Programm einer neuen Schreibart. – In: Heinrich Heine. Ein Wegbereiter der Moderne. Hrsg. von Paolo Chiarini und Walter Hinderer. Würzburg 2009, S. 43–66.

36 Auch Bernd Witte: Jüdische Tradition und literarische Moderne. Heine, Buber, Kafka, Benjamin. München 2007, S. 43, spricht von einer Entfaltung der im ersten Kapitel angelegten Tendenz. Der dennoch zu konstatierende Stilbruch wird von Kircher: »Wie schlecht geschützt ist Israel …« [Anm. 29], S. 40, auf die veränderte Beziehung zwischen Heine und dem Judentum zurückgeführt, wonach Heine sich im Vergleich zu seinen Berliner Jahren wieder stärker vom Judentum emanzipiert habe; dass es überhaupt zu einer Unterbrechung der Arbeit am »Rabbi« kam, wird mit Heines Beendigung des Studiums und seiner mit der Konversion zum Protestantismus erhofften Anstellung als Advokat in Hamburg begründet, was es »inopportun erscheinen lassen« musste, sich »öffentlich gegen die bürgerlich-christliche Gesellschaft zu stellen, zu der er doch Zugang zu finden hofft.«

37 Vgl. zur karikierenden Darstellung Witte: Jüdische Tradition [Anm. 36], S. 45, wonach die »Darstellung der Verzerrungen und Entfremdungen, die das Leben in der Diaspora den Juden angedeihen läßt, dadurch fortgesetzt [wird], daß die Bewohner des Ghettos sämtlich als Sonderlinge und Exzentriker auftreten [...], wie schon ihre Namen anzeigen«, präsentieren sie sich allesamt als »Karikaturen«.

38 Auch Witte: Jüdische Tradition [Anm. 36], S. 46, weist auf diese Stelle hin, bezieht sich aber auf nur fünf statt sechs refrainartig wiederholte Stellen: DHA V, 126, 127 (3 Mal), 128, 131.

39 Vgl. dazu auch Witte: Jüdische Tradition [Anm. 36], S. 46. Kircher: »Wie schlecht geschützt ist Israel …« [Anm. 29], S. 45, scheint diesen Refrain allerdings fehlzudeuten, wenn er »Nasenstern als Inkarnation der Furcht« bezeichnet und dessen mit »übertriebene[r] Häufigkeit« wiederholten Ausruf als »rein mechanisch ablaufende[] Funktion« versteht; die »Plattitüde ›Ich bin ein einzelner Mensch‹« erschöpfe sich danach zwar nicht in ihrer Lächerlichkeit, sondern »Heine bringt darüber hinaus damit das Gefühl der Isoliertheit zum Ausdruck«.

40 Vgl. Keilson: Faszination des Hasses [Anm. 20], S. 276, der das vom Antisemiten verunglimpfte Judentum als ein Abstraktum beschreibt, das nicht die in der Diaspora lebenden Juden konkret hasse, geschweige denn: kenne; stattdessen wird das »abstrakte[] Bild des Juden [...] destilliert aus der prälogischen Existenz seines Vorurteils, in dem die allgemeinmenschlichen Neigungen, zu generalisieren, zu simplifizieren und Naturkräfte oder ganze Nationen zu perso-

nifizieren«, ausgelebt werden. Zeitgeschichtlich gehört auch Saul Aschers »Germanomanie« zu den Texten, die die Beziehung zwischen nationalistischem und antisemitischem Gedankengut aufdecken; passend zum Thema schreibt Tauber: Heine interkulturell gelesen [Anm. 17], S. 37, dass Ascher den Vorwurf erhob, »die Juden seien dazu verurteilt, als Brennstoff zur Verbreitung der Flamme des deutschen Fanatismus zu dienen.«

41 Nasenstern bekundet sein Unbehagen an dem Geißlerlied in einer Rhetorik der Unterwürfigkeit und des Ausweichens. Vgl. Brummack: Das Narrenmotiv [Anm. 30], S. 80.

42 Vgl. auch Manfred Windfuhr: »Der Rabbi von Bacherach«. Zur Genese und Produktionsästhetik des zweiten Kapitels. – In: HJb 28 (1989), S. 88–117, hier S. 95: »[...] zwar scheint er [der Trommler; SL] es auf keine blutigen Auseinandersetzungen mehr anzulegen, aber in Angst versetzen, psychisch unterdrücken oder umgekehrt die Juden mit allen Mitteln bekehren zu wollen, das gibt seinem Auftreten symptomatische Züge.«

43 Vgl. zum Bierton der Nationalisten auch die Vorrede zum »Wintermährchen«, wo die »Pharisäer der Nazionalität«, die »heldenmüthigen Lakayen in schwarz-roth-goldner Livree«, Heine mit ihren »Bierstimmen« Lästerung der Fahnenfarben und Franzosenfreundschaft vorwerfen (DHA IV, 300).

44 Kircher: »Wie schlecht geschützt ist Israel ...« [Anm. 29], S. 43: Die »scheinbare Toleranz der Verbrüderung« ist somit nichts anderes »als Intoleranz«.

45 Vgl. Tauber: Heine interkulturell gelesen [Anm. 17], S. 81: »Für Heine war diese Geschichte [der »Rabbi«; SL] jedoch nicht nur eine ferne Reminiszenz aus ›dunkeln Zeiten‹.« Vgl. auch Loewenthal: Der Rabbi von Bacherach [Anm. 28], S. 13, wonach die Damaskus-Affäre einen »aufsehenerregenden Rückfall in das Mittelalter« dargestellt habe, wo »wieder zur Peßachzeit das Ritualmordmärchen seine grausige Rolle spielte. Und nun erinnert er sich jener alten, unvollendeten Novelle, deren Grundmotiv dieselbe Blutbeschuldigung« gewesen ist. Vgl. zur genaueren Datierung des Entschlusses zur Weiterarbeit Lucienne Netter: Heine, l'affaire des juifs de Damas et la presse parisienne. – In: HJb 11 (1972), S. 56–65, hier S. 59, wonach Heine unter Rekurs auf die Publikation des den Damaszener Juden wohlwollenden Artikels des Mitglieds des französischen Abgeordnetenhauses Adolphe Crémieux vom 7. Mai am Folgetag, dem 8. Mai, seinem Verleger Campe den »Rabbi« ankündigt, wobei Netter ebd. von dem Beginn der Arbeiten im Jahre 1825 statt 1824 spricht.

46 Zuvor berichtet Heine als Pariser Korrespondent der Augsburger »Allgemeinen Zeitung« von den Damaszener Ereignissen – genauer gesagt – zur Zeit des Passahfestes. Vgl. Tauber: Heine interkulturell gelesen [Anm. 17], S. 84.

47 Vgl. Witte: Jüdische Tradition [Anm. 36], S. 53. Vgl. auch Netter : Heine, l'affaire des juifs de Damas et la presse [Anm. 45], S. 57: »Il provoqua de violents remous.« Vgl. auch ebd., S. 58: »Ces paroles perfides alimentèrent la campagne antisémite«.

48 Heine wird sie z.B. gegen de Staëls Unterstellung einer Entpolitisierung der Romantik noch in der »Romantischen Schule« kritisch herausstellen, wonach das Deutschland-Bild in Frankreich aufgrund der Fehldarstellung der deutschen Kultur als bloßes Land des Geistes, der Denker und Dichter, entstanden sei. Vgl. z. B. Höhn ³2004, 313. Vgl. zur kulturpoietischen Kraft etwa von ästhetischen Raumdarstellungen Wolfgang Hallet und Birgit Neumann: Raum und Bewegung in der Literatur: Zur Einführung. – In: Raum und Bewegung in der Literatur. Die Literaturwissenschaft und der Spatial Turn. Hrsg. von dens. Bielefeld 2009, S. 11–32, hier S. 16.

49 Vgl. Walter Benjamin: Über den Begriff der Geschichte. – In: ders.: Gesammelte Schriften. Hrsg. von Rolf Tiedemann und Hermann Schweppenhäuser. Frankfurt a.M. 1980, Bd. I/2, S. 691–704, hier S. 697 (VII. These).

50 Zu den zahlreichen Erörterungen vgl. z. B. Klaus Briegleb: Opfer Heine? Versuche über Schriftzüge der Revolution. Frankfurt a. M. 1986, S. 157ff.; Ludwig Börne und Heinrich Heine. Ein deutsches Zerwürfnis. Hrsg. von Hans Magnus Enzensberger. Nördlingen 1986; Peter Stein: »Prototyp einer Denk- und Schreibweise«. Heinrich Heines »Reisebilder« als Auftakt zur »Julirevolution der deutschen Literatur«. – In: Heinrich Heine. Ästhetisch-politische Profile. Hrsg. von Gerhard Höhn. Frankfurt a. M. 1991, S. 50–65, hier v. a. S. 57ff.; Fritz Mende: Heinrich Heine, »Sohn der Revolution«. – In: Heinrich Heine. Ästhetisch-politische Profile. Hrsg. von Gerhard Höhn. Frankfurt a. M. 1991, S. 85–100, hier S. 91ff.; vgl. grundsätzlich Höhn³, 415ff.

51 Vgl. z. B. Alberto Destro: Erbe, ironische Brechung und Suche nach Harmonie in der religiösen Haltung von Heinrich Heine. – In: Ästhetik – Religion – Säkularisierung. Hrsg. von Herbert Uerlings und Silvio Vietta. München 2008, Bd. 1, S. 175–184, hier S. 179.

52 Vgl. Tauber: Heine interkulturell gelesen [Anm. 17], S. 109: »fanatischer Spiritualist«; Bollacher: Die Pariser Prosa [Anm. 19], S. 202: »Einseitigkeitsfanatismus«.

53 Vgl. z. B. Hans Mayer: Außenseiter. Frankfurt a. M. 1981, S. 351 und 365. Vgl. auf die politische Situation begrenzt bereits Manfred Windfuhr: Zum Verhältnis von Dichtung und Politik bei Heinrich Heine. – In: HJb 24 (1985), S. 103–122, hier S. 114: »Er kämpft an einer *Hauptfront* und *zwei Nebenfronten*: gegen die Restauration, gegen den Nationalismus und gegen den radikalen Republikanismus« im Namen von Freiheit und Rechtsgleichheit, von der Weltbürgeridee sowie von der individuellen und Kunstfreiheit.«

54 Jürgen Brokoff: Geschichte der reinen Poesie. Von der Weimarer Klassik bis zur historischen Avantgarde. Göttingen 2010, S. 347; auf S. 347ff. eine Rekonstruktion der Auseinandersetzung.

55 Inge Rippmann: Heines Denkschrift über Börne. Ein Doppelporträt. – In: HJb 12 (1973), S. 41–70, hier S. 49.

56 Vgl. zu Heines Distanzierung von Börne auch Windfuhr: Dichtung und Politik bei Heinrich Heine [Anm. 53], S. 111, wonach Heine bei den Republikanern nicht mehr die »bürgerliche Rechtsgleichheit« als Ziel gesehen habe, sondern »die einseitige Anwendung der Gleichheitsforderung, Gleichheit unter Aufgabe der persönlichen Freiheit und individuellen Leistung«, befürchtet habe.

57 Heine bezichtigt Börne z. B., sich »vergnüglich im plebejischen Koth zu wälzen«, während er selbst sich, »wenn mir das Volk die Hand gedrückt, sie nachher waschen werde« (DHA XI, 72 und 71).

58 Theodor W. Adorno: Die Wunde Heine. – In: ders.: Noten zur Literatur. Hrsg. von Rolf Tiedemann. Frankfurt a. M. 1981, S. 95–100, hier S. 96.

59 Vgl. dazu DHA XI, 121, wonach die Charakterdichter von der »augenblickliche[n] Inspirazion« geleitet werden, dem Wort gehorchen statt ihm befehlen, während wahre Künstler den Worten gebieten. Vgl. auch Karl Heinz Bohrer: Die Kritik der Romantik. Der Verdacht der Philosophie gegen die literarische Moderne. Frankfurt a. M. 1989, S. 133.

60 »Minder begabte Menschen, deren oberflächlichere und engere Lebensanschauung leichter ergründet und überschaut wird, und die gleichsam ihr Lebensprogramm in populärer Sprache ein für allemal auf öffentlichem Markte proklamirt haben, diese kann das verehrungswürdige Publikum immer im Zusammenhang begreifen, es besitzt einen Maaßstab für jede ihrer Handlungen, es freut sich dabey über seine eigene Intelligenz, wie bey einer aufgelösten Charade, und jubelt: seht, das ist ein Charakter!«

61 Die Ambivalenz des Heine'schen Dichtens und Denkens lässt sich beispielhaft am Spätwerk erkennen; zu der den lebensweltlich und subjektiv überkomplexen Verhältnissen angemessenen Heine'schen ironischen Schreibweise vgl. z. B. Wolfgang Preisendanz: Die Gedichte aus der Matratzengruft. – In: ders.: Heinrich Heine. Werkstrukturen und Epochenbezüge. München 1973, S. 99–130, hier S. 112.

62 Vgl. dazu vor allem die »Atta Troll«-Vorrede, wo er mit den Charakterdichtern abrechnet, die die »in vaterländischen Dienst« gesetzten Musen entweder »als Marketenderinnen der Freyheit oder als Wäscherinnen der christlich germanischen Nationalität« gebrauchten und sich in einen »Ocean von Allgemeinheiten« stürzen (DHA IV, 10).

63 Wolfgang Preisendanz: Der Ironiker Heine. Ambivalenzerfahrung und kommunikative Ambiguität. – In: Heinrich Heine. Ästhetisch-politische Profile. Hrsg. von Gerhard Höhn. Frankfurt a. M. 1991, S. 101–115.

64 Vgl. dazu auch Mende: Heinrich Heine, »Sohn der Revolution« [Anm. 50], S. 93ff. Hier wird die Abgrenzung des kosmopolitischen Heine von den republikanischen Tugenden, vor allem ihrem Patriotismus, konzis nachgezeichnet.

65 Vgl. überblickshalber Tauber: Heine interkulturell gelesen [Anm. 17], S. 108, wo Börnes Erzpatriotismus dargestellt wird, »der sich fanatisch für die Beibehaltung des Rheinlands in deutscher Hand und gegen eine Übergabe dieser Region an die Franzosen einsetzt, obwohl ein solcher geopolitischer Schritt den Interessen der Revolution dienen könnte.«

66 »Ja, im Heere der deutschen Revoluzionsmänner wimmelte es von ehemaligen Deutschthümlern, die mit sauren Lippen die moderne Parole nachlallten und sogar die Marseillaise sangen ... sie schnitten dabey die fatalsten Gesichter ... Jedoch es galt einen gemeinschaftlichen Kampf für ein gemeinschaftliches Interesse, für die Einheit Deutschlands, der einzigen Fortschritts-Idee, die jene frühere Opposition zu Markte gebracht.«

67 Vgl. auch Scheidler: Fanatismus [Anm. 5], S. 370, wonach den Fanatiker die Bequemlichkeit charakterisiere, anstatt des »lange[n] und mühsame[n] Raisonnement[s]« eher blind zu gehorchen.

68 Vgl. zu dieser Szene auch Voigt: O Deutschland, meine ferne Liebe [Anm. 21], S. 64: »Diese handgreifliche Form des Ideenkampfes, der Praxis der katholischen Inquisition wie auch des absolutistischen Staates abgeschaut, wirkte vor allem deshalb spektakulär, weil sie sich diesmal, in Bezugnahme auf Luthers Verbrennung der Bannbulle, *gegen* die bestehende Ordnung richtete und damit revolutionäre Züge trug.« Es wurden »antinationale und antiliberale« Schriften und z. B. auch der *Code Napoléon* und »angeblich ›undeutsche[]‹« Werke verbrannt. Ebd.

69 Vgl. dazu auch die Passage zur amerikanischen Diskriminierung der dunkelhäutigen Bevölkerungsteile, die ich im Kapitel zum religiösen Fanatismus angeführt habe. Vgl. zur Romantik und auch den geistesgeschichtlichen Verbindungen vom Romantischen und der Nazizeit z. B. Rüdiger Safranski: Romantik. Eine deutsche Affäre. Frankfurt a. M. 2009, S. 348ff.

70 Vgl. Manfred Koch: Weimaraner Weltbewohner. Zur Genese von Goethes Begriff »Weltliteratur«. Tübingen 2002.

71 Heine spricht hier übrigens von »uns Deutschen«, womit er einerseits seine kulturelle Zugehörigkeit in dem interkulturellen Vermittlungsprozess herausstellt, dem »De l'Allemagne« ja diente; andererseits deutet die Zugehörigkeit gerade im Hinblick auf eine deutsche Revolution im Geiste des Idealismus auf eine ironische Brechung hin, zumal er ja zugleich vor einer deutschen Revolution warnt, einem geschlagenen Propheten nicht unähnlich, und von »uns Deutschen« immerhin als emigrierter deutscher Jude spricht, wie Werner Frick: »... ich armer Exgott«: Idealismuskritik und Modernitätsbewusstsein beim späten Heine. – In: Heinrich Hei-

ne. Ein Wegbereiter der Moderne. Hrsg. von Paolo Chiarini und Walter Hinderer. Würzburg 2009, S. 283–308, hier S. 294, markiert.

72 Drei Jahre zuvor war die Naturphilosophie in der »Einleitung zu ›Kahldorf über den Adel‹« noch mit der nationalistischen und religiösen Restauration wie auch ausdrücklich mit der Romantik assoziiert worden. Dort zählt Schelling noch zur »Contrerevoluzion«, unter ihm »erhielt die Vergangenheit mit ihren tradizionellen Interessen wieder Anerkenntniß, sogar Entschädigung, und in der neuen Restaurazion, in der Naturphilosophie, wirthschafteten wieder die grauen Emigranten, die gegen die Herrschaft der Vernunft und der Idee beständig intriguirt, der Mystizismus, der Pietismus, der Jesuitismus, die Legitimität, die Romantik, die Deutschthümeley, die Gemüthlichkeit« (DHA XI, 135). Die Parallelsetzung der nationalistischen und religiösen Strömungen mit der Romantik ist, wie gesehen, bezeichnend.

73 Kurt Kloocke: Madame de Staël, »De l'Allemagne« – Heinrich Heine, »Die Romantische Schule«. Literatur – Poetik – Politik. – In: Heinrich Heine und die Romantik/and the Romanticism. Erträge eines Symposiums an der Pennsylvania State University (21.–23. September 1995). Hrsg. von Markus Winkler. Tübingen 1997, S. 104–115, hier S. 110f., sieht das »Idealkonstrukt« aus m. E. unhaltbaren Gründen, wie meine Deutung als vom Fanatismus geprägte Schreckensvision zeigen wird.

74 Vgl. dazu Peter Szondi: Über philologische Erkenntnis. – In: ders.: Hölderlin-Studien. Mit einem Traktat über philologische Erkenntnis. Frankfurt a. M. 1970, S. 9–30, hier S. 29, wobei ich die Parallelstellen, wie von Szondi gefordert, in der Interpretation als geeignet ausweisen will.

75 Die problematische Vergleichbarkeit hat sich freilich schon an der Rolle der Naturphilosophie gezeigt. Dennoch weist auch Renate Stauf: Der problematische Europäer. Heinrich Heine im Konflikt zwischen Nationalkritik und gesellschaftlicher Utopie. Heidelberg 1997, S. 63, auf die Vermittlungstätigkeit zwischen Deutschen und Franzosen hin, die die Emanzipation der Menschheit an sich betreffe – bzw. das gesamte Europa (vgl. ebd., S. 66) –, wobei eine Synthese aus politischer Reife in Theorie und Praxis angestrebt werde.

76 Man muss dafür nur an das Ende der »Bäder von Lukka« denken, das von desillusionierenden Anreden an den Leser unterbrochen wird wie z. B.: »mach dich darauf gefaßt, lieber Leser, daß ich jetzt etwas in Pathos gerathe und schauerlich werde [...]. Ich bitte dich, lieber Leser, denk dir jetzt die Wolfsschlucht und Samielmusik [...]. Entsetze dich nicht, lieber Leser, es ist ja alles nur Scherz«. (DHA VII, 151f.) In der vorliegenden Passage ist hingegen die für Heine typische »schwer deutbare Interferenz von Ironie, Sentimentalität und Pathos« zu berücksichtigen, Stauf: Der problematische Europäer [Anm. 75], S. 57f.

77 Hinck: Heines Deutschlandbild [Anm. 20], S. 187, auch wenn Hinck daraus andere Schlüsse zieht als ich, gerade deshalb, weil er die Vergleiche zu anderen Prophezeiungen bei Heine und ihre weitaus klarere Ironiemarkierung nicht heranzieht.

78 Vgl. Stefan Bodo Würffel: »Pflanzt die schwarz-rot goldne Fahne auf die Höhe des deutschen Gedankens [...]«: Heinrich Heine und die deutsche Nationalsymbolik. – In: Heinrich Heine und die Romantik/and the Romanticism. Erträge eines Symposiums an der Pennsylvania State University (21.–23. September 1995). Hrsg. von Markus Winkler, Tübingen 1997, S. 144–158, hier S. 150, wo er für die differenzierte Beziehung Heines zu Deutschland drei Hauptmerkmale anführt: 1.) »die radikale, satirisch entlarvende Kritik«; 2.) »die Neubestimmung von Patriotismus bzw. Nationalismus«; 3.) »die Suche nach sinnstiftenden Gegenbildern«.

79 Vgl. auch DHA VII, 195, wenn auch leicht gebrochen in der Wortwahl: »Nur so lange die Religionen mit anderen zu rivalisiren haben, und weit mehr verfolgt werden als selbst ver-

folgen, sind sie herrlich und ehrenwerth, nur da giebts Begeisterung, Aufopferung, Märtyrer und Palmen. Wie schön, wie heilig lieblich, wie heimlich süß, war das Christenthum der ersten Jahrhunderte, als es selbst noch seinem göttlichen Stifter glich im Heldenthum des Leidens.« Und gerade um das leidensresistente Martyrium der Naturphilosophen geht es Heine ja auch in »Zur Geschichte der Religion und Philosophie« in ganz ähnlicher Ambiguität.

80 Preisendanz: Der Ironiker Heine [Anm. 63], S. 104: »Sie bewirkt eine Identifikationsresistenz, durch welche Ironie und kommunikative Ambiguität (in textueller und textpragmatischer Hinsicht) vertauschbare Prädikate werden. Ironie als Komplement kommunikativer Ambiguität ist Grundzug und Effekt einer Schreibart, die hervortreten läßt, was sich im schreibenden Subjekt eindeutiger Einstellung entzieht, versagt aufgrund der Konkurrenz bzw. Simultaneität konfligierender Dispositionen, Perspektiven, Bewertungsnormen.«

81 Eine solche steht in der Forschung noch aus, was Werner Fricks Hinweis begründen könnte, dass noch keine überzeugende Deutung der Apotheose des Dritten Buches vorliege, vgl. Frick: »… ich armer Exgott« [Anm. 71], S. 294.

82 Höhn: Kontrastästhetik [Anm. 35], S. 50, macht über Heines Auseinandersetzung mit Cervantes und Shakespeare auf die Bedeutung der Vermischung von Tragik und Spaß ebenso wie von Pathos und Komik aufmerksam, die auch in dieser Passage zum Tragen kommt.

83 Vgl. zu dieser Lesart auch Ernst Behler, der – ohne eine detaillierte Begründung für sein Votum – von einer »erschütternde[n] Warnung vor dieser deutschen Philosophie an die Franzosen« spricht, von einer »schreckenvollen Revolution«. Ernst Behler: Heinrich Heine und Madame de Staël zum Thema ›De l'Allemagne‹. – In: Heinrich Heine und die Romantik/and the Romanticism. Erträge eines Symposiums an der Pennsylvania State University (21.–23. September 1995). Hrsg. von Markus Winkler. Tübingen 1997, S. 116–128, hier S. 124. Till Dembeck: »Untote Buchstaben«: Heinrich Heine, die romantische Schule und die Entdeckung des Populären. – In: Heinrich Heine. Ein Wegbereiter der Moderne. Hrsg. von Paolo Chiarini und Walter Hinderer. Würzburg 2009, S. 79–106, hier S. 85f., spricht von einer Warnung an die Franzosen, die zugleich von Nationalstolz getragen sei, wobei die Prophezeiung Grauen errege und zugleich eine ironisch gebrochene Wunschvorstellung darstelle, immerhin handele es sich um eine deutsche Revolution. So richtig die Feststellung der Ambivalenz ist, so problematisch bleibt, dass das Gewaltpotenzial und der Fanatismus hier nicht ausreichend berücksichtigt werden. Auch Stauf: Der problematische Europäer [Anm. 75], S. 63, spricht allgemein bleibend von einer Warnung vor einer unkontrollierbaren, mit unabsehbaren Folgen belasteten deutschen Revolution.

84 Vgl. zum Caput VII des »Wintermährchens«, wo der Exekutor der Gedanken des Erzählers zur radikalen Zerschlagung der Skelette der drei Heiligen Könige ansetzt und das plötzliche Erwachen des Erzählers durch Blutströme aus der eigenen Brust hervorruft (Str. 29), z. B. Dirk Dethlefsen: Die ›unstäte Angst‹: Der Reisende und sein Dämon in Heines »Deutschland. Ein Wintermährchen«. – In: HJb 28 (1989), S. 211–221, hier S. 218 und 220; Stauf: Der problematische Europäer [Anm. 75], S. 354; Herbert Clasen: Heinrich Heines Romantikkritik. Tradition – Produktion – Rezeption. Hamburg 1979, S. 230: »Vorher scheint es den auftretenden Heine wenig zu rühren, wenn die Relikte aus alter Zeit zerstört werden. Hier aber erweist sich, daß Heine selbst noch zu sehr Teil dieser Welt ist [...]. Wenn also seine Literatur die Folgen zeitigt, die er anstrebt, dann sind auch wesentliche Teile seiner eigenen Existenz betroffen, wie die Entwicklungen, die er befördert hat, von ihm nicht mehr unbedingt zu kontrollieren.«

85 Vgl. auch Bollacher: Die Pariser Prosa [Anm. 19], S. 191, wo auf Heines zwischen Hoffnung und Beklemmung schwankende Einstellung zur deutschen Revolution hingewiesen wird,

bevor deutlicher werde, dass der »Künstler und Gelehrte Heine [...] das Land der Gewalt und der berserkerhaften Zerstörungswut« nicht als neues Deutschland wünschen könne.

86 Brillant auch und gerade DHA XI, 136, wo zunächst im materialistischen Sinne die Bedingungen für spezifische Folgen verantwortlich gemacht werden und dann ebd., S. 137, die Unterdrückung der Pressefreiheit durch das *ancien régime* zur notwendigen Bedingung für die Radikalität der Französischen Revolution herangezogen wird: »Freylich, das helle Sonnenlicht der Preßfreyheit ist für den Sklaven, der lieber im Dunkeln die allerhöchsten Fußtritte hinnimmt, eben so fatal wie für den Despoten, der seine einsame Ohnmacht nicht gern beleuchtet sieht. Es ist wahr daß die Censur solchen Leuten sehr angenehm ist. Aber es ist nicht weniger wahr, daß die Censur, indem sie einige Zeit dem Despotismus Vorschub leistet, ihn am Ende mitsammt dem Despoten zu Grunde richtet, daß dort wo die Ideenguillotine gewirthschaftet auch bald die Menschenzensur eingeführt wird, daß derselbe Sklave, der die Gedanken hinrichtet, späterhin mit derselben Gelassenheit seinen eignen Herren ausstreicht aus dem Buche des Lebens.«

87 Frick: »... ich armer Exgott« [Anm. 71], S. 294, der das Umschlagen zwar feststellt, doch interpretatorisch unbeantwortet lässt.

88 Vgl. dazu auch Netter: Heine, l'affaire des juifs de Damas et la presse [Anm. 45], S. 60, wo Heines Unterstreichung des »›charactère chevaleresque‹« des »L'Univers« hervorgehoben wird. Zur Auseinandersetzung mit dem »L'Univers« ebd., S. 59ff.

89 Vgl. ganz ähnlich einer der drei klassi(zisti)schen Antipoden neben Napoleon und Goethe gegen die Romantik Johann Wilhelm Voß über die aristokratisch-katholische Schimäre, das »jesuitisch aristokratische[] Ungethüm, das damals aus dem Walddunkel der deutschen Literatur sein mißgestaltetes Haupt hervorreckte« (DHA VIII, 145).

90 Der »L'Univers« ist in seiner Darstellung übrigens zutiefst antisemitisch, vgl. Netter: Heine, l'affaire des juifs de Damas et la presse [Anm. 45], z. B. S. 61.

91 Vgl. Theodor W. Adorno und Max Horkheimer: Dialektik der Aufklärung. Philosophische Fragmente. 18. Aufl. Frankfurt a. M. 2009, z. B. S. 3: »Die Aporie, der wir uns bei unserer Arbeit gegenüber fanden, erwies sich somit als der erste Gegenstand, den wir zu untersuchen hatten: die Selbstzerstörung der Aufklärung. Wir hegen keinen Zweifel [...], daß die Freiheit in der Gesellschaft vom aufklärenden Denken unabtrennbar ist. Jedoch glauben wir, genauso deutlich erkannt zu haben, daß der Begriff eben dieses Denkens [...] schon den Keim zu jenem Rückschritt […] [enthält], der heute überall sich ereignet. Nimmt Aufklärung die Reflexion auf dieses rückläufige Moment nicht in sich auf, so besiegelt sie ihr eigenes Schicksal.« Weiter sprechen Adorno und Horkheimer ebd. von dem »Destruktive[n] des Fortschritts« und vom »Rückfall[] von Aufklärung in Mythologie«.

92 In der religiösen Wende spielt die Aufhebung dieser Dichotomien erneut eine zentrale Rolle. Vgl. DHA III, 180.

93 Sie konstruiert die östlichen Kulturen als irrationales Gegenbild zum vermeintlich aufgeklärten Westen; vgl. dazu Edward Said: Orientalismus. Übersetzt von Hans Günter Holl. 2. Aufl. Frankfurt a. M. 2010.

94 Zu diesem Problemfeld kann auf Daniel Weidner: Bibel und Literatur um 1800. München 2011, S. 397ff., verwiesen werden, auf Wilhelm Gössmann: Die theologische Revision Heines in der Spätzeit. – In: Internationaler Heine-Kongreß 1972. Hrsg. von Manfred Windfuhr. Hamburg 1973, S. 320–335, hier S. 320ff., oder Hermann Lübbe: Heinrich Heine und die Religion nach der Aufklärung. – In: Der späte Heine 1848–1856. Literatur, Politik, Religion. Hrsg. von Wilhelm Gössmann und Joseph A. Kruse. Hamburg 1982, S. 205–218, hier S. 213ff. M. E. bestätigt sich das Urteil von Bernd Kortländer: Heinrich Heine. Stuttgart 2003, S. 110, nach

dem man sich in der Forschung einig sei, »dass das erneuerte Bekenntnis zu einem Gott – nicht zu einer Konfession – ernst gemeint ist und in Zusammenhang steht mit der Verabschiedung des Fortschrittsglaubens hegelscher Provenienz«.

95 Die Eindimensionalität wird somit zugunsten der Vielfalt anthropologischer wie auch kultureller Bedürfnisse und Möglichkeiten verabschiedet. Vgl. grundsätzlich z. B. Joseph A. Kruse: Heinrich Heine – Der Lazarus. – In: Heinrich Heine. Ästhetisch-politische Profile. Hrsg. von Gerhard Höhn. Frankfurt a. M. 1991, S. 258–275, hier S. 266, wonach die säkularisierte Weltauffassung nicht aufgegeben, sondern nach den eigenen Bedürfnissen variiert werde.

96 Vgl. dazu auch Frick: »... ich armer Exgott« [Anm. 71], S. 297.

97 »[...] aber die reinliche, sensitive Natur des Dichters sträubt sich gegen jede persönlich nahe Berührung mit dem Volke, und noch mehr schrecken wir zusammen bey dem Gedanken an seine Liebkosungen, vor denen uns Gott bewahre!« Tauber: Heine interkulturell gelesen [Anm. 17], S. 50, hält demgemäß fest, dass Heines Einstellung ebenso gegenüber dem Kommunismus wie dem Republikanismus ambivalent gewesen sei.

98 Vgl. zu Heines Ideal des Volkskönigtums, nicht des Volkes als König, z. B. Mende: Heinrich Heine, »Sohn der Revolution« [Anm. 50], S. 92 und 93, unter Rekurs auf die »Französischen Zustände« und »Shakespeares Mädchen und Frauen«.

99 Vgl. auch Heinz Pepperle: Heinrich Heine als Philosoph. – In: Heinrich Heine. Ästhetisch-politische Profile. Hrsg. von Gerhard Höhn. Frankfurt a. M. 1991, S. 155–175, hier S. 171, wo die Skepsis gegen die »revolutionäre Potenz der Massen« angeführt wird.

100 Anders als in den frühen 1840er Jahren ruft die Masse nicht mehr die Hoffnung auf den Kommunismus als einem kosmopolitischen Vaterland aller Menschen hervor; vgl. dazu konzis Jürgen Ferner: Versöhnung und Progression. Zum geschichtsphilosophischen Denken Heinrich Heines. Bielefeld 1994, v. a. S. 30ff. Auch Hinck: Heines Deutschlandbild [Anm. 20], S. 197, macht auf die Faszination Heines an der internationalen proletarischen Bewegung vor dem Hintergrund der »Völkerverbrüderung« aufmerksam.

101 Mende: Heinrich Heine, »Sohn der Revolution« [Anm. 50], S. 95ff., scheint mir in seinem ansonsten brillanten Aufsatz das Verhältnis von Heine und dem Kommunismus als zu erwartungsfroh darzustellen. Der Kommunismus unter den Aspekten von »Humanität und [...] Kosmopolitismus« wird letztlich ja nicht uneingeschränkt angenommen, so wichtig die Idee des Kosmopolitismus für Heine bleiben sollte.

102 Vgl. dazu auch Ferner: Versöhnung und Progression [Anm. 100], S. 34, wo die abgelehnte Gleichheit mit der Masse im Namen der Individualität des Künstlers beansprucht wird; ebd., S. 33, zu Heines »eigenwillige[r] Haltung gegenüber einzelnen politischen Parteien sowie seine Abneigung gegen jede Form eines bilderstürmenden Radikalismus«, der als Vorbehalt des Künstlers gegenüber der kommunistischen Bewegung gedeutet wird. Diese Distanzierung berücksichtigt Oehler in seinen Annahmen über den späten Heine und das politische Engagement für den Kommunismus zu wenig, wenngleich auch sein Fazit Heine letztlich von der Propagierung der kommunistischen Lehre freispricht. Vgl. Dolf Oehler: Letzte Worte – Die Lektion aus der Matratzengruft. – In: Heinrich Heine. Neue Wege der Forschung. Hrsg. von Christian Liedtke. Darmstadt 2000, S. 118–146, hier S. 141. Schärfer stellt Ferner: Versöhnung und Progression [Anm. 100], S. 31, die ambivalente Positionierung zum Kommunismus heraus mit dem Schluss, dass der Kommunismus sicher nicht die ersehnte Sozialphilosophie gewesen sei, in der der späte Heine seine intellektuelle Heimat gefunden habe.

103 »Da kommen zunächst die Radikalen und verschreiben eine Radikalkur, die am Ende doch nur äußerlich wirkt [...]. Gelänge es ihnen auch die leidende Menschheit auf eine kurze Zeit

von ihren wildesten Qualen zu befreyen, so geschähe das doch nur auf Kosten der letzten Spuren von Schönheit [...]; häßlich wie ein geheilter Philister wird er aufstehen von seinem Krankenlager, und in der häßlichen Spitaltracht, in dem aschgrauen Gleichheitskostüm, wird er sich all sein Lebtag herumschleppen müssen. Alle überlieferte Heiterkeit, alle Süße, aller Blumenduft, alle Poesie wird aus dem Leben herausgepumpt werden.« (DHA XI, 129) Vgl. auch Stauf: Der problematische Europäer [Anm. 75], S. 346, wo klar wird, dass der Kommunismus von Heine grundsätzlich als bedrohlicher Ikonoklasmus verstanden wird. Auch Windfuhr: Dichtung und Politik bei Heinrich Heine [Anm. 53], S. 115, weist »Heines Einwände gegen den Republikanismus und vor allem Kommunismus« unter Rekurs auf »die Würde und Funktion der Kunst auch im politischen Zusammenhang« nach.

104 Vgl. Oehler: Letzte Worte [Anm. 102], S. 132.
105 Vgl. ebd., z. B. S. 135.
106 Vgl. ebd., S. 137.
107 Das würde für den Heine nach der Julirevolution 1830 durchaus noch zutreffen, wie Ferner: Versöhnung und Progression [Anm. 100], S. 27, darlegt. Überhaupt sind Heines Hoffnungen auf sozialpolitische Fortschritte im Rahmen der Julirevolution weitaus größer gewesen als angesichts der Februarrevolution 1848. Vgl. Hauschild, Werner: Heinrich Heine [Anm. 21], S. 113.
108 Vgl. Preisendanz: Der Ironiker Heine [Anm. 63], z. B. S. 108, wonach Heine sich einer rigiden Eindeutigkeit versagt habe »angesichts der Komplementarität, Interferenz, Interaktion und Interpenetration zweier sich scheinbar ausschließlichen Kategorien.«
109 Jürgen Brummack: Das Spätwerk (»Romanzero« und autobiographische Schriften). – In: Heinrich Heine. Epoche – Werk – Wirkung. Hrsg. von dems. München 1980, S. 255–292, hier S. 291.

II.

Auf dem Weg zum urbanen Intellektuellen
Heines Berliner Identitätskrise und ihre Deutung durch Ludwig Marcuse

Von Robert Krause, Freiburg i. Br.

Berlin war neben Breslau, Königsberg und Wien eines der »frühen Zentren jüdischer Akkulturation«.¹ Diesen »Annäherungs- und Angleichungsprozeß«² an die christliche Mehrheitsgesellschaft personifiziert unter den Intellektuellen des 18. Jahrhunderts insbesondere Moses Mendelssohn; ihn führte sein reges Interesse an den Ideen der europäischen Aufklärung nach Berlin und dort zur Philosophie sowie in freundschaftliche Nähe Lessings. Dass das »Bündnis der beiden Zuwanderer« wohl auch »etwas mit der Selbstfindung junger Stadtmenschen zu tun« hatte, hat kürzlich der Literaturwissenschaftler Conrad Wiedemann in seinem Plädoyer für ein Lessing-Mendelssohn-Denkmal in Berlin vermutet.³ Indem Wiedemann »etwas entschieden Städtisches« in der Freundschaft Lessings und Mendelssohns erkennt⁴, werden Urbanität und Judentum bereits für die Zeit um 1750 aufeinander bezogen. Nachhaltig präsent ist diese epochale Verbindung aber weder in der einschlägigen Forschung noch in Form von Erinnerungsorten.⁵ In Friedrich Schinkels Schauspielhaus am Gendarmenmarkt beispielsweise, wo 1783 »Nathan der Weise« aufgeführt wurde, blieben »die Namen Lessing und Mendelssohn […] ausgespart«, was dazu beitrug, »Leerstellen in der historischen Erinnerung« zu schaffen, die sich »zwangsläufig in die Gegenwart [prolongieren]«, argumentiert Wiedemann.⁶

Das Schauspielhaus wurde 1821 und damit im selben Jahr fertiggestellt, als ein anderer junger jüdischer Zuwanderer nach Berlin kam und die Bauten Schinkels mit Interesse wahrnahm: Es handelt sich um Heinrich Heine, der bis 1823 in der preußischen Hauptstadt studieren sollte. Wie rund drei Generationen zuvor Lessing, betätigte sich dort auch Heine als Dramatiker und Journalist. Daher verwundert es kaum, dass gleich in seiner ersten Zeitungsarbeit, den »Briefen aus Berlin« (1821/22), unter anderem Lessing und Mendelssohn erwähnt werden (vgl. DHA VI, 13 und 46).[7] Ähnlich wie diese suchte nun Heine seinen Platz im intellektuellen Milieu der Stadt. Inwiefern sich ihm dort einerseits neue, genuin großstädtische Erfahrungs- und Ausdrucksmöglichkeiten eröffneten und andererseits gesellschaftliche Restriktionen das Ende der jüdischen Aufklärung und vorläufig auch der Emanzipation ankündigten, ist im Folgenden darzustellen.

Um dabei die Interaktion zwischen der Metropole und ihrem Chronisten Heine zu untersuchen, wird erstens die spezifisch urbane Poetik und Ästhetik seiner Reportagen herausgearbeitet, wobei diese als Flaneur-Literatur zu profilieren sind. Zweitens gilt es, biografische sowie kultur- und gesellschaftsgeschichtliche Kontexte einzubeziehen, die in der Forschung bereits früh akzentuiert und vom Essayisten und Heine-Biografen Ludwig Marcuse (1894–1971) just in der Spätphase der Weimarer Republik zum Anlass genommen wurden, Heine zum ›Zeitgenossen‹ zu erklären. Vor diesem Hintergrund ist drittens das Potenzial von Marcuses um Aktualisierung bemühter Heine-Deutung zu skizzieren.

1. Die Stadt und der Flaneur

»Wie gefällt Ihnen Berlin? Finden Sie nicht, obschon die Stadt neu, schön und regelmäßig gebaut ist, so macht sie doch einen etwas nüchternen Eindruck« (DHA VI, 16), erkundigt sich Heines Erzähler explizit im ersten, am 26. Januar 1822 publizierten »Brief aus Berlin«. Daraufhin zitiert er zustimmend Madame de Staël:

> Berlin, cette ville toute moderne, quelque belle qu'elle soit, ne fait pas une impression assez sérieuse; on n'y aperçoit point l'empreinte de l'histoire du pays, ni du caractère des habitants, et ces magnifiques demeures nouvellement construites ne semblent destinées qu'aux rassemblements commodes des plaisirs et de l'industrie. (ebd.; im Original hervorgehoben; RK)

Dieses nüchterne Berlinbild aus dem 1810 erschienenen Reisebericht »De l'Allemagne« steht im Kontext damaliger modischer Städtecharakteristiken. »Meldungen und Berichte mit dem Titel ›Aus Berlin‹ etc. gehörten zu jeder größeren Zeitung«, konstatiert Gerhard Höhn, der mit Blick auf Heines »Briefe« drei unmittelbar vorausgegangene Prätexte identifiziert hat: Elise von Hohenhausens »Briefe aus der Residenz« (1820), die im selben Jahr anonym publizierten »Briefe von Freimund« und Caroline de la Motte Fouqués »Briefe über Berlin« (1821).[8] Diese und andere Artikelserien kannte Heine[9], den die nach den Karlsbader Beschlüssen verschärfte Zensur zwang, literarisch zu experimentieren. Zwar kommen auch bei Heine »alle für die Hauptstadt charakteristischen Aspekte zur Sprache«, beispielsweise »Hof- und Bürgerleben, Stadt- und Straßenbild, Oper und Theater, Konzerte und Bälle, Kultur und Literatur«. Narrativ und ästhetisch entwirft Heine jedoch zugleich »ein kritisches Städtebild nach einem neuen Bauplan«.[10]

Dass es ihm um eine solche gesellschaftskritische Beurteilung und Neuperspektivierung Berlins geht, deutet bereits Heines Eingangsfrage an: »Was soll ich *nicht* schreiben? D. h., was weiß das Publikum schon längst, was ist demselben ganz gleichgültig, und was darf es nicht wissen?« (DHA VI, 9; Hervorhebung RK). Im »Theater und solchen Gegenständen« werden daraufhin »die gewöhnlichen Hebel der Korrespondenz« identifiziert, die der Erzähler ebenso ablehnt wie jegliche »Systematie; das ist der Würgengel aller Korrespondenz« (ebd.). Stattdessen propagiert er eine stetige »Assoziazion der Ideen« (ebd.), die als ästhetisches Prinzip avantgardistische Schreibweisen der literarischen Modernebewegungen nach 1900 präfiguriert, v. a. Bewusstseinsstrom und Montageprinzip, und ähnlich wie diese dem schnellen Rhythmus und Reizüberfluss der Großstadt angemessen erscheint.[11] Auch korrespondiert das Assoziationsverfahren mit dem vom Erzähler besprochenen gesellschaftlichen Leben, das »in lauter Fetzen zerrissen« ist, wie es im zweiten Brief heißt (DHA VI, 35). Vorrangige Aufgabe sei es daher, »das äußere und das innere Leben Berlins an[zu]deuten«, jedoch »nicht aus[zu]malen« (DHA VI, 9). Wenn sich angesichts der schieren »Masse von Materialien« die Frage nach einem adäquaten ›Anfang‹ stellt und der suchende Erzähler die »Stadt« selbst auswählt, werden mit dieser und der »Masse« wiederum zentrale Phänomene aus der modernen metropolitanen Lebenswirklichkeit eingeführt und herausgestellt.[12] Mithin erscheint Berlin als Ausgangspunkt einer genuin urbanen Schreibweise, für welche die Stadt mehr ist als ein beliebtes, aber gewissermaßen auch beliebiges Sujet oder bloße Kulisse.

Vielmehr geht es in den folgenden Briefen »ebenso um die Identität Berlins als einer Stadt im Übergang wie um Heines Identität als ehrgeiziger junger Schriftsteller«, so Hinrich C. Seeba.[13] Er ist als einer der ersten Interpreten ausführlicher auf Heines flanierenden Erzähler eingegangen[14], wie er insbesondere im ersten »Brief aus Berlin« auftritt, wo es anfangs heißt: »[…] jetzt will ich durch die Stadt laufen, und ich bitte Sie, mir Gesellschaft zu leisten« (DHA VI, 10). Angesprochen sind hier außer dem Leser auch Gottlieb Augustin Wundermann und Heinrich Schulz, Herausgeber des »Rheinisch-Westfälischen Anzeigers«, in dessen Beilage »Kunst- und Wissenschaftsblatt« Heines »Briefe« in Fortsetzungen erschienen.[15] Diese Adressaten animiert der Erzähler, ihn zu begleiten[16]: »Folgen Sie mir nur ein paar Schritte, und wir sind schon auf einem sehr interessanten Platze. Wir stehen hier auf der langen Brücke« (ebd.). Dass diese »›nicht sehr lang‹« und ihr Name daher verwunderlich sei, wird in Form einer Occupatio vorweggenommen und explizit als »Ironie« ausgewiesen. Ironisch dürften auch weitere Aussagen sein, was den Berlin-Bericht doppeldeutig erscheinen lässt. Wenn daraufhin der Erzähler vorschlägt, »hier einen Augenblick stehen[zu]bleiben und die große Statue des Großen Kurfürsten [zu] betrachten«, die »unstreitig das größte Kunstwerk Berlins« (ebd.) sei, drängt sich fast zwangsläufig der Verdacht auf, es müsse sich neuerlich um Ironie handeln. Zu auffällig wirkt die über das gleiche Attribut vermittelte Parallele zwischen der historischen Person und ihrem Abbild, das »ganz umsonst zu sehen« sei, was als Formulierung den Wahrnehmungsakt an ökonomische Restriktionen koppelt und mithin eine weitere Parallele, nämlich die zwischen ›sehen‹ und ›haben‹, inauguriert.[17] Überhaupt ist häufig von visuellen Sinneseindrücken die Rede, etwa gleich im Anschluss, wenn der Erzähler bemerkt:

> Aber ich sehe, Sie werden von allen Seiten gestoßen. Auf dieser Brücke ist ein ewiges Menschengedränge. Sehen Sie sich mahl um. Welche große, herrliche Straße! Das ist eben die Königstraße, wo ein Kaufmannsmagazin ans andre grenzt, und die bunten, leuchtenden Warenausstellungen fast das Auge blenden. (DHA VI, 10)

Heines »Briefe aus Berlin« im »Kunst- und Wissenschaftsblatt« des »Rheinisch-Westfälischen Anzeigers«, 1822

Dass sich die hier erneut angesprochene Menschenmasse nicht zufällig auf der Brücke bildet, wird durch die hyperbolische Zeitangabe (»ewig«) deutlich markiert und angesichts des reizvollen Ausblicks auf angrenzende Geschäfte und glitzernde Vitrinen nachvollziehbar. Aufgerufen ist damit wiederum die ökonomisch-kapitalistische Warenwelt, in die man zwar kostenlos schauen kann, aber eben nur durch das trennende Schaufensterglas.

Insofern mag es mit dem Fehlen von Bargeld zu erklären sein, dass der Erzähler seinen imaginären Begleitern abermals vorschlägt: »Laßt uns weitergehen, wir gelangen hier auf den Schloßplatz« (DHA VI, 10). Passagen wie diese zeigen die Flanerie als narratives Strukturprinzip des Briefs, in dem die topografische Dimension Berlins akzentuiert und das eingangs formulierte Assoziationsprinzip auch syntaktisch, nämlich in Form unvollständiger Sätze, realisiert wird:

> Rechts das Schloß, ein hohes, großartiges Gebäude. Die Zeit hat es grau gefärbt, und gab ihm ein düsteres, aber desto majestätischeres Ansehen. Links wieder zwey schöne Straßen, die Breite-Straße und die Brüderstraße. Aber gerade vor uns ist die Stechbahn, eine Art Boulevard. (ebd.)

Spätestens der Ausdruck »Boulevard« nobilitiert den jungen, noch wenig bekannten Chronisten als weltläufig und Berlin als zukünftige Großstadt, über die zu berichten auf Heines spätere Reportagen aus London, vor allem aber aus Paris vorausdeutet – zumal die Paristexte auch die bereits erwähnte Kapitalismuskritik fortführen. Das bourgeois-großstädtische Umfeld wird zum Möglichkeitsraum des kritischen Flaneurs, denn die »Idee, daß das Gehen die intellektuelle Form der Fortbewegung sei, muß in einer urbanen, einer bürgerlichen Erfahrung fundiert werden«, wie Rudi Thiessen mit Blick auf die Berliner Aufklärung bemerkt hat.[18]

Durch den »Lustgarten«, vorbei an der »Domkirche« und der »Börse« flaniert Heines Erzähler mit seiner fiktiven Entourage (DHA VI, 11) hin zu den »Linden«, wo das Zeug- und das »Wachthaus«, die »Universität und Akademie«, »Bibliothek«, »Opernhaus« und das »Königliche Palais« zu bestaunen sind (DHA VI, 12).[19] Dabei ›liest‹ Heine die Stadt wie »[e]in aufgeschlagenes Buch«, was auf jene spezifisch urbane Lektüretechnik verweist, die sein Antipode Ludwig Börne fast zeitgleich in Bezug auf Paris formuliert hat.[20] Diese Stadtlektüre zeigt sich paradigmatisch an der folgenden Beschreibung des königlichen Palais: »Hier stehn wir auf dem Schloßplatz, dem breitesten und größten Platze in Berlin. Das Königliche Palais ist das schlichteste und unbedeutendste von allen diesen Gebäuden. Unser König wohnt hier. Einfach und bürgerlich« (DHA VI, 12). Der flanierende Erzähler und seine Begleiter befinden sich beim Charlottenburger Schloss, neben das der Architekt Schinkel »ein Wohnhaus« gebaut hatte, »in welchem der König Bürger spielen konnte«, wie Thiessen pointiert.[21] Schinkel war zuvor Bühnenarchitekt gewesen und verstand es, Kulissen effektvoll zu inszenieren.²² Doch Heine sieht hier und allgemein in Berlin mehr und anderes als eine bloße Fassade. Vom königlichen Wohnsitz schließt er auf den Bewohner, der äußerlich ebenso unauffällig und bescheiden wirkt wie sein Palais. Anders als der »durchreisende Fremde«, der in Berlin »nur die langgestreckten, uniformen Häuser [sieht], die langen, breiten Straßen, die nach der Schnur und meistens nach dem Eigenwillen eines Einzelnen gebaut sind, und keine Kunde geben von der Denkweise der Menge« (DHA VII, 17), ist Heines Erzähler eines der im Bericht »Reise von München nach Genua« (1828) genannten »Sonntagskinder«: Diese »vermögen etwas von der Privatgesinnung der Einwohner zu errathen, wenn sie die langen Häuserreihen betrachten, die sich, wie die Menschen selbst, voneinander fernzuhalten streben, erstarrend im gegenseitigen Groll« (ebd.).

Anzunehmen ist, dass der Analogieschluss zwischen Haus und Bewohner auf einer populären zeitgenössischen Theorie beruht, nämlich auf der physiognomischen Architekturlehre, wie sie in den anonym veröffentlichten »Untersuchungen über den Charakter der Gebäude« (1788) entwickelt wurde.²³ Deren produktive Rezeption in der Literatur um 1800 dokumentiert beispielsweise E. T. A. Hoffmanns Erzählung »Das öde Haus«, die 1817 im zweiten Band der »Nachtstücke« erschien und in der es heißt: »Denkt euch ein niedriges, vier Fenster breites, von zwei hohen schönen Gebäuden eingeklemmtes Haus [...], dessen farblose Mauern von gänzlicher Verwahrlosung des Eigentümers zeugen.«²⁴ Die »Nachtstücke« dürfte Heine gekannt haben, zumindest beruft er sich in den »Briefen« mehrfach auf Hoffmann (vgl. DHA VI, 17ff., 31f., 51ff.).

Ebenfalls als Anspielung auf Hoffmann, nämlich auf seinen Einfallsreichtum und Alkoholkonsum, ist folgender Berlin-Kommentar aus Heines bereits zitierter »Reise von München nach Genua« zu lesen: »Es sind wahrlich mehrere Flaschen Poesie dazu nöthig, wenn man in Berlin etwas anderes sehen will als todte Häuser und Berliner. Hier ist es schwer, Geister zu sehen.« (DHA VII, 17) Entsprechend groß ist die poetische Leistung des Spätromantikers Hoffmann, dessen phantastische Träumereien Heine wohl in einer für seine Poetik und Ästhetik charakteristischen Alptraum-Episode imitiert: Dort droht er, von den sich »gerührt baufällig christlich anblicken[den]« Gebäuden Berlins »zerquetscht zu werden« (ebd.). In für die Traumlogik typischer Weise findet eine metonymische Verschiebung statt²⁵, die aktuelle Stimmungen und Tendenzen innerhalb der Berliner Bevölkerung auf ihre Häuser überträgt. Deren alptraumhaftes Zusammenrücken versinnbildlicht die christliche Verbrüderung, die neue Pogrome gegen die Juden zumindest begünstigte. Angespielt wird hier auf die Zurücknahme des Edikts von 1812, das Juden ausdrücklich das »Recht zur Bekleidung akademischer Lehr- und Schulämter« zugesprochen hatte, aber 1822 »wegen der bei der Ausführung sich zeigenden Mißverhältnisse aufgehoben« wurde.²⁶ Daraus resultierte Heines Berliner Identitätskrise, die sich in seinem Widerwillen gegen »[a]lles was deutsch ist« (HSA XX, 50) und seinem Changieren zwischen einander diametral entgegengesetzten gesellschaftlichen Kreisen manifestiert und auf die im Folgenden eingegangen wird.

2. Heines Berliner Kreise

Im zweiten »Brief aus Berlin«, das schon damals eine expandierende Stadtfläche und eine Bevölkerung von etwa 200.000 Einwohnern aufwies, berichtet Heine: »Es ist hier ungemein viel geselliges Leben, aber es ist in lauter Fetzen zerrissen. Es ist ein Nebeneinander vieler kleiner Kreise, die sich immer mehr zusammenzuziehen als auszubreiten suchen« (DHA VI, 35). Diagnostiziert wird somit die Zersplitterung der Berliner Gesellschaft in zahlreiche Subgesellschaften mit restriktivem Charakter, was zur soziokulturellen Vielfalt, aber auch zur Separierung beitrug. Für den aus Göttingen eingetroffenen Studenten Heine war diese urbane Berliner Lebenswelt ebenso neu wie auf- und anregend.²⁷ Diverse Zerstreuungen und kreative Impulse fand er nicht nur bei seinen beschriebenen Flanerien, sondern auch in den erwähnten divergierenden Gesellschaftszirkeln, denn: »Heine lebte in drei Kreisen: in den führenden literarischen Salons; an der Tafelrunde der Berliner Bohèmiens; und unter den Reformatoren des Judentums«, konstatiert sein Biograf und Exeget Ludwig Marcuse bereits 1931/32.²⁸ Marcuses Darstellung konzentriert sich auf die lebens-, kultur- und sozialgeschichtlichen Kontexte von Heines Berliner Studienjahren und stützt sich auf viele, in der Regel nicht nachgewiesene Zitate und Paraphrasen aus dessen Berichten und Korrespondenzen. Dabei wird Heines problematisches Juden- und Intellektuellentum akzentuiert²⁹, was über seine »Briefe« hinaus für das Themenfeld ›Berlin und die Juden‹ aufschlussreich erscheint³⁰; denn so wird auch die Schattenseite von Heines literarischem Durchbruch in der preußischen Hauptstadt deutlich.

Um die Bedeutung und Funktion der genannten Gesellschaftskreise für Heine und die Juden in Berlin einzuschätzen, ist die herrschende Zensur samt ihrer soziopolitischen und -psychologischen Auswirkungen zu berücksichtigen. »Selbst die Schriften, die draußen schon die Zensur passiert hatten, wurden in Preußen noch einmal zensuriert«, bemerkt Marcuse süffisant.³¹ »Öffentliches Leben«, das er als »die öffentliche Erörterung, die öffentliche Entscheidung gemeinsamer Fragen« definiert, wurde dadurch zwangsläufig deformiert, gab die Zensur von den »gemeinsamen Fragen« doch nur das frei, »was sich auf den Kulissen-Tratsch bezog«.³² Infolgedessen wurden Berlin-Berichte thematisch »beherrscht von Bällen, Theatern und Konzerten; von ästhetischen Tees, literarischen Diners, Almanachen und Skandalgeschichten«.[33] Auch »Heines ›Briefe aus Berlin‹ spiegeln diese Leere des Daseins«, urteilt Marcuse, wobei er allerdings deren ironische Brechung und gesellschaftskritische Stoßrichtung zu unterschätzen oder gar auszublenden scheint.[34] Laut Marcuse kann man bei Heine »in dieser Zeit noch deutlich eine Ober- und eine Unterstimme« unterscheiden, »den gefühlvoll-naiven Heine und den sich ironisch panzernden«. Es fänden sich »flirrende Ironien, noch nicht Kritik. Noch studierte er nicht die Gesellschaft; er wuchs erst in sie hinein«.[35] Diesen Akkulturationsprozess rekonstruiert Marcuse mit Blick auf die drei Kreise, in denen sich Heine in Berlin bewegte: 1. die bürgerlichen Salons, 2. die Boheme und 3. den Verein für Cultur und Wissenschaft des Judentums.[36]

An erster Stelle zu nennen sind hier drei Berliner Salons. In dem von Elise von Hohenhausen las Heine aus seinem »Lyrischen Intermezzo« und wurde »zum deutschen Byron ausgerufen«[37], und bei Philipp Veit lernte er führende Mitglieder des Vereins für Cultur und Wissenschaft des Judentums kennen[38], auf den noch näher einzugehen sein wird. Zugang zum Salon Rahel und Karl August Varnhagens schließlich, den Heine seit Mai 1821 oft aufsuchte und in dem er unter anderem Hegel und Schleiermacher traf, erhielt er auf Empfehlung von Friedrich Gubitz, Herausgeber des Blattes »Der Gesellschafter«.[39] Wie wichtig die dort erfahrene gesellschaftliche Anerkennung und Förderung für Heine waren, dokumentiert sein Widmungstext für Rahel Varnhagen.[40] »Ihr Salon war nicht der neutrale Ort für die Rendezvous der Arrivierten: [...] Er war die Geburtsstätte einer geistigen Atmosphäre«, bilanziert Marcuse.[41] »Rahel«, daran erinnert der Heine-Biograf Wolfgang Hädecke,

> [...] gehörte zum ›kleinen Kollektiv preußischer Ausnahmejuden‹ [...] und versuchte ihr Judentum abzuschütteln. Das gelang ihr selbstverständlich nicht, wohl aber gelang ihr die Assimilation an die führenden Kreise der Berliner geistigen Welt – sie war also eine jüdische Aufsteigerin und Heine schon von daher verwandt.[42]

Die ›gelungene Assimilation‹ Rahel Varnhagens konnte allerdings Hannah Arendt, deren Rede vom »kleinen Kollektiv preußischer Ausnahmejuden« Hädecke hier zitiert, kaum anerkennen[43], und ebenso wenig konnte es Marcuse, dem zufolge sich Rahel »erst auf ihrem Sterbebett als Jüdin fühlte«.[44]

Den »Salon der geistreichen Jüdin« kontrastiert Marcuse wirkungsvoll mit den »seelischen Orgien des teutonischen Kraftgenies« Grabbe, mit dem Heine »am Tisch der Bohémiens von Lutter & Wegener« verkehrte.[45] Vom stimulierenden Einfluss dieser exzessiven Tischgesellschaft auf Heine zeugt vor allem eine Passage seiner »Briefe«, in der die »Maskenfreyheit« gefeiert wird und der Erzähler berichtet, er »stürze« sich »wie ein toller Schwimmer, in die tosende, buntbeleuchtete

Menschenfluth, und tanze, und renne, und scherze, und necke Jeden, und lache, und schwatze, was mir in den Kopf kömmt« (DHA VI, 37). Bei den »Bohèmiens von Lutter & Wegener wurde Heine frei, wurden alle die wilden Kräfte frei, die seine zarten Lieder verdeckten«, meint Marcuse, dessen Einschätzung nicht nur Heines psychologische und künstlerische Entwicklung, sondern auch die soziokulturelle Heterogenität Berlins veranschaulicht.[46] »Ebensoweit auseinander« wie Grabbes Boheme und die bürgerlichen Salons lagen nämlich »auch die europäische Geistigkeit der Rahel Levin [...] und die jüdische Reformation der Gans und Moser, der Markus und Zunz«[47], zu denen Heine im Sommer 1822 offiziell hinzustieß.[48]

Auf Vorschlag von Eduard Gans wird Heine am 4. August 1822 in den Verein für Cultur und Wissenschaft des Judentums aufgenommen, an dessen Sitzungen er erstmals am 29. September des gleichen Jahres und zuletzt am 11. Mai 1823 teilnimmt. Heines Beitritt »in dieser Zeit der Pogrome, in dieser Zeit der Übertritte zum Christentum«, deutet Marcuse als »ein sichtbares Bekenntnis« zum Judentum.[49] Hädecke ist diesbezüglich präziser und nennt in seiner Biografie folgende »Gründe« für Heines Handeln:

[...] die bedrückende politische Gesamtlage, die Judenfeindschaft und die schrittweise Zurücknahme des Befreiungsedikts von 1812, [...] [die] wütende Abneigung Heines gegen alles Deutsche [...], die besondere Empfindlichkeit des jungen Intellektuellen für Heimatlosigkeit und Diffamierung; vielleicht auch die Sehnsucht nach einer Gruppe Gleichgesinnter.[50]

Charakteristisch für die Ausrichtung des Vereins und für Heines Selbstverständnis erscheint, dass sich dieser dort weniger religiös als vielmehr wissenschaftlich-pädagogisch engagiert, wird er doch Vizesekretär des wissenschaftlichen Instituts und erteilt jungen Ostjuden Deutsch-, Französisch- und Geschichtsunterricht. Von dieser Betätigung dürfte sich Heine eine Klärung der eigenen Identität und soziokulturellen Zugehörigkeit erhofft haben, zu der es allerdings nicht oder zumindest nicht dauerhaft kam. »Im Osten fand er Eigenart und Selbstbewußtsein, beim Westjuden nur noch einen kraftlosen Mischmasch«, spitzt Marcuse Heines Sicht auf beide Ausprägungen des Judentums zu und weiß weiterhin zu berichten: »Mit der vollen Kraft seiner ironischen Phantasie stritt Heine gegen die sterilen Mischlinge aus Deutschtum und Judentum.«[51] Als Beleg dient ihm ein Brief vom 7. April 1823 an Immanuel Wohlwill, in dem Heine das Ende der »Verblendung« herbeisehnt, »daß das Herrlichste in der Ohnmacht, in der Entäußerung aller Kraft, in der einseitigen Negazion, im idealistischen Auerbachthume bestehe«. Eine solche Haltung erachtete Heine für falsch, denn »[w]ir haben nicht mehr die Kraft, einen Bart zu tragen, zu fasten, zu Hassen, und aus Haß zu dulden; das ist das Motiv unserer Reformazion.« (HSA XX, 72)

Ob Heine somit »für das orthodoxe Judentum ein[trat]«, wie Marcuse meint[52], ist hier nicht zu entscheiden. Ebenso wenig kann erörtert werden, ob die »gewaltige Überschätzung der Wissenschaft« im Verein zur »unausgesprochenen Selbstaufgabe des Judentums« führte.[53] Instruktiv erscheint in jedem Fall Marcuses Feststellung, Heine habe »bei allem Respekt vor der moralischen Kraft und dem hohen geistigen Niveau dieser Reformatoren« auch »die tieferen Ursachen des Zusammenbruchs ihrer Bewegung [durchschaut]: die Unpopularität, die er am krassesten in dem vertrackten Stil ihrer Zeitschrift-Aufsätze ausgedrückt fand«.[54] Denn von Fragen des Stils und der Verständlichkeit verstand bereits der junge Heine sicherlich weit mehr als von jüdischer Orthodoxie und religiöser Erneuerung.

Die Tragik, nicht nur von Heines Leben, sondern auch der Juden seiner Generation, dürfte wesentlich im mehrfachen Außenseitertum liegen, das die Entscheidung zur Taufe mit sich brachte. Börne hatte diesen Schritt bereits im Jahr 1818 vollzogen, Gans und Heine folgten in der Hoffnung auf eine dadurch mögliche universitäre Karriere 1825.[55] Explizit gedacht als »Entre Billet zur europäischen Kultur« (DHA X, 313)[56], wurde Heines Konversion, »kurz vor seinem Doktor-Examen«[57], jedoch keineswegs zur erwarteten hinreichenden Bedingung gesellschaftlicher und ökonomischer Anerkennung.[58] Die Professur, sei es im Fach Philosophie oder als außerplanmäßiger Dichter-Professor in München[59], blieb aus; stattdessen musste Heine wenige Jahre später ins französische Exil gehen, wo er in seinen Schriften mit dem Christentum scharf abrechnete und schließlich zum Judentum zurückfand. Vor diesem Hintergrund ist mit Marcuse zu bilanzieren: »Heine ging durch diese Berliner Kreise – die literarischen Salons geistvoller Damen, die Kneip-Abende der Bohèmiens, die Sitzungen der jüdischen Reformer – und ging nirgends ganz auf.«[60] Insofern war und blieb er zwar ein gesellschaftlicher Außenseiter, aber eben auch in der Lage, sich als kritischer Beobachter und urbaner Intellektueller einen Namen zu machen.

3. Urbaner Intellektueller und »Zeitgenosse«

»Heine traf den Kern einer alten und neuen Intellektuellen-Tragödie: sie verzweifelten an den Massen – und waren doch nur unfähig zur Lenkung der Massen.«[61] Dieser Bemerkung zur mangelnden Breitenwirkung des Vereins für Cultur und Wissenschaft des Judentums und zahlreichen anderen Äußerungen aus Marcuses Heine-Biografie ist ein spezifisches Interesse abzulesen. Bei aller Kontextualisierung von Heines Leben wird dieser doch immer wieder enthistorisiert.[62] Was im ersten Moment widersprüchlich klingen mag, lässt sich bereits durch einen kurzen Blick auf die Erstausgabe von 1931/32 plausibilisieren: »Heinrich Heine. Ein

Leben zwischen Gestern und Morgen« lautete ihr ursprünglicher Titel, der das ›Heute‹, Heines historische Gegenwart, ausspart und mithin auf eine unzeitgemäße und schwer fassbare Person hindeutet. Dass Marcuse Heines unzeitgemäßen Charakter betonte, dürfte nicht zuletzt mit dessen erwähnter Rolle als Intellektueller *avant la lettre* zu tun gehabt haben.

Freilich taucht der Begriff »intellectuell« erst 1898 in Zusammenhang mit Émile Zolas Protest gegen die Verurteilung des jüdischen Hauptmanns Alfred Dreyfus in Paris auf.[63] »Ohne einen Ortswechsel vornehmen zu müssen, aber mit einer deutlichen chronologischen Verschiebung »lässt sich jedoch »Paris 1832 und nicht erst Paris 1898 als die eigentliche Geburtsstunde des modernen Intellektuellen ansehen«, argumentiert Gerhard Höhn in Anspielung auf Heines Vorrede zu seiner Artikelserie »Französische Zustände«. Doch selbst dieser zunächst überzeugend wirkende Vorschlag ist modifizierungsbedürftig: Immerhin zeigt sich bereits in den 1820er Jahren Heines ›soziale‹, ›politische‹, ›ökonomische‹ und ›praktische‹ »Außenseiterstellung«, die laut Höhn die »Voraussetzungen« für die »Entwicklung« hin zum modernen Intellektuellen »geschaffen [hat]«.[64] Schon im urbanen Berlin stößt Heine auf die soziale Frage[65] und die Zerrissenheit der Gesellschaft (vgl. DHA VI, 35), die Sartre zufolge maßgebliche Bedingung für den Intellektuellentypus ist.[66] Auch findet Heine mit der gesellschaftskritischen Stadtreportage und der flanierenden Erzähler-Figur buchstäblich Mittel und Wege, die herrschende Zensur zu umgehen. Entsprechend plausibel erscheint deshalb Seebas Hypothese, dass Heines inszenierter »Stadtspaziergang selbst eine Antwort ist, für die wir uns eine nicht minder riskante Frage erst ausdenken müssen. Erst als Flaneur, der die Stadt wie einen Text liest, wird Heine in den urbanen Raum eine Antwort hineinschreiben, die das Publikum eigentlich nicht kennen dürfte«.[67]

Die vermeintlich müßige Flanerie erscheint mithin als Reaktion auf soziopolitische und -kulturelle Zeitfragen, ermöglicht sie es doch auf für die Zensur unverdächtige Weise, beim Bummeln durch Berlin *en passant* die soziale Frage und den »neuen mosaischen Gottesdienst« anzusprechen (DHA VI, 30). In der Stadtlektüre des erzählenden Flaneurs artikuliert sich eine veritable *écriture urbane* Heines, der in Berlin nicht nur eine Identitätskrise erlebte, sondern auch zum urbanen Intellektuellen wurde, der als Flaneur und Salonbesucher mit der Stadt interagierte und sie zu *lesen* sowie in seinen »Briefen aus Berlin« wiederum *lesbar* zu machen lernte.

Walter Benjamin hätten Heines Reportagen sicherlich interessiert, denn diese entdecken zeitgleich wie E.T.A. Hoffmanns ebenfalls 1822 erschienene Erzählung »Des Vetters Eckfenster«, Benjamins deutschsprachigem Referenztext zur frühen Großstadtwahrnehmung, die literarischen Möglichkeiten Berlins. Doch stärker als Hoffmann und schon eher mit Benjamin vergleichbar interessiert sich

Heine auch für soziale Aspekte und religiöse Strömungen der Metropole.[68] Hier hätten Benjamins autobiografische Berlin-Texte, die »Berliner Chronik« und die »Berliner Kindheit«, zweifellos anschließen können, und man fragt sich, warum es nicht dazu kam.[69] Aufgegriffen und weitergedacht hat Heines Beobachtungen hingegen Marcuse, der ja der gleichen Generation wie Benjamin angehörte. Marcuses Versuch, anhand von Heines Biografie »Ein Leben zwischen Gestern und Morgen« zu erzählen, wäre durchaus mit Benjamins ›Urgeschichte der Moderne‹ in Verbindung zu bringen: Denn die genannte Formel, die Marcuse im ursprünglichen Titel seiner Heine-Biografie verwendet, charakterisiert auch seine eigene Betrachtungsweise von Kultur und Gesellschaft in der Weimarer Republik.[70] Just in diesem Zusammenhang entdeckt er Heine als journalistisches Vorbild und erklärt ihn zum »Zeitgenossen«.[71] Somit bleibt Heine für seine ›Wahlverwandten‹ auch und gerade im Berlin der Zwischenkriegszeit, im Vorfeld der nationalsozialistischen Herrschaft, als Leitfigur präsent.[72]

Vor diesem Hintergrund ist schließlich das Kuriosum zu sehen, dass Marcuses Heine-Biografie in gekürzter Form auch ihren Platz bei Rowohlts Monographien fand. Zum dezidierten Anspruch der Reihe, einen Autor »in Selbstzeugnissen und Bilddokumenten« darzustellen, passen Marcuses subjektive Betrachtungen und fehlende Quellennachweise zwar schlecht; dennoch erschien sein Buch ab 1960 in mehreren Auflagen bei Rowohlt[73] und wurde erst 1997 durch die Darstellung Christian Liedtkes ersetzt.[74] So prägte es jahrzehntelang das Heine-Bild zahlreicher junger Leser, während die Heine-Forschung dagegen Marcuses biografische und essayistische Deutungen bis heute kaum berücksichtigt.[75]

Anmerkungen

1 Michael A. Meyer: Die problematische Aneignung der deutschen Kultur. – In: Deutsch-jüdische Geschichte in der Neuzeit. Hrsg. im Auftr. des Leo-Baeck-Instituts von Michael A. Meyer unter Mitw. von Michael Brenner. Frankfurt a. M. 1996, Bd. II, S. 208–217, hier S. 212.

2 So definiert »Akkulturation« der Politikwissenschaftler und Migrationsforscher Friedrich Heckmann: Ethnische Minderheiten, Volk und Nation. Soziologie inter-ethnischer Beziehungen. Stuttgart 1992, S. 169.

3 Conrad Wiedemann: Die Leerstelle. Plädoyer für ein Lessing-Mendelssohn-Denkmal in Berlin. – In: Süddeutsche Zeitung, München, Nr. 60, 12. März 2012, S. 13.

4 Ebd.

5 Selbst in der »Deutsch-jüdischen Geschichte seit der Neuzeit«, die zweifellos als Standardwerk gelten darf, wird die Kategorie der Urbanität erst für die Kaiserzeit ab 1871 aufgegriffen. Vgl. Meyer (Hrsg.): Deutsch-jüdische Geschichte der Neuzeit [Anm. 1], Bd. III, S. 28–38 [Kap. I.1. »Mobilität und Urbanisierung«] und S. 124–127 [Kap. V.1. »Probleme der Urbanisierung«]. Und Joachim Schlörs Habilitationsschrift widmet sich den »Debatten über Judentum und Urbanität«. Vgl. Joachim Schlör: Das Ich der Stadt. Debatten über Judentum und Urbanität

1822–1938. Göttingen 2005. Was die Urbanisierung für die jüdische Tradition, Identität und das Alltagsleben, aber auch für die Entwicklung des Antisemitismus bedeutete, rekonstruieren die Beiträge in: People of the City. Jews and the Urban Challenge. Hrsg. von Ezra Mendelsohn. New York, Oxford 1999.

6 Wiedemann: Die Leerstelle [Anm. 3], S. 13.

7 Während seiner Berliner Studienzeit, im Frühjahr 1821, schloss Heine auch seine erste Tragödie, »Almansor«, ab; die zweite, »William Ratcliff«, schrieb er zu Anfang des Jahres 1822.

8 Vgl. Höhn ³2004, 172. Heines Verhältnis zur preußischen Hauptstadt hat jüngst Joseph A. Kruse rekonstruiert: ders.: Heine, Preußen und Berlin. – In: HJb 51 (2012), S. 1–20, insbes. S. 6–9.

9 Vgl. Jost Hermand: Der junge Heine. Ein Kommentar zu den »Reisebildern«. München 1976, S. 28.

10 Höhn ³2004, 172. Für Hermand »sind Heines *Briefe aus Berlin* geradezu feuilletonistische Meisterwerke«, die sich stets um einen »anekdotischen Kern« drehen. Hermand: Der junge Heine [Anm. 9], S. 28.

11 Zu Heines Modernität allg. vgl. Sabina Becker: Heine und die Moderne. – In: Harry ... Heinrich ... Henri. Heine. Deutscher, Jude, Europäer. Hrsg. von Dietmar Goltschnigg, Charlotte Grollegg-Edler, Peter Revers. Berlin 2007, S. 289–299; dies.: »... fortgerissen in Bewegung«. Heinrich Heine und die Moderne. – In: Heinrich Heine. Neue Lektüren. Hrsg. von Werner Frick. Freiburg, Berlin, Wien 2011, S. 297–311. Zu Heines innovativen Feuilleton-Arbeiten vgl. Sybille Schönborn: »Die Possenreißer sind längst abgereist«. Heines *Briefe aus Berlin* und die Kulturpoetik der Moderne. – In: Übergänge. Zwischen Künsten und Kulturen. Internationaler Kongress zum 150. Todesjahr von Heinrich Heine und Robert Schumann. Hrsg. von Henriette Herwig, Volker Kalisch, Bernd Kortländer, Joseph A. Kruse, Bernd Witte. Stuttgart 2007, S. 507–520.

12 »Masse« hat als Thema in den letzten Jahren vielfach wissenschaftliche Aufmerksamkeit erfahren. Vgl. mit Blick auf den hier relevanten Zeitraum v. a. die Habilitationsschrift von Michael Gamper: Masse lesen, Masse schreiben. Eine Diskurs- und Imaginationsgeschichte der Menschenmenge 1765–1930. München 2007, insbes. S. 297, wo Heines Exilwerke, jedoch nicht seine »Briefe aus Berlin« berücksichtigt werden.

13 Hinrich C. Seeba: Ironie des Unsystematischen. Heinrich Heine in Berlin und der urbane Blick des Flaneurs. URL: http://www.apario.com.br/forumdeutsch/revistas/vol4/HEINEFD.pdf [letzter Zugriff: 10.12.2013], S. 2. Zur Flaneurfigur in Heines »Lutezia« vgl. die Erläuterungen in DHA XIII, 1725, und Anne Stähr: »... eine Mischung von Sinnlichkeit und Witz...« Ironische Inszenierung der Geschlechter in Heinrich Heines *Lutezia*. Bielefeld 2012, S. 147–162; zur literarischen Flanerie allgemein: Harald Neumeyer: Der Flaneur. Konzeption der Moderne. Würzburg 1999.

14 In Heines »Briefen« wird »die Rolle des Flaneurs benutzt, um den Übergangsstatus der – in seinem Fall erst aufziehenden – bürgerlichen Gesellschaft hervorzuheben«. Seeba: Ironie des Unsystematischen [Anm. 13], S. 7.

15 Vgl. Höhn ³2004, 171f. und 175.

16 Zum soziopolitischen und -kulturellen Hintergrund des Adressenkreises vgl. Seeba: Ironie des Unsystematischen [Anm. 13], S. 8: »Die als Adressaten der Briefe angeredeten Leser waren kulturell benachteiligt, weil ihre westlichen Provinzen erst sieben Jahre zuvor, durch den Wiener Kongreß, Preußen zugeschlagen worden waren und deshalb über ihre neue Hauptstadt, die gerade kräftig zu wachsen begann, informiert werden mußten.«

17 Vgl. ebd., S. 6.

18 Rudi Thiessen: Berlinische Dialektik der Aufklärung. – In: Städtische Intellektuelle. Urbane Milieus im 20. Jahrhundert. Hrsg. von Walter Prigge. Frankfurt a. M. 1992, S. 142–160,

hier S. 151. Vgl. auch den kanonischen Befund Walter Benjamins, demzufolge es »der Typus des Flaneurs« war, der »Paris erschaff[en]« hat, das wiederum durch seine Passagen und Trottoirs den Flaneur-Typus ermöglicht hat. Walter Benjamin: Das Passagen-Werk. – In: ders.: Gesammelte Schriften. Unter Mitwirkung von Theodor W. Adorno und Gershom Scholem hrsg. von Rolf Tiedemann und Hermann Schweppenhäuser. Bd. V/1. Frankfurt a. M. 1978, S. 525.

19 Heines Schilderung der Linden, wo auch von der »Spaziergangszeit der schönen Welt« (DHA VI, 13) die Rede ist, zeigt, dass die Bewegungsformen des Spaziergangs und der Flanerie einander angenähert werden.

20 Ludwig Börne: Der Greve-Platz. – In: ders.: Sämtliche Schriften. Hrsg. von Inge und Peter Rippmann. Düsseldorf 1964, Bd. II, S. 34–39, hier S. 34. Vgl. zu dieser Parallele Seeba: Ironie des Unsystematischen [Anm. 13], S. 4.

21 Thiessen: Berlinische Dialektik der Aufklärung [Anm. 18], S. 146.

22 Vgl. ebd. und Hans-Georg von Arburg: Alles Fassade. Oberfläche in der deutschsprachigen Architektur- und Literaturästhetik 1770–1870. München 2008, S. 106–142.

23 Untersuchungen über den Charakter der Gebäude. Faksimile-Neudruck der Ausgabe Leipzig 1788. Mit einer Einführung hrsg. von Hanno-Walter Kruft. Nördlingen 1986.

24 E. T. A. Hoffmann: Gesammelte Werke in Einzelausgaben. Bd. III: Nachtstücke. Berlin, Weimar 1983, S. 168.

25 Solche und ähnliche Passagen legen es nahe, Heine gewissermaßen als Vorläufer Sigmund Freuds anzusehen, wie es der Sammelband von Stephan Braese und Sigrid Weigel vorführt. Vgl. Heine und Freud. Die Enden der Literatur und die Anfänge der Kulturwissenschaft. Hrsg. von Stephan Braese und Sigrid Weigel. Berlin 2010.

26 Stefi Jersch-Wenzel: Rechtliche Einschränkungen. – In: Deutsch-jüdische Geschichte in der Neuzeit [Anm. 1], Bd. II, S. S. 46–49, hier S. 47. Heine berichtet nur kurz »von dem alten, neu aufgewärmten Projekte der Judenbekehrung«, denn »die Juden« seien »ein gar zu trauriger Gegenstand« (DHA VI, 30).

27 Vgl. Höhn ³2004, 170: »Das vorindustrielle, aber wirtschaftliche aufstrebende Berlin mit damals ca. zweihunderttausend Einwohnern versetzte Heine zum erstenmal in ein typisches Großstadtmilieu, das er bisher so noch nicht gekannt hatte.«

28 Ludwig Marcuse: Heinrich Heine. Ein Leben zwischen Gestern und Morgen. Berlin 1932, S. 83. Im Folgenden wird aus der weitgehend identischen Neuausgabe (3. Aufl.) zitiert: Ludwig Marcuse: Heine. Melancholiker, Streiter in Marx, Epikureer. Rothenburg o. d. T. 1970, S. 100. Abweichungen finden dabei Berücksichtigung, sofern sie thematisch relevant sind. Über den Verfasser informiert Dieter Lampings Artikel: Ludwig Marcuse. – In: Killy-Literaturlexikon. Neuausgabe. Hrsg. von Wilhelm Kühlmann. Berlin, New York 2010. Bd. VII, S. 683f.

29 Diesbezüglich sind z. T. erhebliche Abänderungen zwischen den drei Buchausgaben zu konstatieren: Einzelne Passagen und generalisierende Äußerungen zum Judentum und Antisemitismus finden sich nur in der ersten Auflage (von 1931/32). Womöglich erschienen sie angesichts des folgenden nationalsozialistischen Terrors und des Holocaust zu verfänglich oder historisch unzutreffend. Genaueren Aufschluss dürfte nur ein systematischer Fassungsvergleich in Verbindung mit der Analyse anderer Dokumente zur Entstehungsgeschichte von Marcuses Heine-Biografien bringen.

30 Vgl. zu diesem Themenfeld das Pariser Pilotprojekt »Berlin et les juifs. Mythes et réalités« (2012/13), in dessen Rahmen ich die hier vorliegenden, ausgearbeiteten Überlegungen zuerst präsentieren und diskutieren konnte. URL: http://www.ciera.fr/ciera/IMG/pdf/programme_seminaire_projet_innovant.pdf [letzter Zugriff: 17.12.2013].

31 Marcuse: Heine [Anm. 28], S. 96.
32 Ebd.
33 Ebd., S. 98.
34 Ebd.
35 Ebd., S. 100. Vgl. dagegen Höhn ³2004, 170ff.
36 Vgl. Marcuse: Heine [Anm. 28], S. 100ff. Vgl. zur Vorgeschichte des Vereins und zu Heines Mitgliedschaft die Dissertation von Edith Lutz: Der »Verein für Cultur und Wissenschaft der Juden« und sein Mitglied H. Heine. Stuttgart, Weimar 1997. 1821 kam es zur Umbenennung in »Verein für Cultur und Wissenschaft des Judentums«. Wie wichtig für diesen der Standort Berlin war, benennt bereits der kurze Online-Artikel des Leopold-Zunz-Archivs URL: http://www.jewish-archives.org/nav/classification/11204 [letzter Zugriff: 17.12.2013]): »Die meisten der insgesamt 81 ordentlichen und außerordentlichen Mitglieder – unter ihnen so prominente wie David Friedländer, Lazarus Bendavid und Heinrich Heine – stammten aus Berlin, das das Zentrum der Aktivitäten bildete.«
37 Marcuse: Heine [Anm. 28], S. 104.
38 Vgl. Höhn ³2004, 170.
39 Vgl. Wolfgang Hädecke: Heinrich Heine. Eine Biographie. München, Wien 1985, S. 142. Gubitz wird von Heine auch in den »Briefen aus Berlin« erwähnt, vgl. DHA VI, 45.
40 Marcuse zitiert aus einem »Widmungs-Exemplar« von Heines »Tragödien« (es handelt sich dabei allerdings nicht um eine Widmung, sondern um den Brief, mit dem Heine das Buch übersandte), in dem dieser Rahel bittet, ihn in aller Zukunft »wie einen alten Bekannten zu begrüßen« und hinzufügt: »Sie tun es gewiß; haben Sie ja schon Anno 1822 und 1823 Ähnliches getan, als sie mich kranken, bittern, mürrischen, poetischen und unausstehlichen Menschen mit einer Artigkeit und Güte behandelt, die ich gewiß in diesem Leben nicht verdient«. Zit. n.: Marcuse: Heine [Anm. 28], S. 103. Vgl. HSA XX, 77.
41 Marcuse: Heine [Anm. 28], S. 101.
42 Hädecke: Heine [Anm. 39], S. 142.
43 Vgl. das letzte Kapitel »Aus dem Judentum kommt man nicht heraus (1820–1833)« in Hannah Arendt: Rahel Varnhagen. Lebensgeschichte einer deutschen Jüdin aus der Romantik. München, Frankfurt a. M. 1981, S. 201–211; dazu Barbara Hahn: Jüdische Existenzen. – In: Arendt Handbuch. Leben, Werk, Wirkung. Hrsg. von Wolfgang Heuer, Bernd Heiter, Stefanie Rosenmüller. Stuttgart, Weimar 2011, S. 23–28, die im Anschluss an Arendts Lesart des »Buchs des Andenkens« von »einer gescheiterten Assimilation« ausgeht. Ebd., S. 24.
44 Marcuse: Heine [Anm. 28], S. 108.
45 Ebd. und S. 105. Hädecke berichtet, dass Heine »in der zweiten Jahreshälfte 1822 etliche Sitzungen« bei Lutter und Wegener besuchte, doch »1823 kam es zum Streit«. Hädecke: Heine [Anm. 39], S. 146.
46 Marcuse: Heine [Anm. 28], S. 105.
47 Ebd., S. 108.
48 Vgl. Lutz: Der »Verein für Cultur und Wissenschaft der Juden« [Anm. 36], S. 123–135.
49 Marcuse: Heine [Anm. 28], S. 109.
50 Hädecke: Heine [Anm. 39], S. 150; vgl. zu den Gründen auch Lutz: Der »Verein für Cultur und Wissenschaft der Juden« [Anm. 36], S. 126–133.
51 Marcuse: Heine [Anm. 28], S. 109.
52 Ebd., S. 110.
53 Ebd., S. 114 und S. 116.

54 Ebd., S. 118f.
55 Ebd., S. 121: »So ließ sich bald Gans taufen, der Vorkämpfer im ›Verein für Wissenschaft und Kultur des Judentums‹, nachdem der Minister Hardenberg vergeblich beim König versucht hatte, dem talentvollen jungen Gelehrten die Universitäts-Laufbahn auch ohne Übertritt zum Christentum zu öffnen. So ließ sich kurz darauf auch Heine taufen […].«
56 Vgl. dazu Höhn ³2004, 35.
57 Marcuse: Heine [Anm. 28], S. 125.
58 Vgl. Marcuse: Heine [Anm. 28], S. 126: »So war zum Schluß seine Rechnung falsch: den Juden war er ein Abtrünniger, den Christen ein zwiefach Abtrünniger; denn der getaufte Jude Heine wurde, ein Menschenalter vor Nietzsche, der große Antichrist.«
59 Vgl. Höhn ³2004, 33.
60 Marcuse: Heine [Anm. 28], S. 126.
61 Ebd., S. 119.
62 Zur Kritik an dieser Sichtweise und an der Tatsache, dass Marcuse dadurch auch Heines politische Bedeutung vernachlässige, vgl. z. B. George F. Peters: The Poet as Provocateur. Heine and his Critics. New York 2000, S. 143f., und Jost Hermand: Streitobjekt Heine. Ein Forschungsbericht 1945–1975. Frankfurt a. M. 1975, S. 80.
63 Vgl. Émile Zola: J'accuse … ! La vérité en marche. Hrsg. von Henri Guillemin. Brüssel 1996. »Heine kann noch kein Intellektueller im Sinne der Dreyfus-Partei sein, weil er von der politischen Meinungsbildung in den deutschen Bundesstaaten auf doppelte Weise ferngehalten wird: physisch durch sein Exil und geistig durch die Zensur«, argumentiert Habermas. Jürgen Habermas: Heinrich Heine und die Rolle des Intellektuellen in Deutschland. – In: ders.: Eine Art Schadensabwicklung. Frankfurt a. M. 1987, S. 25–54, hier S. 29. Für ihn ist Heine lediglich ein »potenzieller Intellektueller« und »Protointellektueller«. Ebd., S. 30. Zum Typus des Intellektuellen vgl. den entsprechenden Artikel von Winfried Mackenthun und Kurt Röttgers in: Historisches Wörterbuch der Philosophie. Hrsg. von Joachim Ritter. Darmstadt 1976, Bd. IV, Sp. 454–458. Zu Heine vgl. auch Gerhard Höhn: Heinrich Heine und die Genealogie des modernen Intellektuellen. – In: Heinrich Heine. Ästhetisch-politische Profile. Hrsg. von Gerhard Höhn. Frankfurt a. M. 1991, S. 66–84.
64 Höhn ³2004, 33. Diese »Außenseiterstellung« erklärt Höhn anschließend »ökonomisch«, »aus sozialer Sicht«, »aus praktischen Gesichtspunkten« und »aus politischer Sicht«. Ebd., 33ff. Vor diesem Hintergrund erscheint Heine als »einer der ersten modernen Intellektuellen überhaupt«. Ebd., 36.
65 Vgl. den bereits erörterten Gegensatz zwischen ›sehen‹ und ›haben‹ sowie DHA VI, 16: »Wie das unter den Linden wogt! Wie mancher läuft da herum, der noch nicht weiß, wo er heut zu Mittag essen kann! Haben sie die Idee eines Mittagessens begriffen, mein Lieber? Wer diese begriffen hat, der begreift auch das ganze Treiben der Menschheit«. Dass Heine hier und »gerade in der Berlin-Zeit mehrfach und entschieden die soziale Frage auf[wirft]«, bemerkt Hädecke: Heine [Anm. 39], S. 139.
66 Vgl. Jean Paul Sartre: Plädoyer für die Intellektuellen. Interviews, Artikel, Reden 1935–1973. Neuübersetzung von Hilda von Born-Pilsach u. a. Reinbek bei Hamburg 1995, S. 90–148, hier S. 107f.: »Als Produkt gespaltener Gesellschaft legt der Intellektuelle Zeugnis über sie ab, denn er hat ihre Zerrissenheit verinnerlicht.«
67 Seeba: Ironie des Unsystematischen [Anm. 13], S. 10.
68 Diese Koinzidenz hat bereits Seeba bemerkt. Vgl. ebd., S. 5. Hinzuzufügen ist, dass sich Benjamin immerhin auf Heine als »Physiognom[]« von Paris bezieht, der »das Unheimliche […] der großen Stadt gespürt« hat. Walter Benjamin: Über einige Motive bei Baudelaire. – In: ders.:

Gesammelte Schriften [Anm. 18], Bd. 1/2, S. 605–653, hier S. 629. Vor diesem Hintergrund verwundert es, wie wenig bislang die Analogien und Differenzen zwischen Heines und Benjamins Stadtbildern untersucht wurden. Hinweise zur Paris-Wahrnehmung und -schilderung beider gibt Karl Ivan Solibakke: Visionen des Urbanen. Heinrich Heines und Walter Benjamins Pariser Schriften. – In: Topographien der Erinnerung. Zu Walter Benjamins Passagen. Hrsg. von Bernd Witte. Würzburg 2008, S. 235–247.

69 Genauer zu prüfen bliebe, ob ggf. eine implizite Auseinandersetzung stattfand und Benjamin Heines Texte womöglich ähnlich ›überschrieb‹ wie Wilhelm Raabes Berliner Erstlingsroman. Vgl. zu Letzterem Detlev Schöttker: Lebensgeschichte als Weltgeschichte. Walter Benjamin überschreibt Raabes *Chronik der Sperlingsgasse*. – In: Text + Kritik 31/32: Walter Benjamin. 3. Aufl., Neufassung 2009, S. 19–30.

70 Zu diesem Thema habe ich 2012/13 an einem Forschungsprojekt gearbeitet, das von der Fritz Thyssen Stiftung gefördert wurde und in dessen Rahmen auch der vorliegende Aufsatz entstand. Zur inhaltlich-methodischen Ausrichtung vgl. meinen Projektbericht: Diagnostik der Gegenwart. Kritik und Essay in der Weimarer Republik (Ludwig Marcuse [1894–1971] und Hans Sahl [1902–1993]). – In: Zeitschrift für Germanistik NF 22 (2012), S. 656–658.

71 Den Anspruch, Heine als »Zeitgenossen« zu präsentieren, formuliert bereits der Klappentext von Marcuses Heine-Biografie (1970). Inwiefern diese Rezeption Heines unerhörte Modernität adäquat erfassen kann, wäre in Zukunft ebenso zu erörtern wie das immanente Risiko der Verzerrung und Instrumentalisierung Heines.

72 Abschließend zu erwähnen sind vor allem die kleinen, aber bedeutsamen Textänderungen, die ein Fassungsvergleich der drei Auflagen von Marcuses Heine-Biografie offenbart. Allein im hier relevanten Kapitel zu den Berliner Jahren finden sich in der ersten Auflage (1931/32) mehrere Sätze und Satzteile, die im Sinne des bekannten Topos einen ›jüdischen Selbsthass‹ Heines nahelegen. Vgl. exemplarisch S. 102–104. Diese wurden indes für die dritte Auflage (1970) getilgt, was wohl an Marcuses zwischenzeitlichen Erfahrungen als Emigrant und an Diskursverschiebungen das Judentum der Weimarer Republik betreffend liegen dürfte.

73 Vgl. Ludwig Marcuse: Heinrich Heine in Selbstzeugnissen und Bilddokumenten. Reinbek bei Hamburg 1960.

74 Vgl. Christian Liedtke: Heinrich Heine in Selbstzeugnissen und Bilddokumenten. Reinbek bei Hamburg 1997. Zu diesem Vorgang vgl. Peters: The Poet as Provocateur [Anm. 62], S. 177.

75 Marcuses Essays, etwa zu Heine und Börne, Heine und Marx und zur Heine-Rezeption, wurden neu abgedruckt in: Ludwig Marcuse: Essays, Porträts, Polemiken. Die besten Essays aus vier Jahrzehnten. Hrsg. von Harold von Hofe. Zürich 1979; Ludwig Marcuse: Wie alt kann Aktuelles sein? Literarische Porträts und Kritiken. Hrsg. mit einem Nachwort und einer Auswahlbibliographie von Dieter Lamping. Zürich 1989.

Fanny Lewald und Adolf Stahr:
Ein bisher unbekannter Blick auf Heine
Mit unveröffentlichten Dokumenten
aus dem Nachlass Lewald-Stahr

Von Gabriele Schneider, Mettmann, und Renate Sternagel, Berlin

Eigentlich ist die Beziehung zwischen Fanny Lewald, Adolf Stahr und Heinrich Heine hinlänglich bekannt. Man schätzt sich, ist persönlich bekannt und befreundet. Fanny Lewald besucht Heinrich Heine insgesamt ca. 15 Mal in Paris, 1848 zusammen mit Therese von Bacheracht, 1850 und 1855 mit Adolf Stahr, 1850 noch ihr Lebensgefährte, 1855 ihr Ehemann. Die Begegnungen sind überliefert und nachzulesen in Fanny Lewalds »Erinnerungen aus dem Jahre 1848«[1], Adolf Stahrs »Zwei Monate in Paris«[2] und »Nach fünf Jahren. Pariser Studien aus dem Jahre 1855«[3], in Lewalds »Erinnerungen an Heinrich Heine« sowie in H. H. Houbens »Gespräche mit Heine«.[4]

Das Verhältnis zwischen Lewald und Heine ist geprägt von wechselseitigem Vertrauen, dem Austausch über gemeinsame Bekannte, die literarische Arbeit, insbesondere poetologische Überlegungen zu Lewalds Romanen und ihrem Romanverständnis.[5] Außerdem eint sie die Außenseiterposition als (getaufte) Juden in der christlichen Gesellschaft.

Fanny Lewalds »Erinnerungen aus dem Jahre 1848« schildern im ersten Band ausführlich ihre Begegnungen mit Heine im März des Revolutionsjahres 1848 in Paris. Am 14. März beschreibt sie den Besuch bei dem kranken Dichter in einer Maison de Santé außerhalb der Stadt. Obwohl sie nicht angemeldet ist, wird sie sofort hereingebeten. Fanny Lewalds Heine-Bild ist geprägt von Bewunderung und Dankbarkeit »für all den geistigen Genuß, den ich ihm schulde«.[6] »Weil ich ihn immer nur in seiner geistigen Jugend sah, mag ich euch auch kein Bild seines körperlichen Leidens geben.«[7] So gibt sie eine leicht stilisierte Beschreibung seines Äußeren wieder und beschränkt sich auf die Bemerkung: »man sah, trotz seines tief leidenden Zustandes, daß er sehr angenehm gewesen sein muß.«[8] Die Unterhaltung erfolgt – mit Rücksicht auf die anwesende Ehefrau

Heines, Mathilde – auf Deutsch und Französisch. Heine nimmt regen Anteil an den revolutionären Ereignissen in Paris und lässt sich von Lewald begeistert aus einem gerade erhaltenen Brief Adolf Stahrs vorlesen, der von der Revolution in Bremen berichtet:

> d. 9. Gestern ist hier die ernsteste u ruhigste Revolution gemacht ‹worden›. Die alte patrizische Patriarchalverfassung und ihre Heimlichkeit ist gestürzt u Bremen ist jetzt wirklich eine Republik. Und das alles nur durch festes energisches Wollen, ohne Unruhe, Unordnung, ohne allen Kampf. Abends die ganze Stadt erleuchtet. Ich freue mich, dass auch mein schriftl. Wort dazu geholfen, denn alle meine Leading–Articles predigen Ruhe u Ordnung in der Bewegung ‹...›; Reform, nicht Revolution. Ein Aufsatz von mir gegen die Pöbelexzesse, betitelt: »Volk und Pöbel« erfüllte die ganze Stadt. Er ward unter die Arbeitervereinsmitglieder verteilt u diese hielten ‹...› den Pöbel in Ruhe, kein Militär, kein Polizist ließ sich sehen. Gestern Morgen gegen 5000 Bürger vor dem Rathaus, ihre Deputation an den Senat begleitend. Da harrten sie ernst, ruhig still vier Stunden lang, bis alles bewilligt war: demokrat. Verfassg, Öffentlichkeit u Pressfreiheit, Antrag auf ein deutsches Parlament, u allgemeine Wählbarkeit aller Bürger. Um 4 Uhr war's entschieden. Um ½ 6 schwamm die Stadt im Lichtglanz, u in ruhiger Freude zog das Volk durch die Straßen. Es ist die schönste Volksbewegung, die Deutschland gesehen. Sag das den Parisern.[9]

Lewalds Heine-Darstellung ist durch und durch positiv. Sie betont die unverbrüchliche Identität zwischen dem Dichter und dem Menschen Heinrich Heine und nimmt ihn in Schutz vor Vorwürfen, er habe sich gegen eine Rente der französischen Regierung von 4000 Franken verkauft. »Ich will es glauben, daß Heine so gut als andere politische Flüchtlinge eine Unterstützung von der Regierung erhalten hat, aber was beweist das gegen ihn?«[10] Seinen »beschränkten Patriotismus« weist sie ebenfalls von der Hand, man solle

> [...] nie vergessen, daß er trotz seiner Fehler einer unser größten Dichter ist, und daß unsere Sprache, daß wir Alle ihm unendlich viel verdanken. Heine ist es, der dem Styl die goldenen Fesseln der Goethe'schen Zwangsherrschaft abgenommen und den Deutschen das Recht erkämpft hat, die Sprache als freies Eigenthum des Individuums mit Individualität zu behandeln [...].[11]

Lewald lässt es sich nicht nehmen, den deutschen Lesern noch ein Beispiel von Heines Witz zu geben:

> Ich halte jetzt, da ich stündlich an meinen Tod denken muss, oft sehr ernste Gespräche mit Jehovah in der Nacht, und er hat mir gesagt: ›Sie dürfen alles sein, lieber Doktor, was Sie wollen, Republikaner und Socialist, nur kein Atheist.‹[12]

Heine erfährt von Lewalds wohlwollender Berichterstattung und freut sich darüber, so sehr, dass er zu Zeiten, als er ungern Besucher an seinem Krankenlager empfängt, bei ihr stets eine Ausnahme macht.[13]

Als Fanny Lewald im Herbst 1850 Paris erneut besucht, steht ein Besuch bei Heine für sie fest. Ihr Begleiter Adolf Stahr dagegen verhält sich zunächst ablehnend, zögert, eine Einladung Heines, die Moritz Hartmann überbringt, anzunehmen, er steht ihm zwiespältig gegenüber:

> Gerade, weil er als Kranker große Rücksicht zu fordern hat, will ich ihm fernbleiben; denn bei all der Freude an dem, was er Gutes und Schönes geschaffen, bei der wahrhaft aristophanischen Schärfe seiner politischen Dichtungen, habe ich nicht den geringsten Zug zu ihm als Menschen, und halte seinen Gesamteinfluß auf Deutschland für einen verderblichen, nach wie vor. Da ich ihm das nicht sagen kann, läuft die Sache auf eine Komödie hinaus, zu der ich mich nicht hergeben mag. Also laßt mich aus dem Spiel.[14]

Erst als Alfred Meißner Heines Wunsch bekräftigt, er wolle Adolf Stahr kennenlernen und habe »dabei die Äußerung getan: ›Sie sagen, er sei ein so ehrenhafter Mann, ein so tüchtiger Charakter! Und der hat's ja gar nicht nötig! Er ist ein Künstler durch und durch!‹«[15], ist die Sache entschieden, Adolf Stahr umgestimmt.

In seinem eigenen Paris-Bericht[16] schreibt Stahr von ausführlichen Gesprächen mit Heine. Beim ersten Besuch des Paares in der Rue d'Amsterdam freut sich Heine über Fanny Lewalds Anwesenheit, er dankt ihr,

> [...] daß sie seiner so freundlich in ihren Pariser Erinnerungen aus dem Jahre 1848 gedacht habe. Freunde hätten ihm das Buch gebracht, und ihm damit eine große Freude bereitet. Sie hätten die ihn betreffende Stelle auch in Pariser Journalen veröffentlicht.[17]

Zentrales Thema bei diesem Besuch sind Heines Krankheit und seine Schmerzen sowie die beruhigende Kraft, die die Religion und die Bibellektüre auf Heine ausüben. Dennoch, so Stahr, sei Heine kein frommer Betbruder geworden:

> [...] gemartert von den entsetzlichsten Schmerzensqualen hat dieser Mann die ganze Energie seines aristophanischen Geistes, die volle Kraft seines unverwüstlichen Humors und all die schneidende Schärfe seines vernichtenden Witzes bewahrt.[18]

Heine setzt sich kritisch mit Stahrs Geschichte der preußischen Revolution[19] auseinander, die Darstellung habe »lange nicht genug individuelle Charakteristik. Es fehlt die persönliche Portraitirung der agirenden Hauptsubjecte aller Parteien.«[20] Bei den späteren Besuchen sprechen beide über die unterschiedlichsten Themen: die Unsterblichkeit der Seele, Heines Mutter, seine Arbeitsweise – Heine muss diktieren, was ihm nicht gefällt, weil er das Geschriebene nicht plastisch vor sich sieht –, Lektüre, französische und deutsche Literatur, Börne, die Romantiker, Vertonungen von Heines Liedern, die geplante Gesamtausgabe von Heines Werken durch den Hamburger Verleger Campe, die, so Heine, wohl erst nach seinem Tode erscheinen werde[21], Heiteres und Komisches über Berliner Persönlichkeiten und deutsche Besucher, die er nicht sehen mag, »[...] denn sie haben mir immer Verdruß gemacht.«[22] Zum Abschied erhält Stahr bei seinem letzten Besuch am 23. Oktober 1850 ein Exemplar des »Wintermärchens« von Heine mit der Widmung: »An Adolf Stahr zur schönsten, freundschaftlichen Erinnerung von Heinrich Heine. Paris, 23. Oktober 1850.« (DHA IV, 994) Eigentlich hatte Heine Stahr das Manuskript des »Atta Troll« schenken wollen, aber es wurde nicht gefunden.

Mit seiner Darstellung prägt Stahr die Vorstellung vom »deutschen Aristophanes«. Wenngleich Heine selbst Zweifel daran äußerte, ob Stahr seine im Gespräch geäußerten Meinungen korrekt wiedergegeben habe, so »trugen Stahrs Artikel zu einer vertieften Kenntnis der tatsächlichen Verhältnisse Heines entschieden bei.«[23] Heine ist Stahr durchaus wohlgesinnt, hat dieser doch seine anfängliche Distanz und Kritik als Autor der »Halleschen Jahrbücher« aufgegeben[24] und lobende Besprechungen von Werken Heines in Zeitungen verfasst, so z.B. 1844 über die »Neuen Gedichte«.[25] Stahrs – im Vergleich zu früher – positivere Haltung Heine gegenüber ist sicher dem Einfluss Fanny Lewalds zuzuschreiben, die Heine von frühester Jugend an bewunderte.[26]

Eine äußerst positive Besprechung des soeben erschienenen »Romanzero« verfasst Adolf Stahr am 31. Oktober 1851 für die »Kölnische Zeitung«; sein Fazit: »[...] gerade der Romanzero liefere den besten Beweis für Heines Vitalität trotz Krankheit und Leiden.«[27] Besonders Heines Flexibilität und Aussagefähigkeit der Sprache habe es ihm angetan:

> Was mich vor Allem wahrhaft entzückt, ist das wunderbare Geschick, dieser unsagbare Tact, womit der Dichter für jeden Stoff, für jedes seiner Motive, die er aus allen Enden der Welt zu einem Kranze vereint, immer genau den Ton zu treffen, den dafür zu wählenden Rhythmus zu finden weiß, welcher den Leser und Hörer wie mit einem Zauberschlage in das Klima, in die geistige und sinnliche Atmosphäre, in die Zeit und Stimmung desjenigen Volkes versetzt, dem der jedesmalige Stoff angehört.[28]

Stahr ergänzt seine erste positive Beurteilung von Heines »Romanzero«[29] durch eine weitere, die wenige Tage später in der Berliner »Nationalzeitung« erscheint[30], in der er die Poesie der Romanzen und Balladen des späten Heine als das Bleibende und Ewige, als die »Edelsteine« der Heine'schen Dichtung charakterisiert.[31] Mit seiner positiven Beurteilung des »Romanzero« steht Stahr ziemlich allein da, die übrigen Kritiker, allen voran Friedrich Bodenstedt, äußern sich vorwiegend negativ. Einen Schlagabtausch mit Bodenstedt, wozu ihn Heines Verleger Campe auffordert, lehnt er allerdings ab, da er befürchtet, eine nicht endende Folge von Rede und Gegenrede hervorzurufen.[32]

Campe vergisst Stahrs mutiges Eintreten für Heine nicht – er hofft auf verkaufsfördernde Besprechungen und schickt in den Folgejahren Rezensionsexemplare an den einflussreichen Kritiker. Bereits am 28. April 1851 hatte Stahr ein Exemplar der Neuauflage der »Reisebilder« mit der Bitte um gelegentliche Besprechung erhalten, mit dem Hinweis, das sei »doch eins der Capitalsten Bücher der Neu Zeit, das sich lange halten werden wird.«[33] Am 7. Dezember 1851 sendet Campe ein Exemplar der dritten Auflage der »Neuen Gedichte« an Stahr, in der Hoffnung auf positive Anzeige; schließlich war 1844 seine Besprechung in der »Weser Zeitung« »eine der umfangreichsten und interessantesten Besprechungen der Neuen Gedichte.«[34]

1854 empfängt Adolf Stahr ein Freiexemplar der »Geständnisse«, 1855 eines der »Lutezia«; Letztere bespricht er allerdings nicht in der erwarteten Weise. Erst 1855 teilt Stahr Heine in privatem Gespräch bei seinem letzten Besuch seine kritische Haltung mit.[35] Stahrs Beurteilung ist überliefert in »Mein letztes Begegnen mit Heinrich Heine«[36] und verfestigt das Schema des französischen Ruhms und der deutschen Missachtung in der Heine-Beurteilung.[37]

Nichts Negatives also aus Stahrs gefürchteter Feder über den als Spötter, Atheisten und Zyniker geschmähten Heinrich Heine? Zumindest nicht offiziell. Ein privater Brief vom 22. Dezember 1840 allerdings ist überliefert, wohl an seinen Bruder Carl[38], in dem er von »seinen lyrischen Unflätereien« schreibt.[39] Noch ein weiterer Brief, dieses Mal an den ältesten Sohn Stahrs, Alwin, gerichtet, zeigt ein privates Urteil Stahrs über Heine, das von dem öffentlich zur Schau getragenen abweicht:

> Heine hat zuviel in seinem Leben gefrevelt, als daß er bei seinem Tode ein reines Gefühl erregen könnte […]. Als Mensch und Charakter war er sittlich bodenlos […]. Seine besten Lieder – es sind derer nicht viele – werden unsterblich fortleben, er selbst wird keine erfreuliche Erscheinung als Ganzes in der Geschichte unserer Litteratur des 19. Jahrhunderts bilden.[40]

Die Nachricht vom Tod Mathilde Heines im Februar 1883 nahm Fanny Lewald zum Anlass, ihre eigenen Aufzeichnungen und die ihres inzwischen verstorbenen Mannes Adolf Stahr über Begegnungen mit Heinrich Heine durchzusehen, zusammenzufassen und drei Jahre später unter dem Titel »Erinnerungen an Heinrich Heine« in »Westermanns Illustrierten Deutschen Monatsheften« zu veröffentlichen. Erst jetzt, nach dem Tod Heines, seiner Witwe und dem Tod Stahrs, war es möglich, Dinge auszusprechen, die bisher nicht gesagt werden konnten. In ihrem Schlusswort von 1886 betont Lewald:

> Wir haben in unserm persönlichen Verkehr mit Heine nur gute Eindrücke gewonnen, und Stahr hatte seine abwehrende Empfindung mehr und mehr verloren. – Ich habe jetzt alles, was ich noch Geschriebenes über Heine besaß, verbrannt, damit nicht irgend ein unberechenbarer Zufall etwa einmal die Äußerungen Heines bekannt werden läßt, in denen er

Urteile über Zeitgenossen ausgesprochen, die nur für uns berechnet – und oft auch unberechtigt waren.⁴¹

Nicht bedacht hatte Fanny Lewald zu diesem Zeitpunkt, dass es weitere Stellen über Heine in ihrem privaten Briefwechsel gab, den sie mit Stahr während der Jahre 1846 bis 1852 zwischen ihrem Rom-Aufenthalt und dem Beginn ihres gemeinsamen Lebens in Berlin führte. Eine Edition dieses Briefwechsels aus der wechselvollen Zeit der 48er Revolution, ihrer Vor- und Nachgeschichte, von beiden Korrespondenten ursprünglich geplant, aber nicht mehr ausgeführt, erscheint jetzt unter dem Titel »Ein Leben auf dem Papier. Fanny Lewald und Adolf Stahr. Der Briefwechsel 1846 bis 1852«.⁴² Insgesamt gibt es dort mehr als 20 Textstellen zu Heine zwischen Herbst 1850 und 1851, die hier erwähnt werden sollen. Acht Textstellen aus dem Winter 1850/51 beziehen sich auf die Besuche bei Heine im Herbst 1850 und dabei geführte Gespräche, zwei weitere aus dem Frühjahr 1851 betreffen Heines Verhältnis zu seinem Verleger Campe; die übrigen datieren aus dem Herbst 1851 und haben den soeben erschienenen »Romanzero« zum Inhalt, der in den privaten Briefen wesentlich kritischer kommentiert wird als aus den gedruckten Beurteilungen Stahrs bisher hervorgeht.

Offenbar fällt bereits im Herbst 1850 beim ersten gemeinsamen Besuch Fanny Lewalds und Adolf Stahrs ein Schatten auf die Beziehung zu Heine. Sie werden Zeugen seiner Kritik an Berlin und einigen bekannten Persönlichkeiten.⁴³ Im Paris-Bericht Stahrs von 1850 heißt es:

> Bei den Mendelssohnschen Kompositionen kamen wir auf verstorbene Künstler selbst, auf die kunstbegabte Beersche Familie und auf Berlin zu sprechen. Er erzählte davon und von Berliner Persönlichkeiten viel Heiteres und Komisches, das sich aber nicht wohl mitteilen läßt.⁴⁴

1886 streicht Fanny Lewald diesen Satz und ergänzt stattdessen:

> Er erzählte von ihnen und von andern Berliner Persönlichkeiten mit großer Lebhaftigkeit und schonungsloser Spottsucht, die oft unberechtigt war; aber die Laune und die Ausdrucksweise, mit denen er erzählte, waren bestrickend; wenn schon sein Spotten über alles und jedes demjenigen, zu dem er sprach, die freie Zuversicht des Verkehrs benehmen mußte.⁴⁵

In diesem Zusammenhang bezeichnete Heine Robert Prutz, den Herausgeber des »Deutschen Museums«, als »Erfinder der pommerschen Poesie«.⁴⁶ Adolf Stahr war wohl darauf gefasst, unmittelbar darauf ebenfalls beleidigende Äußerungen über seinen Freund Arnold Ruge, der meist in einem Atemzug mit Robert Prutz genannt wird, zu hören. Doch Heine mäßigte sich und »sprach dann sehr anerkennend über Ruge«.⁴⁷

Fanny Lewald, Adolf Stahr und ihr Freund Moritz Hartmann bleiben ebenfalls nicht verschont von Heines beißendem Zynismus, wie sie zu ihrem Schrecken bald nach ihrer Heimkehr erfahren müssen:

> Von Heine habe ich gerade einen hässlichen Zug erlebt, an dessen Perfidie er freilich nicht allein Schuld hat. Die Vossische Zeitung bringt aus einem österreichischen Blatt »der Wanderer« einen Artikel, der sagt: »Aus einem Brief Heines entnehmen wir, mit welcher Charaktergröße er sein Unglück trägt, usw. Zum Schlusse aber bricht der alte Schalk durch und er schreibt: »Fanny Lewald ist jetzt hier mit ihrem Anbeter Adolf Stahr und mit Moritz Hartmann, der ihnen lohnlakait. Hartmann ist ein so schöner Mann, dass alle Frauen ihn lieben mit Ausnahme der Musen.«– Dass er Dich meinen Anbeter nennt, dagegen wirst Du sicher keinen Protest erheben, aber die Äußerung über Hartmann ist ein Unrecht, u er durfte das Ganze gegen niemand schreiben, dessen Diskretion ihm nicht verlässlich war.[48] Otto[49] kam mir das gestern erzählen, sonst hätte ich es wohl nicht erfahren. Auf ihn wird es wieder einen fürchterlichen Eindruck gemacht haben, er schwieg aber darüber.[50]

Fanny Lewald ist erbost über die Indiskretion, die Heine begangen hat, und seine Spottlust, der jeder zum Opfer fallen kann. Bei einem Besuch bei ihm im September 1850 konnte sich Stahr nicht beherrschen, Heine die Stirn zu bieten:

> Ich hatte mich im Laufe dieses Gesprächs mehrmals hinreißen lassen, gegen gewisse dogmatisierende Behauptungen Heines eine lebhaftere Opposition zu machen, als man es sich einem Kranken gegenüber zu erlauben pflegt. Als mir mein Begleiter [Fanny Lewald; GS und RS] dies später zum Vorwurf machte, sah ich mich zu dem Geständnisse gedrungen, daß ich es absichtlich nicht vermieden habe. Heine ist eine so wunderbar fein organisierte Natur und trotz seiner Krankheit noch immer von solcher Geistesschärfe, daß ich es nicht wagen möchte, in solchen Dingen ihm aus irgendeiner Rücksicht zu Gefallen zu reden. Er ist noch Schalk genug, um seine Besucher aufs Glatteis zu führen und sie innerlich auszulachen, wenn er sie straucheln sieht. Und man muß sagen, daß solchen Leuten recht geschieht, wenn er sie hinterdrein verhöhnt. [Zusatz Fanny Lewalds 1886: »was er im Grunde niemand erspart und wohl auch uns nicht schenken wird, denn er ist und bleibt ein Spötter«.][51]

Fanny Lewald ist später bei ihrer Reisebeschreibung »England und Schottland« (1851) umso mehr darauf bedacht, keine Namen zu nennen, um niemanden in Misskredit zu bringen. Sie bittet Stahr – wie aus nachfolgenden Briefstellen zu ersehen ist –, in seinem Parisbericht »Zwei Monate in Paris« ebenfalls auf Diskretion zu achten.[52]

Adolf Stahr beantwortet den Brief seiner Freundin, in dem sie ihm von Heines Verhalten berichtete, am 7. Dezember 1850:

> Ein so lieber Brief mit Ausnahme der Nachrichten über Otto u der Heineschen Perfidie, welche meinen alten Unglauben u Hartmanns Urteil über ihn bestätigt. Wir sind g u t u e h r l i c h t e i l n e h m e n d zu ihm gewesen und er – ist eben Heine geblieben. Vielleicht ist der Artikel auch von anderer Hand zurechtgemacht.[53]

Noch einmal, am 22. Dezember 1850, ist Heines Vertrauensbruch Gegenstand eines Briefes von Adolf Stahr an Fanny Lewald[54]:

> Was Hartmann über Heine schreibt, hat mich tieftraurig gemacht. Dieser Mensch ist grundschlecht, denn Du u ich haben ihm nichts wie Gutes getan. Ich habe immer Misstrauen gehabt u Dir Deine Güte und Offenheit verdacht. – Es ist, als müsse er sterben, wie er gelebt hat, der Lump. Mag er hinfahren! Aber gut wäre es, wenn es möglich wäre, ihm zu schreiben, u ihn zu fragen, wie er dazu kommt, Menschen wie uns anzutasten.
>
> Überleg Dir einmal ob Du's tust. Wenn Du‹s tust müsste man auf umgehende kategorisch entschiedene Antwort drängen.

Der von Stahr gewünschte Brief wird nicht geschrieben. Vorübergehend verebbt Fanny Lewalds Verärgerung wegen der von Heine begangenen Indiskretionen. Am 3. Januar 1851[55] schreibt sie an Adolf Stahr:

> Was Du mir von Heine schreibst, lässt mich kalt. Komisch war, dass Du m i c h zu großer Offenheit beschuldigst u m i c h zur Strafpredigt aufforderst. So lieb ich im Ganzen die Menschen habe, befremdet mich keine Niederträchtigkeit von ihnen, u wer sich in so exzeptioneller Freimütigkeit in Verhältnissen bewegt, welche andere verbergen, muss sich nicht wundern, wenn er vorzugsweise die Zielscheibe wird, wie der Kirchturm für die feindliche Kanonenkugel. Die Sache ist für mich auch abgetan. Ich bewundere nur Heines Glauben an unsere Gutmütigkeit u Diskretion, da wir ihm 10 000 Mal mehr schaden könnten als er uns, weil er uns viel mehr gesagt als wir ihm.

Am 19. Januar[56] klingt sie wieder versöhnlich, kehrt zu ihrer gewohnten Heine-Bewunderung zurück:

> Es liegt hier wie Blei in der Atmosphäre, und es ist für lange hinaus eine Revolution in Deutschland unmöglich. Wir erleben sie vielleicht als Zuschauer, wenn wir alt werden, unsere Generation macht sie schwerlich als Träger der bewegenden Kraft. Es ist ein Fatalismus der Sklaverei in ihnen, sie sind wie Hunde, die nach dem Fußtritt schmachten, und mag Heine Dir und mir auch ungerecht sein – ich liebe ihn für den Hass, den er gegen die elenden Deutschen von je gehabt hat.

Adolf Stahr dagegen verhält sich weiterhin zwiespältig; auf der einen Seite schmäht er Heine als »Lump«, auf der anderen Seite schließt er sich seiner Meinung in der negativen Beurteilung von Karl Gutzkows »Rittern vom Geiste« an:

> Diese Vorrede[57] ist so recht der Beweis für die Richtigkeit von Heines Ausspruch über seinen Stil, wenn er zu uns in Paris sagte: Er schreibt den Stil eines Menschen, der für jede Periode ein besonderes Prinzip hat.[58]

Stahr und Lewald verübeln es Gutzkow, wie er sich jahrelang in seinem Liebesverhältnis zu Therese von Bacheracht verhalten hat, mit der sie beide eng befreundet sind. Zuletzt hatte Gutzkow Therese von Bacheracht für jeden, der sie kannte, unverkennbar als Helene d'Azimont in seinem Roman auftreten lassen, was Fanny Lewald aufs Tiefste empört:

> Ich kann noch gar nicht den Eindruck von Gutzkows Buch loswerden, der sich bei mir in dem Gedanken zusammendrängt an die unglückliche Therese. In welchen Händen ist das arme, unglückselige Weib gewesen! Und wie könnte sie es aushalten, die Geliebte, das Weib dieses Mannes zu sein, nachdem das Buch erschienen ist? Wie schämt sich seine Frau nicht an seiner Seite? Ich könnte die Augen nicht aufschlagen, hätte das mein Mann geschrieben. Es ist schlimmer als sinnliche Unzüchtigkeit – es ist darin das Wesen einer Gemeinheit ausgesprochen, die schon ganz kalt und gleichgültig über alle vorhandene Gemeinheit geworden ist. In welcher Zeit leben wir denn?[59]

Offenbar befürchtet Lewald, erneut Opfer von Heines Spottlust zu werden. Ein Gespräch mit Heine im vergangenen Herbst kreiste um sein Bedauern, dass er nicht, wie er es immer vorgehabt habe, die Geschichte Jan Steens geschrieben habe:

> Daß ich dies Buch und mein bestes Gedicht, den Till Eulenspiegel, nicht geschrieben habe, wird mich ewig schmerzen. [...] Es wäre gewiß mein bestes Werk geworden!« [Zusatz Fanny Lewalds 1866: »Gott, was hätte ich von Ihrem König gesagt! Was hätten sie zu hören bekommen, die Gutzkow und Laube« – »Und wir!« fiel Hartmann ihm lachend in die Rede. »Sie haben alle drei noch nichts auf dem Kerbholz bei mir, und jetzt, wo ich so elend bin, habe ich ja von den Menschen nichts mehr zu fürchten, und von Ihnen dreien ganz gewiß nichts!«][60]

Lewald mahnt Adolf Stahr zur Vorsicht, Heine keinen Anlass zu liefern und in seinen Pariserinnerungen niemanden namentlich zu nennen. Am 29. Januar 1851[61] schreibt sie an Stahr, sie habe eine Bitte, auf deren Gewährung sie rechne:

> So wünsche ich jetzt, dass dem Heine zum Lohn für seine Niedrigkeit durch uns n u r G u t e s geschehe, dass ihm nicht der leiseste Verdruss durch uns erwachse, und dass er uns nicht das leiseste Unrecht gegen ihn zur Last legen kann. Und ich bitte darum, dass Du seine Äußerungen über Laube fortlässt. [...] Für Deutschlands Zukunft ist es ganz gleichgültig, was ein charakterloser Mensch von einem ganz anerkannten Lumpen und seinem elenden Machwerk[62] sagt. [...] Tue es mir zuliebe, wenn ich s o bitte!

Wunschgemäß entspricht Adolf Stahr ihrer Bitte[63]: »Wegen Heine werde ich Deinen Wunsch erfüllen und das eben über Laube Niedergeschriebene ausmerzen.«

Der öffentliche Umgang Fanny Lewalds und Adolf Stahrs mit Heine ist also weniger geprägt von dem von Heine beschworenen Vertrauen –

> Ich habe vom ersten Augenblicke an zu Ihnen und zu Fanny Lewald ein solches Vertrauen gehabt, ich habe in diesem Vertrauen zu Ihnen gesprochen wie zu mir selbst; Sie werden das beide nicht mißbrauchen. Ich bin ja schon so unglücklich![64]

– als von der Angst vor Vergeltung oder zumindest einer negativen Darstellung. Denn immer wieder, auch bei späteren Besuchen 1855, kam Heine in seinen Gesprächen mit Lewald und Stahr auf den Plan zurück, seine Memoiren zu verfassen, die »seine letzte Waffe« sein könnten:

> Auch an dem letzten Tage, an welchem Stahr bei Heine gewesen, war dieser, wie fast immer, auf seine ›Memoiren‹ zu sprechen gekommen Wir hatten damals beide nicht geglaubt, daß er solche geschrieben, weil er meist nur im Scherze, meist nur mit dem Zusatz davon gesprochen, er betrachte sie als seine letzte Waffe; er drohe mit ihnen seinen Verlegern und seinen Gegnern. Und es war, selbst wenn man ihn näher kannte, bei ihm nicht leicht zu unterscheiden, was Ernst, was Scherz sei, weil er gewohnt war jedem Gedanken augenblicklich Ausdruck zu geben und vor dem Gewagtesten und dem sich Widersprechendsten nicht zurückzuschrecken.[65]

Noch etwas wird deutlich aus den Briefstellen der beiden Korrespondenzpartner Lewald und Stahr: Fanny Lewald beginnt, Stahrs negativere Meinung über Heine zu teilen. Das hat etwas mit dem Binnenverhältnis der beiden Liebenden zu tun. Um die Jahreswende 1850/51 gibt es eine tiefe Krise, Fanny Lewald bedrängt Adolf Stahr, endlich die längst beschlossene Trennung seiner Ehe in die Wege zu leiten. Stahr fühlt sich in die Enge getrieben, Lewald fürchtet, er könne den Weg des geringeren Widerstandes wählen und bei seiner Frau bleiben. Und bemüht sich nun um Harmonie, um Stahr einmal mehr von der Außergewöhnlichkeit ihres Verhältnisses – eben eine Lebens- und Arbeitsgemeinschaft – zu überzeugen. Diese Beziehung will sie auf keinen Fall scheitern lassen.

Die beiden folgenden Briefe nehmen Bezug auf das Gespräch zwischen Stahr und Heine, bei dem Letzterer über seinen Verleger spottete, eine Gesamtausgabe seiner Werke würde wohl erst nach seinem Tod erscheinen. Sie belegen auch den engen Kontakt zwischen Stahr und Julius Campe:

> Eben schreibt mir Jul. Campe, Heines Verleger. Er spricht sich sehr offen über sein Verhältnis zu Heine aus, den er im April besuchen will. Er hat nicht geschrieben an Heine, weil Heine fortwährend zu anderen über ihn räsonnirt u er den Kranken nicht durch Briefe irritiren wollte. Er sagt: »Heine hatte k e i n e Ursache, sich in irgendeinem Punkte über mich zu beklagen, überall war ich zuvorkommend u freundlich. Nie ließ ich irgendeinen Wechsel, der unerwartet kam, unbezahlt zurückgehen. Trotz dieser u aller sonstigen freundschaftlichen Beziehungen beliebte es ihm, auf mich zu ‹räsonniren›.[66] U zwar nicht gegen mich sondern gegen Kreti u Pleti, die ihn besuchten. Ich wollte ihm in seiner Krankheit keinen Verdruss machen u schwieg, nahm mir aber 1850 vor ihn im Herbst zu besuchen. Hauenschilds Besuch in Hbg Aug. u Septbr 50 hinderte die Reise. 1847 kaufte ich Heine die Gesamtausgabe auf 10 Jahre ab für 20 000 Frs. Von 1847 ab hat er eine jährliche Rente von 2500 Francs u darüber für dieselbe bezogen. Sie wissen, dass ich diese Ausgabe noch nicht gebracht habe. Bis 1848 hemmten die Verbote das Unternehmen ganz speziell. Nun kam 1848. Die Verbote hemmten nicht mehr u nun klagte Heine, dass ich die Ausgabe nicht veranstaltet, ihm die

Freude versage sie zu sehen! – Welche Rolle der Buchhandel seit Febr. 1848 bis Sept 1850 gespielt kann jeder Verleger groß u klein berichten. Und das Publikum – o h n e   a l l e   K a u f l u s t . In solchen Zeiten sitzt jeder Verleger mit solchen riesigen Unternehmen aus Klugheit still.« Das ist eine ganz vernünftige Erklärung, u ich gebe Campe, der sich übrigens sehr teilnehmend gegen H. ausdrückt, durchaus Recht im Vergleich zu Heines Anschuldigungen. Ich habe Dir die Sache ausführlich mitgeteilt, weil ich denke, dass sie Dich interessieren wird. Ich selbst hatte ihm nur geschrieben, dass Heine sich beklage, von ihm ohne Brief zu sein.[67]

Seine Freundin relativiert in ihrer Antwort Campes großmütiges Verhalten Heine gegenüber, entpuppt sich als Stahrs »jüdisches Kind« (so eine häufig verwendete Selbstbezeichnung Fanny Lewalds im Umgang mit Adolf Stahr), das alles aufs Genaueste berechnet – und nimmt einmal mehr Heine in Schutz. Die Beziehung zwischen ihr und Stahr läuft wieder in geregelten Bahnen. An dieser Stelle wird aber auch deutlich, dass sich Fanny Lewald nach ihren ersten anonymen Veröffentlichungen seit 1840 zu einem Profi im Literaturbetrieb entwickelt hat, der die Preise für gute literarische Arbeit kennt und auch einfordert.

Was Du mir von Campe erzählst hat mich allerdings interessiert u wäre recht schön, wenn der Preis von 20 000 Frdor nicht so skandalös niedrig wäre. Denke doch – für Heines gesammelte Schriften, die noch nie gesammelt erschienen sind, 5000 Taler auf 10 Jahre, also jährlich 500 Taler – das Gehalt des borniertesten Subalternbeamten. Das ist ja ein Preis, über den nur Deine rührende Anspruchslosigkeit nicht indigniert sein kann. Campe wird sicherlich 5000 Ex der gesamten Werke in 10 Jahren absetzen, dann hat Heine 1 Taler pro Ex, also 5 Silbergroschen für den Band. Überlege, dass z B von Humboldts Briefen in 2 Jahren 5000 Ex verkauft sind, dass Geibels Gedichte 17 Auflagen haben. Was so für klassisch gilt, dabei treten ja ganz andere Maßstäbe u Verhältnisse ein. Ich setze das nur zu Deiner Belehrung »als Kind meines Volkes« auseinander.[68]

Nach dem Erscheinen des »Romanzero« im Oktober 1851 bekommt der briefliche Austausch über Heine neuen Auftrieb. Am 27. Oktober berichtet Adolf Stahr:

Gestern habe ich eine Anzeige von Heines Romanzero an die Kölner Zt gesendet, mit der Bitte eines sofortigen Abzuges an Dich. Ich erhielt die Gedichte vorgestern Mittag. Sie erretteten mich durch die Lektüre u die Arbeit des Niederschreibens der Anzeige aus einer dumpfen Verzweiflungsstimmung.[69]

Zwei Tage nach dieser Mitteilung wird Stahr konkreter:

Heines Romanzero ist wundervoll in den Balladen u Romanzen, anmutig in den hebräischen Musiken die gleichfalls epischer Art sind, aber das eigentlich Lyrische, die Lamentationen u was dahin gehört, ist unerquicklich. Düster, wüst u obeinein durch 3 bis 4 unnötige Zoten entstellt. Ich glaube mein Abschnitt über ihn in den »Zwei Monate in Paris« nach Deinen Aufzeichnungen gibt ein besseres Bild von ihm, als er in diesem Buch selbst zustande gebracht hat.[70]

Seinen lobenden Artikel in der »Kölnischen Zeitung«, so Stahr, habe er geschrieben

> [...] z. Teil, weil es die Sachen verdienen, z. T. weil ich dem unglücklichen Menschen eine Freude machen möchte. Aber im Grund meines Herzens muss ich sagen: In ihm sind alle bösen Eigenschaften seiner Zeit u seines Volkes, verstärkt durch das Ätzende des verwesenden Judentums[71] zur Erscheinung gekommen. Sein Schicksal ist furchtbar, aber es liegt eine grässliche Gerechtigkeit darin, dass dieser Mensch, der dem handgreiflichen gemeinen Realismus alles opferte, jetzt seinem Götzen selber zum Opfer fällt. Sein Realismus war die Karikatur, sein Humanismus u er selbst das Zerrbild des Goetheschen u die wenigen echten Blüten wahrer Poesie in seiner Lyrik sind nur der in keinem Menschen ganz zurückzuhaltende Aufschrei der Verzweiflung an sich u über sich selbst. Kein Lebender hat Heine gerechter gewürdigt als Ruge im 2. Band seiner Schriften.[72]

Das private Urteil Adolf Stahrs ist geprägt von Bewunderung und Mitleid einerseits und Kritik an der »Doppelnatur« Heines andererseits. In ihren »Erinnerungen an Heine« nimmt Fanny Lewald Bezug auf ein Gespräch mit Stahr, das sie beide unmittelbar nach einem Besuch bei Heine 1850 geführt hatten:

> […] Stahr sagte: »Wir haben übrigens beide für seine Art, sich uns zu geben, nur zu danken; aber was er von beiden Extremen im Charakter der Juden und der Franzosen sagt, trifft auch in selber in gewissem Sinne in seiner Doppelnatur. Wenn er ernst ist, kommt die Wahrheit oft mit schlagender Gewalt zum Durchbruch. Dann überwältigt er, daß man sich ihm gern hingibt – und die Geistesgröße, mit der er seine Leiden trägt, ist bewundernswert.«[73]

Zu Stahrs Besprechung der Gedichte Heines kann sich Lewald noch nicht äußern, sie liegt ihr noch nicht vor: »Deine Romanzero-Anzeige habe ich noch nicht.«[74] Anfang November erhält Lewald den »Romanzero« – »las im Heine den mir ein hiesiger Buchhändler geschickt«[75] – und offenbar gleichzeitig Stahrs Rezension, die sie lobt, sie sei »voll Leben u geradezu bewundernswert«[76] und für sie, so scheint es, eine Art »Gebrauchsanweisung«[77]:

> Heines Romanzero anlangend, so haben auch mich Waldeinsamkeit u das Gebet für Mathilde[78] noch ehe ich Dein Urteil kannte, am tiefsten getroffen. Das Letztere ist so hinreißend wahr, wie Heine nie etwas anderes gemacht. Dies:
>
> > Mathilde soll ich lassen?
> > Oh den Gedanken kann mein Herz nicht fassen[79],
>
> das ist einer jener dichterischen Naturlaute, die nur der wahre Dichter in solcher Einfachheit auszusprechen wagt. Das ist so wahr, so notwendig, wie Sonnenschein u Nachtigallgesang, wie Sterben nach dem Leben, u so oft ich es gelesen habe, sind mir die Tränen aus den Augen gestürzt, denn so würde ich in unfassbaren Schmerzen aufschreien, wüsste ich, dass der Tod mich Dir entreißen würde, dessen Welt ich bin, der meine Welt ist.[80]

Nach der ersten Begeisterung wird Fanny Lewald sehr kritisch; als assimilierte Jüdin ist ihr jegliches Zurschaustellen jüdischer Herkunft zuwider und sie beanstandet die Sprache der Gedichte, Heines »jüdische Possenreißerei«:

> An dem Romanzero habe ich nur teilweise Freude, […], der weiße Elefant und Fitzliputzli machen mir gar keinen Eindruck. Das hat darin seinen Grund, dass diese Art spielenden Witzes eine Sorte ist, wie jeder jüdische Possenreißer sie hat. Ein Vetter meines Vaters, Salomon Zacharias, allerdings ein Mensch von Geist, konnte in diesem Heineschen Rhythmus derartige Zusammenstellungen in denen er Fernes u Nahes possenhaft mischte, stundenlang hintereinander fortschwatzen – mit u ohne Reim. Ich bin überzeugt, dass diese Sachen auf Juden im Allgemeinen gar keinen, oder wie auf mich einen unangenehmen Eindruck machen werden. Einzelnes natürlich, wie Edith Schwanenhals ist wunderschön.[81]

Außerdem bemängelt sie Trivialität:

> Noch eins: Im Romanzero ist doch schrecklich viel Triviales, so ein Gedicht von den Nonnen[82] u dem Apoll[83], das ist ganz wie von einem jener jüdischen Possenreißer auf Hochzeiten, deren Namen ich vergessen habe. Dagegen sind Schelm von Bergen, Frau Jutta[84], Edith Schwanenhals[85] u auch Karl I., obschon ich den letzteren nicht recht verstehe, so schön, dass sie wie die Loreley ins Volk übergehen werden. An die Jungen hat etwas bezaubernd Fortreißendes. Merkwürdig sind mir die hebräischen Melodien, weil sie einmal eine Kenntnis des Talmud voraussetzen, anderseits, weil mir merkwürdig ist, wie fest Heine mit dem Judentum verwachsen ist, wie seine Poesie aus demselben immer wieder, wie aus der Muttererde neue Nahrung sucht. Es muss sehr viel im Talmud stecken, so gut als in den persischen Sachen, u es fehlt auch da noch der rechte Schatzgräber. Es ist undenkbar, dass ein Volk, welches wie die Juden von der Heimat losgerissen, nach 2000 jähriger Verwilderung, solche poetischen Kapazitäten erzeugt, nicht in den Glückstagen der Heimat, im Orient, und sinnlich obenein, große Dichter erzeugt haben sollte. Es fehlt nur, dass wer anders als ein reformierender Christ, wie der gute, derbe Luther mit seiner plumpen Hand, die Sache erfasst. Daumer hat's ja auch schon getan – König von Pommern u solche Sachen versteht man auch erst, wenn man Paris kennt u den Zusammenhang der *bohemiens* des *bal mabille* mit der Gesellschaft.[86] Hettner fand es abscheulich, auch Bodenstedt wird es so finden, u beide werden übersehen, welcher tragisch kulturhistorische Zug in der Leichtfertigkeit, in der herzlosen Gleichgültigkeit liegt, mit der der Untergang eines Wesens, einer Schönheit betrachtet wird, an dem man sich entzückt hat. Diese *femmes entretenues* sind die Gladiatoren der modernen Welt, die sich zum Vergnügen ihrer gleichgültigen Herren zu Tode singen. Waschlappski u Krapulinski[87] ist mir wieder zu sehr im *genre* des dicken Zacharias – aber es ist ein guter Witz u ein richtiges Bild jener Verlumptheit vieler Polen, aber Deutsche haben auch darüber zu spotten kein Recht, u ein Gedicht, das in solche Sammlung passt, ist's auch nicht.[88]

Viele der »Historien« gefallen Lewald, doch ihr Urteil über die »Hebräischen Melodien« und die Faustsage ist vernichtend[89]:

> habe jetzt noch im Heine u noch einmal Deine Rezension gelesen. Sehr schön sind für mich der Asra, Richard Löwenherz[90] u der Maurenkönig[91] u vieles, vieles – aber der Unflat wird

oft zu lästig. Wie gemein reden die hebräischen Melodien, dass es ein Jammer ist. Auch mit der Faustsage ist es ein eigen Ding. Es tauchen oft die schönsten Worte u Gedanken darin auf u doch ist es ein wüstes Wesen. Und selbst der gründliche u wohl auch gelehrte Nachtrag ist nicht frei davon. Schriebest Du etwas über dies Ballett[92], so möchte ich à la Bodenstedt – Dich z w i n g e n [93] etwas Ernstes u Gründliches darüber zu sagen u namentlich das sozial pathologische Interesse hervorzuheben, das man an Heine nehmen muss, in dem die Glaubenslosigkeit und raffinierte Blasiertheit einer ganz frivolen Epoche, einer gedanken- u ideallosen Zeit trotz seiner persönlichen Begabung, sich doch kläglich zur Schau trägt. Wie kindisch u unsittlich mir sein religiöses Glaubensbekenntnis in der Nachrede erscheint – dies Ringen nach einem Glauben *quelconque* – aus innerer Haltlosigkeit – u das spottende Gefühl über dieses Ringen über diese Schwäche – kann ich nicht genug sagen. Es ist nur schlimm, dass wir keine Journale haben, die so große Artikel annehmen u bezahlen wie die Revues. Über den gesamten Heine müsstest Du einen Aufsatz wie die Macaulayschen Kritiken machen u es ließe sich daran eine komplette Sittengeschichte knüpfen. Machen könnt man's schon, aber wer zahlt's?[94]

Vielleicht ist sie enttäuscht darüber, dass Heine seinem Pantheismus, den sie mit ihm teilen konnte, nun eine Absage erteilt und zum Glauben an den persönlichen Gott zurückzukehren scheint.

Erfreut stellt Adolf Stahr in seinem nächsten Brief vom 5. November 1851[95] fest, wie sehr ihrer beider Urteile übereinstimmen:

Wenn Du die Nat. Zt. ansiehst, so findest Du, dass auch i c h die beiden einzigen heineschen Gedichte »Waldeinsamkeit« und »Mathilde« als die schönsten u das letztere »das gefühlteste genannt das Heine j e g e d i c h t e t .« So stimmen wir zusammen: »ein altvertrautes Liebespaar« wie der alte Horaz sagt.

Fanny Lewald bekräftigt Stahrs Eindruck ihres intellektuellen Gleichklangs, der in ihrer beider Beurteilung Heinrich Heines zum Ausdruck komme:

Ja, freilich fühle ich, wie mein Wesen in Deiner Liebe umgewandelt ist, recht deutlich, wenn ich mein Verhältnis zu Heine betrachte. Erzieh mich nur weiter – das Schulgeld ist die größte, liebste Liebe![96]

Lewald, die früh die Schule abbrechen musste und sich vieles als Autodidaktin aneignete, fühlt sich intellektuell dem Altphilologen Adolf Stahr unterlegen und richtet ihr Bildungsstreben an seinen Normen aus.

Ihren zuvor in Brief 473 geäußerten Vorschlag einer Gesamtbeurteilung Heines greift Stahr in seinem Antwortbrief auf, hält die Idee aber, solange Heine lebt, für nicht ausführbar, müsste er doch sonst die ungeschminkte Wahrheit über die ihm unerträgliche Frivolität aussprechen, was er – so die vordergründige Rechtfertigung – dem kranken Heine nicht antun möchte[97]:

»Heinrich Heine ein Charakterbild« – freilich könnte man das schreiben. Aber nicht ehe er tot ist. Ich will daran denken. Wär er gesund u glücklich, so würde auch meine Anzeige des Romanzero minder sanft ausgefallen sein. Du weißt, wie ich über ihn stets gedacht habe, u dass D u jetzt – seit jenem Spaziergang auf dem Korso in Rom, wo Du noch in Bausch u Bogen für Heine schwärmtest, – meine Geige spielst, deren Bogenstriche schon damals dieselben waren. Königin Pomare ist vortrefflich – just aus dem von Dir bezeichneten Standpunkte. U Rhampsenit ist besser wie Du denkst, denn man kann ihn Kindern vorlesen. Und Firdusi.[98] Schmachvoll sind die witzlosen *porcherien*, mit denen er das Buch beunflatet hat. Da ist er wieder ganz er selbst, die Sündenblüte der Frivolität seiner Zeit.

Erfreut berichtet Lewald Stahr am 14. November, dass seine Beurteilung Heines Maßstäbe setze und meinungsbildend sei:

Übrigens geht Deine Heinekritik, fast alle Deine Artikel, wie mir Hettner sagt, durch alle Journale. Selbst die Oberpostamtszt meldet: Da ihnen noch kein Exemplar des Romanzero zugekommen, halten sie es für das Beste was sie dem Publikum bieten können wenn sie ihm das Urteil von Ad. Stahr mitteilen.[99]

Sie selbst bevorzuge jedoch, wie sie eine Woche später schreibt[100], seine spätere Rezension in der Berliner »Nationalzeitung«, die eher ihren Anforderungen an eine ehrliche Kritik entspricht:

Erst diese Woche habe ich Deine Kritiken über Heine u Eichendorff in der Nationalzt erhalten u beide ganz vortrefflich gefunden. Die über Heine ist so, wie ich Kritik verstehe u wie sie Dir zukommt. Sie ist mir viel lieber als die in der Kölner, ohne lieblos zu sein, hat sie bei gerechter Anerkennung des Großen u Guten doch das Seziermesser in der Hand u zeigt die tiefen Schäden ehrlich auf – so soll es sein.

Mit ihrer privat geäußerten Beurteilung des »Romanzero«, auch wenn sie überraschenderweise von der bisher bekannten offiziellen Version Stahrs abweicht, stehen Fanny Lewald und Adolf Stahr nicht allein. Im Gegenteil, sie befinden sich in bester Gesellschaft. Von allen Seiten hagelt es Kritik gegen den »Romanzero«, selbst die »Kölnische Zeitung« revidiert bald nach dem Abdruck von Stahrs Rezension ihre Haltung entsprechend der vorwiegend negativen Beurteilung der neuesten Veröffentlichung Heines.[101] Heines »Romanzero« ist in aller Munde und Tischgespräch der Gesellschaft in Weimar, wie Lewald am 18. November 1851 an Stahr schreibt[102]:

Ich aß Dienstagmittag bei der Wittgenstein mit Ziegesar, Joachim[103] u Cossmann[104], ein gutes Diner mit Champagner in einer unbehaglichen Wohnung. Bei Tisch eiferte Liszt gegen den Romanzero u den Ballettfaust u wollte in beiden *rien que des platitudes et des bêtises* sehen. Die Wittgenstein überbot ihn noch, u als ich sagte, dass einzelne vollendete Balladen darin wären, die, wie Landgräfin Jutta[105], das rechte deutsche Element träfen, stand sie auf, holte die Ballade, las sie in ihrem russischen Deutsch schlecht u ironisch vor. Danach gaben

Liszt u die Musiker augenblicklich zu, dass sie höchst musikalisch sei, die Wittgenstein aber wollte sie analysieren, wenngleich ich ihr sagte, dass sie sie nicht verstehe. Sie eiferte – sicher wegen des Gedichtes gegen Liszt[106], so leidenschaftlich, wollte in den Balladen nicht einmal das nationale Element erkennen, dass ich ihr wiederholte: »Glauben Sie mir, Prinzess, Sie verstehen gar nichts davon, das deutsche Volk u die deutsche Literatur sind Ihrem ganzen Wesen fremd, ich aber kenne sie, denn ich wirke darin, und ich sage Ihnen, die Sachen sind vortrefflich, auch wenn Sie sie ganz schlecht finden.«

Gegen die einflussreiche Fürstin Sayn-Wittgenstein bezieht Lewald eindeutig Stellung und verteidigt Heine – schließlich geht es hier um eines ihrer liebsten Gedichte aus dem »Romanzero« – und ihre eigene Position als Literatin. Eine Art »Stellvertreterkrieg«: Eine Anstellung Stahrs in Weimar als Sekretär der von Liszt geplanten Goethestiftung war gescheitert, nicht zuletzt an der Einmischung der Fürstin.

Adolf Stahr bleibt seinem Grundsatz treu, zu Lebzeiten Heines keine scharfe Kritik gegen ihn zu verfassen. Doch auch er kann nicht verhehlen, dass die »Lutezia« in Deutschland Anstoß erregt. Noch einmal haben er und Fanny Lewald die Möglichkeit, Heine persönlich zu treffen, im Herbst 1855, wenige Monate vor Heines Tod. Bei einem der Gespräche kommt die »Lutezia« zur Sprache, die selbst bei Stahr, den Heine für seinen ihm am meisten gewogenen Kritiker hält, nicht auf Begeisterung gestoßen ist:

> Ach, ich weiß, ich weiß, bei Ihnen auch! Man hat es mir geschrieben. Aber Ihnen kann ich das nachsehen. Sie sind ehrlich als Freund und Feind; und dann hat man es Sie ja auch, wie ich gehört habe, im lieben Vaterland entgelten lassen, daß Sie mich einmal gelobt und als den sterbenden Aristophanes qualifiziert haben.[107]

Ein letzter Brief Heines an Stahr ist überliefert, in dem er ihm seine Verbundenheit ausdrückt[108]:

> Ich bin nicht nachlässig, liebster Freund, aber sehr krank, und konnte Ihnen erst heute die beifolgenden Bücher besorgen.
> Die Allemagne, die Lutèce und die Poèmes et Légendes bitte ich Sie als ein hommage respetueux de l'auteur zu empfangen, und sie mögen in Ihrer Bibliothek als Kuriosität prangen.
> Den zerrissenen ersten Theil des Salons, sowie auch die Revue des Deux Mondes bitte ich jedoch, sobald Sie dieselben nicht mehr bedürfen, mir zurückzusenden.
> Ich habe dem Herrn Taillandier[109] Ihre Adresse gegeben, der unserer hochverehrten und liebenswürdigen Freundin[110] seine Aufmachung machen wollte. Ich schmachte nach ihrem Kommen, um so mehr, als ich nichts mehr zu lesen habe![111]

Heine hatte offenbar mehr Vertrauen zu Adolf Stahr und Fanny Lewald, als diese zu ihm. Lewald und Stahr haben ihrerseits das von Heine in sie gesetzte Vertrauen nicht verletzt, zu seinen Lebzeiten haben sie nichts Negatives über ihn veröffentlicht. Allerdings war die Triebfeder nicht nur die gegenseitige Freundschaft, vielmehr eben auch die Angst vor Diffamierung durch den gefürchteten Spötter. Stahrs komplexes Verhältnis zu Heine mag dabei durch weitere, vielleicht ihm selbst unbewusste Dinge beeinflusst gewesen sein: Eine gewisse Abscheu vor dem frivolen Menschen Heine war gepaart mit dem Neid des dilettierenden Gelegenheitsdichters Stahr, der sich immer wieder als Verfasser von Gedichten versuchte, die jedoch als literarische Erzeugnisse wenig überzeugen.[112] Außerdem war er eifersüchtig auf jeden Mann, der nachhaltigen Eindruck auf Fanny Lewald machte, wozu neben Heinrich Heine vor allem Heinrich Simon zählte, Lewalds Jugendliebe, wie Heine und Lewald ebenfalls Jude und damit Angehöriger eines »inner circle«, zu dem Stahr nicht gehörte.

Nach Stahrs und Mathilde Heines Tod greift Fanny Lewald die im Herbst 1851 geäußerte Idee einer Würdigung Heinrich Heines auf. Auf ihre Weise, denn Stahrs Vorbehalte gegen Heine bleiben dem Leser in ihrer Darstellung nicht verborgen. Nun, nachdem auch Stahr tot ist, kann sie auch ein kritisches Licht auf ihn werfen, sie ist es, die das letzte Wort über Heinrich Heine spricht.

Fanny Lewald und Adolf Stahr haben die oben aufgeführten Stellen aus ihrem privaten Briefwechsel nicht gestrichen oder unkenntlich gemacht, wie sie es so häufig gemacht haben, um zu verhindern, dass vertrauliche Äußerungen an die Öffentlichkeit gelangen. Hätten sie ihre ursprüngliche Absicht verfolgt, die Briefe als Geschichte ihrer Liebe und als Alltagsgeschichte der Revolutionszeit von 1848 zu publizieren, wäre ihr zwiespältiges Verhältnis zu Heine wohl schon früher bekannt geworden, nun erst jetzt, 125 Jahre nach dem Tod Fanny Lewalds.

Anmerkungen

1 Fanny Lewald: Erinnerungen aus dem Jahre 1848. 2 Bde. Braunschweig 1850.
2 Adolf Stahr: Zwei Monate in Paris. 2 Bde. Oldenburg 1851.
3 Adolf Stahr: Nach fünf Jahren. Oldenburg 1857.
4 Fanny Lewald: Zwölf Bilder nach dem Leben. Berlin 1888. Auf den Seiten 196–281 sind hier die »Erinnerungen an Heinrich Heine« abgedruckt, eine Zusammenfassung der Erinnerungen Lewalds und Adolf Stahrs an Heinrich Heine, die Lewald mit Zusätzen, Berichtigungen und Änderungen versieht. Houben weist darauf hin, dass es beachtenswerte Textabweichungen zwischen dem Erstdruck, der 1886 und 1887 in »Westermanns Illustrierten Monatsheften« erschienen war (Bd. 61 und 62), und der späteren Buchfassung gab, die vielleicht vom Redakteur Adolf Glaser vorgenommen wurden. Vgl. Gespräche mit Heine. Gesammelt und hrsg. von H[einrich]. H[ubert]. Houben. 2. Aufl. Potsdam 1948, S. 1081.
5 Vgl. Manfred Windfuhr: Fanny Lewald im Gespräch mit Heinrich Heine. – In: Fanny Lewald (1811–1889). Studien zu einer großen europäischen Schriftstellerin und Intellektuellen. Hrsg. von Christina Ujma. Bielefeld 2011, S. 37–42.

6 Lewald: Erinnerungen [Anm. 1], Bd. 1, S. 103.
7 Ebd.
8 Ebd.
9 Nachlass Lewald-Stahr, Staatsbibliothek zu Berlin preußischer Kulturbesitz, Brief Nr. 103 Adolf Stahrs vom 6. März 1848. Dieser bisher unveröffentlichte Brief wird abgedruckt in Band 2 der von Gabriele Schneider und Renate Sternagel herausgegebenen Briefedition »Ein Leben auf dem Papier. Fanny Lewald und Adolf Stahr. Der Briefwechsel 1846 bis 1852«, der voraussichtlich Ende 2014 erscheinen wird. Band 1, Briefe 1846/47, erscheint 2014 bei Aisthesis in Bielefeld. Band 3, Briefe 1850–1852, ist für 2015 geplant.
10 Lewald: Erinnerungen [Anm. 1], S. 105.
11 Ebd., S. 108.
12 Ebd., S. 210.
13 Vgl. Houben: Gespräche [Anm. 4], S. 883.
14 Ebd., S. 768.
15 Ebd., S. 769.
16 Vgl. Stahr: Zwei Monate [Anm. 2], Bd. 2, S. 306–367. Der Paris-Bericht Stahrs beruht weitgehend auf Notizen Fanny Lewalds, wie aus den unveröffentlichten Briefen von Lewald und Stahr hervorgeht.
17 Ebd., S. 309.
18 Ebd., S. 312.
19 Adolf Stahr: Die preußische Revolution. 2 Bde. Oldenburg 1850.
20 Adolf Stahr: Zwei Monate [Anm. 2], Bd. 2, S. 315.
21 Ebd., vgl. S. 329.
22 Ebd., S. 331.
23 Alberto Destro: Kommentar. – In: DHA III, 462.
24 Stahr hatte Heine 1839 in den »Halleschen Jahrbüchern« sehr viel kritischer besprochen, vgl. DHA II, 678.
25 Am 17. Oktober 1844 erschien eine positive Besprechung in der »Bremer Zeitung«, des Weiteren im Sonntagsblatt zur »Weser Zeitung«. Vgl. DHA IV, 991.
26 Vgl. Gabriele Schneider: Fanny Lewald und Heine. Sein Einfluß und seine Bedeutung im Spiegel ihrer Schriften. – In: HJb 33 (1994), S. 202–216. Heine ist lange Lewalds schriftstellerisches Vorbild; Figuren ihrer Tendenzromane sind wie Heine Kämpfer für Recht und Wahrheit, seine »Reisebilder« prägen und schärfen ihren Blick auf den eigenen Reisen, seine Gesellschafts- und Religionskritik ermutigen sie, seine Sprache baut sie auf.
27 DHA III, 474.
28 Ebd., S. 475.
29 Adolf Stahr: Heines Romanzero. Ein Brief an L. S. [d. i. Levin Schücking; GS u. RS]. – In: Kölnische Zeitung, 31. Oktober 1851.
30 Heine's neueste Gedichte. – In: Nationalzeitung, Nr. 513, 2. November 1851.
31 Vgl. DHA III, 481.
32 Vgl. ebd., S. 486.
33 DHA VII, 1468.
34 Elisabeth Genton: Kommentar. – In: DHA II, 273.
35 Er ist der Meinung, »Lutezia« habe nicht ohne Grund Anstoß erregt. Vgl. DHA XIII, 543.
36 Erschienen in: Ost-Deutsche Post, Nr. 50, 29. Februar 1856.
37 Vgl. DHA XIII, 544.

38 Hier irrt der Kommentar in DHA II, 564; an seinen Sohn kann Adolf Stahr nicht geschrieben haben, selbst der älteste Sohn Alwin ist zu diesem Zeitpunkt noch ein Kleinkind.
39 Vgl. ebd.
40 Aus Adolf Stahrs Nachlaß. Briefe von Adolf Stahr. Hrsg. von Ludwig Geiger. Oldenburg 1903, S. 189.
41 Houben: Gespräche [Anm. 4], S. 1052.
42 Schneider/Sternagel: Ein Leben auf dem Papier [Anm. 9].
43 Vgl. DHA III, 1406.
44 Houben: Gespräche [Anm. 4], S. 807f.
45 Ebd., S. 808.
46 Ebd., S. 826.
47 Ebd.
48 Heines Bemerkung über Lewald, Stahr und Hartmann hatte in einem Brief vom 12. Oktober 1850 an Heinrich Laube gestanden (HSA XXIII, 56), der sie an die Zeitung weitergegeben hatte. Heine schrieb am 21. Januar 1851 darüber an seinen Bruder Gustav, Laube habe sich eine sehr leichtsinnige Handlung zuschulden kommen lassen, denn er habe aus seinem Brief »eine Stelle drucken lassen, worin ein junger Autor, der hier lebt, mit sehr harten Worten von mir gekränkt wird, eine Kränkung, wovon ich kaum weiß, wie ich dazu kam sie zu dictiren, ja die gewiß durch Nachlässigkeit meines Secretairs, durch irgend eine Auslassung oder Gott weiß wie, veranlaßt worden.« (HSA XXIII, 75)
49 Fanny Lewalds Bruder, der Jurist Otto Lewald; ihm ist das öffentlich zur Schau getragene »unziemliche« Verhältnis seiner Schwester mit dem verheirateten Adolf Stahr peinlich.
50 Fanny Lewald an Adolf Stahr, Brief 418 vom 2. Dezember 1850, Nachlass Lewald-Stahr [Anm. 9].
51 Houben: Gespräche [Anm. 4], S. 802.
52 Vgl. dazu Adolf Stahr an Fanny Lewald, Brief 259 vom 4. Januar 1851: »Ich tue es heldenmütig, ich will alle Namen morden, auch Fanny Lewalds, die auch kompromittiert werden könnte durch meine Unvorsichtigkeit.« Nachlass Lewald-Stahr [Anm. 9].
53 Adolf Stahr an Fanny Lewald, Brief 252 vom 7. Dezember 1850, Nachlass Lewald-Stahr [Anm. 9].
54 Adolf Stahr an Fanny Lewald, Brief 255, Nachlass Lewald-Stahr [Anm. 9].
55 Fanny Lewald an Adolf Stahr, Brief 425, Nachlass Lewald-Stahr [Anm. 9].
56 Fanny Lewald an Adolf Stahr, Brief 428, Nachlass Lewald-Stahr [Anm. 9].
57 Gemeint ist Gutzkows Vorrede zu den »Rittern vom Geiste«, die Stahr gerade kritisiert.
58 Adolf Stahr an Fanny Lewald, Brief 248 vom 13. November 1850, Nachlass Lewald-Stahr [Anm. 9].
59 Fanny Lewald an Adolf Stahr, Brief 432 vom 9. Februar 1851, Nachlass Lewald-Stahr [Anm. 9].
60 Houben: Gespräche [Anm. 4], S. 825f.
61 Fanny Lewald an Adolf Stahr, Brief 429, Nachlass Lewald-Stahr [Anm. 9].
62 Mit dem »Machwerk« ist Heinrich Laubes Buch »Das erste deutsche Parlament«, Leipzig 1849, gemeint, über das Heine an Laube am 12. Oktober 1850 geschrieben hatte, es habe ihn »8 Tage todtkrank« gemacht (HSA XXIII, 53). Sicher war das Werk in dieser Zeit auch Gesprächsstoff zwischen Lewald, Stahr und Heine, und man war sich einig in seiner Ablehnung gewesen.
63 Adolf Stahr an Fanny Lewald, Brief 263 vom 31. Januar 1851, Nachlass Lewald-Stahr [Anm. 9].

64 Houben: Gespräche [Anm. 4], S. 843. Das Gespräch fand am 23. Oktober 1850, während des letzten Besuches von Adolf Stahr und Fanny Lewald in Paris, statt.
65 Ebd., S. 1951.
66 Nicht zweifelsfrei zu entziffern.
67 Adolf Stahr an Fanny Lewald, Brief 267 vom 28. Februar 1851, Nachlass Lewald-Stahr [Anm. 9].
68 Fanny Lewald an Adolf Stahr, Brief 435 vom 5. März 1851, Nachlass Lewald-Stahr [Anm. 9].
69 Adolf Stahr an Fanny Lewald, Brief 295 vom 27. Oktober 1851, Nachlass Lewald-Stahr [Anm. 9].
70 Adolf Stahr an Fanny Lewald, Brief 296 vom 29. Oktober 1851, Nachlass Lewald-Stahr [Anm. 9]. Laut »offizieller« Version in der »Kölnischen Zeitung« beklagt Stahr, »[...] daß in den Lamentationen der Dichter selbst und sein Geschick vielfach in den Vordergrund tritt, und eine eigene Abtheilung, ›Lazarus‹ betitelt, ganz und gar lyrischer Selbstbetrachtung gewidmet ist.« Zit. n. auf der Horst/Singh Bd. 10, S. 602. In der späteren Rezension in der »Nationalzeitung« formuliert er sein Urteil über die »Lamentationen« pointierter: »Wer diese Abtheilung des Romanzero zuerst lesen sollte, würde Mühe haben, sich des Grauens zu erwehren [...]. Es ist eine furchtbare Trostlosigkeit in diesen ›Lamentationen‹ [...].« Ebd., S. 615.
71 Stahrs Handschrift ist nicht immer zweifelsfrei zu entziffern. Doch mehrere Überprüfungen bestätigen, dass er hier wirklich diesen Ausdruck verwendet. In seiner Nationalzeitungsrezension ist Heine für Stahr »der letzte und größte Poet der weltversetzenden und weltzerfetzenden Ironie.« Auf der Horst/Singh Bd. 10, S. 616.
72 Adolf Stahr an Fanny Lewald, Brief 296 [Anm. 70]. In seinen »Zwei Jahre in Paris« lobt Ruge Heine als den Dichter einer Zeit, in der es keine Freiheit gibt: »Zur Freiheit, die nicht existiert, kann man sich nur ironisch verhalten [...]. Diese Zeit ist wieder sein. Er ist einer, der jetzt dichten kann.« Arnold Ruge: Zwei Jahre in Paris. Leipzig 1846, Bd. 2, S. 198f. Mit seinen »Neuen Gedichten«, die 1844 gerade erschienen sind, habe er die Ausdrucksfähigkeit und Leichtigkeit seiner Verse sowie seinen Humanismus unter Beweis gestellt.
73 Houben: Gespräche [Anm. 4], S. 817f.
74 Fanny Lewald an Adolf Stahr, Brief 472 vom 31. Oktober 1851, Nachlass Lewald-Stahr [Anm. 9].
75 Fanny Lewald an Adolf Stahr, Brief 473 vom 4. November 1851, Nachlass Lewald-Stahr [Anm. 9].
76 Ebd.
77 Vgl. Stahr am 5. November, Brief 299: »Heine betrachtend, so musst Du meinen 2. Art. In der Nat. Zt. vom 2. Nov. lesen. Er bildet die notwendige Ergänzung zu dem ersten.« Nachlass Lewald-Stahr [Anm. 9].
78 Im Gedicht »An die Engel«.
79 Vgl. ebd.
80 Lewald: Brief 473 [Anm. 75].
81 Ebd.
82 »Himmelsbräute«.
83 »Der Apollgott«.
84 »Pfalzgräfin Jutta«.
85 Sie meint das Gedicht »Schlachtfeld bei Hastings«.
86 Anspielung auf das Gedicht »Pomare« (»Historien«), das von einer Pariser Tänzerin gleichen Namens handelt. Fanny Lewald benutzt für fremdsprachige Textstellen die lateinische

Schrift, was hier durch Kursivierung dargestellt wird. Die Orthographie der Textstellen aus dem Nachlass wurde der heutigen Schreibweise angepasst.

87 »Zwei Ritter«.

88 Lewald: Brief 473 [Anm. 75].

89 In einem späteren Brief dagegen findet sie Heines Selbstironie in der Faustsage sehr erheiternd: »Noch ein Einfall ist: Hast Du wohl bemerkt, wie charakteristisch die Original-Faustsage ist, wie Heine sie erzählt, dass ein Deutscher, nachdem er der Liebhaber einer Teufelin, einer Herzogin, einer Helena gewesen, zuletzt ehrbar eine Brauerstochter oder so etwas heiraten will, u dass den Deutschen der Teufel holt, sobald er ein Philister wird? – Es ist das eine wundervolle bewusstlose Selbstironie, die mich recht erheitert hat.« Fanny Lewald an Adolf Stahr, Brief 475 vom 11. November 1851, Nachlass Lewald-Stahr [Anm. 9].

90 »König Richard«.

91 »Der Mohrenkönig«.

92 In seinem »Nachwort zum Romanzero« schreibt Heine: »Gleichzeitig mit dem Romanzero lasse ich in derselben Verlagsbuchhandlung ein Büchlein erscheinen welches ›der Doktor Faust‹ ein Tanzpoem, nebst kuriosen Berichten über Teufel, Hexen und Dichtkunst betitelt ist.« (DHA III, 177)

93 Unterstreichungen in den Briefen Lewald-Stahr werden hier gesperrt wiedergegeben.

94 Lewald: Brief 473 [Anm. 75].

95 Adolf Stahr an Fanny Lewald, Brief 299 [Anm. 77].

96 Fanny Lewald an Adolf Stahr, Brief 475 vom 11. November 1851, Nachlass Lewald-Stahr [Anm. 9].

97 Stahr: Brief 299 [Anm. 77].

98 »Der Dichter Firdusi«.

99 Fanny Lewald an Adolf Stahr, Brief 476, Nachlass Lewald-Stahr [Anm. 9].

100 Fanny Lewald an Adolf Stahr, Brief 478 vom 21. November 1851, Nachlass Lewald-Stahr [Anm. 9].

101 Vgl. DHA III, 496.

102 Fanny Lewald an Adolf Stahr, Brief 477, Nachlass Lewald-Stahr [Anm. 9].

103 Der Geiger Joseph Joachim (1831–1907), der seinem Vorbild Liszt nach Weimar gefolgt war.

104 Der Cellist Bernhard Cossmann (1822–1910) war ebenfalls mit Liszt zusammen nach Weimar gekommen.

105 Richtig: »Pfalzgräfin Jutta«.

106 Im Gedicht XVI »Im Oktober 1849«, in dem es um den gescheiterten Ungarnaufstand ging. Darin heißt es: »So fiel der Freyheit letzte Schanz',/ Und Ungarn blutet sich zu Tode – – / Doch unversehrt blieb Ritter Franz, / Sein Säbel auch – – er liegt in der Kommode. / Er lebt, der Franz, und wird als Greis / Vom Ungarkriege Wunderdinge / Erzählen in der Enkel Kreis – – / ›So lag ich und so führt' ich meine Klinge!‹« (DHA III, 118)

107 Lewald: Zwölf Bilder [Anm. 4], S. 269.

108 Ebd., S. 270.

109 Taillandier hatte Übersetzungen von Heines Gedichten veröffentlicht, die Stahr allerdings als zu hölzern kritisierte. Vgl. DHA III, 1318.

110 Wohl Fanny Lewald.

111 Lewald hatte versprochen, ihm ihren Roman »Wandlungen« zu schicken.

112 Adolf Stahr: Ein Stück Leben. Berlin 1869.

III.

»Weil ich so ganz vorzüglich blitze,/ Glaubt ihr, daß ich nicht donnern könnt'!« Das Blitzen des Meisters – aufgenommen und erneuert in Versen und Klängen seiner Schüler Majakowski und Eisler

Von Arnold Pistiak, Potsdam

Das Thema unterstellt eine intensive Aufnahme von ästhetischen Verfahren Heines durch den Dichter Majakowski wie durch den Musiker Eisler. Aber fragt man danach, inwieweit beide Künstler sich in ihrer Kunst unmittelbar auf Heine bezogen, so sieht die Antwort eher mager aus: Von Majakowski haben wir das Gedicht »Gejneobrasnoe« (»In Heines Manier« oder »Heine-Bildlichkeit«), von Eisler »Drei Männerchöre (nach Heinrich Heine)« sowie das späte Liebeslied »Verfehlte Liebe«.[1] Aber es gibt nicht nur offenkundige Beziehungen, sondern auch unterschwellige, nur angedeutete. Und gerade denen soll hier vornehmlich nachgegangen werden. Blicken wir zunächst auf Heines Blitzen und Donnern.

I. Heine

Es ist eine gefährliche Angelegenheit, sich auf schriftliche oder mündliche Äußerungen eines Menschen – eines Künstlers – zu beziehen: Denn das Geäußerte stimmt ja häufig genug nur bedingt oder gar überhaupt nicht mit dem Gemeinten überein. Wenn aber ein Brief Heines genau das ausspricht, was er in seinen poetischen Werken gestaltet, so dürfen wir ihm wohl glauben. Dies bezieht sich m. E. auch auf seinen Brief vom 7. November 1842 an Heinrich Laube. Er enthält u. a. eine programmatische Formulierung, die im Grunde nicht nur einen, sondern zwei Adressaten hat – den Publizisten Heinrich Laube einerseits, den Dichter Heinrich Heine andererseits:

> Liebster Freund! Wir dürfen nicht die preuß Doktrinäre spielen, wir müssen mit den hall. Jahrbüchern und mit der Rheinischen Zeitung harmoniren, wir müssen unsre politischen Sympathien und socialen Antipathien nirgends verhehlen, wir müssen das Schlechte beim rechten Namen nennen und das Gute ohne Weltrücksicht vertheidigen [...]. (HSA XXII, 36)

Wie Heines Leben und Schaffen in den folgenden Jahren beweisen, ist dieser Brief Ausdruck eines Wendepunkts; er belegt, dass es sich bei dem Umbau der »taktischen« Eckpunkte um einen mit klarem Bewusstsein vollzogenen Prozess handelte; er belegt übrigens auch, dass bei diesem Prozess etwa Feuerbach, Marx und Ruge durchaus eine wichtige Rolle spielten. Hier etwa dürften die wesentlichen Ursachen für die späteren persönlichen Beziehungen zu Marx und den Mitarbeitern der Zeitschrift »Vorwärts!« gelegen haben. Höchst interessante, anschauliche und zudem wohl immer noch weitgehend unbekannte Erinnerungen an die Atmosphäre in der Redaktion des »Vorwärts!« teilt der Publizist Heinrich Börnstein in seinen Memoiren mit. Fast vier Jahrzehnte nach jenen Redaktionssitzungen verfasst, kann dieser Bericht sicherlich keinen Anspruch auf Detailgenauigkeit erheben, wird aber auch nicht völlig erfunden sein. Indem er sich u. a. ausdrücklich auf Ruge, Marx, Heine, Herwegh, Bakunin und Weerth bezieht, vermerkt Börnstein:

> In diesem Zimmer kamen nun zu den Redaktions-Sitzungen zwölf bis vierzehn Menschen zusammen, die theils auf Bett und Koffer sitzend, theils stehend oder herumgehend, alle furchtbar rauchten, dabei mit der größten Aufregung und Leidenschaftlichkeit debattirten. Die Fenster konnte man nicht aufmachen, weil sich sonst bald ein Volksauflauf auf der Straße gebildet hätte, um die Ursache dieses heftigen Schreiens zu erfahren [...].[2]

Nicht nur in dieser, aber eben auch in einer derartigen Atmosphäre entwickelte sich das Heine'sche Blitzen und Donnern, das er allem Ungemach zum Trotz bis zu seinem Tode immer wieder und höchst differenziert äußerte – und das dann bei Majakowski, Brecht oder Eisler nachklang.

Ein Jahrzehnt später treffen wir Heine nicht in einer verqualmten Redaktionsstube, sondern in seinem Krankenzimmer, in seiner »Matratzengruft« (DHA III, 177). Hier schrieb er unter furchtbaren Qualen sein Spätwerk – seinen Gedichtband »Romanzero« etwa, den Gedichtzyklus »Gedichte. 1853 und 1854«, das Buch »Lutezia«. In diese unglaublich vielgestaltigen Texte hat Heine, wenn ich es recht sehe, ganz bewusst scharfe Widersprüche integriert – mit dem Ziel, den Leser gleichsam stolpern zu lassen und ihn dadurch anzuregen, die dargebotenen widersprüchlichen Auffassungen zu hinterfragen und aktiv und selbstbestimmt nach eigenen Lösungen zu suchen. Ein hochartistisch organisiertes, modernes Emanzipationskonzept also, gerichtet auf die Aktivierung der Leser; in meinem Sefchen-Buch habe ich es versuchsweise als »Ästhetik der Provokation« bezeichnet.[3] Kein Wunder ist es mithin, dass ein so organisiertes Spätwerk auch Passagen enthält, die Heine womöglich als »Donnern« bezeichnet hätte, die wir Nachgeborenen aber jedenfalls mit guten Gründen als poetisches Blitzen und Donnern verstehen können. Dies gilt auch für eines der bekanntesten Gedichte Heines, für »Laß die heil'gen Parabolen«, ein Gedicht, das sich seitens der deutschen Literaturwissenschaft einer besonderen Aufmerksamkeit erfreut, ja zu dem es in der Heinewissenschaft einen nahezu geschlossenen Konsens darüber gibt, wie es aufzufassen sei – einen Konsens allerdings, den ich durchaus nicht bereit bin zu teilen. Heine würde mir vielleicht verzeihen, dass ich auf dieses Problem noch einmal eingehe.[4]

Der Konsens der Majorität der Heinewissenschaftler besteht, kurz gesagt, zunächst darin, dass für sie Heines häufig zitierter Text so einfach und so klar zu sein scheint, dass sich das Vorführen einer Analyse erübrige – »The poem hardly requires any elucidation«, bemerkt Hanna Spencer ausdrücklich.[5] Vor allem aber treffen wir auf eine weitgehend übereinstimmende Auffassung hinsichtlich der poetischen Struktur des Gedichts: Der Sprecher heißt allemal Heine, er redet zu Gott, und er stellt diesem seine eigenen Fragen. So wird das Gedicht etwa aufgefasst als eine »Abweisung von Scheinlösungen«[6]; es ist in der Heine-Literatur geradezu üblich geworden, den Vers »Aber ist das eine Antwort?« zu kommentieren mit Worten wie »Nichtantwort«[7], »erschütternde absolute Leere«[8] oder mit der Bemerkung, Heine finde »keine gültigen Antworten«[9].

Aber die Annahme, derzufolge der Sprecher Heine sich mit seinen eigenen Problemen unmittelbar an Gott wendet, steht meines Erachtens in mehrfacher Hinsicht im Widerspruch zum Text und provoziert deshalb sehr unterschiedliche Fragen. Welchen Sinn könnte es machen, wäre etwa zu fragen, dass sich Heine unmittelbar an Gott wendet mit der Folge dreier nachdrücklicher imperativischer Hauptsätze, die die kategorische Forderung erheben, die »heil'gen Parabolen« und die »frommen Hypothesen« aufzugeben und stattdessen die »verdammten« Fragen »ohne Umschweif« zu »lösen«? Welche »Parabolen« und »Hypothesen« sollte Gott aufgeben? Wie verträgt sich die Annahme, der Angeredete wäre Gott, mit der Tatsache, dass er in den Fragen der dritten Strophe *nicht* als der Adressat dieser Fragen erscheint, sondern als *Gegenstand* der Reflexion: als derjenige, *über* den gesprochen wird, und zwar so, wie man über einen Abwesenden[10] spricht? Und wenn Gott nicht der Adressat ist – an wen sind die Fragen dann gerichtet? Wie verträgt sich die Annahme, der Text des Gedichts würde von Heine gesprochen, mit der Pluralform des Personalpronomens in vier Versen (4, 10, 13, 14)? Wer bezeichnet sich in diesem Gedicht als »wir«, wer soll was »lassen«? – Es scheint mir vertretbar, hier an mein seinerzeit vorgetragenes Leseangebot zu erinnern:

»Laß die heil'gen Parabolen« ist ein Rollengedicht. Nicht der Autor spricht, sondern eine vom Autor deutlich unterschiedene Kunstfigur. Auch die Figur in unserem Gedicht ist kein Lyrisches Ich, das lediglich für sich spricht. Wir können sie entweder als Repräsentantin einer Gruppe von Menschen verstehen oder, wie bei vielen Liedern üblich und insofern womöglich zutreffender, als ein Lyrisches Wir. Womöglich – denn der völlig gleichmäßige rhythmisch-metrische Bau des Gedichts verleiht ihm den Charakter eines Liedes.

Die Sprecher des Gedichts sind die »Gerechten« – die Armen und unschuldig Leidenden, jener Teil des Volkes, zu dem sich Heine immer wieder leidenschaftlich bekannt hat und dessen Emanzipation doch 1854 gegenüber der zweiten Hälfte der 20er Jahre, als er begonnen hatte, diesen Gedanken zu vertreten, kaum vorangekommen war. Die Sprecher des Gedichts fordern Aufklärung über die Ursachen der ständig erlebten Ungerechtigkeit des irdischen Lebens. Mit den bisherigen Lösungsangeboten nicht einverstanden, lehnen sie gläubig-trostreiche Beschwichtigungsversuche ab. Sie sind der Ansicht, dass sich die anstehenden Fragen *ohne* »Parabolen« und »Hypothesen«, ohne religiöse Verhüllungen also, beantworten ließen und *dass* sie beantwortet werden könnten. Sie äußern sich über das, was für sie wichtig ist: das irdische Leben, das *Sinnenmäßige*. Abstrakt-philosophische Auseinandersetzungen über die Problematik des Todes oder über ein eventuelles Weiterleben nach dem Tode sind für sie ohne alles Interesse. Sie glauben an Gott, zweifeln aber zugleich in geradezu aggressiver Weise an der Allmacht und Gerechtigkeit einer vorgeblich göttlichen Weltordnung.

Als Sprecher des Gedichts wenden sie sich an einen ihnen bekannten, einzelnen Menschen, den sie mit einem vertrauten »du« anreden. In strenger, unerbittlicher Diktion fragen sie ihn nach den wirklichen Ursachen ihrer wirklichen Leiden. Sie vertrauen ihm, indem sie ausdrücklich bemerken, *er* solle die »verdammten Fragen« *für sie* lösen. Der Angeredete ist für sie also kein Fremder, sondern ein Verbündeter: im Gegensatz zu ihnen ein Vertreter der Geisteswelt, ein Intellektueller, ein Mann des Wortes, ein Hoffnungsträger, den sie *brauchen*, um die anstehenden Antworten zu finden. Dieser Mensch aber verbreitet gegenwärtig »heil'ge Parabolen« und »fromme Hypothesen«. Damit unzufrieden, fordern die Sprecher entschlossen, nachdrücklich und selbstbewusst-respektlos, er möge diese Art und Weise verschlüsselnden Redens »lassen«, also beenden und ihnen zeigen, wo die wirklichen Ursachen der irdischen Ungerechtigkeit liegen: »Ohne Umschweif« soll er sprechen, Klartext.

An wen also wenden sich die Sprecher? Ausgeschlossen sind Gott oder die Vertreter einer (zeitgenössischen) Obrigkeit ebenso wie etwa die radikalen »docteurs en révolution« (DHA XV, 143) um Karl Marx. – Nicht ausgeschlossen ist die Möglichkeit, dass Heine *sich selbst* als den geheimen Adressaten der Forderungen des Volkes behandelt hat. Die von Heine erfundenen und disponierten Sprecher des Gedichts wenden sich, so hat es allen Anschein, unmittelbar gerade an den, der sie doch geschaffen hat: an den Dichter der »Schlesischen Weber«, der »Neuen Gedichte«, des »Romanzero« und der »Gedichte. 1853 und 1854« – aber eben auch an den Verfasser des »Nachworts zum Romanzero« und der »Geständnisse«.

Und gerade dieser im Raum schwebende Kontext stellt jene Widersprüche her, die für Heines Ästhetik der Provokation charakteristisch sind, finden sich doch in diesen Texten mehrfach jene bekenntnishaften immer wieder zitierten Sätze, die von einer »Rückkehr« zu Gott sprechen und die sich sicherlich als »Parabolen« und »Hypothesen« bezeichnen lassen. Wie kann ein Leser, wie können wir Heutigen mit derartigen Widersprüchen umgehen? Das ist die Frage – und das ist genau der Punkt, den die meisten Heinewissenschaftler umgehen.

Nicht so Karl-Josef Kuschel. Er lehnt mein Angebot nicht ohne Weiteres in Bausch und Bogen ab, sondern lässt es partiell gelten, erhebt aber gegen die Annahme einer vorsätzlich etablierten Widersprüchlichkeit heftigen Einspruch: »Konstruiert wird also nicht nur eine Persönlichkeitsspaltung in Heine (›Der sich als Heine ausgebende Ich-Erzähler‹), sondern auch ein Gattungswiderspruch zwischen Gedichten und Prosatexten«.[11] Nun, hier geht es nicht um ein Gattungsverhältnis. Dass aber Kuschel die Möglichkeit der Existenz poetischer, erfundener Ich-Figuren im Grunde ablehnt, so zu dem Stichwort »Persönlichkeitsspaltung in Heine« kommt und vermittels dieser unhaltbaren Konstruktion meinen Vorschlag als »Wunschbefriedigung des Interpreten« bezeichnet, verwundert mich durchaus – als wäre es für die Poeten nicht ein selbstverständliches Verfahren, Sprecher (oder Erzähler) zu erfinden, die von ihnen selbst deutlich unterschieden sind: »Von wem ich's habe, das sag' ich euch nicht,/ Das Kind in meinem Leib« (Goethe).[12]

Zurück zum Text. Wie in vielen seiner Werke bezieht sich Heine auch in »Laß die heil'gen Parabolen« ausdrücklich auf die Bibel – hier auf das Lukas-Evangelium und auf die Bücher Jeremia und Hiob. Es versteht sich, dass ich diese Zusammenhänge hier nicht ausführen kann, sondern mich auf einige Bemerkungen beschränken muss.

Heine entnimmt den biblischen Vorlagen einige sorgsam ausgewählte Momente, übergeht stillschweigend andere, die für ein religiöses Bibelverständnis geradezu unverzichtbar sein dürften, und er fügt ihnen neue, im biblischen Text so nicht enthaltene Gesichtspunkte hinzu. Aus dem Lukas-Evangelium verwendet er solche Motive der Rede Jesu, die die soziale und moralische Struktur der Gesellschaft charakterisieren – Krankheit, Armut, Reichtum, Recht, Unrecht, und so ist in seinen anklagenden Versen die nicht minder poetische Darstellung des Lebens der biblischen Lazarusfigur aufgehoben: »Es war aber ein Armer mit Namen Lazarus, der lag vor seiner Tür voll von Geschwüren und begehrte, sich zu sättigen mit dem, was von des Reichen Tisch fiel; dazu kamen auch die Hunde und leckten ihm seine Geschwüre.« (Lk 16, 20f.)

Andererseits aber verändert Heine die Zielrichtung der gesamten Lazaruserzählung völlig. Denn innerhalb des biblischen Textes haben die zitierten Verse nur die Funktion eines Beispiels: Eine der vorgehenden Hauptpartien des Textes – die erste der »Seligpreisungen« – spricht von dem Wesentlichen: der Bestrafung der Reichen und der Belohnung der Armen in einem nicht näher bestimmten, aber gewiss nicht unirdischen »Reich Gottes«: »Selig seid ihr Armen; denn das Reich Gottes ist euer.« Lk 6, 20) Indem Heine also auf die Erzählung Jesu zurückgreift, grenzt er sich von ihr ab; die Erinnerung an die jahrtausendealte Geschichte menschlichen Leids und menschlichen Elends zielt nicht auf deren Akzeptanz, und sie enthält auch nicht die von Heine selbst mehrfach beschworene religiöse Trostfunktion; sie artikuliert vielmehr die Ablehnung einer als durch und durch ungerecht empfundenen Welt und zielt auf die im *Irdischen* zu realisierende Überwindung des Zustands der Ungerechtigkeit.

In ähnlicher Weise finden wir Rückgriff, Veränderung und Aktualisierung auch in den Textpartien, die sich auf die Bücher Hiob und Jeremia beziehen. Im Herbst 1848 schrieb Heine im Anschluss an eine Schilderung seiner Krankheit in unmissverständlicher Anspielung auf die Hiobsproblematik: »Warum muß der Gerechte soviel auf Erden leiden? Das ist die Frage, womit ich mich beständig auf meinem Marterbette herumwälze.« (HSA XXII, 298) Die Bezüge sind eindeutig: »Warum geht's doch den Gottlosen so gut, und die Abtrünnigen haben alles in Fülle?«, klagt Jeremia (Jer 12, 1)[13], und Hiob stellt die Frage: »Warum bleiben denn die Gottlosen am Leben, werden alt und nehmen zu an Kraft?« (Hi 21, 7). Aber: Im Gegensatz zu diesen Texten erinnert nichts in Heines Gedicht an Verstummen, an Sündenbewusstsein, an Furcht vor göttlicher Strafe oder an eine mögliche Anerkennung göttlicher Größe, Güte, Wahrheit oder Gerechtigkeit. Sondern Heine lehrt das Zweifeln: In unüberbrückbarem Gegensatz zum Geist der Bibel bezweifeln seine Sprecher die Allmacht und die Allgerechtigkeit Gottes nicht nur partiell und zeitweise, sondern uneingeschränkt und prinzipiell; obgleich sie weder »atheistisch« sind noch Gott verfluchen, wie es zehn Jahre zuvor die schlesischen Weber getan hatten, stellen sie die Existenz eines allmächtig-allgerechten Gottes infrage. Bei alledem klagen sie nicht darüber, dass da keine Antwort ist, sondern sie erheben die Forderung, die »verdammten Fragen« zu *lösen*.

Ja, das Gedicht ist ein »Wunder an Selbstbehauptung und Menschlichkeit« des sterbenden Heine[14], wie Joseph A. Kruse vor Jahrzehnten geschrieben hat.

Aber zudem kann auch festgehalten werden, dass weder dessen Struktur noch die Struktur des Heine'schen Spätwerks einen zureichenden Grund hergeben, dem Dichter mit einer Kategorie wie *Antwortlosigkeit* näherkommen zu können. Denn Heine sah, wenn wir sein reifes Werk als eine Einheit betrachten, eben *doch* Schuld; *er* – nicht die Sänger unseres Liedes! – sah sie in einem höchst differenzierten Komplex unterschiedlicher gesellschaftlicher Erscheinungen. Die *Schuld*, meint er, liegt in der fortdauernden Existenz von Verhältnissen, die, vom *dieu-argent* geprägt, dafür verantwortlich sind, dass der Mensch wie eine Ware behandelt, dass soziale Ungerechtigkeit mit Notwendigkeit produziert wird; sie liegt in dem systematischen Missbrauch religiöser Bedürfnisse des Volkes – insbesondere durch die Ideologie des *Entsagungsliedes*; sie liegt in der Akzeptanz dieser Ideologie durch die unter der *Kreuzlast* Leidenden, in ihrer mangelnden Bereitschaft, den verordneten *Royalismus des Volkes* durch mündigen *Demokratismus* zu ersetzen; in fehlender theoretischer Klarheit über Ziele und Methoden einer für unabdingbar gehaltenen grundlegenden Veränderung der Wirklichkeit; in der Ausgrenzung *altheidnischer* Volkspoesie wie an dem Verzicht darauf, dieser Ausgrenzung sich zu widersetzen; in einer Kunstproduktion, die sich nicht an menschlich-existenziellen Grundbedürfnissen wie an Modellen großer Kunst orientiert; die *Schuld* liegt, meint Heine, in dem Verzicht darauf, das Leben – das *Leben selbst*, das Leben *aller Menschenkinder* – als Leitfaden all unseres Tuns zu begreifen.

Vor Jahren beendete der Germanist Felix Stössinger eine kurze Betrachtung zu »Laß die heil'gen Parabolen« mit den Worten »Der Nichtreim – das ist also die Antwort«.[15] Vielleicht aber ist es angesichts der Entwicklung der Kunst der Moderne, an deren Herausbildung Heine wesentlichen Anteil hatte, wie auch angesichts der Kompliziertheit und Komplexität der Zusammenhänge der modernen Welt gerade heute gestattet, Stössingers Satz aufzugreifen und zu verändern: Die Formulierung des Schlussverses samt seiner Reimlosigkeit: Das ist eine auf den Leser zielende Provokation Heines, ein Widerhaken, der sich festkrallt. Indem die Sprecher das Unabgegoltene ihrer Forderungen betonen, wenden sie sich nicht nur an den unmittelbaren Adressaten innerhalb des Gedichts, sondern, unversehens die Grenzen des Kunstwerks, innerhalb dessen sie agieren, erweiternd, legen sie ihre »verdammten Fragen« auch jenem Adressaten vor, an den Heine wohl vor allem dachte: dem Leser.

II. Heine – Majakowski

Wie aber ist Heines Blitzen und Donnern in das Russland des späten 19. Jahrhunderts bzw. in die Frühzeit der Sowjetunion gekommen – in das literarische Umfeld, in dem Majakowski aufwuchs? Hier sind wir in der glücklichen Lage, über ein mehrbändiges Standardwerk zu verfügen: Jakow Iljitsch Gordons Untersuchungen zu der Wirkungsgeschichte Heines in Russland bzw. der Sowjetunion.[16] Nach Gordon gab es im Laufe der zweiten Hälfte des 19. Jahrhunderts in Russland scharfe Auseinandersetzungen darüber, wie Heine rezipiert werden solle: Erst allmählich wurde die soziale und satirische Dimension seines Schaffens akzeptiert, besonders wichtig war hierbei die russische satirische Zeitschrift »Iskra«. Es erschienen dann zahlreiche, selbstverständlich der zaristischen Zensur unterworfene Auswahlbände, Nachdichtungen und Parodien; ein Roman über die »erste Liebe« Heines; zudem wurden zahlreiche an Heine orientierte Liebesgedichte verfasst. Insgesamt gibt Gordon eine ebenso grundsätzliche wie erstaunliche Antwort auf die Frage nach der russischen Heine-Rezeption: Heine, meint er, war seit den 60er Jahren des 19. Jahrhunderts »der bekannteste, meist gelesene und geschätzte ausländische Dichter in Rußland«[17], ja, er wurde gleichsam schulbildend: Nicht selten finden sich in den Feuilletons Äußerungen wie: jemand sei ein »russischer Heine«, »Heine aus P.« oder auch die Forderung, man solle »nicht Heine bestehlen!«[18] – Und hier noch die wohl einzige Äußerung Puschkins über Heine: »Ich brauche sehr notwendig das Buch über Deutschland von diesem Heine, diesem üblen Subjekt.«[19]

Erstaunliches vermeldet Gordon auch zur Wirkungsgeschichte von »Laß die heil'gen Parabolen«. Auf nicht weniger als 15 Druckseiten verfolgt er die ungewöhnlich breite Rezeption des Gedichts durch die russischen Demokraten der zweiten Hälfte des 19. Jahrhunderts; er dokumentiert die zahlreichen Übersetzungen und Nachdichtungen bzw. den freien Umgang russischer Schriftsteller und Politiker mit einzelnen Motiven des Gedichts und stellt schließlich resümierend fest:

> In den russischen Zeitschriften der zweiten Hälfte des 19. Jahrhunderts wurde dieses Werk des deutschen Dichters oft und in unterschiedlicher Weise verarbeitet und benutzt. Wahrscheinlich gab es im Rußland dieser Zeit keine satirische oder humoristische Zeitschrift, in der sich nicht eine beliebige Bearbeitung dieses Werkes oder ein Zitat oder Motto daraus befunden hätte.[20]

Gordon zufolge erschien die erste Übersetzung des Gedichts bereits 1858, in rascher Folge gab es dann neue Übersetzungen und Parodien; populär war das Gedicht insbesondere bei russischen Revolutionären wie Plechanow; in der »Iskra« erschien 1870 eine dramatisierte Fassung. Und, wiederum überraschend:

Titelseite einer russischen Übersetzung von Heines Werken, 1904

Gordon zufolge bezog sich auch Lenin 1910/1911 mehrfach auf »Laß die heil'gen Parabolen«. Er erklärte etwa mit Blick auf die Menschewiki und Heines »verdammte Fragen«: »Leere Parabeln und Hypothesen waren beliebt, aber es gab keine richtige Antwort.«[21]

Aus dem soeben Bemerkten geht auch hervor, dass für Majakowski Heine kein Unbekannter sein konnte – er kannte Heine, aber es bedrückte ihn, dass er den Deutschen nicht im Original lesen konnte. Allerdings erhielt er von seiner Freundin Rita Rait vor einer der sechs Reisen, die ihn unter anderem nach Berlin führten, Deutschunterricht – mit ungewöhnlichem Erfolg. So habe sich Majakowski auch an Gesprächen beteiligt, die in Deutsch geführt wurden.[22] Gordon führt weitere interessante Details an: Ihm zufolge wurde berichtet, dass Majakowski die Heine-Schumann-Lieder »Ich grolle nicht!« und »Allnächtlich im Traume« kannte und liebte[23]; in Berlin habe er einmal in einer Gaststätte gesagt: »Geben Sie ein Mittagessen mir und meinem Genius« – er hat damit also einen Vers aus »Yolante und Marie« parodistisch benutzt[24]; Heines Verse »Ich bin ein deutscher Dichter,/ Bekannt im deutschen Land« (DHA I, 223) habe er umgewandelt in: »Ich bin ein russischer Dichter,/ Bekannt im russischen Land«.[25] Mit

Blick auf Heine ist besonders interessant, wie sich Majakowski gegen den Vorwurf verteidigte, er schriebe nicht Dichtung, sondern Publizistik: »Das Wort Kapitalismus ist wahrlich kein schönes,/ um wieviel schöner klingt – ›Nachtigall‹«.[26] Denn gleichgültig, ob Majakowski den wesentlich älteren Aphorismus Heines kannte oder nicht – reflektiert wird das gleiche ästhetische Problem. Heine: »Der Dampfwagen der Eisenbahn giebt uns eine zittrige Gemüthserschütterung, wobey kein Lied aufgehen kann, der Kohlendampf verscheucht die Sangesvögel und der Gasbeleuchtungsgestank verdirbt die duftige Mondnacht.« (DHA X, 336)

Aber nicht nur Gordon spricht mehrfach über das Verhältnis von Majakowski zu Heine; Christian Liedtke verdanke ich den Hinweis auf einen speziellen Aufsatz von Miron Petrowski zu diesem Thema. In seiner Arbeit »Wladimir Majakowski und Heinrich Heine«[27] spricht Petrowski unter anderem über die Beliebtheit Heines in Russland, über die Erwähnungen von Heine in Gesprächen Majakowskis, über Momente der Wirkungsgeschichte Heines in der russischen Literatur, über Majakowskis Interesse für den nicht-klassischen Versbau bei Heine, über die »romantische Ironie« bei beiden Dichtern oder über Majakowskis Gedicht »Norderney«. Abschließend listet Petrowski eine Reihe von Gesichtspunkten auf, die in einer sowjetischen Literatur-Enzyklopädie als charakteristisch für Heines Poesie genannt werden (etwa Wortspiele, pointenreiche Abschlüsse von Versen, parodistische Zitate und Antithesen) und bemerkt mit Entschiedenheit: »In diesem Verzeichnis befindet sich kein einzelner Punkt, der nicht durchaus begründet zu Majakowski führen würde.«[28]

Hier mag auch der Versuch einer eigenen Übertragung von Majakowskis Heinegedicht[29] folgen – von einem Gedicht, das immerhin das Selbstbewusstsein des Dichters Majakowski, die Motive »Donnern« und »Blitzen« wie auch die Beziehung zu Heine unmittelbar miteinander verbindet:

>Heine-Bildlichkeit
>
>Blitze, aus den Augen geschleudert:
>»Ich sah dich mit deiner anderen!
>Du Niederträchtigster, du Schurkischster!«
>Und so ging's fort, ging's fort, ging's fort, schimpfend.
>Ich bin ein gelehrter Kleiner, meine Liebe.
>Lassen Sie das Donnern.
>Wenn mich der Blitz nicht erschlug,
>So wird das Donnern, bei Gott, mich nicht erschrecken.

Das war 1920. Ein Jahrzehnt später folgte die Uraufführung von Majakowskis letztem Stück »Banja« (»Das Bad«) – in Hugo Hupperts Übersetzung: »Das Schwitzbad«. Und wiederum gut zwei Jahrzehnte später brachte das (Ost-)

Berliner Kabarett »Die Distel« als vermutlich erstes Berliner Theater dieses Stück auf die Bühne und zwar unmittelbar nach dem XX. Parteitag der KPdSU vom Februar 1956. Das Kabarett hatte sich entschlossen, nach dem politisch-pointierten satirischen »Spektakelstück« Majakowskis zu greifen, das 1930 nach wenigen Vorstellungen abgesetzt worden war (Uraufführung am 16. März 1930) und das in der Sowjetunion erst nach Stalins Tod wieder aufgeführt werden durfte. Majakowski am 27. März 1930, zwei Wochen vor seinem Tod, in einer Rede beim Disput über »Banja«:

> Das Hauptanliegen in diesem Spektakelstück ist die Lösung revolutionärer Probleme. [...] Vor allem verkünde ich, daß das Theater tatsächlich eine Arena ist; zweitens, daß es sich um ein Schauspielunternehmen handelt, das heißt abermals um eine heitere publizistische Arena.[30]

Nach dem »Bad« der »Distel« griff auch die Berliner Volksbühne nach Majakowski, ging aber das Wagnis vorsichtig an: zweistufig. Zunächst fand am 6. November 1957 im Theater im III. Stock eine Lesung von »Das Bad« mit verteilten Rollen statt: Diese Lesung muss erfolgreich gewesen sein, denn für die nächste Spielzeit (1958/59) kündigte die Volksbühne die Aufführung des Stücks an; die Premiere, nun unter dem Titel »Das Schwitzbad. Ein Drama mit Zirkus und Feuerwerk von Wladimir Majakowski«, fand am 2. Februar 1959 statt.[31]

Die »Distel« und die Volksbühne griffen mithin zu einem Stück, in dem Majakowski mit gedanklicher Präzision und artistischer Souveränität auf einen Zustand reagierte, der sich bereits ein Jahrzehnt nach der Oktoberrevolution in der Sowjetunion entwickelt hatte: die Entstehung von scharfen Widersprüchen innerhalb der sowjetischen Gesellschaft. Obgleich die internationale Bedrohung der Sowjetunion immer noch besteht (Majakowski deutet dies auch an), legt der Dichter seinen Fokus auf die im Land bestehenden, neuen inneren Widersprüche. Die im Stück agierenden Figuren hatten vor einem Jahrzehnt gemeinsam für den Sieg der Revolution gekämpft – nun aber stehen sie sich in zwei Lagern feindlich gegenüber: die mit Machtbefugnissen und Privilegien ausgestatteten bürokratisch Regierenden einerseits, engagiert arbeitende, aber einflusslose einfache Menschen andererseits. Dabei agieren die im Stück Regierenden nur auf einer vergleichsweise niedrigen Stufe – das, was weiter oben geschieht, hat sich der aufmerksame Zuschauer zusammenzudenken. Fürchtete Majakowski bereits Ende der zwanziger Jahre den Zusammenbruch des sozialistischen Experiments aus ebendiesen Gründen? War das »Schwitzbad« Ausdruck dieser Furcht wie auch Ausdruck der Hoffnung, dass es dazu nicht kommen möge? Derartige Fragen sind in der Regel nicht zu beantworten. Klar aber ist, dass die poetische Konzeption des »Schwitzbads« darin besteht, Distanzierendes und Identifizierendes hart zu konfrontieren.

Klar ist auch, dass Majakowski sich der Möglichkeit einer fatalen Entwicklung mit Heftigkeit widersetzte: Nicht ironisch ist die Haltung des »Dramas in sechs Aufzügen mit Zirkus und Feuerwerk«, nicht pessimistisch, sondern kämpferisch.

Dieses Stück ist keine optimistische Tragödie, sondern eine Satire – ein Stück, in dem bitter satirisch dargestellte Haltungen und Figuren anderen Haltungen und Figuren gegenübergestellt werden: angreifenden, sich engagiert für das Neue einsetzenden, zukunftsgewissen. Was Majakowski, unmittelbar angeregt durch die sozialen Auseinandersetzungen in den USA, in seinem Poem »150 Millionen« programmatisch festgehalten hatte, bestimmte auch wesentlich seine poetische Haltung im »Schwitzbad«:

> Aus kleiner Tatsachen Alltags-Topf
> hervor tritt eine Wahrheit,
>   unbestritten: –
> plötzlich ausgelöscht sind alle Mitten;
> es gibt keine Mitte mehr auf Erden.[32]

Keine Mitte mehr, keine Nuancen! »Parteilichkeit« war eines der Losungsworte der spätestens ab 1934 propagierten Schdanow-Stalinistischen Ästhetik. Nun, Majakowski *war* parteilich – aber in einem der offiziellen Ästhetik gerade entgegengesetzten Sinn: Das »Schwitzbad« ist kein Ort für Differenzierendes, Abwägendes, Fragendes, Zweifelndes, Hinterfragendes, hintergründig Andeutendes. Bei Majakowski stehen sich die Gegensätze hart und unversöhnlich, einander ausschließend, gegenüber. Hatte er an Heines »Deutschland. Ein Wintermährchen« gedacht, an die harsche Entgegensetzung von altem »Entsagungslied« und dem eigenen neuen, besseren »Lied«? Geradezu aggressiv ergriff er in »Banja« Partei *gegen* die Bürokratenkaste, indem er sie mitleidslos und grotesk karikierte und abführte.

Andererseits ging er geradezu liebevoll mit denen um, auf denen seine Hoffnung ruhte: mit den einfachen, hingebungsvoll arbeitenden Menschen. Offenkundig beeinflusst von der reichhaltigen utopischen Literatur – ausdrücklich wird Herbert George Wells genannt und insofern auf dessen »Time Machine« angespielt –, lässt er in der Fiktion des poetischen Spiels den jungen Erfinder Tschudakow und seine Freunde eine »Zeitmaschine« bauen: eine Maschine, die es gestattet, sich in der Zeit frei zu bewegen und Kontakt mit der Zukunft aufzunehmen – mit einer Zukunft, die mit den kommunistischen Idealen übereinstimmt. Gleichsam beschworen durch Tschudakow und seinen Umgang mit der Zeitmaschine, erscheint eine »phosphoreszierende« Frau – eine Abgesandte des Jahres 2030. Die Welt, aus der sie kommt und die sie den Vertretern der einfachen Menschen zeigen wird, ist frei, produktiv, gerecht, demokratisch. Indem sie die Bürokraten abkanzelt, hilft sie den selbstlosen, hingebungsvoll Arbeitenden. Ihr Erscheinen gibt denen Kraft – und nun zeigt es sich, dass die jungen Leute nicht allein sind: Andere Figuren der Gegenpartei der Bürokraten kommen hinzu, helfen ihnen. Enthusiasmiert durch die Ankunft der »phosphoreszierenden Frau«, fliegen sie mit einer »unsichtbaren Maschine« als »Zeit-Express« zur Station »Jahr 2030«. Einhundert Jahre hat Majakowski für den sozialistischen Aufbau des Landes veranschlagt! »Angenommen wird nur, wer in hundert Jahren erhalten bleibt«, erklärt die Gesandte der Zukunft – und das ist die Stelle, in der die einfachen Menschen, die Revolutionäre, den »Zeitmarsch« »Sang der Gesänge« singen; die unsichtbare Maschine hebt ab, die Bürokratenbande aber wird vom »Teufelsrad der Zeit« abgeworfen »und über die Bühne gestreut«. In der Ankunft der »phosphoreszierenden Frau« wie in großen Bildern gegen Ende des »Schwitzbads« spricht Majakowski also von der Möglichkeit der Überwindung der Sowjetbürokratie: In dem »Zeitmarsch« fallen Wunsch, Hoffnung, Erwartung zusammen – nicht aber der Anspruch eines womöglich bereits realisierten Sieges.

Dies war wohl auch die Konzeption der Inszenierung. Offensichtlich ging es Intendant Fritz Wisten darum, eine authentische Majakowski-Inszenierung vorzustellen. Dabei konnte die Volksbühne im Unterschied zu der gekürzten Fassung der »Distel« nun das ganze Stück spielen und dabei die theatergemäßen Möglichkeiten einer großen Bühne ausnutzen, um Majakowskis phantastisches Spiel mit hoher Kunstfertigkeit darzustellen. Schauspielerinnen und Schauspieler wie Christine Laszar, Marianne Wünscher, Herbert Grünbaum, Hansjoachim Hanisch, Franz Kutschera, Armin Mueller-Stahl und Gerry Wolff traten auf. Wisten gewann Nikolaj Wassilitsch Petrow als Regisseur, der vor Jahrzehnten ein Assistent bei Wsewolod Meyerhold war, der gewiss auch die Aufführung von »Banja« am Moskauer Meyerhold-Theater erlebt hatte und der das Stück nach Stalins Tod in einer eigenen Inszenierung herausgebracht hatte.

III. Heine – Majakowski – Eisler

Und Wisten gewann Hanns Eisler. Eisler hat sich offensichtlich von der Konzeption Majakowskis inspirieren lassen: Auch er setzte Satirisches und Bekenntnishaft-Identifikatorisches durchgehend hart gegeneinander, als Ausdruck zweier gegensätzlicher, ja unversöhnlicher Grundhaltungen. Eisler schuf für das »Schwitzbad« eine eigenständige, spezifische Musik – neben dem zentralen Lied »Marsch der Zeit« eine Reihe von kurzen Instrumentalnummern, die das Bühnengeschehen immer wieder kommentierten und deren Haltung entweder grotesk-satirisch oder aber ernsthaft-bekenntnishaft genannt werden kann. Dabei wurden die Tonstücke für die Aufführung aus zwei unterschiedlichen Quellen realisiert: Einerseits schrieb Eisler für den »Zeitmarsch« mit Chor und dem Solisten Ernst Busch ein großes Sinfonieorchester vor. Dieses Lied wurde im Vorhinein produziert und dann während der Aufführung über Lautsprecher eingespielt. Andererseits aber waren mehrere Kompositionen für eine kleine Band mit Trompete, Saxophon, Posaune, Banjo, Schlagwerk, Klavier und Kontrabass vorgesehen; diese Stücke konnten von den damaligen hauseigenen Musikern unmittelbar in der Vorstellung realisiert werden. Bis auf den »Marsch der Zeit« mit der dazugehörigen »pathetischen Fanfare«, erschienen auf einer Schallplatte[33], ist diese Musik bislang nicht durch öffentliche Medien verbreitet worden; die folgenden Bemerkungen beziehen sich auf Materialien des Eisler-Archivs der Akademie der Künste Berlin.[34]

Grotesk-Satirisches

Unmittelbar bevor in der zweiten Szene zwei satirisch angelegte Figuren auftreten, Madame Messalljanasowa und Iwan Iwanowitsch, ertönt ein kurzes Instrumentalstück: »Dekadenter Blues. Leitmotiv der negativen Personengruppe«, heißt es in Eislers Papieren. Dieses »Leitmotiv« tritt folgerichtig nicht nur im ersten Akt auf, sondern auch im zweiten und vierten Akt – jeweils mit der Funktion, die Tätigkeit der vorgeführten ›Oberbürokraten‹ Optimistenko und Pobedonossikow zu entlarven. Dem elegisch karikierenden »Leitmotiv« stellte Eisler eine gleichfalls mehrfach auftretende Karikatur anderer Art an die Seite: »Schneller Foxtrott. Satire auf Bürokratismus des Optimistenko. Quasi optimistenkoscher Foxtrott« notierte Eisler mit gewiss schwer zu überbietendem Sarkasmus. Der »Dekadente Blues« und der »Optimistische Foxtrott« bestimmen den zweiten Akt, den Akt der Entfaltung einer grotesk persiflierten Bürokratie, musikalisch. Der ›optimistenkoschere‹ Foxtrott leitet diesen Bürokratenakt ein, in dem Optimistenko in grotesken Bildern selbstzufrieden demonstriert, wie schnell er mit Akten und wie rücksichtslos er mit Menschen, die ein Anliegen haben, umgehen kann. Auch dann, wenn er die Ablehnung des Antrags der Konstrukteure der Zeitmaschine nach finanzieller Unterstützung genüsslich vorliest – »ab-ge-le-hent« – ertönt der »Optimistische Foxtrott«, ein schmissiges Stück mit banalen Konturen, das die satte Selbstzufriedenheit jener Figur ausdrückt, der es zugeordnet ist.

Der Höhepunkt des musikalisch grotesk Satirischen in der »Schwitzbad«-Musik befindet sich im dritten Akt. Dieser Akt ist eine entschiedene, virtuos gezeichnete Abrechnung Majakowskis mit jenen dogmatischen Tendenzen der sowjetischen Kunstpolitik, die nicht nur Majakowski das Leben schwer machten, die zu der Absetzung des »Schwitzbads« führten und in den folgenden Jahrzehnten für viele Künstler immer schmerzhafter und unerträglicher wurden. Majakowski führt in sein Spiel die Figur eines Regisseurs ein und verdoppelt den Bürokraten Optimistenko und Figuren aus dessen Umfeld dergestalt, dass sie nun nicht mehr lediglich die Figuren im eigentlichen Spiel sind, sondern darüber hinaus Vertreter der Obrigkeit, die in die Theaterprobe kommen, um das Stück zu überprüfen und bei dieser Gelegenheit den Regisseur zu kritisieren und zu bevormunden. Dabei wird ihre Dummheit sichtbar, ihr Hang zu Schönfärberei, ihre absolute Inkompetenz auf dem Gebiet der Kunst. Indem Eisler und Petrow einen »ordinären« »Zirkusgalopp« als Einleitung zum dritten Akt an den Anfang dieser Groteske setzen, wird das Folgende von vornherein entlarvt und als das denunziert, was es ist – ein (böser) Zirkus.

Geradezu ein herausragender ästhetischer Spaß muss für Regisseur, Komponist und die anderen beteiligten Künstler der Volksbühne dann eine Passage kurz vor Schluss dieses Aktes gewesen sein. Immerfort bedrängt von den Vertretern einer Obrigkeit, die entspannte, schöngefärbte Kunst verlangt, verliert der Regisseur schließlich die Geduld und erklärt: »Das unbeschäftigte weibliche Personal, auf die Bühne! [...] Bringt die unsichtbaren Massen mit unhörbarem Aufruf zur Erhebung! Steckt jedermann an mit eurem Enthusiasmus!«[35] Nach dieser sarkastischen, um nicht zu sagen: höhnischen Rede erfolgt eine Balletteinlage. »Ballettmusik bestehend aus zwei Themen. A kitschig schöngefärbter ta-tü-ta-ta Sozialismus. B wuchtig verbissener Proletkult. 90 Sekunden«, notierte Eisler.[36] Allerdings passt zu der Handlung nur der erste Teil der Ballettmusik. Wurde an dieser Stelle die Handlung verändert, so dass beide vorgesehenen Teile des Balletts aufgeführt wurden? Oder wurde nur der erste Teil aufgeführt? Das kann ich im Moment nicht entscheiden, nehme aber an, dass nur die kurze, zu den Worten des Regisseurs unmittelbar passende »Kitschparodie« gezeigt und pantomimisch getanzt wurde: Über und unter einem Dreiklang der Streicher spielen Celli und Hörner zunächst eine zweitaktige Phrase, *poco moderato*, die leicht variiert unmittelbar wiederholt wird und an deren Schluss ein (banales) Flötenmotiv ertönt. Die abschließenden sechs Takte bringen dann eine quasi spätromantische Tonfolge. Jetzt ist die Obrigkeit begeistert: »Sehr gut!«, sagt Pobedonossikow. Solch ein Tanz und solch eine Musik entsprachen seinem Kunstverständnis: Das war etwas für das ›Volk‹!

Der zweite Teil der nur vorgesehenen oder tatsächlich aufgeführten Ballettmusik heißt in Eislers Autograph »Proletkult-Parodie«. Was aber ausgedrückt wird, ist keineswegs eine Kritik an der russischen Proletkult-Kunst der frühen zwanziger Jahre, sondern umgekehrt: Unter »Proletkult« ist hier das zu verstehen, was Gegenstand des sarkastischen, ja zynischen Spaßes ist, den Majakowskis Regisseur im Spiel mit den Vertretern der Obrigkeit treibt. Das gleichsam Maschinenmäßige, Stampfende von Eislers Proletkultmusik karikiert das Kunstverständnis jener Besucher ›von außen‹, die sich in den künstlerischen Prozess einmischen, ohne selbst über Kunstverständnis oder gar künstlerische Kompetenz zu verfügen. Zwölffach besetzte Holzbläser, dazu dreifaches Blech, Schlagwerk und volle Streicher fordert Eisler für das kurze, durchgängig *fortissimo* gehaltene Stück!

Ernsthaft-Bekenntnishaftes

Vielgestaltig, aber ganz anders als das Satirische ist das Ernsthaft-Bekenntnishafte der »Schwitzbad«-Musik angelegt. Wichtig und charakteristisch ist bereits der Anfang: Gleich eingangs, bevor noch der Erfinder Tschudakow und seine Freunde auf der Bühne erscheinen, ertönt eine »pathetische Fanfare«. Das sechstaktige Stück für zwei Trompeten, zwei Hörner und Schlagwerk eröffnet nicht nur das Schauspiel, sondern auch den Beginn des sechsten und letzten Akts, in dem die sputnikähnliche Flugmaschine mit den einfachen Menschen an Bord ihren Rückflug in die kommunistische Zukunft des Jahres 2030 beginnt.

In drastischem, interessantem Gegensatz zu der »pathetischen Fanfare« wie auch zu der erwähnten »Proletkult«-Musik befindet sich Eislers »Thema der Zeitmaschine«. Innere Beziehungen dieser »Maschinenmusik« bestehen hingegen zu dem kurzen Stück »Sputnik«, das vorgesehen war, vermutlich aber nicht aufgeführt wurde. Trotz der jeweiligen interessanten, eigenständigen, völlig unverwechselbaren Mini-Komposition eignet beiden Stücken eine erstaunliche Nähe: Die dominierende Lautstärke ist *pp* oder gar *ppp*; trotz des großen Orchesterapparates werden im Grunde nur teils solistisch gesetzte Streicher sowie eine Soloflöte bzw. eine Soloklarinette verwendet. Die Haltungen könnte man vielleicht mit zart, verträumt, entrückt bezeichnen. Die von der Vorstellung eines kommunistischen Seins um 2030 inspirierten Kompositionen »Maschinenmusik« und »Sputnik« erinnern an andere nicht-kämpferische Melodien des späten Eisler, etwa an die »Legende von der Entstehung des Buches Taoteking auf dem Weg des Laotse in die Emigration«. Um 1958/59 geschrieben, scheinen sie einer Haltung zu entspringen, die Eisler im Juli 1962 gegenüber Hans Bunge so umriss: »Oder ich würde sagen, es muß eine neuerliche Umfunktionierung der Kunst geschehen, in der die Kunst das wirklich wird, was sie heute nur in den niedrigsten Formen ist: Spaß, Vergnügen und Zerstreuung.«[37]

Das eigentliche, tragende Zentrum der Identifikations-Musik aber nimmt der »Marsch der Zeit« ein. Majakowski selbst hatte den »Zeitmarsch« in das

Finale des theatralischen Spiels eingefügt und ihn mit den Erwartungen der einfachen Menschen wie auch mit dem Auftreten der phosphoreszierenden Gesandten aus der kommunistischen Zukunft verwoben. Bei Eisler wird er dann ein musikalisches Gegenstück zu den satirischen Kompositionen: So fungiert sein mehrfaches Auftreten als ein wiederholtes Erinnerungs- oder vielleicht besser: Vorbereitungsmotiv; dafür zwei Beispiele:

Motive des »Zeitmarschs« erklingen während der unmittelbaren Vorbereitung des Versuchs, der dann zu einer Explosion führt – zu einer Explosion allerdings, die nicht durch die falsche Konstruktion der Maschine verursacht wurde, sondern durch die Hindernisse, die sich ihrem Gang durch die Zeit in den Weg stellten: die Hindernisse des Bürokratismus. Eine Explosion aber auch und vor allem, die Tschudakow und seinen Freunden einen Zettel aus dem 21. Jahrhundert mit der Ankündigung übermittelt, dass am nächsten Tag eine Abgesandte der Zukunft (die »phosphoreszierende Frau«) erscheinen werde. Tschudakow begeistert: »Springt und jubelt! Sperrt die Augen auf! Ein Brief! Fünfzig Jahre später geschrieben! Eine Epistel aus der Zukunft!«.

Auch im sechsten Akt, wenn die »phosphoreszierende Frau« die Funktion des Flugapparats überprüft, ertönen Motive aus dem »Zeitmarsch«. Und erst jetzt, unmittelbar vor dem Start ins 21. Jahrhundert, folgt der musikalisch-inszenatorische Höhepunkt der ganzen Aufführung: In einem symbolisch-utopischen Bild strömen die einfachen Menschen zusammen, *sie* und nicht die Bürokraten haben das Mitreiserecht, und *sie* singen nun den gesamten »Marsch der Zeit« vollständig: als revolutionären Massengesang. Für den Gesang der Menschen, die den Bürokratismus überwinden, wählte Eisler eine breite, hymnische, eine kräftige Musik mit Vorsänger und Chor. Die zentrale Funktion des »Marschs der Zeit« bestand ja darin, den miteinander verbundenen Figuren – der »phosphoreszierenden Frau«, dem Erfinder und seinen Freunden sowie den Menschen, die sie unterstützen – eine Stimme zu geben, ihnen ein deutliches Gegengewicht zu der Macht der Bürokraten zu verleihen. Musik artikuliert sich hier als Hoffnungsträger. Ernst Busch singt in der Schallplattenaufnahme die Strophen, der Chor einen mehrstimmig gesetzten Refrain, der, dem Sieghaft-Hymnischen entsprechend, durchgehend *ff* zu singen ist; der Schlussklang des Orchesters wird durch eine *fff*-Triole der Pauke sowie durch Schläge von Schlagzeug, Becken und Großer Trommel akzentuiert. Eisler betont die spezifische Funktion des »Zeitmarschs« auch dadurch, dass er nicht nur wie so oft in seinen Werken die »Internationale« zitiert, sondern auch die »Hymne der Sowjetunion« – wieder ein deutlicher Hinweis darauf, dass er es immer noch als möglich erachtete, den in der Sowjetunion wie in der DDR grassierenden antisozialistischen, konterrevolutionären Bürokratismus erfolgreich zu bekämpfen und das sozialistische Projekt zu retten. Wirklich ein »deutlicher«

Hinweis? Doch wohl: ja. Denn anders wäre die intensive kompositorische Tätigkeit im Zusammenhang mit dem »Schwitzbad« wohl kaum erklärbar.

*

Am 2. Februar 1959, dem Tag der Premiere, schrieb der Intendant der Volksbühne, Fritz Wisten, einen kurzen Brief an Eisler. Er lautete:

> Lieber Genosse Eisler, Ihre großartige Musik trägt einen nicht unwesentlichen Teil unserer heutigen Inszenierung. Lassen Sie mich Ihnen herzlichen Dank sagen für Ihre Mitarbeit und für ein Werk, das nicht nur mich begeistert hat, sondern auch alle diejenigen, die es bis jetzt hören durften.[38]

Nun, Begeisterung klingt in den Presseberichten über die »Schwitzbad«-Musik nicht unbedingt an. Soweit sie überhaupt erwähnt wird, werden ihr lediglich nichtssagende Floskeln gegönnt.

Aber was auch immer die Presse über Eislers Musik vermeldete oder nicht vermeldete: Tatsächlich wird man die Inszenierung des »Schwitzbads« durch die Volksbühne als ein bedeutendes Ereignis des Berliner Theaterlebens 1959 bezeichnen dürfen. Die Inszenierung wurde nicht nur ziemlich übereinstimmend gelobt, sondern deren eigentlicher Kernpunkt wurde gelegentlich auch angedeutet. So überschrieb Georg W. Pijet seinen kurzen Artikel mit dem schon auffordernden Satz »Besuch bei den Schwitzbadmeistern«[39]; die viel gelesene »Neue Berliner Illustrierte« brachte einen großen Bildbericht und kommentierte: »der Applaus in der Berliner Volksbühne beweist: Dies Schwitzbad ist manchem zu empfehlen.«[40] Und Walther Pollatschek: »Von Wohlmeinenden hörte ich Bedenken: Ob die Satire nicht falsch verstanden, negativ gedeutet werden könne. Freunde, seid nicht so ängstlich!«[41]

Im Gegensatz zu den soeben erwähnten Arbeiten für die Tagespresse konnte eine ausführliche, detailreiche, mitunter polemisch zugespitzte Rezension des damaligen Theaterkritikers Gerhard Ebert nicht erscheinen. Wohl um das Stück insgesamt loben zu können, kritisierte Ebert eingangs mehrere Aspekte der Inszenierung; unter anderem meinte er zweideutig, der »deutsche Zuschauer« höre und sehe »ein Stück, das sich über gewisse ästhetische Regeln hinwegsetzt und bedenkenlos mischt, was von Haus aus nicht unbedingt zusammenpaßt.« Dann aber folgt:

> Um die Karrieristen bloßzustellen, die sich nach dem Sieg der Großen Sozialistischen Oktoberrevolution im Partei- und im Staatsapparat auf verderbliche, die sozialistische Entwicklung hemmende Weise breit machten, entwarf der Dichter Prototypen dieser Mißgeburten der Sowjetgesellschaft. – Trotz unserer kritischen Einwände: Wir sahen eine für die deutsche

Bühne außergewöhnliche Aufführung, die – unterstützt durch Hanns Eislers die Mentalität des Stückes köstlich kommentierende Musik und Ernst Buschs mitreißende Gesangskunst – die Gemüter noch lange bewegen wird. Und wer sich von Majakowski getroffen fühlt, sollte über sich ein bißchen selbstkritisch nachdenken. Vielleicht verordnet er sich dann ›Das Schwitzbad‹ ein zweites Mal.[42]

Dazu konnte es jedoch kaum kommen. Die Volksbühne zielte zu hoch. Das »Tauwetter« war bereits beendet, und so wurde das Berliner »Schwitzbad« nach wenigen Aufführungen noch im Februar 1959 abgesetzt. Majakowskis ätzende Satire überstieg das Maß des Tolerablen; wieder einmal.

*

Heine – Majakowski – Eisler: Was könnten Majakowski und Eisler bei Heine gelernt haben? Sehr wenig, wenn man lediglich auf das Unmittelbare sieht. Fragt man aber nach der Haltung, so sieht die Sache anders aus. Durchaus mit Zögern setze ich zu einem Versuch an:

a) Der Grundgestus von Majakowskis »Drama mit Zirkus und Feuerwerk« und von Eislers »Schwitzbad«-Musik – die Konfrontation des satirischen Verlachens der Bürokratie mit dem entschlossenen Handeln des Erfinders Tschudakow, seiner Freunde und Verbündeten und dem Auftreten der Frau aus der Zukunft – korrespondiert unmittelbar mit dem Verknüpfen des Satirisch-Karikierenden und des Bekenntnishaften (des Identifikatorischen) in Heines späten Texten.

b) Auch wenn die einfachen Leute von der »phosphoreszierenden Frau« unterstützt werden, so sind sie doch von Anfang an diejenigen, die für den Fortschritt eintreten. Dies korrespondiert mit der aufrechterhaltenen Hoffnung, die Heines Revolutionsdichtung – nicht nur seinem Gedicht »Laß die heil'gen Parabolen« – zugrunde liegt, mit seinem weiträumigen historischen Denken.

c) Majakowski und Eisler mussten ähnlich wie Heine einen zweifachen, aufreibenden, einen womöglich als aussichtslos empfundenen Kampf führen: gegen die »richtigen« Feinde einerseits, gegen die Feinde innerhalb der eigenen Gruppierung andererseits. Und wie Heine führten sie diesen Kampf so lange es eben ging.

Der späte Heine, Majakowski, der späte Eisler: Wir finden Resignatives und Kämpferisches, Kämpferisches und Resignatives. Das haben wir zunächst zu akzeptieren. Erst dann sollten wir den Versuch wagen, uns vorzustellen, wie wohl jeder dieser drei die damit verbundenen Spannungen ausgehalten haben mag. Ein derartiger Umgang mit den drei großen Künstlern, vermute ich, stellt gerade jenes Maß an kunstgemäßer Aneignung ihrer Werke dar, das wir, gebrannte Kinder des »wissenschaftlichen Zeitalters«, heute erreichen können.

> Ein Posten ist vakant! – – Die Wunden klaffen – –
> Der Eine fällt, die Andern rücken nach – –
> Doch fall' ich unbesiegt, und meine Waffen
> Sind nicht gebrochen – – Nur mein Herze brach. (DHA III, 122)

Anmerkungen

1 Vgl. dazu Arnold Pistiak: Revolutionsgesänge? Hanns Eislers Chorlieder nach Gedichten von Heinrich Heine. Berlin 2013.

2 Heinrich Börnstein: Fünfundsiebzig Jahre in der Alten und Neuen Welt. Memoiren eines Unbedeutenden. Hrsg. von Patricia A. Herminghouse. New York, Bern, Frankfurt a. M. 1986, Bd. 1, S. 351.

3 Vgl. Arnold Pistiak: »Ich will das rote Sefchen küssen«. Nachdenken über Heines letzten Gedichtzyklus. Stuttgart, Weimar 1999, S. 302–323.

4 Vgl. Arnold Pistiak: Das Lazaruslied. – In: HJb 33 (1994), S. 36–81.

5 Hanna Spencer: Heinrich Heine. Boston 1982, S. 132.

6 Jürgen Brummack: Das Spätwerk (»Romanzero« und autobiographische Schriften). – In: Heinrich Heine. Epoche – Werk – Wirkung. Hrsg. von dems. München 1980, S. 255–292, hier S. 277.

7 Ernst Simon: Heine und die Romantik. – In: ders.: Brücken. Gesammelte Aufsätze. Heidelberg 1965, S. 135–156, hier S. 147.

8 Wilhelm Gössmann: Die theologische Revision Heines in der Spätzeit. – In: Internationaler Heine-Kongreß 1972. Hrsg. von Manfred Windfuhr. Hamburg 1973, S. 320–335, hier S. 335.

9 Alexander Schweickert: Heinrich Heines Einflüsse auf die deutsche Lyrik 1830–1900. Bonn 1969, S. 163.

10 Soweit ich sehe, macht lediglich Dolf Sternberger in seinem »Nachtrag 1975« auf diesen wichtigen Umstand aufmerksam. Vgl. Dolf Sternberger: Heinrich Heine und die Abschaffung der Sünde. Mit einem Nachtrag 1975. Frankfurt a. M. 1976, S. 428.

11 Karl-Josef Kuschel: Gottes grausamer Spaß? Heinrich Heines Leben mit der Katastrophe. Düsseldorf 2002, S. 341 und 342.

12 Johann Wolfgang von Goethe: Werke. Hamburger Ausgabe. Textkritisch durchgesehen und kommentiert von Erich Trunz. 12., neubearb. Aufl. München 1981, Bd. 1, S. 85.

13 Vgl. auch Ps 73, 5.

14 Joseph A. Kruse: »Der heutige Tag ist ein Resultat des gestrigen ...«. Heines Bedeutung für unsere Zeit. – In: Heinrich Heine 1797–1856. Internationaler Veranstaltungszyklus zum 125. Todesjahr 1981 bei Eröffnung des Studienzentrums Karl-Marx-Haus Trier. Trier 1981 (Schriften aus dem Marx-Haus Trier, 26), S. 30–43, hier S. 42.

15 Heinrich Heine: Mein wertvollstes Vermächtnis. Religion, Leben, Dichtung. Hrsg. von Felix Stössinger. 2. Aufl. Zürich 1985, S. 627f.

16 Ja[kov] I[l'ič] Gordon: Gejne v Rossii (1830–1860-e gody). Dušanbe 1973; ders.: Gejne v Rossii (1870–1917). Dušanbe 1979; ders.: Gejne v Rossii. XX vek. Dušanbe 1983. Zitate aus diesen Bänden wurden von mir übersetzt. Vgl. außerdem die deutsche Ausgabe ders.: Heine in Rußland 1830–1860. Aus dem Russischen von Eva-Maria Fiedler. Hamburg 1982.

17 Gordon: Heine in Rußland [Anm. 16], S. 11.

18 Gordon: Gejne v Rossii (1870–1917) [Anm. 16], S. 154.
19 Gordon: Heine in Rußland [Anm. 16], S. 79. Vgl. auch Renate Lachmann: Heine und Puškin. – In: HJb 51 (2012), S. 53–85, hier insbes. S. 54.
20 Gordon: Gejne v Rossii (1870–1917) [Anm. 16], S. 129. Vgl. auch Gordon: Heine in Rußland [Anm. 16], S. 188f., 214f., 307 und 332.
21 Gordon: Gejne v Rossii (1870–1917) [Anm. 16], S. 133.
22 Gordon: Gejne v Rossii. XX vek [Anm. 16], S. 252.
23 Ebd., S. 250, 251.
24 Ebd., S. 251f.
25 Ebd., S. 252.
26 Wladimir Majakowski: Poeme. Nachgedichtet von Hugo Huppert. Berlin 1968, S. 167.
27 Vgl. Miron Petrowski: Wladimir Majakowski i Genrich Gejne. – In: Voprosy literatury 27 (1983), S. 154–180. Eine wesentlich gekürzte deutsche Fassung erschien u. d. T. Heine und Majakowski. – In: Sowjetunion heute 31 (1986), H. 2, S. 65. Speziell zu Majakowskis Gedicht »Norderney« vgl. Franz Schulzki: Traditionen Heines in Majakovskijs Gedicht »Norderney«. – In: Wissenschaftliche Zeitschrift der Pädagogischen Hochschule »Liselotte Herrmann«. Jg. 1973, H. 6, S. 107–116.
28 Petrowski: Majakowski i Gejne [Anm. 27], S. 176. Übersetzung AP.
29 Russischer Text bei Gordon: Gejne v Rossii. XX vek [Anm. 16], S. 253. Vgl. auch die Übersetzung unter dem Titel »In Heines Manier« in: Wladimir Majakowski: Werke. Bd. 1: Gedichte. Hrsg. von Leonhard Kossuth. Deutsche Nachdichtung von Hugo Huppert. Frankfurt a. M. 1973, S. 68. Mit dem Motiv von Blitz und Donner bezieht Majakowski sich auf Heines Gedicht »Wartet nur« (»Neue Gedichte« XXIII; DHA II, 128).
30 Wladimir Majakowski: Rede beim Disput über das »Schwitzbad« im Haus der Presse, 27. März 1930. – In: ders.: Publizistik. Aufsätze und Reden. Übertragen von Hugo Huppert. Berlin 1975, S. 356–358, hier S. 357.
31 Programmzettel »Das Schwitzbad«, Akademie der Künste Berlin, Hanns Eisler Archiv (HEA) 3392.
32 Majakowski: Poeme [Anm. 26], S. 147.
33 Eterna 8 10 014.
34 Erst im April 1959, also nach der Premiere und Absetzung des »Schwitzbads«, wurde die »Schwitzbad«-Musik auch für den Rundfunk aufgenommen. Vgl. Deutsches Rundfunkarchiv in Potsdam-Babelsberg, DRA ZMU 8819.
35 HEA [Anm. 31] 10671, S. 46.
36 HEA [Anm. 31] 1848, S. 1.
37 Hanns Eisler: Gespräche mit Hans Bunge. Fragen Sie mehr über Brecht. Übertragen und erläutert von Hans Bunge. Leipzig 1975, S. 238.
38 Fritz Wisten an Eisler, 2. Februar 1959. HEA [Anm. 31] 6986.
39 Georg W. Pijet: Besuch bei den Schwitzbadmeistern. – In: Die Schatulle, 4. Februar 1956; zit. n. Akademie der Künste Berlin, Fritz Wisten Archiv 74/86/257.
40 Neue Berliner Illustrierte, 14. Febr.1959, gez.: Pf.; zit. n. Akademie der Künste Berlin, Fritz Wisten Archiv 74/86/257.
41 Walther Pollatschek: Zorn, Phantasie, Lachen. – In: Berliner Zeitung, 8. Februar 1959; zit. n. Akademie der Künste Berlin, Fritz Wisten Archiv 74/86/257.
42 Gerhard Ebert: ›Das Schwitzbad‹ von Wladimir Majakowski an der Berliner Volksbühne. – In: ders.: Von Brecht bis Müller. Theaterkritiken aus fünf Jahrzehnten. Auswahl. Online unter URL http://www.berliner-schauspielschule.de/theaterkritiker.htm [letzter Zugriff: 13.01.2013].

Hegel – Heine – Hitler
Zur Kontinuitätsproblematik
nationalromantischer Phantasmen

Von Alfred Opitz †, Lissabon

Der dozierende Buchhalter des Weltgeistes[1], ein an seinem Deutschtum leidender jüdischer Dichter und ein größenwahnsinniger, jahrelang in Deutschland und Österreich umjubelter Diktator, der die halbe Welt in Trümmer legen ließ: Verbindungslinien zwischen diesen drei bis heute erfolgreichen »Attraktoren« in ganz unterschiedlichen Recycling-Kontexten[2] zu ziehen, widerspricht auf den ersten Blick allen ideologie- und kulturgeschichtlichen Gewohnheiten. Bei einer genaueren Lektüre dieser Autoren kristallisieren sich jedoch eine Reihe von semantischen und funktionalen Prägnanzrelikten (im Sinne Cassirers) heraus, deren Stellenwert im Wandel der deutschen National-Phantasmen während der letzten beiden Jahrhunderte genauer zu bestimmen wäre. Das wiederum ist nicht ohne weiteres zu leisten. Die permanente Typisierung und Veränderung von Sinnfragmenten im Fluss der soziokulturellen Evolution ergibt für die Moderne mit ihrer sich immer stärker auflösenden Formkonsistenz eine enorme Variationsbreite der Sinnkondensate, deren Funktionsprofile sich im analytischen Rückblick oft nur punktuell (und ohne den Anspruch auf exemplarische Relevanz) fixieren lassen. Dazu kommt die Frage, ob Kontinuität auf den semantischen Oberflächen (Texte, Begriffe, Bilder) auf die Fortdauer von basalen Strukturimpulsen in veränderten Kontexten schließen lässt und welche Position den aktualisierten Traditionsfragmenten im Gesamtdesign der jeweiligen philosophischen Weltentwürfe zukommt.

Diese Frage, die jüngst durch die polemische und kontroverse Diskussion anlässlich der »Schwarzen Hefte« von Heidegger erneute Aktualität gewonnen hat, bedarf jenseits aller Polemik noch weitergehender theoretischer Erkundungen. Dabei wäre ebenfalls zu klären, inwieweit langfristig dominante Sinnkonstrukte auch dort noch prägend sind, wo sie im Vordergrund der Fachsemantik kaum noch zu erkennen sind.[3]

Wenn man Hegels Geschichtsphilosophie mit Heine-Texten, Äußerungen von Hitler und Kommentaren von Klemperer sowie Thomas Mann zum Dritten

Reich (wie »Bruder Hitler« von 1939) vergleicht, ergeben sich zunächst irritierende Einsichten in ein für ganz unterschiedliche Aktualisierungen offenes Traditionskontinuum einer Integrationsvision von Religion, Kunst und Staat, das bis in die Frühromantik zurückreicht. Das betrifft nicht nur das nationalromantische Blut-und-Boden-Phantasma (Wackenroder, Tieck) und das – laut Schwarz[4] – für Hitler prägende Paradigma der Kunstreligion, sondern auch Fichtes Wahnvorstellung eines erwählten (deutschen) Volkes, das dazu berufen ist, die ganze Welt zu retten.[5]

Alle diese Konstrukte werden von einer holistischen Metaphorik zusammengehalten, die aus der alteuropäischen Semantik[6] kommt und auf Anthropogenese als weit in die Zukunft weisendes *work in progress* besteht. In Schillers »Ode an die Freude«, die Heine in dem Gedicht »Prinzessin Sabbath« parodistisch für die jüdische »Himmelsspeise« Schalet in Anspruch nimmt (DHA III, 128), werden alle Menschen Brüder.[7] Im verbalen Futurum jubelt noch einmal die aufklärerische Wahnvorstellung von der Perfektibilität des Menschengeschlechts (u. a. Lessing 1777), die auch in Hegels späterem Diktum[8] aufgegriffen wird, der Mensch sei »nicht von Natur, wie er sein soll«, er müsse daher einem »Prozeß der Umbildung«[9] unterworfen werden.

Was Hegel so attraktiv für spätere Ideologen macht, lässt sich in wenigen Sätzen zusammenfassen. Sein radikaler Selbstbezug (»Europa ist schlechthin das Ende der Weltgeschichte«) und sein kolonialistischer Zynismus sind beispielhaft für künftige Imperialismen. Die amerikanische Kultur musste eben untergehen, »sowie der Geist sich ihr näherte«; die Eingeborenen, heißt es erschreckend euphemistisch, sind »an dem Hauche der europäischen Tätigkeit untergegangen«.[11] Auch sei es notwendiges »Schicksal der asiatischen Reiche, den Europäern unterworfen zu sein«.[12] Wenn Hegel sogar dem Rest der Welt physische und »geographische Unreife« vorwirft[13], werden hier bereits Selektionskriterien sichtbar, die imperiale Machtpolitiker dann zu konkreten Handlungsanweisungen ausbauen sollten. Dem »Endzweck« der Weltgeschichte, heißt es summarisch bei Hegel im teleologischen Rückblick, seien »alle Opfer auf dem weiten Altar der Erde und in dem Verlauf der langen Zeit gebracht worden«.[14]

Dieser Opfermythos ist ebenso wie Hegels nationalromantisches Postulat einer Einheit von Kunst, Religion und Philosophie einer Staatsform verpflichtet, mit der die »höchsten Gestalten« des »göttlichen, absoluten Prozesses des Geistes«[15] dem germanischen Geist und seinen preußischen Nachfolgern zugeschrieben werden können. Auch die welthistorische Disqualifizierung der Italiener »zur höheren Einheit des Gedankens«[16] und die Hypostase eines entzweiten Grundcharakters der (gegen die welthistorisch bedeutsame deutsche Reformation[17] renitenten) romanischen Nationen wird rassenmythisch begründet: »[...] sie sind aus der Vermischung des römischen und germanischen Blutes hervorgegangen« und damit nicht der »Totalität des Geistes« zugänglich; sie seien eben »im Innersten außer sich«. Bei den Deutschen dagegen: »tiefste Einheit«, »Gemüt«, »Sinnen über den Geist selbst in sich«. Diese Semantik propagiert bereits weitreichende diskriminatorische Inklusions- und Exklusionsformeln.[18]

Die kaum zu widerlegende Letztbegründung, die »Geschäftsführer des Weltgeistes« würden und dürften »ganz rücksichtslos dem *einen* Zwecke«[19] nachgehen, nämlich der »Vollführung« des göttlichen Plans (allein das habe »Wirklichkeit«, alles andere sei »nur faule Existenz«[20]), weist ebenfalls in die imperiale und totalitäre Zukunft. An anderer Stelle wird der Philosoph noch deutlicher; die welthistorisch »große Gestalt müsse [!] manche unschuldige Blume zertreten, manches zertrümmern auf ihrem Wege«.[21] Die Blumen-Metapher hat dieselbe legitimatorische Funktion wie das »Ungeziefer« bei den Nationalsozialisten; sie verdeckt, dass es sich bei den unschuldigen Opfern um Menschen handelt und erleichtert so deren Vernichtung. Wie Hegel (und bisweilen auch Heine[22]) beruft sich auch Hitler immer wieder auf die göttliche »Vorsehung«, deren Werkzeug die welthistorischen Individuen sind (s. u.). Und wie Fichte war auch Hegel überzeugt, dass sich die Welt aus dem neuen Geist der germanischen Welt »regenerieren musste«.[23]

Diese Wahnvorstellung einer deutschen Weltmission setzt sich bei Heine fort, der sich jahrelang erfolgreich als Hegelianer inszenierte. In der »Vorrede« zu Band I des »Salon« von 1833 stellt sich die Autorfigur nicht nur in eine illustre Ahnenreihe der von der Idee in die Arena gezwungenen Gladiatoren (Luther, Robespierre), er positioniert sich auch als Erwählter, dem »das Meer«[24] nachts seine Geheimnisse offenbart und [...] das große Welterlösungswort ins Herz geflüstert« (DHA V, 375) habe – obwohl die letzten Fragen bis zum »Romanzero« ohne Antwort bleiben. Zur selben Zeit konzipiert Heine ein Werk, das in der Warnung vor »Kantianern, Fichteanern und Naturphilosophen« gipfelt, die »den großen Kreis der philosophischen Revoluzion« beendet hätten. Mit dieser Vision eines gewaltigen Kampfspiels im »Reiche der Erscheinungen« bekräftigt der Berichterstatter noch einmal seine Prophetengabe; die anstehende deutsche Revolution werde »die Welt mit Entsetzen und Bewunderung erfüllen« (DHA VIII, 117ff.). Diese Ambivalenz charakterisiert auch ein Jahrhundert später die weltweiten Reaktionen auf die nationalsozialistische »Revolution«. Nach Kershaw wurde Hitler »zwischen 1933 und 1940 zum unbestritten beliebtesten Staatsoberhaupt auf der Welt«[25]; das Entsetzen stellte sich erst in dem Maße ein, wie der Eroberungswahn des Diktators aus dem Ruder lief und die Untaten des Regimes publik wurden. Wie Hegel zeigt sich auch Heine von einem nationalen Universalismus (als Mission und Berufung) überzeugt, die deutsche Philosophie sei »eine wichtige, das ganze Menschengeschlecht betreffende Angelegenheit« (DHA VIII, 117). Diese sich im wilhelminischen Imperialismus pathetisch aufblähende Hybris gipfelt in der nationalsozialistischen Wahnvorstellung von der Rettung der europäischen Kultur im Weltkrieg. Thomas Mann musste dann am 1. Mai 1944 angesichts der Nazi-Verbrechen ausdrücklich daran erinnern, dass die deutsche Kultur »nicht die höchste und einzige«, sondern nur »eine unter anderen« ist.[26]

Im Vorwort des Einzeldrucks des »Wintermährchens« von 1844 interpretiert Heine den deutschen Universalismus zwar als globale Emanzipation; das arme, glückenterbte Volk der Deutschen werde zum »Erlöser Gottes« und setze »den verhöhnten Genius und die geschändete Schönheit wieder in ihre Würde« ein. Der Traum von »dieser Sendung und Universalherrschaft Deutschlands« artikuliert sich dann allerdings, wie schon bei Fichte, als deutscher Kulturimperialismus; »ganz Europa, die ganze Welt« werde »uns alsdann zufallen«, »die ganze Welt wird deutsch werden« (DHA IV, 301). In einem Bruchstück zu »Lutezia« (1842) versteigt sich der Berichterstatter zu der Behauptung, Deutschland sei »die gewaltigste Macht der Welt« und das sei dem »Nationalsinn« zu verdanken, der ihm eine unverwüstliche »innere Einheit« verleihe (DHA XIV, 241).

Für Heine ist die Verbindung von profilfördender Emanzipations-Euphorie und ebenso wirksamem, tradiertem National-Phantasma » m e i n Patriotismus« (DHA IV, 301). Das kaum ironisch zu verstehende Vokabular[27] transportiert trotz der emanzipatorischen Akzente einen hegemonialen Anspruch, der im weiteren Verlauf des Jahrhunderts zum politischen Programm mutiert. Die wilhelminische »Weltpolitik« kann sich dann geradezu penetrant auf die vermeintliche kulturelle Superiorität Deutschlands berufen, und der Nationalsozialismus wird diese Argumentationslinie direkt aufgreifen und zu einem ressentiment- und aggressionsgeladenen Affekt aufbauschen.

Was Heine zur Zeit der Julirevolution berichtet, »viel Gebrülle und Störniß jeder Art« (DHA V, 369), wird ein Jahrhundert später auch von den nationalsozialistischen Münchner Großveranstaltungen von 1923 im Zirkus Krone vermeldet[28]: die Nazi-Gladiatoren mit ihren »revolutionären« Ideen in einer Arena, in der sich gewöhnlich Clowns und Raubtiere tummeln. Aus den antiken Spektakeln vor höchstem Publikum sind allerdings ordinäre Saalschlachten geworden; das Metaphernfeld ist aber erstaunlich kohärent geblieben. Hitler, der in jungen Jahren nach Kershaw Heines Lyrik gelobt haben soll[29], schreibt sich in den ersten Jahren der Bewegung explizit die Rolle eines »Trommlers« zu[30], wie ihn Heine im Zeitgedicht »Doktrin« (DHA II, 109)[31], mit einer sensualistischen Deutung der Hegel'schen Philosophie, als emphatisches und kompensatorisches Selbstportrait aufmarschieren lässt. Der Verdacht, dass diese metaphorische Koinzidenz zu analytischen Kurzschlüssen führen könnte, ließe sich durch eine methodologische Präzisierung der Funktionsvarianz tradierter Sinnfiguren ausräumen.

Ein weiteres Beispiel mag hier die Tücken der teilweise theorieresistenten Recycling-Problematik illustrieren: die (im kulturellen Arsenal vorrätige) Sinnform »Nachtgedanken«. Heine inszeniert sich schlaflos in Paris (»Zeitgedichte« XXIV; DHA II, 129f.) und Hitler schlaflos auf dem Berghof (s. u.). Die Primärfunktion ist in beiden Fällen identisch: die Vermittlung der tröstlichen Einsicht, dass da ein bedeutender Mann an Deutschland denkt und sich Sorgen macht. Die Sekundärfunktion ist Konsolidierung und Propagierung dessen, was als Resultat der Nachtgedanken erscheint. Auf diesem Niveau existieren fundamentale Unterschiede. Heine schreibt die »Sorgen« in einen lebensgeschichtlichen Horizont ein (Tod der Freunde, hohes Alter der fernen Mutter) und evoziert nationale Deutschland-Klischees (Eichen, Linden usw.). Das Gedicht kann dann (wie bei den in DHA II, 768f., zitierten Rezeptionsbelegen) als erfolgreiche Arbeit an einem pathetischen Selbstprofil interpretiert werden und/oder als Aufforderung an den Leser, darüber nachzudenken, ob das krisengeschüttelte postromantische Deutschland der 1840er Jahre wirklich »ewigen Bestand« haben wird. Bei Heine gibt es keine Lösungen; die französische Morgensonne verscheucht die Sorgen, und die ironische Distanzierung vom kerngesunden Märchen-Deutschland bleibt offen. Bei Hitler dagegen wird die am Ende der Nachtgedanken sich einstellende »Klarheit« umgehend in mörderische Tagesbefehle und Taten umgesetzt.

Beim »Trommler« liegt die Primärfunktion im Fokus auf einer Symbolfigur, die »immer voran« marschiert und weiß, wo es lang geht; er ist auch nicht allein, ihm folgt eine für ihre Ideen zum Kampf entschlossene, opferbereite Truppe. Die originäre Sinnform wird dann im Sinne der Schema-Theorie zum *slot*, zur offenen Variable, die mit beliebigen neuen Bedeutungen besetzt werden kann. Die Sekundärfunktion[33] ist Stabilisierung eines oft grundverschiedenen, dem aktuellen Kontext entsprechenden Inhalts; bei Heine die sensualistische Utopie und bei Hitler die NS-Ideologie. Dabei ist zu bedenken: Je frappanter das Wiedererkennen (alter Sinnformen) ist, desto höher der Akzeptanz-Faktor für neue Inhalte und Differenzierungen. Dazu kommt bei den semantischen Transformationsprozessen ein weiterer fundamentaler Faktor, der noch deutlicher zu charakterisieren ist (s. u.). Andererseits darf das Alte und Bekannte nicht derart dominieren, dass die neuen Ideen nicht mehr zur Wirkung kommen.

Hitler sieht noch 1944 seine »Doktrin« und die nationalsozialistische Revolution ausdrücklich als weit in die Zukunft ausgreifende, von der »Vorsehung« gelenkte Fortsetzung und Vollendung der deutschen philosophischen Tradition, daher auch sein Traum, in »der großen Innenhalle der Bibliothek in Linz« die Büsten von »Kant, Schopenhauer und Nietzsche« (»unsere größten

Denker«) aufzustellen. Schopenhauer habe »die reine Zweckphilosophie eines Hegel« und Nietzsche den Pessimismus Schopenhauers »in einzigartiger Weise« überwunden.[35] Leni Riefenstahl, eine der vier »Paradefrauen« Hitlers, dreht dann ihren zweiten Film über den Nürnberger Parteitag (1935) unter dem auf Hitlers Lieblingsphilosophen bezogenen Titel »Triumph des Willens«. Im Prolog werden heilsmetaphorisch das Leiden des deutschen Volkes und seine Wiedergeburt im Dritten Reich beschworen. Traditionsgebunden ist auch die für die nationalsozialistische Programmgenese fundamentale Unterscheidung von ewiger Wahrheit und einer (nachgeordneten) praktischen Wirklichkeit, die der große Politiker der »Idee« unterwirft.[37]

Ebenfalls nationalromantisch geprägt ist Hitlers Insistieren auf der Bedeutung der Kultur für das neue Reich; an ihren »Segnungen« solle »ein jeder teilhaben« können.[38] Im Januar 1942 verkündet er nachts in der Wolfsschanze: »Es gibt nichts Schöneres, als Kulturdenkmäler der Nation hinzustellen«; die geplante monumentale Soldatenhalle der künftigen Hauptstadt Germania wird ausdrücklich als Fortführung der »Galerien in Berlin, in München, in Dresden, in Wien und in Kassel« gesehen. Für sein Traumprojekt der Linzer Galerie könne er sich »nur diese eine Überschrift denken: Dem deutschen Volk zu eigen«. Das Museum in Linz sollte in dieser Perspektive den für den Parlamentarismus stehenden »Schandbau« des Berliner Reichstags ersetzen[39]; die Deutschen seien »Soldatenvolk und zugleich Kunstvolk«.[40] Das Phantasma einer expansiven nationalsozialistischen Kultur resultiert inmitten des äußerst destruktiven Russland-Feldzuges aus der Überlegung: »Kriege kommen und vergehen, nur die Werke der menschlichen Kultur bleiben«, und »Berlin wird einmal die Hauptstadt sein der Welt«. 1941 schreibt sich Hitler gut nationalromantisch vor allem zwei herausragende Leistungen zu: dem »Rasse-Gedanken« zum »Sieg verholfen« und »die Kultur zur tragenden Kraft der deutschen Herrschaft« gemacht zu haben.[42]

Hitlers Vorliebe für die romantische Kunst (die Nazarener, Caspar David Friedrich, Schwind) ist von Schwarz 2009 ausführlich dokumentiert worden.[43] Der mit der Reichsführung beauftragte Politiker inszeniert sich gern als »Baumeister« und romantischer Künstler; er lässt sich im Berghof als in die weite Landschaft schauende Rückenfigur à la Friedrich fotografieren[44] und sagt im Januar 1942 in der Wolfsschanze über sein alpines Refugium: »Nachts sehe ich oft stundenlang von meinem Schlafzimmer aus auf die Berge hinaus, da kommt die Klarheit«.[45] Auf der »Großen Deutschen Kunstausstellung« (München, 1937–1944) nehmen die Landschaften als wesentlicher Bestandteil des deutschen Essenzkosmos breiten Raum ein; in der Pilot-Veranstaltung von 1937 waren unter den 884 Exponaten 295 Landschaftsgemälde sowie 122 Tierbilder und Stillleben (grob gezählt) mit hohem nationalromantischen Identifikationswert zu sehen.

Die Ambivalenz von Heines Prophezeiung einer fulminanten deutschen Revolution erlaubte es dann auch den Regimekritikern, die NS-Ideologie auf die Romantik und die deutsche Philosophie zurückzuführen. Victor Klemperer notiert am 1. August 1934 über die Schlussseiten von Heines »Zur Geschichte der Religion und Philosophie in Deutschland«: »Sie packen mich ungeheuer. Eine solche Prophetie!« Er kann damit den Nationalsozialismus als die »giftigste Konsequenz, richtiger Überkonsequenz der deutschen Romantik« betrachten; »sie ist an ihm genauso schuldig und unschuldig wie das Christentum an der Inquisition«.[47] Diese überkonsequente Romantik wird allerdings noch im September 1944 nationaltypologisch als spezifisch deutsche Angelegenheit gesehen. Schon im April 1933 hatte Klemperer vermutet, »der gegenwärtige Wahnsinn« könne »typisch germanischer Wahnsinn« sein, eine Wiederaufnahme des tradierten Topos vom *furor teutonicus*. Und vier Jahre später kommt er zu der trostlosen Einsicht: »Hitler entsprach wirklich dem deutschen Volkswillen«; er verkörpere »die deutsche Volksseele«, bedeute »wirklich Deutschland« und werde sich deshalb als genuiner »Sprecher so ziemlich aller Deutschen« zu Recht halten.[50] Im Oktober 1941 notiert er metaphernkritisch in diesem Sinne: »Die Seuche wütet in allen, vielleicht ist es nicht Seuche, sondern deutsche Grundnatur«[51]; all das ist auf sehr problematische Weise noch essentialistisch gedacht, wenn auch mit negativen Vorzeichen.

Thomas Mann betont in den Tagebuchblättern von 1933 und 1934, der Faschismus habe unzweifelhaft »auch seine geistigen Wurzeln«; er sei »in philosophischer Sphäre vorbereitet« worden. 1935 warnt er Europa vor dem »Jargon der Romantik« im »Massengeist« der Zeit.[53] Der Nationalsozialismus sei »die virulente Entartungsform von Ideen, die allerdings den Keim mörderischer Dekadenz immer in sich trugen [...]; sie hießen ›Romantik‹ und hatten viel Faszinierendes für die ganze gebildete Welt«. Dieser Ideenfundus[54] sei von den Nazis meisterlich »an das technische Massen-Zeitalter« angepasst worden.[55] Wenn er von Kompromittierung einer Idee, von Dekadenz und Denaturierung spricht, muss er zugleich einräumen, dass es »immer schlimm gestanden haben« müsse »um eine Idee«, die sich in der Verwirklichung so ausnimmt wie das Deutschland-Phantasma nach der Machtübergabe.[56] Was hier als »verhängnisvolle Korruptionsgeschichte« denunziert wird, ließe sich, in der Sequenz von Manns Begriff des »hochtechnisierte[n] Romantizismus«, etwas nüchterner dahingehend konkretisieren, dass der frühen »romantischen Gegenrevolution« u.a. die medien- und kriegstechnologischen Mittel fehlten, um ihre Ideen in die Wirklichkeit umzusetzen.[59] Heine hatte das auf die prägnante Formel gebracht, hinter jeder Idee stehe der Mann mit der Axt (vgl. DHA IV, 105), aber hinter dem Ideenkonglomerat der frühen Nationalromantik standen lediglich italiensüchtige Künstler und Dichter mit Pinsel und Feder. Aber der Weg vom philosophischen Holismus zur Barbarei war vorgezeichnet und konnte dann ein Jahrhundert später mit den Mitteln einer zutiefst kompensatorischen, technisierten Mystik[60] rasch und durchgreifend ins Extrem getrieben werden.

In Hitlers Selbstdarstellung taucht noch ein weiteres Motiv aus dem Hegel-Heine-Komplex auf: die »heilige Zwingniß« (DHA V, 370), die den Dichter wider Willen in die öffentliche Arena treibt. Heine inszeniert den Konflikt zwischen poetisch produktivem Refugium und öffentlichem Tribunat wirkungsvoll in der oben zitierten »Vorrede zu Salon I« vom 17. Oktober 1833 (vgl. DHA V, 369ff.). Der sich gern öffentlich als verhinderter »Baumeister«[61] darstellende Hitler nimmt das Motiv des zum Kämpfer gezwungenen Künstlers in seinen Tischgesprächen 1942 auf; er sei gegen seinen Willen »Politiker geworden« und es solle der schönste Tag seines Lebens werden, wenn er »aus dem politischen Leben ausscheide und alle die Kümmernisse, die Plage und den Ärger« hinter sich lassen könne. »Ich würde, hätte sich ein anderer gefunden, nie in die Politik geraten sein; ich wäre Künstler oder Philosoph geworden«.[62]

Dass Hitler sich noch auf weitere nationalromantische Topoi bezieht, sei nur kurz vermerkt. So verbiegt er das ursprünglich komplementäre Nord-Süd-Schema zur hegemonialen Germanisierung der Südländer, um eine seiner Lieblingsideen zu illustrieren, das Dritte Reich als Vollendung der klassischen Antike. »Der Germane muß nach einem sonnigen Klima, um seine Fähigkeiten entwickeln zu können. In Griechenland, in Italien konnte sich der germanische Geist erst entfalten«.[63]

Das dritte Grundprinzip der Nationalromantik (Fusion von Kunst, Religion und Macht) wird u.a. in dem von den Nazis in den 1930er Jahren intensiv betriebenen Dürer-Kult sichtbar. Die Assimilation von Gott und Führer ist seit der Frühgeschichte geläufig; im Herrscher inkorporieren sich Vorsehung und Weltplan. In Deutschland wird dann mit Dürers christologischem Selbstporträt von 1500 eine nationalromantische Symbolfigur etabliert, die sich durch die Jahrhunderte bis heute behaupten konnte. Diese Prägnanz erklärt auch die Rekurrenz der göttlichen Inkorporationsmetaphern in Hitlers massenhysterisch äußerst wirksamer Rhetorik und Selbstinszenierung. Der Vergleich wird für die Hitler-Gemeinde zum Topos.[64] Er ist der Erlöser, der neue Gott (der sich auch selbst so sieht).[65] »Die Presse verhimmelt Hitler wie Gott und seine Propheten in einem«, notiert Klemperer im September 1933.[66] Damit wird die strahlende Aura der religiösen Tradition (inklusive Opfermythos) auf neue Bedeutungen (NS-Programm) übertragen. Die Jesus-Figur erlaubt zudem den Übergang vom »Geschäftsführer« des göttlichen Willens (schwache Aura) zum »Erlöser« einer leidenden und gedemütigten Nation (starke Aura). Goebbels hatte Hitler schon

1925 alle nur möglichen Heldenrollen zugeschrieben (»halb Plebejer, halb Gott«, »Christus«, »König«, geborener »Volkstribun« und kommender »Diktator«), er hatte in dem »Trommler« ein umfassendes und faszinierendes Identifikationspotential erkannt, das er dann als Propagandachef des Führers planmäßig förderte. Eine begeisterte Anhängerin kommentiert 1933: »[...] der Heiland ist er einer bösen, traurigen deutschen Welt«.[68]

So vermerkt Klemperer 1935, Hitler habe die »1923 an der Feldherrnhalle Gefallenen: ›Meine Apostel‹« genannt und »bei der Triumph- und Beisetzungsfeier« gesagt: »Ihr seid auferstanden im Dritten Reich«. Die sich seit der Aufklärung verstärkende Übertragung religiöser Semantik auf weltliche Erscheinungen verdeutlicht nicht nur ein starkes Bedürfnis nach Geborgenheit und Erlösung, sondern auch ein schwerwiegendes Legitimationsdefizit. Klemperer kommentiert diese pseudoreligiösen Nazi-Spektakel mit »Religiöser Wahnsinn und Reklamewahnsinn«, was er mit einem weiteren, ganz hegelianischen Hitler-Zitat aus einer Rede in Würzburg im Juni 1937 belegt: »Die Vorsehung führt uns, wir handeln dem Willen des Allmächtigen entsprechend. Es kann niemand Völker- und Weltgeschichte machen, wenn er nicht den Segen dieser Vorsehung hat«.[70] Für die explizite Wende des gescheiterten Feldherrn zu Gott, wie in der über Rundfunk verbreiteten Silversterrede vom 31. Dezember 1944 mit der »Anrufung des Allmächtigen, der die gerechte Sache zum Siege führen wird«, hat Klemperer dann nur noch Hohn übrig.[71]

Schon diese wenigen Beispiele lassen erkennen, dass im Recycling nationalromantischer Phantasmen zahlreiche metaphysische Sinn-Residuen und – im Zuge der Modernisierung sich verschärfende – Legitimations- und Inklusionsbedürfnisse zu heterogenen Konglomeraten kondensiert werden, deren sozialpsychologische Dynamik sich von den Oberflächen der Texte und Bilder her nur ansatzweise fassen lässt. Bei den zitierten Beispielen ist prinzipiell zu berücksichtigen, dass die »überlieferten Formen« im Remake als »*anders gemeint*« verstanden werden müssen; sie seien, so Luhmann (quer zu seinen eigenen Theoremen), »bei aller scheinbaren Seinsfestigkeit, nur noch ein Medium der Selbstverständigung unter anderen gesellschaftlichen Bedingungen«. Beständigkeit und »Seinsfestigkeit« (ein kurioser Begriff für einen Verfechter fluktuierender Semantiken) von Sinnformen werden erst im historischen Rückblick sichtbar; sie sind immer (und nicht »nur noch«) Medien der Selbstverständigung.[72]

Außerdem übergeht Luhmann hier eine dritte, grundlegende Komponente jedes Recycling-Prozesses. Der Übergang von der Primär- zur Sekundärfunktion transportiert im Fluss der kulturellen Evolution immer (mehr oder weniger erkennbar) Partikel der ursprünglichen Aura mit sich, die dann gegebenenfalls wie die A-Beta-Moleküle in unserem Gehirn inaktiv bleiben oder, wie bei Hitler, zum selbstzerstörerischen Wahn verklumpen. Es ist offensichtlich, dass das »Wiedererkennen« alter Formen (Vorsehung, Gott, Trommler) totalitäre Kollektivpsychosen bestätigt und, wie im Dritten Reich, die neue Typisierung von Sinn im Rahmen der NS-Ideologie (Führerprinzip, Rassentheorie, arische Weltherrschaft) verstärkt.

Die von Heine im deutschen Universalismus hypostasierte »Erlösung« Gottes als Verlagerung des Paradieses in diese Welt (ohne festes Datum, aber programmatisch angemeldet) impliziert auch die Auflehnung gegen die vom Schöpfergott als Strafe verhängte Sterblichkeit des Menschen. Auf dem Schlachtfeld von Marengo schwärmt der brave »Soldat im Befreyungskriege der Menschheit« vom Kampf »gegen andere Weltübel, vielleicht am Ende gar gegen den Tod« (DHA VII, 70), und an diesen mythogenen Wahn, der die Geschichte der neuzeitlichen Sozialutopien durchzieht und sich bis in die aktuelle Biotechnik fortsetzt, dürfte der russische Regisseur Alexander Sokurov in seinem Hitler-Film »Moloch« (1999) gedacht haben, wenn er Hitler in der letzten Einstellung bei der Abreise aus dem Berghof zu der zurückbleibenden Eva Braun sagen lässt: »Wir werden den Tod besiegen«. Diese Fixierung auf Dauer und Ewigkeit, wie sie sich auch in der faschistischen Architektur konkretisiert, wird zur folgenreichsten Bruchstelle des Regimes; die Negation von Zeit und Wandel hat bisher noch jedes totalitäre System zur Implosion gebracht. »Der natürliche Weg«, schreibt Hannah Arendt, »ist immer der Weg des Untergangs[73], und eine Gesellschaft, die sich blind der Notwendigkeit der in ihr selbst beschlossenen Gesetze anheimgibt, kann immer nur untergehen«.[74]

Hegel, so lässt sich zusammenfassen, liefert mit seinem rassistischen Eurozentrismus nicht nur Vorgaben für den kolonialen Imperialismus des expandierenden Jahrhunderts. Sein Freiheitsbegriff hat auch eine wichtige ökonomische Komponente. Im Staat herrschen Gehorsam und emsige Arbeit; der Mensch macht »sich selber unabhängig« in »der Abhängigkeit durch *Tätigkeit* und Verstand und Fleiß«. »Arbeit macht frei«, heißt es dann später.[75] Das derart verdiente Geld, so Hegel als moderner Ökonom, muss (auch »für überflüssige Bedürfnisse«) ausgegeben werden, damit der Laden brummt. »Industrie« und »Gewerbe« sind nunmehr sittlich geworden«: verpflichtendes Arbeits- und Konsumethos noch vor der in Deutschland erst später anlaufenden Massenproduktion, während Heine zur selben Zeit in England (und dann in Paris) schon die zunehmende Verelendung des Proletariats und die Auswirkungen der modernen Warenästhetik konstatieren kann.

Die religiöse Begründung der Weltgeschichte erlaubt ein für totalitäre Programme anfälliges Staatsdesign, in dem die Weltlichkeit als »Reich des *Willens*« fungieren kann, der sich gewaltsam und rücksichtslos »zur Existenz bringt«.[76]

»Perioden des Glücks« werden so zu leeren Blättern im Buch der Weltgeschichte[77], Krieg und Zerstörung befördern den göttlichen Weltplan. Das erklärt auch, warum der Nationalsozialismus bei aller Kritik am Christentum und an den kirchlichen Institutionen nicht auf einen jenseitigen Drahtzieher verzichten kann. Hegels emphatisches Reden vom »Glanze der Idee«, »die sich in der Weltgeschichte spiegelt«, setzt letztendlich voraus, dass alles, »was geschehen ist und alle Tage geschieht, nicht nur nicht ohne Gott, sondern wesentlich das Werk seiner selbst ist«.[78] So lautet der triumphale Schlusssatz der »Philosophie der Geschichte«, mit der Gott explizit in die Tagespolitik hereingenommen wird. Im »reinen Licht« der »göttlichen Idee «verschwindet der Schein, als ob die Welt ein verrücktes, törichtes Geschehen sei«.[79] Es ist verständlich und bedauerlich, dass Hegel in der Restauration diesem »Schein« noch nicht zur decouvrierenden »Wahrheit« verhelfen konnte, wie das Nietzsche eine Generation später für das Kaiserreich durchführt.

Angesichts der metaphysischen Letztbegründung von Geschichte bei Hegel empfiehlt sich nur noch »Gehorsam gegen die Staatsgesetze«. »In diesem Gehorsam ist der Mensch frei, denn die Besonderheit gehorcht dem Allgemeinen«.[80] In diesem Sinne kritisiert Thomas Mann, dass »der Nationalsozialismus sich die Miene geben konnte, als sei er der sakrosankte Beauftragte der Geschichte und des Weltgeistes, so daß jeder Widerstand gegen ihn als todeswürdiges Verbrechen zu gelten habe«[81]. Die von Hegel postulierte Metaphysik der Geschichte wird zum Freibrief für Exklusionen wie in der nationalsozialistischen Gesetzgebung, mit der Parteien, Ethnien oder Religionsgemeinschaften »legal« aller Rechte beraubt[82] und für die »Ausmerze« freigegeben werden.

Ein weiteres Axiom Hegels versucht, die zunehmende Individualisierung (der Wünsche und Meinungen) durch ein sinnreiches und totalitäres Postulat aufzuheben. Für die Konflikte zwischen autonomen Subjekten und normativen Kollektivkörpern, die Fichte mit seinem Programm der National-Erziehung durch das Niederbrechen der Individualität auf brachiale Weise löst, findet Hegel eine elegantere und zukunftsweisende Lösung: Er lokalisiert den »Geist« gleichermaßen in den vielen und dem großen Einen. »Deshalb folgen die anderen diesen Seelenführern, denn sie fühlen die unwiderstehliche Gewalt ihres eigenen inneren Geistes, der ihnen entgegentritt«.[84] Mit dieser Setzung wird behauptet, dass die großen Männer der Weltgeschichte den Willen des Volkes realisieren, was dann grundlegend wird für spätere totalitäre Fusionsphantasmen. Das nationalsozialistische System, stellt Hannah Arendt fest, habe planmäßig die »bewußt durchgeführte Komplizität des gesamten deutschen Volkes« betrieben.[85] Wenn Weltgeist und individueller Geist in einer derartigen Gefolgschaft fusionieren, wird jeder ein kleiner Hitler, der dem großen Vertreter der Vorsehung eifrig (und ohne jedes Schuldbewusstsein) zuarbeiten kann. Er funktioniert in einem kompakten Ganzen (»Ein Volk – ein Reich – ein Führer!«), das von demselben Geist und demselben Willen zur Tat beseelt wird.[86]

Der von Hegel sanktionierte Glanz der Idee, von dem auch Heine zeitweilig geblendet wurde, befördert eine Dienst- und Opfermystik, mit der selbst eine aus der Distanz (wie bei Thomas Mann) formulierte Kritik ihre Probleme hat. Das liegt zum einen an der fortwirkenden essentialistischen Semantik Alt-Europas, die erst im späten 20. Jahrhundert überwunden werden kann. Thomas Mann spricht noch in den 1930er und 40er Jahren vom eigentlichen Deutschland[87], von der Reinheit des deutschen Blutes[88] und vom »deutschen Wesen«.[89] Zum anderen fasziniert ihn die Nähe, die vom »Bruder Hitler« ausgeht, weil er dem Mythos der großen Männer und des charismatischen Künstlertums verpflichtet ist. Diese der Selbstverklärung förderliche Paradigmenbrille beschränkt seinen kritischen Horizont. Er flüchtet sich, wie in den Tagebuchblättern von 1933 und 1934, in heftige Nazi-Beschimpfungen, die ihn vielleicht erleichtert haben mögen, zur Erklärung der erschreckenden Ereignisse in Deutschland aber wenig beitragen konnten.

Die von Thomas Mann für die Auseinandersetzung mit dem »Bruder Hitler« erwünschte Ironie[90] ist bei Heine (fast) durchgehend für den literarischen Umgang mit der philosophischen Tradition und den tagespolitischen Fragen festzustellen; so beruft sich der Erzähler der »Bäder von Lukka« explizit auf »die Ironie des großen Weltbühnendichters da droben« (DHA VII, 111). Diese Freiheit ist wohl auch gemeint, wenn Thomas Mann nach der Lektüre von Max »Brods Heinebuch« (1934) zu einer bewundernden »Vorstellung von dem Genie Heines, der eigentümlichen Seligkeit seines Talents« kommt.[91] So spielt Heine mit der Gottesfigur auf eine Art und Weise, die vielleicht prägnanter ist als Nietzsches pathetische Todeserklärung eines noch lange nachwirkenden Gottes.[92] Die bekannte Passage aus »Ideen. Das Buch Le Grand« (die Welt als tragikomischer »Traum eines weinberauschten Gottes«, »lieblich verworren«, »buntscheckig toll, oft auch harmonisch vernünftig«)[93] ist eine parodistische Dithyrambe auf eine chaotische Welt, ein Loblied auf Kontingenz in der höchsten Instanz (DHA VI, 175). Wenige Jahre später stellt er explizit fest, Denkfiguren seien nur »konventionelle Begriffe, die der Mensch in die Natur und die Geschichte hineingegrübelt« (DHA X, 302).

Auch Heine ist nicht frei von nationalromantischen Pathosformeln, die aber durch das hohe Komplexitätsniveau seiner Texte immer wieder relativiert und damit der komischen Vorläufigkeit überführt werden. Wenn der trunkene Gott aufwacht und (als »Gassenvogt«) das Universum wie einen alten Teppich zusammenrollt (DHA VI, 184), löst sich alles »in Nichts« auf; die Welt hat »nie existirt«

(ebd., 175). Heine verkündet zwar zeitweilig ein (auch soziales) Emanzipationsprogramm[94], praktiziert aber in seinen Texten eine originelle Freiheit im Umgang mit tradierten Weltbeschreibungen, die in der kritischen Philosophie (Rorty, Systemtheorie, Sloterdijk usw.) erst im späten 20. Jahrhundert eingeholt wird. Heines Prophetie vom Verschwinden der Nationen mit ihrem mörderischen Konfliktpotential ist inzwischen ebenso obsolet geworden wie Schillers Traum von »einem dritten, fröhlichen Reich des Spiels und des Scheins«[95], in denen die Strukturbrüche der modernen Gesellschaft noch nicht vorauszusehen waren.

*

Die im Titel dieses Beitrags zusammengestellten Autoren verkörpern, wie aus den Zitaten klar geworden sein dürfte, drei völlig verschiedene Weltentwürfe:
– Der lebenslang im Staatsdienst vertretene Hegel basiert sein System auf der Verbesserung der Menschheit im Rahmen eines göttlichen Plans; auch das gesamte staatliche und ökonomische Leben ist das Werk dieses Weltgeistes.
– Dem zeitweiligen Hegelschüler (Wintersemester 1822/23) Heine erlaubt die Einsicht in die Kontingenz aller Sinnkonstrukte ein freies Spiel mit der kulturellen Tradition, wie das kein anderer Autor des 19. Jahrhunderts in dieser Virtuosität beherrscht. Es ist allerdings fraglich, inwiefern sich der »Modus der Ironie«, den auch Luhmann für Epochen extremer struktureller Umbrüche in Erwägung zieht[96], in Verwerfungen noch behaupten kann, denen gegenüber die Katastrophen des 20. Jahrhunderts ziemlich konventionell erscheinen.
– Hitler schließlich konzipiert in seiner Landsberger Zelle ein irrwitziges Projekt der Weltbeherrschung, das geradewegs in den Abgrund führt und gegen Kriegsende (wie bei Heidegger) zu globalen Untergangs- und das eigene Volk einschließenden Vernichtungsfantasien führt.

Trotz der fundamentalen Differenzen dieser drei Weltbeschreibungen, die sich auch bei zahlreichen anderen Autoren und Künstlern nachweisen ließen, die sich in irgendeiner Form mit dem deutschen Nationalphantasma abgeben, haben die zitierten Texte einen gemeinsamen Bereich von tradierten Prägnanzrelikten erwiesen. Damit stellt sich die Frage nach einer möglichen theoretischen Synthese im Bereich der kulturellen Traditionsverwertung, mit zwei methodologischen Linien im Mittelpunkt: Zum einen Mikro- und Modellanalysen der Recycling- Modalitäten, an denen sich Kontinuität und virulente Verklumpungen von originären Prägnanzresiduen (so weit wie möglich) und der Stellenwert der tradierten Aura-Partikel im neuen Kontext nachweisen lassen. Assheuer hat in den »Schwarzen Heften« Heideggers[97] bereits erste Hinweise auf eine solche Wende mit entsprechenden semantischen Veränderungen gefunden, die sich nach »Sein und Zeit« durch die Begegnung mit Hitler ergeben und den folgenden Werken einen totalitären Subtext einschreiben.

Der zweite Aspekt wäre die Frage nach der Präzisierung der Ursachen dieser individuellen und kollektiven Umbrüche, die bis zum gewaltsamen Ausbruch des Wahns führen können. Was die Wende bei Heidegger herbeiführt, scheint ziemlich eindeutig: die Enttäuschung einer auf das autonome Subjekt gegründeten Hoffnung auf die Erneuerung des Abendlandes (»Sein und Zeit«) sowie die durch Hitlers Charisma ausgelöste Erwartung einer neuen anbrechenden Wirklichkeit, getragen von einer Jahrtausende wirksamen und in die ganze Welt ausstrahlenden deutschen Philosophie mit dem schnurrbärtigen[98] Erlöser Heidegger an der Spitze.

Im Panoptikum der deutschen Nationalphantasmen nimmt Heine eine Mittelstellung ein zwischen Hegels hegemonialer Apologie von Krieg und Gewalt und Hitlers Programm eines tausendjährigen globalen Reiches unter deutschem Kommando. Der setzt in die Tat um, was seit Fichte ideologisch am Horizont dieser wahnhaften Weltentwürfe steht: die Zerstörung des gesamten Planeten. Derartig apokalyptische Visionen sind inzwischen in der politischen und sozioökonomischen Praxis ein allerorts in erschreckendem Ausmaß praktizierter Imperativ geworden, an dessen Semantik wohl noch längere Zeit gebastelt werden dürfte. Bei Heine dagegen geht die Welt humorvoll und elegisch zugrunde, und der Blick auf das »Nichts« verliert (zumindest in der Zeitkapsel der Lektüre) seinen Schrecken.

Anmerkungen

1 Der Begriff entspricht dem Hegel'schen Selbstbild: Geschichte als Buch, Weltgeist als Firma mit sukzessiven »Geschäftsführern« (s. u.), der Philosoph registriert die Fortschritte und die unergiebigen Stagnationszonen des globalen Unternehmens. Die folgenden Ausführungen beziehen sich selbstredend auf die Kunstfigur »Hegel«, wie sie in den von Karl Hegel bearbeiteten Kolleg-Nachschriften der Vorlesung über Geschichte (1840) zur Sprache kommt und mehr als 150 Jahre lang die Rezeption des Philosophen bestimmt hat. Auch Heine und Thomas Mann sind – allerdings von den Verfassern autorisierte – Textfiguren.

2 Die Recycling-Metapher für die Aktualisierung kulturhistorischer Traditionen ist insofern adäquat, als sie den Aspekt der Bearbeitung und Umwandlung der Primärmaterialien in den Vordergrund stellt; andererseits erlaubt eine äquivalenzfunktionalistische Perspektive, auch scheinbar völlig disparate Sinnformen zu vergleichen.

3 Wenn sich Heidegger 1934 in würdevoller Pose mit Hitler-Schnauzer als kleiner »Führer« der Universität Freiburg fotografieren lässt, dann ist anzunehmen, dass diese bis ins Physiognomische gehende Angleichung aus Affekten und Impulsen kommt, die nicht aus einer augenblicklichen Laune entstanden sind.

4 Vgl. Birgit Schwarz: Geniewahn: Hitler und die Kunst. Wien, Köln, Weimar 2009.

5 Vgl. dazu Alfred Opitz: Wahn & Sinn. Zur Kulturgeschichte illusionärer Weltgehäuse. Würzburg 2012, S. 55ff., 117ff. Dort auch weitere Materialien und frühere Studien zur Kontinuitätsproblematik kultureller Überlieferungen.

6 Unter »Alteuropa« werden hier mit Luhmann, der den Begriff durchgängig verwendet, alle erkenntnistheoretischen Hindernisse und Relikte verstanden, die uns den Blick auf die Gegenwart verstellen.

7 Familien-Metaphorik und Perfektibilitäts-Phantasma pflegt auch noch Thomas Mann in der Formel »Brüder der Zukunft«, die eine »Annäherung des Menschen an seine Idee«, eine »Vermenschlichung des Menschen« voraussetzt und zugleich die kulturellen Bemühungen darum als illusorisch erkennt. Thomas Mann: [Für die Time-Capsule]. – In: ders.: An die gesittete Welt. Politische Schriften und Reden im Exil. Frankfurt a.M. 1986, S. 253.

8 Vgl. Georg Wilhelm Hegel: Vorlesungen über die Philosophie der Geschichte. Frankfurt a.M. 1986, S. 53. In der Auseinandersetzung mit Schillers »Ideal« kommt Hegel zu der Behauptung, die Philosophie solle zu der Einsicht führen, »daß die wirkliche Welt ist, wie sie sein soll«; die »Umbildung« des Menschen war demnach für ihn im preußischen Staat schon abgeschlossen. Ebd., S. 53.

9 Ebd., S. 504.

10 Ebd., S. 134.

11 Ebd., S. 107f.

12 Ebd., S. 179. Mit der Prognose, China werde »auch einmal diesem Schicksal sich fügen müssen«, lag Hegel ziemlich daneben; die Weltgeschichte ist offensichtlich nicht gewillt, sich der Deutungshoheit deutscher Professoren zu beugen.

13 Ebd.

14 Ebd., S. 33.

15 Ebd, S. 512. »Deshalb ist selbst in Poesie und Gesang die italienische Natur anders als die unsrige. Die Italiener sind improvisierende Naturen, ganz in Kunst und in seligem Genuß ergossen.« Aus diesen schon in der Frühromantik kursierenden Differenzierungen (vgl. Opitz: Wahn & Sinn [Anm. 5], S. 58f.) ergibt sich der hierarchisierende Schluss, dass die Deutschen eben anders sind als die anderen. Ein gutes Jahrhundert später kann Thomas Mann aus der Distanz des Exils das arme deutsche Volk bedauern, »wie ist dir zumute bei der messianischen Rolle, zu der nicht Gott, nicht das Schicksal, zu der eine Handvoll hirnverbrannter Schurken dich erlesen?« Thomas Mann: Dieser Krieg. – In: ders.: An die gesittete Welt. [Anm. 7], S. 348–384, hier S. 377. Am 31. Januar 1945 erwähnt er noch einmal die »Last des Hochmutwahns, ein auserwähltes Volk zu sein, das die Welt unterwerfen muss«. Ebd., S. 604.

16 Heine spricht noch in »Deutschland. Ein Wintermährchen« von 1844 in Bezug auf Luther ganz hegelianisch »von Deutschlands Kraft/ Und protestantischer Sendung« (DHA IV, 99; in der französischen Fassung wird daraus eine »mission émancipatrice« [ebd., 248]).

17 Hegel: Philosophie der Geschichte [Anm. 8], S. 501f.

18 Ebd., S. 46, 49.

19 Ebd., S. 53.

20 Ebd., S. 49. Während Hegel kühl akzeptiert, dass dem »Endzweck« der Geschichte ganze Völker und Erdteile geopfert werden, findet er es »schauderhaft«, dass es den großen weltgeschichtlichen Individuen nicht vergönnt ist, im Privatleben glücklich zu sein; »ihr ganzes Leben war Arbeit und Mühe«. Ebd., S. 47.

21 Der Wechsel des Referenzbereichs trägt verschärften Exklusionsregeln Rechnung: Blumen am Wegesrand kann man beiläufig zertreten, Ungeziefer muss man ausrotten.

22 So in dem Entwurf »Verschiedenartige Geschichtsauffassung« von 1833, in dem Heine sein eigenes Streben »der Idee der Vorsehung« (DHA X, 301) zuschreibt.

23 Hegel: Philosophie der Geschichte [Anm. 8], S. 415, 417.

24 Das Meer (als Substrat des Fernhandels) wird hier als Medium eines sich im 19. Jahrhundert global differenzierenden Kommunikationsnetzes verstanden; es lauscht »mit tausend neugierigen Wellenohren« und ist über »alle Nachrichten« aus »den entferntesten Binnenlanden« informiert (DHA V, 375). Heutzutage gibt das wellenintensive weltweite »Netz« ebenfalls vor, Erlösungsformeln für die ganze Welt zu vermitteln.

25 Ian Kershaw: Hitler. 1889–1945. Aus dem Englischen von Jürgen Peter Krause, Jörg W. Rademacher, Klaus Kochmann. 2. Aufl. München 2009, S. 22.

26 Thomas Mann: Deutsche Hörer! – In: ders.: An die gesittete Welt [Anm. 7], S. 476–621, hier S. 592.

27 Im folgenden Text des »Wintermährchens« wird dann betont, im »Himmelreich« auf Erden werde es »Brod genug / Für alle Menschenkinder« geben (DHA IV, 92). Dieses eschatologische Traumbild Heines sollte sich als emanzipatorischer Universalismus bis in die Gegenwart fortsetzen.

28 Vgl. Kershaw: Hitler [Anm. 25], S.143 sowie Foto 15.

29 Vgl. ebd., S. 61.

30 Die Selbstbeschreibung als zur nationalen Erlösung aufrufender »Trommler« stammt aus dem Jahr 1922. Vgl. ebd., S. 125. Bei Kershaw heißt das Kapitel über die Anfangsjahre der Bewegung dementsprechend »Der Trommler«. Vgl. ebd., S. 125–158. Die Metapher wird in dem Maße überflüssig, wie Hitler in Landsberg zum »Führer« mutiert.

31 Schon in Schubarts »Kaplied« von 1787, das Heine in der Vorrede zu »Salon« I zitiert, trommelt ein Tambour den Generalmarsch beim Abschied aus Deutschland (vgl. DHA V, 374, 1056ff.). Der englische Popstar Mark Knopfler reflektiert dann im Bewusstsein der Katastrophengeschichte des 20. Jahrhunderts, was bei dieser Trommelei herauskommt. Sein Song »The Man's Too Strong« ist die Beichte eines »ageing drummer boy«, der im Krieg zu Betrug und Folter aufgespielt, Erinnerungen erfunden und Bücher verbrannt hat. Auch in dem Song »Ride Across The River« werden die erwählten Soldaten der noblen Sache »Freiheit« im »killing game« zu Söldnern und »war dogs« (»Brothers in Arms«, 1985).

32 Während der Tambourmajor in »Ideen. Das Buch Le Grand« in erster Linie Zeuge des Zeitgeschehens ist, maßt sich der Trommler des »Zeitgedichts« die Funktion einer militanten Avantgarde an.

33 Besonders evident wird diese bipolare Funktionalität an der Sinnform »Gott«, mit der sich u. a. das privatwirtschaftliche Unternehmen Kirche, die absolutistische Monarchie, der wilhelminische Imperialismus und die NS- Diktatur gleichermaßen legitimieren lassen; die Setzung einer übergeordneten metaphysischen Instanz (Primärfunktion) wird jeweils beibehalten. Die Reihe der (weltweiten) Beispiele ließe sich mühelos bis in die Gegenwart fortsetzen.

34 Vgl. Kershaw: Hitler [Anm. 25], S. 178f.

35 Adolf Hitler: Monologe im Führerhauptquartier 1941–1944. Aufgezeichnet von Heinrich Heim. Hrsg. und kommentiert von Werner Jochmann. München 1982, S. 411.

36 Ebd., S. 235.

37 Vgl. Kershaw: Hitler [Anm. 25], S. 177.

38 Hitler: Monologe [Anm. 35], S. 296.

39 Ebd., S. 400.

40 Ebd., S. 80, 102.

41 Ebd., S. 201.

42 Ebd., S. 101.
43 Vgl. Schwarz: Geniewahn [Anm. 4].
44 Vgl. ebd., S. 158.
45 Hitler: Monologe [Anm. 35], S. 167.
46 Victor Klemperer: Ich will Zeugnis ablegen bis zum letzten. Tagebücher 1933–1945. Berlin 1995, Bd. 1, S. 131.
47 Ebd. Klemperers Parallelisierung von Christentum und Inquisition einerseits und Romantik und Faschismus andererseits (vgl. ebd., Bd. 2, S. 576) ist insofern gerechtfertigt, als in beiden Fällen totalitäre Sinnblasen zum wahnhaften Ausbruch kommen. Wie sehr Klemperer noch den tradierten essentialistischen Typologien verhaftet war, zeigt sein (für einen Romanisten decouvrierender) Kommentar zu Ausschreitungen der SA im März 1933: »Wenn Italiener so etwas tun – na ja. Analphabeten, südliche Kinder und Tiere ... Aber Deutsche.« Ebd., Bd. 1, S. 12. Kurz darauf muss er dann feststellen, sein »Glaube an die Völkerpsychologie« sei dahin. Ebd., S. 25.
48 Ebd.
49 Ebd., S. 330.
50 Ebd., S. 379, 373.
51 Ebd., S. 681. Der Registrator und Analytiker der *lingua tertii imperii* selbst verfällt immer wieder in den unreflektierten Gebrauch der völkischen Semantik, wie sie in der NS-Ideologie gepflegt wird.
52 Thomas Mann: Bekenntnis zum Kampf für die Freiheit. – In: ders.: An die gesittete Welt [Anm. 7], S. 173–177, hier S. 175.
53 Thomas Mann: Achtung, Europa! – In: ders.: An die gesittete Welt [Anm. 7], S. 127–140, hier S. 133.
54 Nach Thomas Mann habe das deutsche Denken von jeher zu einem dubiosen Freiheitsbegriff tendiert (vgl. ebd.) und die Nazis hätten das, »wie alles, was falsch und unheilvoll in diesem Denken« war, auf die Spitze getrieben. Mann: Deutsche Hörer! [Anm. 26], S. 611. Der deutsche Freiheitsbegriff sei »völkisch-antieuropäisch«, »romantisch, wenn es hoch kommt und geistig zugeht, wie noch zu Anfang des neunzehnten Jahrhunderts«. Ders.: Leiden an Deutschland. – In: ders.: An die gesittete Welt [Anm. 7], S. 7–90, hier S. 78.
55 Thomas Mann: [Deutschland] – In: ders.: An die gesittete Welt [Anm. 7], S. 426–434, hier S. 431.
56 Ebd., S. 432f.
57 Dieser Begriff kollidiert mit den Wurzel- und Keim-Metaphern (noch bei Kershaw: Hitler [Anm. 25], S. 1046), die eine organische, gleichsam »natürliche« Genese der NS-Ideologie nahelegen. Die faschistischen »Blumen des Bösen« werden damit deterministisch verharmlost, während die Vorstellung von Korruption noch die Möglichkeit einer integren, sauberen Romantik impliziert.
58 Thomas Mann: Deutschland und die Deutschen. – In: ders.: An die gesittete Welt [Anm. 7], 701–723, hier S. 718.
59 Andererseits fehlte zu dieser Zeit im territorial zersplitterten Deutschland, was Hitler als Vereinigung von »Theoretiker, Organisator und Führer« zu sein vorgibt. Kershaw: Hitler [Anm. 25], S. 178. So musste auch Hegel den Weltgeist, der in der Gestalt Napoleons Deutschland nur einen kurzen Besuch abgestattet hatte, wohl oder übel in der preußischen Restauration lokalisieren.
60 Mann: Deutsche Hörer! [Anm. 26], S. 503.
61 Die Faszination des »Baumeisters« als Idealfigur öffentlicher Wirkung mit dem (vermutlich durch die Diskreditierung des Parlamentarismus in der Weimarer Republik beförderten) Topos

»Politik als zweite Wahl« war offensichtlich in den 1930er Jahren rekurrent. Helmut Schmidt erinnert sich noch 2013 daran, er habe davon geträumt, »in München oder Wien« Architektur und Städtebau zu studieren. Der »Baumeister« (so wird Schmidt mit Foto in dem Interview präsentiert) praktiziere eine beneidenswerte »Mischung aus Kunst, Ökonomie und Planung« (Die Zeit, 7.2.2013, S. 43) – ein Profil, das Michael Conrad schon 1910 für den Staats-Künstler Bismarck in Anspruch genommen hatte. Vgl. Opitz: Wahn & Sinn [Anm. 5], S. 229ff.

62 Hitler: Monologe [Anm. 35], S. 234. Ähnlich hatte er sich schon im Oktober 1941 geäußert: er sei Feldherr »wider Willen«, »weil es im Augenblick einen der es besser könnte, nicht gibt«. Ebd., S. 101.

63 Ebd., S. 263.

64 Während Heine die historischen und zeitgenössischen Gottes-Varianten in ganz verschiedenen Kontexten einsetzt, ist sein Vergleich von Napoleon mit Jesus (vgl. DHA VI, 195) eher konventionell. Im »Wintermährchen« vergleicht der reisende Ich-Erzähler sich selbst und seine Jugend mit dem Kreuzweg Christi und nimmt damit als Poet die Aura des gottgemäßen Leidens in Anspruch (vgl. DHA IV, 147).

65 Vgl. Kershaw: Hitler [Anm. 25], S. 178.

66 Klemperer: Ich will Zeugnis ablegen [Anm. 46], Bd. 1, S. 54

67 Zit. n. Kershaw: Hitler [Anm. 25], S. 192.

68 Zit. n. ebd., S. 299.

69 Klemperer: Ich will Zeugnis ablegen [Anm. 46], Bd. 1, S. 228.

70 Ebd., S. 365.

71 Ebd., Bd. 2, S. 636.

72 Niklas Luhmann: Die Gesellschaft der Gesellschaft. Bd. 1. Frankfurt a. M. 1997, S. 1149.

73 So heißen dann auch das letzte Kapitel in Kershaws Hitler-Biografie und der Hitler-Film von Oliver Hirschbiegel (2004).

74 Hannah Arendt: Die verborgene Tradition. Essays. Frankfurt a. M. 1976, S. 96f.

75 Hegel: Philosophie der Geschichte [Anm. 8], S. 503. Die Formel wird auch auf die Schrift »Geld und Geist« des Junghegelianers Heinrich Bettziech (Beta) zurückgeführt, der ausführt, Luther habe »die Arbeit geheiligt«, »denn die Arbeit macht frei«. Heinrich Bettziech (Beta): Geld und Geist. Versuch einer Sichtung und Erlösung der arbeitenden Volks-Kraft. Berlin 1845, S. 57. Sein Programm einer idealistischen »Emancipation der Arbeit« (ebd., S. 11) ist stramm deutschnational; Beta will sogar »das ekliche, abgedroschene Fremdwort« Industrie durch »Geldfleiß« ersetzen, »ein ehrlich deutsches Wort«. Ebd., S. 57. Wesentliche Topoi seiner Kapitalismuskritik – Despotie des zu Gott und Fetisch gewordenen Geldes, globale, von der Realwirtschaft abgekoppelte »Speculation« (ebd., S. 5), negative Auswirkungen der freien Konkurrenz und proletarische »Angstarbeiterei« (ebd., S. 9) – zirkulieren immer noch in den Beschreibungen der aktuellen Weltwirtschaft. Die Gründe für die Affinität der Nazis zu der Formel »Arbeit macht frei« werden bereits bei einem Blick auf den Untertitel der Studie von Beta deutlich. In der nationalsozialistischen »Deutschen Arbeitsfront«, im Arbeitsdienst und in den Konzentrationslagern, an deren Toren der dubiose Spruch prangte, ging es um die Formatierung eines geschlossenen völkischen Arbeitsethos im Gegensatz zum sogenannten »jüdisch-materialistischen« Kapitalismus.

76 Hegel: Philosophie der Geschichte [Anm. 8], S. 524.

77 Ebd., S. 42.

78 Ebd., S. 540.

79 Ebd., S. 53.

80 Ebd., S. 503.

81 Mann: Deutsche Hörer! [Anm. 26], S. 572.
82 Nach dem Krieg konnten zahlreiche NS-Täter ihren Kopf aus der Schlinge ziehen mit dem Argument, sie hätten nach damals geltendem Recht gehandelt. Sogar die Nazi-Richter waren durch das sogenannte »Richterprivileg« weitestgehend vor Bestrafung gesichert.
83 Vgl. dazu Opitz: Wahn & Sinn [Anm. 5], S. 102–106.
84 Hegel: Philosophie der Geschichte [Anm. 8], S. 46. So ähnlich dürfte es Heidegger mit Hitler ergangen sein.
85 Arendt: Die verborgene Tradition [Anm. 74], S. 9.
86 Neuere Historiker (Wehler, Aby, Kershaw) sprechen in diesem Zusammenhang von charismatischer Herrschaft und Zustimmungsdiktatur.
87 Mann: [Deutschland] [Anm. 55], S. 432.
88 Mann: Deutschland und die Deutschen [Anm. 58], S. 717.
89 Mann: Deutsche Hörer! [Anm. 26], S. 723, 581.
90 Thomas Mann: Bruder Hitler. – In: ders.: An die gesittete Welt [Anm. 7], S. 253–261, hier S. 254.
91 Thomas Mann: Tagebücher 1933–1934. Hrsg. von Peter de Mendelssohn. Frankfurt a. M. 1977, S. 556.
92 Heines Spiel mit tradierten narrativen und metaphysischen Instanzen (vgl. dazu Alfred Opitz: Herzflüstern. Weltgeschichte und ironische Negation in Heines Reisebildern. – In: Die Globalisierung im Spiegel der Reiseliteratur. Hrsg. von Ernst-Ullrich Pinkert. Kopenhagen, München 1999, S. 77–91, hier S. 83f., 89f.) wird von Hannah Arendt als wesentliche Freiheit im Umgang mit doktrinärer Tradition verstanden. Vgl. Arendt: Die verborgene Tradition [Anm. 74], S. 52f.; die Technik der humorvollen Dekonstruktion nimmt sie auch für das blutige und zugleich komische »Narrenspiel« des Dritten Reiches in Anspruch. Ebd., S. 12. Insofern, so ließe sich ihr Ansatz weiterführen, setzt auch Chaplin (»The Great Dictator«, 1940) Heines Sinnform der Weltgeschichte als Komödie fort.
93 Zu den einzelnen guten »Gedanken in diesem schaffenden Gottestraum« zählt Heine u. a. »die medizäische Venus« und »Hegel« (DHA VI, 175), das spätere Zeitgedicht »Doktrin« nimmt diese beiden Sinnfiguren noch einmal auf.
94 Von Thomas Mann 1942 auch wieder implizit aufgegriffen: »Die Völker wollen frei sein, frei unter einer höheren Gleichheit, befreit von der Furcht vor internationalem Brigantentum und teilhaftig alle gleichmäßig des Genusses der Güter dieser Erde«. Mann: Deutsche Hörer! [Anm. 26], S. 523.
95 Vgl. den hinlänglich bekannten 27. Brief »Über die ästhetische Erziehung des Menschen«. Auf die gegenwärtige Spaß- und Konsumkultur lässt sich Schillers Definition trotz der globalen Kommerzialisierung von Bildung und Kunst wohl kaum anwenden. Auch Heines Feststellung von 1844, die Deutschen kämen mit ihrem Bemühen um eine eigene »Nationalität« zu spät, denn das Nationalitätswesen in der Welt habe aufgehört (DHA IV, 299), ist in ihr Gegenteil umgeschlagen; seit 1945 haben die Deutschen nicht aufgehört, krampfhaft an ihrem nationalen Selbstverständnis zu arbeiten.
96 Luhmann: Die Gesellschaft der Gesellschaft [Anm. 72], S. 1149, 1142.
97 Thomas Assheuer: Das vergiftete Erbe. – In: Die Zeit, 13.3.2014, S. 49f.
98 Dass sich der Schnauzer dann relativ rasch zu einem mundbreiten Schnurrbart auswächst, ist wohl ein sichtbares Indiz für die Enttäuschung über die brutale und primitive Durchsetzung des scheinbar so grandiosen nationalsozialistischen Programms.

IV.

»Und Sie üben meinen Asra,/ Und ich sterbe, wenn Sie üben.« Louis Herrmanns Heine-Parodien

Von Martin Hollender, Berlin

Vor bald einem Jahrzehnt versammelten Robert Gernhardt und Klaus Cäsar Zehrer in ihrer bei S. Fischer verlegten Anthologie »Hell und Schnell« nicht weniger als »555 komische Gedichte aus 5 Jahrhunderten«, unter ihnen in der Sektion »Das Spiegelkabinett. Nachbild und Vorbild: Parodien, Travestien, Fortschreibungen, Nachahmungen – und ihre Originale« auch einige Abwandlungen von Gedichten Heinrich Heines. Neben nur mäßig erheiternden Bearbeitungen durch Hanns von Gumppenberg, Hans Reimann und Hellmuth Krüger findet sich hier auch eine ebenso anspruchsvolle wie humorvolle Heine-Parodie des heute völlig vergessenen Journalisten und Literaten Louis Herrmann.[1] Alsbald stellt sich heraus, dass jenes deutsch-jüdische Mehrfachtalent noch einige weitere Heine-Parodien produziert hat, die einer vertiefteren Betrachtung durchaus wert sind.

Der Berliner Possen- und Lustspieldichter Louis Herrmann wurde geboren am 3. November 1836 in Schwerin a. d. Warthe in Posen-Westpreußen, dem heutigen Skwierzyna, wo sein in der jüdischen Literatur sehr beschlagener Vater Joseph, der eigentlich Rabbiner hatte werden sollen, als Kaufmann und Vorsteher der jüdischen Gemeinde tätig war.[2] Louis Herrmanns Mutter Berta Landsberg, einer Rabbinertochter, lag das geistige Emporkommen ihrer Kinder am Herzen, so dass Louis 1849 auf das renommierte Joachimsthal'sche Gymnasium nach Berlin geschickt wurde. Ohne die Abschlussprüfung absolviert zu haben, machte Herrmann eine Buchhändlerlehre in der Stuhr'schen Buchhandlung, war anschließend als Gehilfe in Liegnitz und Berlin tätig, bis er 1864 Unter den Linden eine eigene Sortimentsbuchhandlung gründete. Diese war verbunden mit einem kleinen Verlag, der sich – aufgrund der Musikalität seines Besitzers – vor allem den Musikalien widmete. 1864 heiratete er die Tochter der Peter und Caroline

Louis Herrmann (1836–1915)

zum Bruch, die am 4. März 1837 geborene Pauline zum Bruch, eine Christin aus alter freiherrlicher Familie, die zum Judentum übertrat, um die Ehe mit Louis Herrmann eingehen zu können. Der Ehe entstammten zwei Kinder: die 1868 geborene Gertrud, seit 1895 mit dem Fabrikbesitzer Otto Sternberg verheiratet[3], und Max[4], geboren am 14. Mai 1865 – aus ihnen sollten nach 1933 ›Halbjuden‹ werden.

Um 1870 gab Louis Herrmann sein Geschäft auf und wechselte zum Journalismus. Zunächst war er bei der von dem Eisenbahnunternehmer Bethel Henry Strousberg herausgegebenen Tageszeitung »Die Post« beschäftigt, später bei der »Berliner Gerichtszeitung« und ab 1881 dann bei der jüngst gegründeten Berliner »Täglichen Rundschau«, der »unabhängigen Zeitung für nationale Politik«. Hier redigierte er Lokales, auch den Theater- und den Musikteil, bis er sich zunehmend auf eine seiner Spezialbegabungen kaprizierte: die Betreuung der Rätselecke des Blattes. Als die »Tägliche Rundschau« Louis Herrmann 1906 zum 70. Geburtstag gratulierte, hatte er nicht weniger als 10.000 Versrätsel erstellt, die in Berlin seit Jahrzehnten für »angeregte Familienstunden« verantwortlich waren.

Ende der achtziger Jahre geriet der nationalliberale Herrmann in eine unschöne Affäre von Landesverrat. 1888, Kaiser Wilhelm I. war soeben verstorben, meldeten die Blätter, Fürst Heinrich XXII. Reuß, notorisch preußenfeindlicher Regent des Fürstentums Reuß älterer Linie (ä. L.), eines Kleinstaats im Osten des heutigen Landes Thüringen mit Greiz als Landeshauptstadt, habe erklärt, für ein Denkmal des Kaisers Wilhelm gäbe er »keinen Fuß breit Greizer Erde«. Daraufhin dichtete Louis Herrmann als längst assimilierter deutscher Jude, mit aufwallendem patriotischem Zorn, ein spöttisches Epigramm:

> Suchst Kaisermonumente Du beim Wandern,
> Lass' unbesucht Reuß ä.L. sein;
> Wie Mazedonien einst für Alexandern,
> So ist für Wilhelms Größe Reuß zu klein.
>
> Einst sieht man, sollt' nach Ruhm der Reußer dürsten,
> In Greiz des Landesvaters Denkmal bloß,
> Es ist ja doch für solchen kleinen Fürsten
> Die Stadt Berlin entschieden viel zu groß!

Der Erstdruck des Gelegenheitsgedichts erfolgte in Herrmanns »Täglicher Rundschau«, doch alsbald druckten zahlreiche preußische Zeitungen die Verse nach, bis man ihrer auch im Greizer Residenzschloss gewahr wurde. Fürst Heinrich stellte Strafantrag, aufgrund dessen es in Berlin-Moabit zur Verhandlung kam: Louis Herrmann und zwei Mitredakteure wurden zu je einem Monat Festungshaft verurteilt. Herrmann nahm die Sache sportlich und erklärte vor Gericht: »Ich wählt' dazu den Februar, der hat nur 28 Tage ...«. Das Reichsgericht bestätigte das Urteil. Die Koffer für das niederschlesische Glatz, ein Zuchthaus für politische Gefangene, waren bereits gepackt, da erfuhren die drei Verurteilten, obwohl niemand von ihnen das Begnadigungsrecht in Anspruch genommen hatte, »daß infolge allerhöchster Entschließung die wider Sie wegen Beleidigung eines Bundesfürsten erkannte Strafe von einem Monat Festungshaft im Gnadenwege erlassen ist.« Die Amnestie, so sollte sich herausstellen, war vom Reichskanzler Bismarck, gegen dessen preußische Politik sein Widersacher Heinrich XXII. Reuß im Bundesrat so oft votiert hatte, persönlich lanciert worden.[5]

Hauptamtlich hielt es Herrmann nicht in der Redaktionsstube, ihn zog es auf die Bühne. 1890 bis 1892 war er Dramaturg zunächst am Berliner Wallnertheater[6], später am Friedrich Wilhelmstädtischen Theater.[7] Hier inszenierte er vorwiegend seine eigenen dramatischen und musikalischen Werke, war er doch Verfasser bzw. Mitverfasser von 36 Volksstücken und Operetten.[8] Seine Possen wurden reichsweit an mehr als 500 Provinzbühnen gespielt, in Berlin ohnehin. Herrmann nahm sich fremder, spröder Stoffe an und machte sie bühnentauglich, humoristisch und tagesaktuell: »Manche seiner Coupletstrophen sind zu geflügelten Worten geworden und bedeuteten in ihrer pointensicheren Gestaltung sehr oft bei Ereignissen des gesellschaftlichen und politischen Lebens sozusagen das Tüpfelchen auf die i.«[9] Louis Herrmann war ein Meister des Alt-Berliner Bühnenhumors, verstand er doch »stets sich gründlich auf all' das, was man Effekt nennt.«[10] 1906, nach einem nur zäh verheilten Oberschenkelbruch, der einen Gehstock notwendig machte, gab Herrmann die Dramaturgentätigkeit auf und ließ seine Stücke von anderen inszenieren. Bei »aller literarischen Anspruchslosigkeit«[11], die ihm schon die wohlmeinenden Zeitgenossen bescheinigten, sind manche seiner Verse[12] von zeitenüberdauernder Komik, zumal jene mit selbstironischer jüdischer Thematik. Herrmann spielte mit leisem Spott mit dem Stereotyp des finanzverliebten Juden:

> Den Zukunftsstaat zu schaffen ist doch schwer,
> Trotz Bebel ist er noch sehr weit im Felde;
> Ja, wenn das Reden wirklich Silber wär',
> So aber fehlt es an dem nöt'gen Gelde.
> Und Rothschild denkt sich, wenn ihr auch krakeelt,
> Und wenn ich euch auch klagen hör' und stöhnen,
> Daß ich das Geld besitze, das euch fehlt –
> Ich kann mir's darum doch nicht abgewöhnen.

Ebenso belächelte er das mitunter karrieristische Taufgebaren mancher Juden:

> Seit sich Herr Silberstein ließ taufen,
> Ist er ein andrer, als er war;
> Man sieht nicht mehr zur Börs' ihn laufen,
> Er ist Antisemit sogar.
> Jedoch am Sabbat freudestrahlend
> Sieht man ihn in ein Wirtshaus gehen:
> Da speist er heimlich koschern Schalent[13],
> Das schmeckt doch immer wieder schön.[14]

Aus dem Jahr 1909 stammt eine Sammlung vermutlich bereits andernorts publizierter Gedichte. Das 125 Seiten umfassende Bändchen mit dem Titel »Lustige Leier« beinhaltet auch »Vier Lieder, frei nach Heinrich Heine«. Eingangs widmet Herrmann sich dem Gedicht »Leise zieht durch mein Gemüth«:

> Leise zieht durch mein Gemüt
> Düsteres Geläute:
> Klinge, traurig Winterlied,
> Kling' hinaus in's Weite.
> Kling' zum Haus, wo küssend wüst
> Sich vier Lippen schließen;
> Wenn mein treulos Lieb du siehst,
> Sag', ich lass' sie schießen.[15]

Louis Herrmann setzt auf das negierende und destruktive Element. Der Liebreiz des Heine'schen Originals wird zerstört; die Parodie ist – ganz dem Klischee des gallig-garstigen Heine entsprechend – bitter und sarkastisch schwarz. Das »Liebliche« des Geläutes mutiert zur Düsternis, als würde Louis Herrmann Heine die unbeschwert poetischen Teile seines lyrischen Werkes verübeln.

Da das parodistische Gedicht vermutlich keine fünf Jahrzehnte später entstanden sein dürfte als das Original und sich der gesamtgesellschaftliche Sprachwandel in jenen Jahrzehnten weitaus langsamer vollzog als in unseren Tagen, dürfte den Zeitgenossen Herrmanns die Abwandlung durchaus authentisch und plausibel erschienen sein: ›Se non è vero, è ben trovato‹ – der Herrmann'sche Sarkasmus könnte ebenso gut der Heine'sche sein. Auch rein formal hat sein Epigone die Klangfarben bewahrt; aus den Versen, endend auf »Haus / sprießen / schaust / grüßen« wird, lautlich kaum variiert, »wüst / schließen / siehst / schießen«.

Alsdann verfremdet Louis Herrmann Heines »Das Meer erglänzte weit hinaus«:

> Das Meer erglänzte weit hinaus
> Im letzten Abendprangen,
> Sie saß bei mir am Fischerhaus
> Mit rosenroten Wangen.
>
> Der Nebel stieg, das Wasser schwoll,
> Erkältung befällt ihre Glieder:
> Aus ihren Augen, schnupfenvoll,
> Fielen die Tränen nieder.
>
> Seit jener Stunde will sich mein Leib
> Nicht mehr an ihren lehnen:
> Von ihren Wangen scheuchte das Weib
> Die Schminke mit ihren Tränen.[16]

Neuerlich endet die elegisch-melancholisch beginnende Verserzählung in einem Fiasko. Wer meinen mag (und nicht zuletzt das Lyrische Ich lässt sich augenscheinlich täuschen), der holden Dame blassroter Teint habe seine Ursache im späten Abendlicht an der See mit ihrer rotgolden sinkenden Sonne, sieht sich alsbald genasführt: Die einsetzende Flut bewirkt nasse Füße, nachfolgend eine laufende Nase und erkältungsbedingt tränende Augen. Und als die vermeintliche weibliche Anmut sich die Tränen vom Antlitz wischt, erweist sich der Talmicharakter ihrer liebreizenden Physiognomie: Das Rosarot ist kein Naturprodukt – Abglanz der letzten Sonnenstrahlen –, sondern das Resultat geschickt aufgetragener Kosmetik. Als die Camouflage auffliegt, ist es mit der Attraktivität der jungen Dame dahin. Und passé sind auch Heines Erhabenheit und Ergriffenheit. Wo beim Ursprungsgedicht die Tränen noch hinlenkten auf Höheres, zukünftig Geschehendes, hin zu einer wie auch immer gearteten Liebesbeziehung, dekonstruiert Louis Herrmann seine Parodie hin zur Banalität des Alltäglichen.

Kaum anders geht Louis Herrmann bei »Ein Jüngling liebt ein Mädchen« vor:

> Ein Jüngling liebt ein Mädchen,
> Das hat *keinen* Andern erwählt;
> Sie haben sich gegenseitig
> Geliebt und auch vermählt.
>
> Zur Hochzeitsreise nach England
> Geht sie auf's Schiff mit dem Mann:
> Ihr wird so weh auf dem Wasser,
> Der Jüngling ist übel dran.
>
> Es ist eine alte Geschichte,
> Doch bleibt sie neu auch hier:
> Kaum ist das Paar auf dem Meere,
> Da bricht er schon mit ihr.[17]

Spannung und Reiz besitzt die Parodie durch das ungewisse Ende, das offen lässt, ob der Jüngling sich allein seegangsbedingt gemeinsam mit dem Mädchen ›er-bricht‹ oder auch sein Eheverhältnis bricht. Dass Louis Herrmann seiner Abwandlung einen gewissen skatologischen Akzent verleiht – gegen Ende des 19. Jahrhunderts waren Körperflüssigkeiten und Exkremente in noch weitaus größerem Maße als heute tabuisiert –, dürfte die Attraktivität der Parodie für die Zeitgenossen eher gesteigert haben, ist doch seit jeher kaum etwas faszinierender als das schmutzig ›Unanständige‹. Vom ›seriösen‹ Volksliedton Heines entfernt sich Louis Herrmann denkbar weit, um nach dem gemächlichen Spannungsaufbau den letzten Vers als überraschendes Schockerlebnis zu gestalten.

Von besonderer Komik ist Louis Herrmanns Parodie des Gedichtes »Der Asra« von Heinrich Heine:

> Täglich sang die wunderschöne
> Kaufmannstochter 's Lied vom Asra,
> In der väterlichen Wohnung
> In der großen Friedrichstraße.
>
> Täglich stand der noble *Slave*
> Im Zentralhotel[18] am Fenster
> In der Straße gegenüber.
> Täglich ward er bleich und bleicher.

> Eines Tages rief das Fräulein
> Ihm hinüber diese Worte:
> »Ihren Namen will ich wissen,
> Ihre Heimat, Ihre Sippschaft!«
>
> Und der *Slave* sprach: »Ich heiße
> Rubinstein[19], ich bin aus Russland,
> Und Sie *üben* meinen Asra,
> Und ich sterbe, wenn Sie *üben*.«[20]

Aus der Mythenwelt Heines transponiert Louis Herrmann den »Asra« in die Berliner Moderne der Gründerzeit: Aus der Sultanstochter wird eine schnöde, aber zur aufstrebenden Metropole des Deutschen Reiches durchaus passende Kaufmannstochter; der nur sehr vage laszive ›Springbrunn‹ Heines mutiert zur real existierenden Friedrichstraße als dem Inbegriff von Berliner Moderne und Amusement, Avantgarde und hedonistischer Lebensfreude.

Wortwitz blitzt auf, wenn der ›Sklave‹ zum ›Slaven‹ wird, wenn Louis Herrmann auf der Basis des Heine'schen »Asra« die Geschichte fortführt und sogar neu erzählt. Ihm kommt zupass, dass sich Anton Rubinstein in der Tat kompositorisch mit Heines »Asra« beschäftigt hatte und eine – sicherlich fiktive – Konzertreise Rubinsteins nach Berlin nun Stoff bietet für eine parodistische Verfremdung, die indes, wie jede wirklich gute Parodie, dem Original sprachlich und inhaltlich so nahe ist, dass auf Anhieb kaum jemand zu ermessen vermag, wo die Grenzen von Original und ›Fälschung‹ denn *en detail* verlaufen.[21] ›Sterben und lieben‹, ›sterben und üben‹, alles verfließt und verschwimmt, stets jedoch, ohne jeden Zug der Herabwürdigung oder Verächtlichmachung, vor dem Hintergrund der Verfremdung hin ins komische Fach: Die zwar wunderschöne Kaufmannstochter, augen- (besser: ohren-) scheinlich aber ohne jedes Sangestalent ausgestattet, singt die Rubinstein'sche »Asra«-Vertonung derart schief, dass der Maestro, der gleich *vis à vis* am Piano sein eigenes Klavierstück probt, bleich und bleicher wird und sich dem Tode nähert – vor Grausen über den schrägen Gesang der jungen Dame. Einmal mehr werden Mythen banalisiert; auf eine freilich sehr humorvolle Weise.

Der soziale Aufstieg Louis Herrmanns ging offensichtlich mit einer ökonomischen Prosperität einher. Wohnte der Redakteur Herrmann 1890 noch in einer Parterrewohnung auf der Kreuzberger Großbeerenstraße, immerhin aber bereits 1896 mit einem Telefonanschluss versehen, war er ab 1901 auf der großbürgerlichen Charlottenburger Pestalozzistraße 103 und zuletzt, ab 1905, am noblen Ludwigkirchplatz in Wilmersdorf ansässig. Der Sammler von Autographen und begeisterte Gebirgsreisende[22] verstarb am 9. November 1915 an einem Herzschlag, fünf Tage später wurde er auf dem Jüdischen Friedhof in Berlin-Weißensee bestattet.[23] Seine Frau Pauline überlebte ihn um elf Jahre und starb am 3. Februar 1926.

Anmerkungen

1 Vgl. Hell und Schnell. 555 komische Gedichte aus 5 Jahrhunderten. Hrsg. von Robert Gernhardt und Klaus Cäsar Zehrer. Frankfurt a. M. 2004, S. 284–286.

2 Zu Louis Herrmann s. vor allem: G. W. [Gotthilf Weisstein]: Louis Herrmann [zum 70. Geburtstag]. – In: Tägliche Rundschau, 3. Nov. 1906, Morgenblatt; Erste Beilage »Aus dem Kunstleben«, S. 3–4 [erneut in: Alt-Berlin in Gotthilf Weissteins Feuilletons. Hrsg. von Ulrich Goerdten. Bargfeld 2007 (Berlinische Denkwürdigkeiten, 2), S. 53f., sowie L. G. [Ludwig Geiger]: Louis Herrmann. – In: Allgemeine Zeitung des Judentums, Jg. 79, Nr. 53, 31. Dez. 1915, S. 630–631.] Aus diesen Quellen bedient sich Heinz Knobloch: Louis Herrmann. – In: ders.: Berliner Grabsteine. Berlin (DDR) 1987, S. 159ff.

3 Gertrud verstarb ca. 1943 in Israel, Otto Sternberg beging Selbstmord.

4 Der Germanist Max Herrmann war als Privatdozent und Professor über Jahrzehnte an der Friedrich-Wilhelms-Universität wirksam. Der Begründer der historischen Theaterwissenschaft wurde 1942 nach Theresienstadt deportiert, wo er wenig später verstarb.

5 Die Episode um den Fürsten Heinrich XXII. Reuß folgt G. W.: Louis Herrmann [Anm. 2].

6 Die Bühne des Schauspielers und Schriftstellers Franz Wallner (1810–1876) an der Jannowitzbrücke im Osten Berlins war spezialisiert auf Berliner Lokalpossen. Hier dirigierten u. a. Paul Lincke und Victor Hollaender.

7 S. Wininger: Große Jüdische National-Biographie mit mehr als 8000 Lebensbeschreibungen namhafter jüdischer Männer und Frauen aller Zeiten und Länder. Bd. 3. Cernăuți 1928, S. 62. Das Theater in der Schumannstraße, benannt nach seiner Lage im Berliner Stadtteil Friedrich-Wilhelm-Stadt, war ein Unterhaltungstheater mit Operettenschwerpunkt.

8 Von den gedruckt erschienenen Werken seien genannt: Unser Doctor. Volksstück mit Gesang in 4 Akten von Leon Treptow und L. Herrmann. Berlin 1887; König Krause. Volksstück mit Gesang in vier Aufzügen. Von Julius Keller und Louis Herrmann. Musik von Viktor Holländer [sic!]. Leipzig 1891; Ehrliche Arbeit. Posse mit Gesang in drei Aufzügen (fünf Bildern) von H. Wilken. Neu bearbeitet und mit neuen Couplets versehen von L. Herrmann. Musik von R. Bial und V. Holländer. Leipzig 1892; Der Hungerleider. Ausstattungs-Komödie mit Gesang und Ballet in zehn Bildern von Julius Keller und Louis Herrmann (Mit theilweiser Benutzung einer Idee des Mark Twain). Musik von Louis Roth. Berlin 1896; Hunderttausend Taler. Posse mit Gesang und Tanz in 3 Akten. Nach D. Kalisch's gleichnamiger Posse frei bearbeitet von Louis Herrmann. Berlin 1903. Weiteres s. bei NB: Herrmann, Louis, in: Deutsches Literatur-Lexikon. Das 20. Jahrhundert. Hrsg. von Lutz Hagestedt. Bd. 17: Henze – Hettwer. Berlin, Boston 2011, Sp. 267–269.

9 G. W.: Louis Herrmann [Anm. 2].

10 Adolph Kohut: Berühmte israelitische Männer und Frauen in der Kulturgeschichte der Menschheit. Bd. 2. Leipzig-Reudnitz 1901, S. 106f.

11 G. W.: Louis Herrmann [Anm. 2]. Paul Schlenther erinnert in seinem Nachruf auf Herrmann an dessen Neigung zum »›Reim' dich oder ich freß' dich‹-Trinkspruch«. ps. [Paul Schlenther]: Louis Herrmann †. – In: Berliner Tageblatt, 10. Nov. 1915, 3. Beiblatt.

12 Vgl. die Sammlung »Lustige Leier«. Berlin 1909.

13 Sabbatgericht der Juden, im nördlichen Deutschland meist die schon Freitags gekochte Bohnensuppe mit dem Mehlkloß, in Süddeutschland puddingartige Mehlspeise.

14 Die beiden Gedichte von Louis Herrmann werden zitiert nach L. G.: Louis Herrmann [Anm. 2].

15 Louis Herrmann: Lustige Leier, Berlin 1909, S. 38. Heines Original lautet: »Leise zieht durch mein Gemüth/ Liebliches Geläute./ Klinge, kleines Frühlingslied,/ Kling' hinaus in's Weite./ Kling' hinaus, bis an das Haus,/ Wo die Blumen sprießen./ Wenn du eine Rose schaust,/ Sag', ich lass' sie grüßen.« (DHA II, 14)

16 Herrmann: Lustige Leier [Anm. 15], S. 38f. Heines Original: »Das Meer erglänzte weit hinaus,/ Im letzten Abendscheine;/ Wir saßen am einsamen Fischerhaus,/ Wir saßen stumm und alleine./ Der Nebel stieg, das Wasser schwoll,/ Die Möve flog hin und wieder;/ Aus deinen Augen, liebevoll,/ Fielen die Thränen nieder./ Ich sah sie fallen auf deine Hand,/ Und bin aufs Knie gesunken;/ Ich hab' von deiner weißen Hand/ Die Thränen fortgetrunken./ Seit jener Stunde verzehrt sich mein Leib,/ Die Seele stirbt vor Sehnen; --/ Mich hat das unglückseel'ge Weib/ Vergiftet mit ihren Thränen.« (DHA I, 225)

17 Herrmann: Lustige Leier [Anm. 15], S. 39. Heines Original: »Ein Jüngling liebt ein Mädchen,/ Die hat einen Andern erwählt;/ Der Andre liebt eine Andre,/ Und hat sich mit dieser vermählt./ Das Mädchen heirathet aus Aerger/ Den ersten besten Mann,/ Der ihr in den Weg gelaufen;/ Der Jüngling ist übel dran./ Es ist eine alte Geschichte,/ Doch bleibt sie immer neu;/ Und wem sie just passiret, / Dem bricht das Herz entzwei.« (DHA I, 171)

18 Gemeint ist das 1880 eröffnete Central-Hotel an der Friedrichstraße, Ecke Dorotheenstraße, mit seinen 565 Zimmern und Suiten das seinerzeit größte und modernste Hotel Berlins, Sitz zudem des Cabaret-Theaters »Wintergarten«.

19 Gemeint ist der russische Komponist, Pianist und Dirigent Anton Rubinstein (1829–1894). »Der Asra« entstand 1856 als op. 32, No. 6, »Sechs Lieder von Heine für eine Singstimme mit Pianoforte«.

20 Herrmann: Lustige Leier [Anm. 15], S. 39f. [Hervorhebungen im Original; MH]. Heinrich Heines Gedicht »Der Asra« lautet: »Täglich ging die wunderschöne/ Sultanstochter auf und nieder/ Um die Abendzeit am Springbrunn,/ Wo die weißen Wasser plätschern./ Täglich stand der junge Sklave/ Um die Abendzeit am Springbrunn,/ Wo die weißen Wasser plätschern;/ Täglich ward er bleich und bleicher./ Eines Abends trat die Fürstin/ Auf ihn zu mit raschen Worten:/ Deinen Namen will ich wissen,/ Deine Heimath, deine Sippschaft!/ Und der Sklave sprach: Ich heiße/ Mohamet, ich bin aus Yemmen,/ Und mein Stamm sind jene Asra,/ Welche sterben wenn sie lieben.« (DHA III, 41f.)

21 Ludwig Marcuse sieht die Ursache bereits im allzu Parodistischen des Heine'schen Ausgangstextes: »Es gibt [...] eine Menge von Heine-Parodien. Nur sind sie es scheinbar. Viele Verse aus dem ›Buch der Lieder‹ klingen bereits wie Parodien; zwischen den unfreiwilligen und bemühten Heine-Nachahmern und den kritischen Imitatoren seines Leierkastens ist kaum noch zu unterscheiden. Ein guter Teil des ›Buchs der Lieder‹, auch noch der ›Neuen Gedichte‹, ist Reim-Geklingel, das Heines Namen trägt, weil es in solcher Qualität über das Thema unglückliche Liebe bei Hamburg abgeleitet worden ist«. Ludwig Marcuse: Heines Parodien, Heine-Parodien. – In: Text + Kritik 18/19: Heinrich Heine. 2. Aufl. 1971, S. 63–66, hier S. 65. In der Tat entstammt allein »Der Asra« dem späten »Romanzero«, hingegen »Das Meer erglänzte weit hinaus« dem »Buch der Lieder« und »Leise zieht durch mein Gemüth« wie auch »Ein Jüngling liebt ein Mädchen« den »Neuen Gedichten«.

22 Wer ist's? Hrsg. von Hermann A. L. Degener. VI. Ausg. Leipzig 1912, S. 643.

23 Die »Vossische Zeitung« berichtete: »Unter starker Beteiligung fand gestern mittag in der alten Halle des israelitischen Friedhofes in Weißensee die Beerdigung des im 80. Lebensjahre verstorbenen Bühnenschriftstellers und Redakteurs Louis Herrmann statt. Eine große Anzahl von Kränzen, gewidmet von Berliner Theaterdirektoren, Schriftstellern und Zeitungsredaktio-

nen, bedeckte den Sarg. Der Verein Berliner Presse hatte seinem verstorbenen Mitglied und Förderer einen Lorbeerkranz gesandt, der durch eine Abordnung des Vereins niedergelegt wurde. Die Feier wurde durch Gesang des Synagogenchors eingeleitet, alsdann entwarf der Schriftleiter der Täglichen Rundschau, an der Herrmann lange Jahre tätig gewesen ist, Karl Strecker, ein Lebensbild des Entschlafenen. Chefredakteur I. Landau sprach im Namen des Vereins *Berliner Presse*.« Vossische Zeitung Nr. 584, 15. Nov. 1915, Morgen-Ausg.

Heines Denkmäler, 1891–2012
Ein kommentiertes Verzeichnis

Von Christian Liedtke, Düsseldorf

In der wechselvollen Wirkungsgeschichte Heinrich Heines bilden seine Denkmäler zweifellos eines der interessantesten Kapitel – und eines der beschämendsten. In der Gestaltung der Standbilder und in den Auseinandersetzungen, die um sie geführt wurden, spiegelt sich nicht nur die Rezeption eines Dichters, der niemanden gleichgültig lässt. Die Tendenzen, die sich in Denkmälern wie Denkmalsdebatten offenbarten – latenter oder offener Antisemitismus, Gedanken- oder Geschmacklosigkeit, das bewegte Nebeneinander von Ausgrenzung und Vereinnahmung, Schmähung und (Wieder-) Entdeckung, politischer Indienstnahme oder Entpolitisierung Heines – warfen auch stets Schlaglichter auf den Zeitgeist, von denen Gustav Karpeles bereits 1899 vermutete, sie würden später »einmal dem Kulturhistoriker [...] wichtiges Material zur Charakteristik unserer Zeitverhältnisse bieten.«[1] Und Rudolf Kahn, der als erster eine Bilanz dieser Debatten zog (obwohl er selbst noch mitten in den Kontroversen um die ›Denkmalwürdigkeit‹ Heines steckte), befand 1911:

> Dem aufmerksamen Leser deutscher Tageszeitungen bot sich in den letzten paar Jahren ein sonderbares Schauspiel dar. Beinahe täglich erschien da im Feuilleton [...] eine Notiz, etwa des Inhalts, daß Heine nun doch ein Denkmal bekommen, oder daß er es endgültig nicht bekommen werde [...]. Bei diesem anscheinend lächerlich geringfügigen Streit um ein Heine-Denkmal handelt es sich allerdings im Grunde nicht bloß um das Denkmal und schließlich nicht einmal bloß um Heine. In Wahrheit sehen wir, wie in seinem Verlaufe Fragen der Weltanschauung zu leidenschaftlicher Erörterung gelangen.[2]

Diese publizistischen Auseinandersetzungen sind mittlerweile gut dokumentiert[3], und mit Dietrich Schuberts Studie »Jetzt wohin?«[4] liegt eine umfassende Darstellung zur Geschichte der Heine-Denkmäler vor, die nicht nur eine Auswahl der wichtigsten tatsächlich errichteten Monumente behandelt, sondern auch geplante, ent- und verworfene, verhinderte oder zerstörte einbezieht. Was bislang allerdings fehlt, ist eine vollständige Übersicht, die sämtliche Denkmäler und ihre Standorte systematisch erfasst.[5] Das folgende Verzeichnis soll dem abhelfen. Es versteht sich nicht als Entstehungs- oder Wirkungsgeschichte der einzelnen Denkmäler und bietet auch keine detaillierten technischen Beschreibungen oder kunsthistorischen Erörterungen, sondern bündelt nur die wichtigsten Informationen zu Standort, Gestaltungsart, Künstler und Aufstellung. Dabei präsentiert es einige neue Erkenntnisse und auch einige Denkmäler, die bisher in der Heine-Literatur noch keine Erwähnung fanden.

In Anlehnung an Rolf Selbmanns Definition des Strukturtypus »Dichterdenkmal«[6] enthält das Verzeichnis frei für sich stehende, mit dem Ziel »einer auf Dauerhaftigkeit berechneten Aufmerksamkeit«[7] im Freien aufgestellte, öffentlich oder halb-öffentlich zugängliche Denkmäler, die Heine darstellen oder ihm gewidmet sind. »Bildlose Gedenksteine, etwa mit Namen oder Lebensdaten des Dichters«[8], die Selbmann weitgehend ausschließt, werden hier ebenfalls aufgeführt, sofern es sich dabei um eigens gesetzte und bearbeitete Steine handelt. Denn im Falle des Heine-Gedenkens haben diese von Anfang an und bis in moderne Zeiten hinein eine besondere Rolle gespielt.[9] Die Liste enthält nur die tatsächlich realisierten und aufgestellten Denkmäler, unabhängig davon, ob sie heute noch vorhanden sind oder nicht. Die Reihenfolge ist chronologisch und richtet sich nach der ersten Aufstellung im Freien; ein Entstehungsdatum wird nur dann vermerkt, wenn eine signifikante Zeitdifferenz zur Aufstellung vorliegt. Ein Sonderfall ist die Heine-Skulptur von Hasselriis, jenes »emigrierte[] Denkmal[], das eine Odyssee hinter sich hat«[10]: Weil sie an so verschiedenen Orten ihren Platz fand und sich mit der veränderten Umgebung auch jedes Mal der Charakter des Denkmals wandelte, wird sie hier mehrfach aufgeführt (Nr. 1, 9, 15, 24) und gewissermaßen an jedem Standort als ›neues Denkmal‹ betrachtet.

Heine-Denkmäler, 1891–2012

1. Korfu (Griechenland)

Standort: »Achilleion«
Art: Sitzfigur Heines, Rundtempel mit Kuppel und Treppenanlage
Künstler: Ludvig Hasselriis (1844–1912)
Aufstellung: 1891–1908 (demontiert, transloziert, s. Nr. 9)

Das von Elisabeth, Kaiserin von Österreich und Königin von Ungarn, für ihr Anwesen »Achilleion« in Auftrag gegebene Denkmal war ein Gesamtkunstwerk: die Heine-Skulptur, der offene Säulentempel sowie die Treppenanlage mit Bepflanzung und Meerblick wirkten zusammen als »märchenhafte Inszenierung«.[11] Obwohl sich die Skulptur erhalten hat: Mit der Demontage der Heine-Figur, die 1908, nachdem »Achilleion« in den Besitz von Kaiser Wilhelm II. übergegangen war, durch eine Statue Elisabeths ersetzt wurde, muss dieses Denkmal als zerstört betrachtet werden. Die Elisabeth-Statue steht heute im Eingangsbereich des Palastes, die ursprüngliche Denkmalsanlage ist nicht mehr zu erkennen. Hasselriis zeigt den alten Heine – wobei auf dem Blatt in seiner Hand mit der ersten Strophe des Gedichts »Die Heimkehr« XXVII (»Was will die einsame Thräne?« [DHA I, 237]) ein Werk des jungen Dichters steht –, bei den Gesichtszügen orientiert er sich an dem Porträt von Kietz (1851), das zum Inbegriff des leidenden Heine geworden war.[12]

2. Mayombe (Republik Kongo) [?]

Standort: Mayombe-Region, bei Cayo oder 4° südl. Breite, 15° östl. Länge [?]
Art: Säule mit Ornamenten, Texttafel
Künstler: Robert Visser (1860–1937)
Aufstellung: 1893-?? (Verbleib unbekannt)

Das wohl kurioseste Heine-Denkmal wurde durch den Düsseldorfer Kaufmann Robert Visser errichtet. Auf der an einer eisernen Säule angebrachten Marmortafel präsentiert es ein Protestgedicht gegen die Weigerung Düsseldorfs, ein Heine-Denkmal zu errichten.[13] Visser war im damaligen »Französisch-Kongo« als Plantagendirektor für eine niederländische Firma tätig. An die Heimatzeitschrift »Jan Wellem« schrieb er 1926 rückblickend (und mit kolonialistischem Zungenschlag):

Die Kunde, daß Heine in Düsseldorf kein Denkmal erhalten sollte, veranlaßte mich, dem Dichter in einem Gebiet, wo ich »Herr« war, ein Denkmal zu setzen. [...] Die Beschaffung des Materials war bei den primitiven Verhältnissen in den Urwäldern des Kongo, keine Kleinigkeit, aber es gelang, und unter Wilden und Kannibalen stand Heine sicher und unbehindert in idyllischer Ruhe.[14]

Die Standortangabe »in der Wildnis von Mayumbe«[15] ist vage, denn der Wald der Mayombe-Region ist weitläufig und berührt heute die Hoheitsgebiete von vier Staaten: Angola, Demokratische Republik Kongo, Republik Kongo, Gabun. In einem erhaltenen Album mit Vissers Fotografien steht bei dem Bild des Denkmals die Angabe »near Cayo«[16], wobei jener Ort in der Nähe der Hafenstadt Point-Noire, wo Visser von 1882 bis 1899 lebte, eher am Rande des Mayombe liegt. Auf einem anderen Exemplar der Fotografie, das im Heine-Institut aufbewahrt wird, findet sich die Bleistiftnotiz: »4° südl. Breite, 15° östl. Länge Greenw.«[17], womit der Ort weiter östlich im Landesinneren der heutigen Republik Kongo läge. Der Standort lässt sich also nicht ermitteln, ebenso wenig wie sich sagen lässt, was mit dem Denkmal geschehen ist.

3. Wuppertal

Standort: Friedensaue, Küllenhahn
Art: Steinsockel mit Schrifttafeln
Künstler: unbekannt
Aufstellung: 1893–1933 (zerstört)

Das von der Freifrau Selma von der Heydt (1862–1944) gestiftete Denkmal, ein pyramidenartiger Aufbau aus Grauwacken und Schieferblöcken, trug Inschriften mit den Initialen der Stifterin, dem Errichtungsdatum, der Widmung »Zum Andenken an Heinrich Heine« sowie der vierten Strophe des Prologgedichts zur »Harzreise«: »Auf die Berge will ich steigen,/ Wo die dunkeln Tannen ragen,/ Bäche rauschen, Vögel singen,/ Und die stolzen Wolken jagen.« (DHA VI, 83) Es wurde 1933 durch die Hitlerjugend zerstört.[18]

4. New York (USA)

Standort: Joyce Kilmer Park (Bronx)
Art: Brunnen mit Loreley-Skulptur, Sockel mit
 Porträtmedaillon Heines und Ornamenten
Künstler: Ernst Herter (1846–1917)
Entstehung: 1897
Aufstellung: 1899

Das Heine-Denkmal mit der längsten Vorgeschichte[19] war ursprünglich für Düsseldorf gedacht. Nach dem endgültigen Scheitern der Bemühungen des 1887 gegründeten Düsseldorfer »Comités für die Errichtung eines Heine-Denkmals« und der Verhinderung seiner zwischenzeitlich erwogenen Aufstellung in Mainz kam es nach New York. Der Park, in dem es nach längeren Diskussionen seinen Platz fand, wurde 1902 nach Franz Sigel (1824–1902) benannt, zu Ehren des badischen Revolutionärs und Generals im amerikanischen Sezessionskrieg. Seit 1926 trägt der Teil des Parks, in dem es steht, den Namen des im Ersten Weltkrieg gefallenen Schriftstellers Joyce Kilmer (1886–1918).

Die Widmungsinschrift lautet: »Ihrem grossen Dichter die Deutschen in Amerika«, und neben allegorischen Figuren und Nixen prangt in der Mitte des Sockels ein von Lorbeer umranktes Profilporträt Heines nach dem Vorbild der 1834 in Paris entstandenen Bronzeplakette, die ein unbekannter Künstler – evtl. Louis Joseph Marie Richard oder ein anderer aus dem Umkreis von David d'Angers – nach der Zeichnung von Ludwig Emil Grimm schuf.[20] 1940 wurde das Denkmal an einen anderen Standort innerhalb des Parks versetzt. Es verfiel und wurde immer wieder Opfer von Vandalismus. Nach aufwändiger Restaurierung konnte es 1999 wieder an seinen ursprünglichen Platz gestellt und neu eingeweiht werden.[21]

5. Paris (Frankreich)

Standort: Friedhof Montmartre, Grabstätte Heinrich und Mathilde Heines
Art: Porträtbüste Heines, Stele und Sockel mit Ornamenten und Inschriften
Künstler: Ludvig Hasselriis (1844–1912)
Aufstellung: 1901

Das marmorne Grabdenkmal mit Heines Nachlass-Gedicht »Wo?« (DHA II, 197) wurde durch das »Comité Wiener freisinniger Bürger zur Bekränzung des Heine-Denkmals« an die Stelle des ursprünglichen, schlichten Grabsteins gesetzt.[22] Hauptredner bei der Einweihung war der Publizist und zionistische Politiker Max Nordau.[23] Im Gegensatz zu Heines testamentarisch geäußertem Wunsch wurde es auch danach immer wieder zum Schauplatz von Reden und Gedenkzeremonien. Bei ihrer letzten Instandsetzung im Oktober 2011 erhielt die Grabstätte eine neue Einfassung aus Granit, gestiftet von Simone Weil aus dem Preisgeld, das sie 2010 für den Heine-Preis der Stadt Düsseldorf erhalten hatte.

6. Bremen

Standort: Bürgerpark
Art: Sitzbank mit Ornamenten, Reliefporträt Heines und Texttafeln
Künstler: Hans Lassen (1897–1974), Bank; Hugo Berwald (1863–1937), Porträtrelief
Aufstellung: 1904–1933 (demontiert, später zerstört), 1969 (Rekonstruktion 1989)

Die Heine-Bank[24] stand auf dem privaten Grund des Bürgerparkvereins. 1924 wurde die gestohlene bronzene Porträtplakette (nach Kietz) durch eine kupferne ersetzt, 1933 wurde diese mitsamt den Texttafeln (mit Heines Gedicht »Ich hatte einst ein schönes Vaterland« [DHA II, 73]) demontiert und eingelagert, so dass sie, anders als die Bank selbst, Nazizeit und Zweiten Weltkrieg unbeschadet überstand. Die Tafeln wurden 1969 an einer Steinbank angebracht und 1989 an einer Rekonstruktion der originalen, schmiedeeisernen Bank, die seitdem wieder an ihrem ursprünglichen Platz steht[25] – mit einer Unterbrechung: Von Mai bis Oktober 2010 zierte sie den Stand der Stadt Bremen auf der Weltausstellung »Expo 2010« in Shanghai.

7. Bei Hambergen

Standort: bei Hambergen
Art: Stein mit Inschrift
Künstler: unbekannt
Aufstellung: vor 1906–?? (Verbleib unbekannt)

Beinahe ähnlich entlegen wie das improvisierte Heine-Protestdenkmal in »Französisch-Kongo« (Nr. 2), aber bisher noch rätselhafter (da nicht richtig dokumentierbar) war dieser Stein mit der schlichten Inschrift »Heine«, der in der Nähe von Hambergen (das heute zum niedersächsischen Landkreis Osterholz gehört) stand. Schubert hat ihn das »erste Heine-Denkmal auf deutschem Boden« genannt und in seiner Studie mit der Datierung 23. Juli 1903 abgebildet – allerdings ohne Angabe einer Quelle für das verwendete Bild, das Datum, den Ort oder sonstige Informationen.[26]

Inzwischen ließ sich eine eindeutige Quelle identifizieren: Der Bremer Lehrer und Schriftsteller Wilhelm Scharrelmann widmete dem Stein – von dem auch er annahm, er sei »der erste und bis jetzt einzige [...] in Deutschland, in den der Meißel den Namen ›Heine‹ grub« – 1906 einen Artikel mit Abbildung in einer heimatkundlichen Zeitschrift. Demnach wurde der Findling, ein »großer Granitblock, unbehauen, etwa 1 1/4 m hoch [...], inmitten einer Kieferngruppe in hoher Heide« errichtet, »eine halbe Stunde« zu Fuß von Hambergen entfernt, »vor Jahren schon, in aller Stille«, so dass er evtl. vor der Bremer Bank (Nr. 6) einzuordnen ist.²⁷ Scharrelmann schreibt: »Heine! In tiefster Einsamkeit, im nebelfeuchten deutschen Norden, erstand dir hier ein Denkmal, ohne Subscriptionen, ohne ›Unterstützung weitester Kreise‹ [...]. Trotzige Liebe setzte den Stein in diese Einsamkeit [...].« Seine Diktion legt nahe, dass er dem Initiator nahe stand, dessen Namen er nicht nennt und den er nur als einen der »Leute von Lummland« bezeichnet, wobei es sich um »[d]rei Bremer Lehrer«²⁸ handele. »Lummland« war offenbar ein Anwesen bei Hambergen. Ein Besitzer jenes Hauses lässt sich jedoch identifizieren: Emil Sonnemann (1869–1950), Pädagoge, u. a. im Bremer Schuldienst, ein engagierter Sozialdemokrat, der unter dem Pseudonym Jürgen Brand Erzählungen, Gedichte und reformpädagogische Artikel veröffentlichte.²⁹ Es ist gut möglich, dass er diesen Stein aufstellte, über dessen späteren Verbleib sich bisher nichts ermitteln ließ.

8. Wien (Österreich)

Standort: Maxingstraße, Park der Villa Landau
Art: Porträtbüste Heines, Sockel mit
    Ornamenten und Inschrift
Künstler: Adolf Schmieding (1873–1956)
Aufstellung: 1908-?? (Verbleib unbekannt)

Einer Zeitungsmeldung zufolge wurde die Büste im Park »der Villa des Herrn Albert Landau in Hietzing«³⁰ aufgestellt; vermutlich handelt es sich dabei um den Industriellen Albert Landau (1829–1909), dessen Tochter Henriette Amalie (»Lilly«) Lieser (1875–1943) später als Freundin Alma Mahler-Werfels und Mäzenin Arnold Schönbergs musikgeschichtliche Bedeutung hatte.³¹ Sie und die später in der Villa an der Maxingstraße ansässigen Albert (geb. 1863) und Berta Landau (geb. 1877), bei denen es sich um die Kinder Albert Landaus handeln dürfte, wurden 1942 nach Riga deportiert, wo sie starben.³² Was mit ihrem Besitz und der Heine-Büste geschah, ist nicht bekannt. Eine ähnliche Büste hatte Adolf Schmieding bereits 1906 angefertigt; sie wurde im damaligen »Heine-Zimmer« der Landes- und Stadtbibliothek Düsseldorf aufgestellt und befindet sich heute im Heinrich-Heine-Institut.

9. Hamburg

Standort: Barkhof, vor dem Verlagssitz von Hoffmann und Campe
Art: Sitzfigur Heines, Sockel mit Inschrift
Künstler: Ludvig Hasselriis (1844–1912)
Entstehung: 1891
Aufstellung: 1909–1925 (verhüllt, 1927 transloziert, s. Nr. 15)

Julius Campe jun., der Sohn von Heines Verleger und Patensohn des Dichters, erwarb die ursprünglich auf Korfu aufgestellte Statue (Nr. 1), die nach ihrem Abtransport aus dem »Achilleion« in ein Berliner Depot gelangt war. Seine Schenkung an die Stadt Hamburg, mit der Maßgabe einer repräsentativen öffentlichen Aufstellung, wurde abgelehnt. Daraufhin wurde sie auf Privatgrund errichtet: im Hof des Kontorhauses, in dem der Verlag Hoffmann und Campe seinen Sitz hatte. Nach antisemitischen Schmierereien hat man sie 1925 hinter einem Bretterverschlag verborgen und später nach Altona verbracht (Nr. 15).³³

10. Halle an der Saale

Standort: vor dem Trothaer Schlösschen
Art: Porträtbüste Heines, Sockel mit Ornamenten und Inschrift
Künstler: Paul Schönemann
Aufstellung: 1912–1933 (zerstört)

Das vom sozialdemokratischen »Heine-Bund Halle« initiierte Denkmal bestand aus einer Marmorbüste, die der Bildhauer-Autodidakt Schönemann geschaffen hatte. Er orientierte sich an Kietz' Porträts des alten Heine, die Inschrift auf dem mit einer Lyra verzierten Sockel zitierte die dritte Strophe aus »Die Heimkehr« XIII: »Ich bin ein deutscher Dichter,/ Bekannt im deutschen Land;/ Nennt man die besten Namen,/ So wird auch der meine genannt.« (DHA I, 223) Die Statue wurde 1927 durch Vandalismus beschädigt und nach der Machtergreifung der Nationalsozialisten bis auf einen Sockelrest zerstört. Seit 1997 erinnert eine Gedenktafel an das vernichtete Denkmal.[34]

11. Frankfurt am Main

Standort: Taunusanlage
Art: allegorische Figurengruppe (tanzendes Paar, »Frühlingslied«), Sockel mit Porträtrelief Heines und Inschrift
Künstler: Georg Kolbe (1877–1947)
Aufstellung: 1913–1933 (Friedberger Anlage, demontiert), 1947 (Taunusanlage)

Das bei einem Wettbewerb der Stadt Frankfurt prämierte und von Oberbürgermeister Georg Voigt eingeweihte Denkmal wurde 1933 gewaltsam vom Sockel gestürzt. Im Keller des Städel-Museums überdauerte es den Krieg und wurde 1947 wieder in den Wallanlagen, aber an einem anderen Standort aufgestellt. Das Porträtrelief wurde dabei erneuert, die Inschrift lautet seitdem »Heinrich Heine« statt »Dem Dichter Heinrich Heine«.[35]

12. Moskau (Russland)

Standort: Petrovskij Bul'var / Strastnoij Bul'var
Art: Sitzfigur Heines, Sockel mit Ornamenten (Loreley-Figur)
Künstler: Georgij Ivanovič Motovilov (1884–1963)
Aufstellung: 1918-nach 1921 (Verbleib unbekannt)

Im April 1918 erließ Lenin ein Dekret zur Entfernung der Denkmäler des zaristischen Russland sowie zur Errichtung neuer Standbilder. Das als »Plan monumental'noj propagandy« (»Plan zur Monumentalpropaganda«) bekannte Projekt sollte eine sowjetische Denkmalskultur begründen und Persönlichkeiten ehren, die als Vorkämpfer der Revolution verstanden werden sollten.[36] Zu den 66 ausgewählten Künstlern, Politikern, Militärs und Philosophen gehörte auch Heinrich Heine. Sein Moskauer Denkmal wurde am 7. November 1918 eingeweiht, am gleichen Tag wie das Marx/Engels-Standbild, das Lenin persönlich enthüllte. Die im Zuge jenes Plans geschaffenen Denkmäler entstanden unter Zeitdruck, sie sollten zum ersten Jahrestag der Oktoberrevolution fertig sein. Darum hatten sie provisorischen Charakter und waren nicht aus robusten Materialien gefertigt (das Marx/Engels-Denkmal bestand z. B. aus Gips und Holz – im Volksmund hieß es »Die zwei Deutschen in der Badewanne«).

Der Schöpfer der Heine-Skulptur, Georgij Ivanovič Motovilov, war ein Schüler von Sergeij Timofejevič Konenko (1874–1971), der als »russian Rodin«[37] galt. Zwei Dichterdenkmäler Motovilovs sind noch heute in Moskau zu sehen: für Aleksandr N. Ostrovskij (1954, vor dem Ostrovskij-Museum) und für Aleksej N. Tolstoi (1957, Bolschaja Nikitskaja ulica). Motovilov zeigte einen leidenden Heine, zusammengesunken und zur Seite geneigt. Das vermutlich aus Gips gefertigte Denkmal wirkt wie eine impressionistische Verfremdung von Hasselriis' Statue (Nr. 1). Wie lange es an seinem Platz auf dem Narischinskij skver am Petrovskij Bul'var verblieb, ist nicht bekannt; zumindest bis 1921 muss es jedoch Bestand gehabt haben, denn der (später emigrierte) Dichter Vladislav F. Chodasevič berichtet in seinen Jugenderinnerungen von einem Besuch im Winter 1921. Seine wenig schmeichelhafte Beschreibung sei hier zitiert (in meiner eigenen Übersetzung; CL), da sie neben einer grobkörnigen Fotografie das einzige Zeugnis über Machart und Schicksal der Statue ist und zudem in der Heine-Literatur bisher unbekannt war:

> Im Jahre 1918, als die Bolschewiken die Manie überkam, Denkmäler aufzustellen, errichteten sie auf diesem kleinen Platz aus irgendeinem Grund ein Denkmal für Heinrich Heine. Ein schwindsüchtiger Herr mit Bart saß in einem Sessel, ihm zu Füßen sich anschmiegend kauerte eine halbnackte Frau mit wilden[38] Zöpfen – halb Loreley, halb Muse. Das Denkmal war aus irgendeinem weißen Zeug gemacht und innen hohl. Im Winter 1921 kam ich daran vorbei. Heines Nase war vollkommen schwarz, der Loreley hatte man das Hinterteil abgeschlagen, an dessen Stelle klaffte ein Loch, angefüllt mit schmutzigem Papier, Blechdosen und allem möglichen Unrat.[39]

13. St. Petersburg (Russland)

Standort: Mendelejevskaja linija, vor der Universität
Art: Porträtbüste Heines
Künstler: Viktor Aleksandrovič Sinaiskij (1893–1968)
Aufstellung: 1918–1923 (demontiert, Verbleib unbekannt)

Wie das Moskauer Heine-Denkmal (Nr. 12) entstand auch diese Statue im Rahmen des »Monumentalpropaganda«-Plans.[40] Sie wurde am 17. November 1918 eingeweiht und war die sechste, die im Rahmen des Projekts in St. Petersburg (damals: Petrograd) errichtet wurde (zwei weitere Deutsche wurden kurz vor Heine gewürdigt: Marx und Lassalle, dessen Statue ebenfalls von Sinaiskij stammte). Sie war nicht, wie Schubert vermutet, »aus Stein (dunkel bemalt?)«[41], sondern aus getöntem Gips[42], was die kurze Lebensdauer erklärt. Lenins Plan zufolge sollten die provisorischen Denkmäler später durch andere, aus standhafteren Materialien ersetzt werden, was im Falle Heines jedoch weder in Moskau noch in Petrograd geschah.[43] Einen Eindruck von Sinaiskijs monumental-klassizistischem Stil vermitteln seine Arbeiten, die noch heute im Stadtbild St. Petersburgs zu sehen sind, etwa sein Wilhelm-Conrad-Röntgen-Denkmal (1928) in der Ulica Rentgena 8 oder die Statue Fedot Ivanovič Šubins (1959) im Michailovskij-Garten.[44]

14. Hamburg

Standort: Stadtpark
Art: Standfigur Heines, Sockel mit Ornamenten
Künstler: Hugo Lederer (1871–1940)
Entstehung: 1913
Aufstellung: 1926–1933 (demontiert, zerstört 1943)

Das vom Hamburger Senat in Auftrag gegebene Denkmal war bereits 1913 vollendet. Bauarbeiten im Stadtpark, der Erste Weltkrieg und weitere Kontroversen verzögerten seine Aufstellung bis 1926. Bei der Eröffnung sprachen u. a. Alfred Kerr[45] und Hamburgs Erster Bürgermeister Carl Wilhelm Petersen. Der gleichgeschaltete Senat ließ es 1933 abbauen, 1943 wurde es zu Kriegszwecken eingeschmolzen.[46]

15. Altona (Hamburg)

Standort: Donners Park
Art: Sitzfigur Heines
Künstler: Ludvig Hasselriis
    (1844–1912)
Entstehung: 1891
Aufstellung: 1927–1933 (demontiert,
    1939 transloziert; s. Nr. 24)

1927 übernahm Altona – das heute zu Hamburg gehört, damals aber eine selbständige Stadt war – die von Korfu (Nr. 1) nach Hamburg (Nr. 9) gelangte Statue, die dort seit 1925 hinter einem Bretterverschlag stand. Im Donners Park, in unmittelbarer Nachbarschaft zum einstigen Anwesen Salomon Heines, fand sie nach einer feierlichen Einweihung – in Anwesenheit von Altonas Oberbürgermeister Max Brauer – ihren Platz. Nach der Machtergreifung der Nationalsozialisten wurde sie der Öffentlichkeit entzogen.[47] Der Familie der Nachfahren von Julius Campe jun., die noch immer Eigentümer der Statue waren, gelang es 1939, sie wieder in ihren Besitz zu bringen und nach Frankreich zu transportieren.

16. Cleveland (USA)

Standort: German Cultural Garden
Art: Porträtbüste Heines, Sockel mit Inschrift
Künstler: Kurt Harald Isenstein (1898–1980)
Aufstellung: 1931 (2004 durch eine Replik ersetzt)

Die Cultural Gardens in der Hauptstadt des Bundesstaates Ohio würdigen die verschiedenen Nationalitäten und Ethnien, welche die USA geprägt haben. Der erste war 1926 der hebräische Garten, inzwischen gibt es 30. Der 1929 gegründete deutsche Garten beherbergt u. a. Statuen von Goethe und Schiller, Bach und Alexander von Humboldt. Die bronzene Heine-Büste des aus Hannover stammenden Bildhauers Isenstein, der vor der Judenverfolgung nach Skandinavien floh, war dem Bürgermeister von Cleveland 1931 feierlich übergeben worden; aus konservatorischen Gründen wurde sie 2004 durch eine originalgetreue Replik ersetzt.[48]

17. Ellrich

Standort: Heinrich-Heine-Park
Art: Obelisk mit Porträtplakette Heines, Sockel mit Inschrift
Künstler: unbekannt
Aufstellung: nach 1945 [?] (zunächst 1872 als Kriegerdenkmal)

»Die Zahl der deutschen Kriegerdenkmäler zur Zahl der deutschen Heine-Denkmäler verhält sich hierzulande wie die Macht zum Geist.«[49] Der berühmte Satz von Kurt Tucholsky aus dem Jahre 1929 ist die wohl am häufigsten zitierte Äußerung zum Thema Heine-Denkmäler – in Ellrich, so hat es den Anschein, wollte man gezielt an der Änderung dieses Zahlenverhältnisses arbeiten, denn hier wurde tatsächlich ein Kriegerdenkmal in ein Heine-Denkmal umgewandelt. Das 1872 enthüllte Monument zur Erinnerung an die Kriege von 1866 und 1870/71 stand ursprünglich auf dem Marktplatz der am Südrand des Harzes gelegenen Gemeinde.[50] 1937 wurde es in den Stadtpark versetzt, der seit 1933 Hindenburg-Park hieß. 1945 oder später – das genaue Datum ließ sich nicht ermitteln – wurde die Grünanlage Heinrich-Heine-Park genannt. Aus dem Kriegerdenkmal wurde ein Heine-Denkmal: Dafür hat man die Inschrift auf dem Sockel unter dem für die Kriegerdenkmäler jener Zeit charakteristischen Obelisken durch die erste Strophe aus Heines Nachlass-Gedicht »Vermittlung« ersetzt: »Du bist begeistert, du hast

Muth – –/ Auch das ist gut!/ Doch kann man mit Begeistrungsschätzen/ Nicht die Besonnenheit ersetzen.« (DHA III, 324) Darunter stehen der Name und die Lebensdaten Heines. 2010 ist das Denkmal saniert worden, bei dieser Gelegenheit wurde zusätzlich eine nach Ludwig Emil Grimms Profilbildnis gestaltete Porträtplakette angebracht.

18. Leipzig

Standort: Karl-Liebknecht-Straße, am Volkshaus
Art: Stele mit Inschrift
Künstler: Friedrich Wilhelm Andreas (1882–1951), Walter Beyer (1885–1966), Entwurf; Arno Scheunert, Ausführung
Aufstellung: 1947

Die Initiative für das schlichte Denkmal ging von dem sozialdemokratischen Gewerkschafter und Widerstandskämpfer gegen das NS-Regime Erich Schilling (1882–1962) aus. Material dafür war in der Nachkriegszeit schwer zu beschaffen, daher wurde ein Rest des Sockels verwendet, auf dem Rudolf Siemerings Siegesdenkmal gestanden hatte, das 1888 auf dem Leipziger Markt errichtet und 1946 eingeschmolzen worden war, da es als »Versinnbildlichung des Militarismus« galt. Die Stele aus rotem schwedischem Granit mit der Inschrift »Heinrich Heine 1947« wurde zum 150. Geburtstag des Dichters am 13. Dezember 1947 eingeweiht, tauchte allerdings nicht in den offiziellen Denkmalslisten auf, da sein Initiator vom DDR-Regime verfolgt und zur Ausreise gezwungen wurde. Erst seit 1996 steht es unter Denkmalschutz.[51]

19. Düsseldorf

Standort: Ehrenhof
Art: Sitzfigur eines männlichen Aktes
 (»Aufsteigender Jüngling«), Sockel mit
 Inschrift
Künstler: Georg Kolbe (1877–1947)
Entstehung: 1932
Aufstellung: 1949

Die Bronzeskulptur gewann 1932 den ersten Preis im Wettbewerb für ein Heine-Denkmal, den die Stadt Düsseldorf im Jahr zuvor ausgeschrieben hatte; die Machtergreifung der Nationalsozialisten verhinderte ihre Aufstellung. Sie überstand jedoch den Krieg und wurde 1949 im Ehrenhof installiert, allerdings ohne Hinweis auf Heine.[52] Die Inschrift »Heinrich Heine gewidmet«, die schon im Gipsmodell von 1932 vorhanden war, brachte man erst 2002 an.

20. Düsseldorf

Standort: Hofgarten, Napoleonsberg
Art: weiblicher Torso (»Harmonie«),
 Treppenanlage mit Porträtrelief Heines und
 Inschrift
Künstler: Aristide Maillol (1861–1944), Skulptur;
 Ivo Beucker (1909–1965), Porträtrelief und
 Einfassung
Entstehung: 1944 (Skulptur)
Aufstellung: 1953

Maillols stehender weiblicher Bronzeakt »Harmonie« wurde erst durch die Inschrift[53] und die Kombination mit dem in die Einfassungsmauer eingelassenen Porträtrelief, das Heine im Profil zeigt, zum Denkmal für den Dichter. Das sehr kleine und eher versteckt angebrachte Relief schuf der Kolbe-Schüler Beucker nach der Pariser Bronzeplakette (1834) von einem unbekannten Künstler oder Richard (nach Grimm).[54] Die Denkmalanlage wurde mit einem Festakt im Landtag u. a. mit einer Rede des französischen Hochkommissars François-Poncet eingeweiht.[55]

21. Ludwigsfelde

Standort: Heinrich-Heine-Platz
Art: Sitzfigur Heines, Sockel
   mit Relief-Ornamenten und
   Inschriften
Künstler: Waldemar Grzimek
   (1918–1984)
Aufstellung: 1953

Die Bronzeskulptur des lächelnden, auf einem Hocker sitzenden Dichters in mittlerem Alter steht auf einem Sockel mit Reliefs, die Szenen aus Heines Leben zeigen: am Meer, auf Reisen, die Begegnung mit Friedrich Engels, die Revolution von 1848. Auf einer stilisierten Schriftrolle steht ein Zitat aus der Vorrede zum ersten »Salon«-Band: »Wir ergreifen keine Idee, sondern die Idee ergreift uns und knechtet uns und peitscht uns in die Arena hinein, daß wir, wie gezwungene Gladiatoren für sie kämpfen.« (DHA V, 370). Zwei gesonderte, hinter dem Denkmal stehende Reliefs aus Stein zeigen den Salon Rahel Varnhagens in Berlin sowie eine Illustration zu dem Gedicht »Die schlesischen Weber« (DHA II, 150).[56]

22. Brocken (Harz)

Standort: Gipfelplateau
Art: Stein mit Porträtreliefplakette Heines und
   Inschrift
Künstler: Johannes Friedrich Rogge (1898–1983)
Aufstellung: 1956–1959 (Gipfelplateau), 1959–1996
   (Schierke), 1996 (Gipfelplateau)

Das vom Kulturbund initiierte und am 16. September 1956 mit einer Ansprache des Schriftstellers Walther Victor[57] eingeweihte Denkmal trägt Heines Namen und Lebensdaten; Vorlage für das Profilbild war die Zeichnung von Ludwig Emil Grimm (1827). Wegen des Ausbaus der militärischen Einrichtungen auf dem Brocken (von 1961 bis 1989 war er Sperrgebiet) wurde es 1959 in das am Fuße des Berges gelegene Schierke vor das Hotel »Heinrich Heine« (bis 1946 »Fürst zu Stolberg«) versetzt. Das Hotel wurde 1995 geschlossen, im November 1996 kam das Denkmal wieder auf das Brockenplateau. Im Heine-Jubiläumsjahr 2006, in dem auch durch Fusion der bisherigen Schutzgebiete der länderübergreifende Nationalpark Harz entstand, wurde der Stein, an dem die Porträtplakette befestigt ist, ausgetauscht.

23. Ilsetal (Harz)

Standort: Heinrich-Heine-Wanderweg, Ilsefälle
Art: Stein mit Porträtplakette Heines und Inschrift
Künstler: unbekannt
Aufstellung: 1956 [?]

Der auf Höhe der Ilsefälle platzierte Stein ist mit einer Reliefplakette versehen, die ein der Grimm-Zeichnung nachempfundenes Heine-Porträt und die erste Strophe aus dem »Harzreise«-Gedicht »Ich bin die Prinzessin Ilse« (DHA VI, 132) zeigt. Künstler und Errichtungsdatum ließen sich nicht ermitteln. Da der Gedenkstein aber wie das Denkmal auf dem Brocken (Nr. 22) vom Kulturbund gestiftet wurde[58], ist anzunehmen, dass er zur gleichen Zeit entstand.

24. Toulon (Frankreich)

Standort: Parc des Plages du Mourillon
Art: Sitzfigur Heines, Sockel mit Inschrift
Künstler: Ludvig Hasselriis (1844–1912)
Entstehung: 1891
Aufstellung: 1956

Das älteste Heine-Denkmal, das von Korfu (Nr. 1) über Hamburg (Nr. 9) nach Altona (Nr. 15) gelangt war – wo es seit 1933 der Öffentlichkeit nicht mehr zugänglich war – kam schließlich, wie der Dichter selbst, ins französische Exil. Die jüngste Tochter von Julius Campe jun., Olivia Bouchard, war in Toulon verheiratet; sie und ihr Ehemann Edmond Bouchard bemühten sich kurz vor Ausbruch des Zweiten Weltkrieges darum, Hasselriis' Statue aus Deutschland herauszuholen. Mit Hilfe eines Hamburger Anwalts machten sie den Eigentumsanspruch der Campe-Nachfahren geltend, und gegen eine Zahlung konnten sie die Ausfuhr erreichen. 1947 schenkte Olivia Bouchard das Denkmal der Stadt Toulon, zur öffentlichen Aufstellung kam es erst im Heine-Jubiläumsjahr 1956. 1965 wurde der Sockel erneuert, 1983 eine Tafel mit Heines Namen, Lebensdaten und dem Zusatz »Poète allemand« angebracht.[59]

25. Berlin

Standort: Volkspark am Weinberg
Art: Sitzfigur Heines; Sockel mit
    Ornamenten und Inschriften
Künstler: Waldemar Grzimek
    (1918–1984)
Entstehung: 1955
Aufstellung: 1958

Im Auftrag des Kulturfonds Berlin schuf Grzimek eine Variante seines in Ludwigsfelde errichteten Denkmals (Nr. 21), das für einen repräsentativen Standort Unter den Linden vorgesehen war. Seine provisorische Aufstellung auf der Museumsinsel (1956) löste eine Pressekampagne aus, und da am Ende befunden wurde, dass es nicht den Vorgaben für ein »sozialistisches« Standbild entsprach, kam es schließlich an einen weniger prominenten Ort in den Weinbergpark.[60]

26. Wuppertal

Standort: Von-der-Heydt-Park
Art: Stein mit Inschriften
Künstler: Harald Schmahl
(1912–1964)
Aufstellung: 1958

Die senkrecht aufgestellten Muschelkalk-Quader aus den Ruinen des im Krieg zerstörten Barmer Rathauses tragen dasselbe Zitat aus dem Prolog zur »Harzreise« wie schon das 1933 vernichtete Vorgänger-Denkmal (Nr. 3); die Inschrift auf der Rückseite erinnert an jenen Stein und dessen Stifterin Selma von der Heydt.[61]

27. Brandenburg an der Havel

Standort: Heinrich-Heine-Ufer
Art: Porträtbüste Heines, Sockel mit Inschrift
Künstler: Karl Mertens (1903–1988)
Aufstellung: 1960

Die Porträtbüste des Rathenower Bildhauers Karl Mertens zeigt einen jungen, kämpferischen Heine; auf dem Sockel finden sich Name und Lebensdaten sowie ein Zitat aus einer nicht in die Endfassung übernommenen Passage aus »Deutschland. Ein Wintermährchen«: »Seitdem du uns verlassen hast,/ Hat manches sich hier verwandelt,/ Es wuchs ein junges Geschlecht heran,/ Das anders fühlt und handelt.« (DHA IV, 296)[62] Mit der Aufstellung des Denkmals wurde die Parkanlage, die zuvor Spitta-Ufer hieß, in Heinrich-Heine-Ufer umbenannt.[63]

28. Hamburg

Standort: Harvestehuder Weg, vor dem Verlagssitz von Hoffmann und Campe
Art: Stein mit Porträtrelief Heines
Künstler: Cäsar Heinemann
Entstehung: 1898 (Relief)
Aufstellung: 1960

Das von Cäsar Heinemann geschaffene, bronzene Relief mit einem lorbeerumkränzten Porträt Heines – gestaltet in Anlehnung an die Pariser Plakette von 1834[64] und dem Profilporträt auf dem New Yorker Loreley-Brunnen (Nr. 4) nicht unähnlich – war seit 1898 an der Fassade des Verlagshauses von Hoffmann und Campe in der Schauenburgerstraße 59 angebracht. 1933 wurde es abgenommen und versteckt, um es vor dem Zugriff nationalsozialistischer Bilderstürmer zu bewahren. Ab 1946 befand es sich im einstigen Wohnhaus von Heines Schwester Charlotte an der Esplanade 39, und nach dessen Abriss kam es 1960, auf eine senkrechte Steinplatte montiert, vor den neuen Sitz des Verlages am Harvestehuder Weg. Damit war es zu einem frei in der Öffentlichkeit stehenden Denkmal »erhoben«. Die Inschrift auf der Platte (heute nicht mehr vorhanden, sie wurde durch einen Steinquader ersetzt) lautete »Dem Dichter. Dem Kämpfer. Dem Mahner«. Bei der Enthüllung am 3. November 1960 hielt Hamburgs Kultursenator Hans-Harder Biermann-Ratjen eine Ansprache[65] und machte diese unter Verwendung der alten Plakette neu geschaffene Installation damit gewissermaßen zu einem offiziellen Hamburger Heine-Denkmal. Seit 1962 steht sie unter Denkmalschutz.

29. München

Standort: Dichtergarten (ehem. Finanzgarten)
Art: Sitzender weiblicher Akt (»Quellnymphe«),
   Sockel mit Inschrift, Texttafel
Künstler: Toni Stadler (1888–1982)
Entstehung: 1958
Aufstellung: 1962

Verborgen in einer Grotte im Dichtergarten, in dem u. a. auch eine Staute von Heines Freund und Übersetzer Fjodor Tjutčev steht, sitzt Stadlers bronzene Frauenfigur vor einer angedeuteten Quelle. Die Worte »Heinrich Heine zum Gedächtnis« sowie die Lebensdaten des Dichters stehen auf dem als Bank gestalteten Sockel, die Texttafel daneben zitiert einen durch Weglassung des Reimes verstümmelten Vers aus dem »Buch der Lieder«: »Die Rose, die Lilje, die Taube, die Sonne, die liebt ich einst alle [...].« (DHA I, 137)[66]

30. Rudolstadt

Standort: Heinrich-Heine-Park
Art: Gedenkstein mit Inschrift
Künstler: Hartmut Münch (geb. 1947)
Aufstellung: 1979

Der Gedenkstein aus Granit aus dem Elbsandsteingebirge trägt Namen und Lebensdaten Heines. Die Grünanlage am rechten Saaleufer, in der er steht, dient seit 1886 als Stadtpark. Von 1933 bis 1945 hieß er Horst-Wessel-Park, am 3. September 1945 wurde er in Heinrich-Heine-Park umbenannt.[67]

31. Somberek (Ungarn)

Standort: Kossuth Lajos utca
Art: Sitzfigur Heines, Sockel mit Inschrift
Künstler: Tibor Vilt (1905–1983)
Aufstellung: 1979

Das Denkmal, das der Rat des Komitats Branau in der lange mehrheitlich von Ungarndeutschen bewohnten Gemeinde Somberek (deutsch: Schomberg) errichten ließ, zeigt den gealterten Dichter mit einer Schreibfeder in der Hand. Gesichtszüge (nach Kietz) und Pose lassen es als modernistisch verfremdete Variante von Hasselriis' zuerst im »Achilleion« auf Korfu aufgestelltem Denkmal (Nr. 1) erscheinen; insofern ist es also auch eine Hommage an die als Königin von Ungarn sehr populäre »Sisi«. Vor allem aber ehrt es in Heine die hier ansässige deutschstämmige Bevölkerung. Béla Szende, Leiter des Deutsch-Lehrstuhls an der Hochschule für Lehrerausbildung in Fünfkirchen (Pécs), betonte in seiner Einweihungsansprache am 6. November 1979: »Auch der Dichter kam von einer Minderheit und musste stets für Verständnis kämpfen. Für gegenseitiges Verständnis zwischen Menschen verschiedener Tradition und Nationalität [...].«[68]

32. Düsseldorf

Standort: Schwanenmarkt
Art: Begehbare Großplastik mit Porträtskulptur Heines und Ornamenten
Künstler: Bert Gerresheim (geb. 1935)
Aufstellung: 1981

Nicht ganz einhundert Jahre nach dem Beginn der Bemühungen des Düsseldorfer »Comités für die Errichtung eines Heine-Denkmals« erhielt Heines Heimatstadt ihr erstes figürliches Heine-Denkmal. Das Zentrum des vom Künstler selbst als

»Vexierlandschaft« und »Fragemal« charakterisierten Monuments bildet die vergrößerte Totenmaske des Dichters, um sie herum sind Elemente zu Heines Leben und Werk wie eine Zensorschere, die Trommel Le Grands u. a. gruppiert.[69]

33. Bonn

Standort: Alter Zoll
Art: Stein mit Inschrift
Künstler: Ulrich Rückriem (geb. 1938)
Aufstellung: 1982

Aufgeschichtete Granitquader formen eine Art Tor und umfassen eine schwarze, polierte Marmorplatte mit dem Namen Heinrich Heine.[70]

34. Hamburg

Standort: Rathausmarkt
Art: Standfigur Heines, Sockel mit Ornamenten und Inschriften
Künstler: Waldemar Otto (geb. 1929)
Aufstellung: 1982

Das aus öffentlichen Mitteln sowie privaten Spenden finanzierte Bronzestandbild, das durch Hamburgs Kultursenator Wolfgang Tarnowski eingeweiht wurde, ist eine Variante von Hugo Lederers vernichtetem Heine-Denkmal (Nr. 14). Ein Bronzerelief im Granitsockel stellt dessen Zerstörung dar, ein anderes die Bücherverbrennung. Eine seitliche Inschrift (formuliert von dem Schriftsteller Arie Goral [1909–1996], der zu den Initiatoren dieses Denkmals gehörte) deutet die Statue »als Mahnung zur Humanität für die er [Heine] zeitlebens kämpfte«, die andere zitiert aus der »Reise von München nach Genua«: »Ich habe nie großen Werth gelegt auf Dichter-Ruhm, und ob man meine Lieder preiset oder tadelt, es kümmert mich wenig. Aber ein Schwert sollt Ihr mir auf den Sarg legen; denn ich war ein braver Soldat im Befreyungskriege der Menschheit.« (DHA VII, 74)[71]

35. Norderney

Standort: Kurplatz
Art: Sitzfigur Heines (»Jeune poète«), Sockel mit Inschrift
Künstler: Arno Breker (1900–1991)
Entstehung: 1930
Aufstellung: 1983

Die Worte »Ich liebe das Meer wie meine Seele« (DHA VI, 150) aus der »Nordsee« und der Zusatz »Heinrich Heine auf Norderney 1826« stehen auf dem Sockel und verhehlen den Umstand, dass das Denkmal nicht originär für diesen Standort geschaffen wurde. Es ist vielmehr die vergrößerte Version der Skulptur, für die Breker bereits 1931 beim Heine-Denkmalswettbewerb der Stadt Düsseldorf den zweiten Preis erhalten hatte. Skandalös ist jedoch nicht dieser Umstand, sondern das, was Arno Breker in der Zwischenzeit getan hatte: Durch seine Monumentalplastiken hatte er die faschistische Ästhetik mit geprägt und als persönlicher Freund Hitlers und Vizepräsident der »Reichskunstkammer« eine wichtige Rolle in der NS-Kulturpolitik gespielt. Dass er nach dem Krieg ausgerechnet Heine für seine Rehabilitierungskampagne instrumentalisierte, macht einen auch im Rückblick noch sprachlos. Düsseldorf und andere deutsche Städte hatten sein

Geschenk eines Heine-Denkmals denn auch abgelehnt, Norderney nahm es trotz zahlreicher Proteste – u. a. durch die Heinrich-Heine-Gesellschaft – an.[72]

36. St. Goarshausen

Standort: Rheinpromenade
Art: Porträtbüste Heines, Sockel mit Inschrift
Künstler: Arno Breker (1900–1991)
Entstehung: 1930/1983
Aufstellung: 1985

Der Jünglingskopf, der nur wenig Ähnlichkeit mit den bekannten Heine-Porträts hat, ist »eine Art Ableger«[73] des auf Norderney aufgestellten Denkmals (Nr. 35). Er wurde separat von diesem erneut gegossen und steht seit seiner Einweihung durch den St. Goarshausener Bürgermeister Karl Pingel in der Ortschaft am Fuße des Loreley-Felsens.

37. Eisenhüttenstadt

Standort: Heinrich-Heine-Allee
Art: Porträtbüste Heines, Sockel mit Inschrift
Künstlerin: Sonja Eschefeld (geb. 1948)
Aufstellung: 1990

1985 erhielt die Bildhauerin vom Eisenhüttener Stadtrat den Auftrag für ein Heine-Denkmal, das 1990 auf einem Betonsockel errichtet wurde. 1991 ersetzte man ihn durch einen Sockel aus Kalkstein, auf dem Heines Unterschrift angebracht ist.[74]

38. Berlin

Standort: Köpenicker Straße /
 Heinrich-Heine-Straße
Art: Standfigur Heines zwischen
 zwei Mauerstelen mit
 Inschriften und Ornamenten
Künstlerin: Carin Kreuzberg
 (geb. 1935)
Aufstellung: 1991

Bereits 1981 war dieses Denkmal vom Verband bildender Künstler und dem Stadtrat Berlin-Mitte in Auftrag gegeben worden. Als es 1991 in der Nähe des ehemaligen Grenzübergangs Heinrich-Heine-Straße aufgestellt wurde, hatte der Geschichtsverlauf den Mauerstelen hinter der aus Zementestrich geformten Heine-Figur eine andere Bedeutung gegeben. Auf den darin eingelassenen Terrakotta-Tafeln stehen zwei Heine-Texte: das Fragment »Ich bin das Schwert, ich bin die Flamme« (DHA XI, 215) – eine Variante aus »Ludwig Börne. Eine Denkschrift«, die unter dem Titel »Hymnus« bekannt wurde – und das Gedicht »In der Fremde« I (»Es treibt dich fort, von Ort zu Ort« [DHA II, 71]).[75]

39. Düsseldorf

Standort: Campus der Heinrich-
 Heine-Universität
Art: Stein mit Inschrift
Künstler: Michael Kienemund
 (geb. 1965)
Aufstellung: 1993

In den Schieferstein ist Heines Unterschrift eingemeißelt, darüber steht die letzte Strophe seines Gedichts »Enfant Perdü«: »Ein Posten ist vakant! – – Die Wunden klaffen – –/ Der Eine fällt, die Andern rücken nach – –/ Doch fall' ich unbesiegt, und meine Waffen/ Sind nicht gebrochen – – Nur mein Herze brach.« (DHA III, 122)

40. Düsseldorf

Standort: Campus der Heinrich-Heine-Universität
Art: Standfigur Heines
Künstler: Hugo Lederer (1871–1940)
Entstehung: 1913
Aufstellung (Nachguss): 1994

Bei der Statue vor der Universitätsbibliothek handelt es sich um eine vergrößerte Version eines Bronze-Nachgusses von einem Modell zu Hugo Lederers zerstörtem Hamburger Heine-Denkmal (Nr. 14).[76]

41. Moskau (Russland)

Standort: Nikolojamskaja ulica, Innenhof der Allrussischen Staatlichen Bibliothek für ausländische Literatur M. I. Rudomino
Art: Porträtbüste Heines
Künstler: Arnold Frische (geb. 1869)
Entstehung: 1897
Aufstellung (Nachguss): 1994

Der Bronze-Nachguss einer Büste, deren Original sich im Heinrich-Heine-Institut befindet, war ein Geschenk Düsseldorfs als Symbol für die 1992 etablierte Städtepartnerschaft mit Moskau. Im Innenhof der 1921 gegründeten Allrussischen Staatlichen Bibliothek für ausländische Literatur M. I. Rudomino[77] steht er neben anderen Denkmälern internationaler Schriftsteller, z. B. für Tschingis Aitmatov, Octavio Paz, Jaroslav Hašek, James Joyce, Charles Dickens oder Abū al-Qāsim Firdausī. Mit Statuen von Simon Bolivar, Mahatma Gandhi, Erasmus von Rotterdam, Abraham Lincoln, Johannes Paul II., Leonardo da Vinci u. a. – viele davon ebenfalls Geschenke ausländischer Delegationen – bilden sie einen reizvoll eklektischen Skulpturengarten. Die Gegengabe der Stadt Moskau an Düsseldorf war übrigens eine Puškin-Statue von Jurij L. Černov, die seit 1996 am Oberbilker Markt steht.

42. Weitensfeld (Österreich)

Standort: Dichterhain am Zammelsberg
Art: Stein mit Textplakette
Künstler: Markus Pirker (geb. 1953)
Aufstellung: 1997

Im Zammelsberger Dichterhain wird seit 1959 in unregelmäßigen Abständen, seit 1985 alljährlich ein Schriftsteller oder eine Schriftstellerin zu einem »runden« Geburts- oder Todestag mit einem Gedenkstein geehrt. 1997 war dies Heinrich Heine. Der »Blaue Karat« aus einem benachbarten Steinbruch ist mit einer Kupfertafel versehen, auf der die dritte Strophe aus »Die Heimkehr« VIII (»Du schönes Fischermädchen«) steht: »Mein Herz gleicht ganz dem Meere,/ Hat Sturm und Ebb' und Fluth,/ Und manche schöne Perle/ In seiner Tiefe ruht.« (DHA I, 218)[78]

43. Heiligenstadt

Standort: Heinrich-Heine-Kurpark
Art: Porträtbüste Heines
Künstler: Werner Löwe (geb. 1950)
Aufstellung: 1999

Im Heinrich-Heine-Kurpark, wo sich auch eines der ältesten Völkerschlachtdenkmäler befindet (errichtet 1815), steht in einem Rondell die große Porträtbüste des jungen Heine. Der Kopf und die runde Stele sind aus einem Guss. Auf einer in den Boden eingelassenen Tafel steht: »Heinrich Heine / 1797–1856 / In Heiligenstadt getauft 1825«.[79]

44. Seoul (Republik Korea)

Standort: Campus der Hankuk-Universität
Art: Stele mit Inschriften
Künstler: unbekannt
Aufstellung: 2000

1999 richtete die Hankuk-Universität für internationale Studien einen Park mit Dichter-Gedenksteinen ein (u. a. für Goethe, Jaroslav Seifert, Karel Čapek). Auf der würfelförmigen Heine-Stele stehen zwei Gedichte von ihm (jeweils auf Deutsch und in der koreanischen Übersetzung von Oh Han-sin): »Die Heimkehr« XLIV (»Herz, mein Herz, sey nicht beklommen« [DHA I, 259]) und »Seraphine« X (»Das Fräulein stand am Meere« [DHA II, 35]).[80]

45. Berlin

Standort: Unter den Linden, Kastanienwäldchen
Art: Sitzfigur Heines, Sockel mit Ornamenten
  und Inschriften
Künstler: Waldemar Grzimek (1918–1984)
Entstehung: 1955
Aufstellung (Nachguss): 2002

Durch diesen Nachguss des im Berliner Weinbergpark errichteten Denkmals (Nr. 25) gelangte Grzimeks Skulptur schließlich doch an den Ort hinter der Neuen Wache, für den sie gedacht war. Auf der am Sockel angebrachten Inschrift heißt es: »Die 1955 für das Kastanienwäldchen geschaffene Plastik missfiel den Auftraggebern; sie wurde 1958 im Volkspark am Weinberg aufgestellt. Dort erfreut sie noch immer die Menschen. Dank dem von Peter Dussmann gestifteten Neuguss nun auch am ursprünglich geplanten Standort. 13. Dezember 2002«.

46. Halle an der Saale

Standort: Universitätsplatz
Art: Porträtbüste Heines, Sockel mit Inschrift
Künstler: Jens Bergner (geb. 1964)
Aufstellung: 2002

Die 1996 gegründete »Initiative für ein Neues Heine-Denkmal in Halle e. V.« schrieb einen regionalen Wettbewerb aus, den der 2002 auf dem Universitätsgelände realisierte Entwurf Jens Bergners gewann. Er zeigt einen sinnierenden oder träumenden Heine mittleren Alters mit geschlossenen Augen. Auf dem

Sockel stehen Name und Lebensdaten sowie eine Prosanotiz Heines: »Es gibt Menschen welche den Vogel ganz genau zu kennen glauben weil sie das Ei gesehen woraus er hervorgegangen.« (DHA X, 322)[81]

47. Hamburg

Standort: Harksheider Straße, vor dem Heinrich-Heine-Gymnasium
Art: Standfigur Heines, Sockel mit Inschrift
Künstler: Waldemar Otto (geb. 1929)
Entstehung: 1981
Aufstellung: 2005

Der Bronzeguss einer Vorstufe zu Ottos Heine-Denkmal, das seit 1982 auf dem Hamburger Rathausmarkt steht (Nr. 34), wurde der Schule aus Anlass ihrer Benennung nach Heine gestiftet und 2005 vor dem Eingang aufgestellt.[82]

48. Bremen

Standort: Wallanlagen
Art: Sitzfigur Heines, Sockel mit Ornamenten und Inschriften
Künstler: Waldemar Grzimek (1918–1984)
Entstehung: 1955
Aufstellung (Nachguss): 2010

2005 erhielt die Gerhard-Marcks Stiftung, Bremen, mit dem Nachlass Grzimeks auch den Gips seines Berliner Heine-Denkmals (Nr. 25 und 45). Von diesem Gips wurde ein neuer Guss angefertigt und in der Nähe der Bremer Kunsthalle aufgestellt. Die Einweihung erfolgte im Zusammenhang mit den Feierlichkeiten des Bundes zum Tag der deutschen Einheit, die 2010 in Bremen stattfanden.[83]

49. Bitterfeld-Wolfen

Standort: Reudener Straße, am
    Heinrich-Heine-Gymnasium
Art: Stein mit Textplakette
Künstler: unbekannt
Aufstellung: 2011

Die an dem Gedenkstein angebrachte Metallplatte zeigt Heines Namen und Lebensdaten.[84]

50. Düsseldorf

Standort: Campus der Heinrich-Heine-
    Universität
Künstler: Bert Gerresheim (geb. 1935)
Art: Großplastik in Buchform mit Reliefporträts
    Heines, Ornamenten und Inschrift
Aufstellung: 2012

Die begehbare Skulptur eines aufgeschlagenen Buches trägt an der Außenseite (auf den Buchdeckeln) Porträtreliefs des jungen und des alten Heine, innen zeigt sie Heines Unterschrift und ein längeres Zitat aus dem Schlussabschnitt seines Essay-Entwurfs »Verschiedenartige Geschichtsauffassung«: »Das Leben ist weder Zweck noch Mittel ...« (DHA X, 302). Am Boden sind eine Narrenschelle und eine (Zensur-) Schere zu sehen.[85]

Nicht aufgenommene Heine-Skulpturen

Diejenige Heine-Skulptur, die in jüngster Zeit am meisten Aufsehen erregte, steht nicht in diesem Verzeichnis: Bert Gerresheims Porträtbüste des Dichters, die 2010 in die »Walhalla« in Donaustauf bei Regensburg kam – ausgerechnet in jene anachronistische ›Ruhmeshalle‹ also, die Heine einst ebenso verspottet hatte wie ihren Begründer.[86] Da sie dort in einem geschlossenen musealen Raum steht, ist sie nicht auf der hier präsentierten Liste, die nur im Freien aufgestellte Denkmäler enthält.

Auch eine besonders originelle Heine-Figur fehlt hier, da sie nicht frei für sich steht, sondern an einer Häuserfassade befestigt ist: der verschmitzte Heine mit Federkiel in der Hand, der auf einem Fenstersims des Heinrich-Heine-Instituts, Düsseldorf, sitzt. Die Figur eines unbekannten Künstlers befand sich ursprünglich in einem Altstadtlokal in der Bolkerstraße, das gegenüber von Heines Geburtshaus lag und als »Hühner Hugo« bekannt war.[87] Als es 1991 geschlossen wurde, kam die Figur an ihren heutigen Platz. Sie verweist – ähnlich wie die Heine-Büste von Emil Jungblut (1888–1955), die 1913 ebenfalls in der Bolkerstraße, in der Gaststätte »Im Goldenen Kessel« aufgestellt und mit einer Ansprache des Schriftstellers Herbert Eulenberg eingeweiht wurde[88] – auf die von jeher lebendige Tradition volkstümlicher Heine-Ehrung, fernab von der steifen, offiziellen bürgerlichen Fest- und Denkmalskultur, in der für Heine, zumal in Düsseldorf, kein rechter Platz war.

Nicht frei für sich stehende, sondern (oftmals auch bildkünstlerisch gestaltete) Tafeln, die an Gebäuden oder – wie beim »Heine-Felsen« bei Halle an in der Natur bereits vorhandenen Steinen – befestigt wurden, werden hier nicht als Denkmäler betrachtet. Solche Heine-Gedenktafeln, an Fassaden montiert oder in den Boden eingelassen, gibt es heute in Bagni di Lucca, Berlin, Bückeburg, Cuxhaven, Düsseldorf (5), Göttingen (2), Goslar, Halle an der Saale (2), Harzgerode, Heiligenstadt, Helgoland, London, München, Paris (2), Unna, Wallgau.

Heines Denkmäler. Eine Bilanz

Das erste Heine-Denkmal stand also auf Korfu (1891, Nr. 1), das erste deutsche befand sich in Wuppertal (1893, Nr. 3); die erste deutsche Stadt, in der eine figürliche Heine-Darstellung stand, war Hamburg (1909, Nr. 9); das erste offiziell im Auftrag einer deutschen Stadt errichtete (und durch deren Bürgermeister eingeweihte) Heine-Denkmal war das in Frankfurt am Main (1913, Nr. 11); die erste von einer deutschen Stadt in Auftrag gegebene Statue des Dichters wurde in Hamburg aufgestellt (1926, Nr. 14).

1933 gab es in Deutschland sechs Heine-Denkmäler.[89] Alle wurden in jenem Jahr demontiert oder zerstört. Danach stand erstmals 1953 wieder eine Skulptur, die Heine darstellte, unter freiem Himmel in Deutschland: im brandenburgischen Ludwigsfelde (Nr. 21). Bis in der Bundesrepublik wieder ein figürliches Heine-Denkmal zu sehen war, vergingen 48 Jahre: 1981 war es in Düsseldorf soweit (Nr. 32).

Nach derzeitigem Kenntnisstand lassen sich zeitenübergreifend insgesamt 47 Heine-Denkmäler an 50 verschiedenen Standorten in 10 Staaten nachweisen; am heutigen Tag existieren 39 Denkmäler in 7 Ländern, davon befinden sich 31 in Deutschland. 21 von allen heute vorhandenen Denkmälern sind figürliche Darstellungen Heines (davon 16 in Deutschland), 8 zeigen Heine im Porträtrelief oder Bild (7 von ihnen in Deutschland) und 10 sind bildlose Gedenksteine mit Inschriften (8 davon in Deutschland). Bei ihrer Verteilung auf die beiden deutschen Staaten ergab sich 1990, zum Ende der DDR, ein leichtes Übergewicht zugunsten der Bundesrepublik, wo es zu dem Zeitpunkt 12 Heine-Denkmäler gab (jeweils 4 figürliche Darstellungen, Porträtreliefs und Gedenksteine), während es in der der DDR 9 waren (4, 2, 3).

Der Ort mit der höchsten »Heine-Denkmalsdichte« ist heute der Campus der Heinrich-Heine-Universität Düsseldorf. Nicht weit voneinander entfernt stehen hier gleich drei Denkmäler für ihn – was nicht ohne Ironie ist, wenn man bedenkt, dass die Universität Düsseldorf über 20 Jahre lang in der Welt vor allem dafür bekannt war, dass sie den Namen Heines nicht tragen wollte.

Heine unter anderem

Neben ›reinen‹ Heine-Denkmälern gibt es einige, die anderen Themen gewidmet sind, aber auf Heine Bezug nehmen oder ihn zusammen mit anderen Personen darstellen. Dazu gehört der »Heimatbrunnen« auf dem Düsseldorfer Maxplatz, nur wenige Schritte entfernt vom ehemaligen Franziskanerkloster, wo Harry Heine zur Schule ging. Die 1982 eingeweihte, von Karl-Heinz Klein (geb. 1926) geschaffene Bronzeskulptur zeigt Ereignisse und Persönlichkeiten aus der Düsseldorfer Stadtgeschichte; eine der zehn ringförmig angeordneten Reliefplatten ist ein Porträt Heines.

Aus dem Jahr 1985 stammt das Mahnmal zur Erinnerung an die Hamburger Bücherverbrennung.[90] In einem Park am Isebekkanal (Kaiser-Friedrich-Ufer/ Heymannstraße) gestaltete Wolfgang Finck (1945–2011) eine halbkreisförmige Anlage aus Stein; auf einem der vier darin eingearbeiteten Marmorblöcke stehen die berühmten Worte aus Heines »Almansor«: »Das war ein Vorspiel nur, dort wo man Bücher/ Verbrennt, verbrennt man auch am Ende Menschen.« (DHA V, 16)

Dieses Zitat ist auch ein Element des 1995 geschaffenen Denkmals zur Erinnerung an die Bücherverbrennung auf dem Berliner Bebelplatz. Das Zentrum des von Micha Ullmann (geb. 1939) entworfenen Ensembles bildet ein durch eine Glasplatte sichtbarer Schacht mit leeren Bücherregalen; eine der dazu gehörigen Bodenplatten enthält den »Almansor«-Vers – allerdings mit fehlerhaft zitierter Wortstellung.

Das »Almansor«-Zitat findet sich übrigens, abgesehen von diesen beiden Mahnmalen, auch auf zahlreichen Gedenktafeln zur Bücherverbrennung, etwa in Braunschweig, Frankfurt a. M. (mit demselben Zitierfehler wie beim Berliner Mahnmal)[91], Göttingen, Halle an der Saale, Neustadt an der Weinstraße, Recklinghausen, Regensburg und Salzburg.

Ebenfalls auf dem Berliner Bebelplatz stand für kurze Zeit ein weiteres, künstlerisch allerdings weniger anspruchsvolles Denkmal, das unter anderem Heine gewidmet war: ein monumentaler Bücherstapel. Auf einem der 17 Buchrücken mit Autorennamen erschien auch der Heines – als dritter von oben, unter »Arendt« und über »Luther«. Die Kunststoffskulptur mit dem Titel »Der moderne Buchdruck«, entworfen von der Agentur Scholz & Friends, wurde im April 2006 errichtet und im Oktober 2006 demontiert. Sie war Teil des »Walk of Ideas«, der während der Fußball-Weltmeisterschaft im Rahmen einer von der Bundesregierung und dem Bundesverband der deutschen Industrie betriebenen Imagekampagne deutschen Erfindergeist preisen sollte.[92]

2008 wurde in Düsseldorf ein Denkmal für den »Hoppeditz« eingeweiht, eine Karnevalsgestalt, die jedes Jahr am Elften im Elften zum Leben erwacht und am Aschermittwoch zu Grabe getragen wird. Das Denkmal an der Zollstraße, hinter dem Haus des Karnevals, zeigt die Schelmenfigur mit Narrenpritsche und Spiegel in den Händen auf einer Säule sitzend, die aus närrischen Kappen und Masken besteht. Neben den Masken zahlreicher prominenter Spaßmacher wie Karl Valentin, Charlie Rivel oder Charlie Chaplin erkennt man hier auch Heinrich Heine. Die Bronzeplastik stammt von Bert Gerresheim, der neben zwei Heine-Denkmälern (Nr. 32, 50) viele weitere kleine und große Heine-Skulpturen geschaffen hat.

Loreley

Sind Loreley-Statuen Heine-Denkmäler? Ziemlich sicher ist jedenfalls, dass es ohne Heines Gedicht keine Loreley-Statuen gäbe – Clemens von Brentano in allen Ehren. Es gibt drei eigenständige Denkmäler der Loreley, die weder bildlich noch durch eine Inschrift auf Heine verweisen: Die Skulptur des italienischen Bildhauers Mario Pinton, die 1979 auf dem Besucherplateau des Loreley-Felsens aufgestellt wurde, die Statue der Loreley als Nixe, die sich seit 1983 auf der Hafenmole bei St. Goarshausen befindet – sie wurde von der russischen Künstlerin Natascha Alexandrova Prinzessin Jusopov übergeben, ob sie aber auch die Urheberin ist, scheint nicht recht sicher[93] –, und die älteste von ihnen, die um 1880 von der Amerikanerin Emma Elisabeth Phinney geschaffen und 1961 vor der Bibliothek von Fort Myers (Florida, USA) aufgestellt wurde. Die Statue, die 1997 durch Vandalismus den Kopf verlor, ist 2014 in den Park des Fort Myers Lee County Garden Council versetzt worden.[94]

Ein Kuriosum ist der Loreley-Stein im Tiergartenforst bei Lüneburg. Dort macht die Ilmenau einen weiten Mäanderbogen, an dem ein Aussichtspunkt liegt, der im Volksmund »Loreley« heißt – wann diese Bezeichnung aufkam, ist nicht gewiss –, und dort stellte die Lüneburger Katergesellschaft von 1885 (eine Gruppierung der Allgemeinen Schützengesellschaft Lüneburg) im Jahre 1978 einen großen Findling auf, als Gedenkstein für ihre Gesellschaft und durch die daran angebrachte Inschrift »Loreley« zugleich als augenzwinkernde Hommage an Heine und sein Gedicht.[95]

Fiktion und Fakt: ein Heine-Denkmal in Riga und »Altenstadt«

Imaginierte Heine-Denkmäler gab es viele – insbesondere in Zeiten des Mangels an realen Standbildern –, nicht nur in Planungen von Künstlern, die auf eine zukünftige Realisierung abzielten, sondern auch als fiktionales literarisches Motiv. So hieß es 1893 in der Zeitschrift »Der wahre Jacob«:

> Ein Verehrer Heinrich Heines hat bei Düsseldorf ein Grundstück angekauft, wo er das Heine-Denkmal aufstellen lassen will und zwar so, daß das Standbild des Dichters der Stadt Düsseldorf seinen Rücken zuwendet. Auf dem Sockel soll der Vers zu stehen kommen: »Ihr wolltet mein Gesicht nicht haben,/ So möget ihr euch am Gegentheil laben.«[96]

Aber auch Denkmalsgegner bedienten sich dieses Mittels, etwa 1894 in einem als Flugblatt gedruckten Offenen Brief, der verbreitet wurde, als die Stadt Mainz die Übernahme des in Düsseldorf abgelehnten Denkmals von Ernst Herter (Nr. 4) erwog. Ein »Bildhauer« namens »Schützenplitz« wandte sich darin »An löbliche Stadtverordneten in Mainz« mit einem Angebot für ein »Henkmal« [!] Heines, das den Ressentiments seiner Gegner eine fiktive Gestalt gab:

> Ich würde die Sache so auffassen:
> Heine im Krankenwagen halb sitzend halb liegend, der Krankenwagen wird von zwei üppigen, vollbusigen Damen »Juda-Gallia« und »Moguntia catolica« anscheinend vorwärts bewegt. Vor dem Wagen steht mit halbgebeugtem Knie Heinrich Frauenlob einen Lorbeer-

kranz reichend und ein französischer General Melac das Ehrenbürgerrechts-Diplom Frankreichs auf den Schooß legend. Dieses Denkmal müßte sich auf Ihrem »Boulevard« !! – – sehr gut machen. Ich könnte es sogar bei rechtzeitiger Bestellung schon im Modell bis zum nächsten deutschen Schützenfeste fertig und aufgestellt haben. Wenn dann die deutschen Schützen in fröhlicher Stimmung singen: »ich weiß nicht was soll es bedeuten«, so singen solche das mit voller Berechtigung, denn sie wissen allerdings dann nicht, weshalb sie die Mainzer zu einem nationalen Feste eingeladen haben, wenn sie einem Mann ein Denkmal setzen, welcher allezeit die Nationalgefühle und diese Nation verspottet hat. Doch das geht den Bildhauer nichts an, und es war eine unkluge Bemerkung von mir, die ich zu entschuldigen bitte.[97]

Aber die fiktiven Heine-Denkmäler sollen hier nicht thematisiert werden – mit einer interessanten Ausnahme, die den Schluss dieser Ausführungen bilden mag, da es sich dabei um ein Denkmal handelt, das fiktiv und real zugleich war, wenn auch zu kurzlebig für die hier präsentierte Liste mit auf »Dauerhaftigkeit berechneten«[98] Standbildern. Es stand 1949 in Riga und hatte eine Rolle in dem sowjetischen Spielfilm »Begegnung an der Elbe«, die den besonderen Stellenwert Heines als Repräsentant eines ›anderen Deutschland‹ unterstreicht. Das Werk Grigorij V. Aleksandrovs (mit Musik von Dimitrij D. Šostakovič), der als Drehbuchautor und Co-Regisseur von Sergeij M. Ejzenštejn berühmt geworden war, spielt im Deutschland der Besatzungszeit, kurz nach Beendigung des Zweiten Weltkrieges, und zeigt das Aufeinandertreffen amerikanischer und sowjetischer Soldaten in einem fiktiven, an der Elbe gelegenen Ort namens Altenstadt. Viele Szenen des propagandistischen Films wurden in Riga gedreht, das auf diese Weise »inkognito« zu einem Heine-Denkmal kam, wenn auch nur für die Zeit der Dreharbeiten.

Die Statue wird in zwei hoch symbolischen Szenen gezeigt: Zu Beginn des Films führt ein Deutscher, ein befreiter politischer Häftling, einen russischen Offizier zu dem unter Trümmern liegenden, von den Faschisten zerschlagenen Heine-Denkmal von Altenstadt.[99] Und in der Schlusssequenz besteht der Höhepunkt der großen Feier der Verbrüderung zwischen sowjetischer Armee und deutscher Bevölkerung, mit der der Film endet, darin, dass das wieder aufgestellte Heine-Denkmal enthüllt wird: Musik ertönt, Fahnen wehen, Soldaten salutieren, Friedenstauben fliegen auf.[100] Die Statue, die die Kulissenbauer auf dem Platz hinter der Rigaer Petrikirche errichteten[101], ist eine überlebensgroße Standfigur Heines im Reisemantel und mit einem Hut in der Hand. Auf dem Sockel stehen Name und Lebensdaten, der Kopf könnte nach der Porträt-Lithographie von Samuel Friedrich Diez (1842) gestaltet sein. Die Heine-Statue wird hier zu einem doppelten Symbol: Sie steht für eine ›unbelastete‹ deutsche Kultur, der die siegreichen Sowjetsoldaten ihre Reverenz erweisen, sowie für den Aufbau eines neuen Deutschlands, das Faschismus und Krieg hinter sich lässt.

Die ideologisch eindeutige, identitätsstiftende Funktion, wie sie der Film »Begegnung an der Elbe« Heine zuschreibt, entspricht ganz dem Konzept sozialistischer »Erbepflege«. Altenstadt hat allerdings – nicht nur in dieser Hinsicht – wohl kaum eine Entsprechung in der Realität. Dass sich mit Heine und seinen Denkmälern dennoch tatsächlich immer wieder die Frage nach der kulturellen Identität Deutschlands verbindet, zeigt der Blick auf deren Geschichte.

Anmerkungen

1 Gustav Karpeles: Heinrich Heine. Aus seinem Leben und aus seiner Zeit. Leipzig 1899, S. 327f.

2 Rudolf Kahn: Der Kampf um das Heine-Denkmal. Ein Rückblick. Leipzig 1911, S. 5f.

3 Vgl. Goltschnigg/Steinecke, Bd. 1, S. 47ff. u. ö.; ebd., Bd. 2, S. 17ff. u. ö.

4 Dietrich Schubert: »Jetzt wohin?« Heinrich Heine in seinen verhinderten und errichteten Denkmälern. Köln, Weimar, Wien 1999.

5 Für eine ältere, knappe Übersicht vgl. Joseph A. Kruse: Heine im Bild: Zwischen Denkmälern und Illustrationen. Eine Bestandsaufnahme. – In: Literatur, Verständnis und Vermittlung. Eine Anthologie für Wilhelm Gössmann zum 65. Geburtstag. Hrsg. von Joseph A. Kruse, Monika Salmen, Klaus Hinrich Roth. Düsseldorf 1991, S.162–186, hier S. 167ff.; für eine Zeittafel zu Heine-Gedenkskulpturen und -plaketten – allerdings ebenfalls nicht vollständig – vgl. Bernd Kortländer: Tribulations posthumes d'une figure de poète. – In: romantisme 101 (1998), S. 63–71.

6 Vgl. Rolf Selbmann: Dichterdenkmäler in Deutschland. Literaturgeschichte in Erz und Stein. Stuttgart 1988, S. 3f.

7 Ebd., S. 2.

8 Ebd., S. 4.

9 Vgl. dazu auch Schubert: »Jetzt wohin?« [Anm. 4], S. 313ff.

10 Ebd., S. 142.

11 Ebd., S. 120.

12 Zur Entstehung des Bildes und seiner Bedeutung für die Heine-Rezeption vgl. Christian Liedtke: Bilderstreit und Bilderrätsel. Zur Biographie der Heine-Porträts. – In: Heinrich Heine im Porträt. Wie die Künstler seiner Zeit ihn sahen. Hrsg. von Christian Liedtke. Hamburg 2006, S. 85–112, 147–151, hier S. 108ff.

13 Es lautet: »Heinrich Heine!/ Hier hat in einer stillen Nacht/ Ein deutscher Sänger Dein gedacht./ Den Wohlklang Deiner schönen Lieder/ Gab hier des Urwald's Echo wieder. Hier! hat der Stadtrath keine Macht,/ Und da die Welt genug gelacht,/ Ob diesem Kannibal'schen Treiben,/ Soll Heine hier ein Denkmal bleiben!/ Hier, wo die göttliche Natur/ Noch nicht nach Christ und Jude frug,/ Da sei des Menschen nur gedacht,/ Des Sängers, seiner Liederpracht.« Zit. nach der Fotografie.

14 Das Denkmal Heinrich Heines in den Urwäldern des Kongo. – In: Jan Wellem. Heimatblätter. Monatsschrift für Düsseldorf, Niederrhein und Bergisches Land 1 (1926), H. 8 [Sondernummer Heinrich Heine], S. 196.

15 Sigmar Mehring: Eine neues Heine-Buch. – In: Ost und West 14 (1914), H. 4, S. 271–278, hier S. 276.

16 Katrin Adler, Christine Stelzig: Robert Visser and His Photographs from the Loango Coast. – In: African Arts 35 (2002), H. 4, S. 38–51, 92–93, hier S. 44. Das »Afrika Album«, aus dem das Foto mit dieser Angabe stammt, befindet sich im Besitz der Familie Visser.

17 Heinrich-Heine-Institut, Düsseldorf, HHI.20.G.576. Die auf der Rückseite notierten Angaben sind archivarische Vermerke, aus denen hervorgeht, dass das Bild im »Heine-Zimmer« der damaligen Landes- und Stadtbibliothek Düsseldorf augestellt war. Aus welcher Quelle die Daten zur geographischen Lage stammen, ist nicht bekannt. In den Bestand der Bibliothek übernommen wurde das Foto 1920. Robert Visser war zu dieser Zeit bereits Direktor des Verkehrsvereins Düsseldorf, so dass es zumindest nicht auszuschließen ist, dass die Angabe von ihm selbst herrührt.

18 Vgl. Ruth Meyer-Kahrweg: Denkmäler, Brunnen und Plastiken in Wuppertal. Wuppertal 1991, S. 184f.

19 Vgl. Schubert: »Jetzt wohin?« [Anm. 4], S. 71ff.; Goltschnigg/Steinecke, Bd. 1, S. 47ff.

20 Zu der Plakette und der Zurückweisung ihrer früher üblichen Zuschreibung an David d'Angers vgl. Liedtke: Bilderstreit und Bilderrätsel [Anm. 12], S. 97f. (zu Richard insbes. ebd., S. 148), und Ekaterini Kepetzis: »Was habt Ihr gegen mein Gesicht?« Heinrich Heines zeitgenössische Porträts. – In: ebd., S. 113–134, 151–157, hier S. 129.

21 Vgl. Jeffrey L. Sammons: The Restoration of the Heine Monument in the Bronx. – In: Germanic Review 74 (1999), S. 337–339.

22 Zu Geschichte und Bedeutung des Grabdenkmals vgl. Schubert: »Jetzt wohin?« [Anm. 4], S. 145ff.; Bernd Kortländer: Ein lebender Toter. Über das Bemühen, Heinrich Heine zu begraben. – In: »... und die Welt ist so lieblich verworren.« Heinrich Heines dialektisches Denken. Festschrift für Joseph A. Kruse. Hrsg. von Bernd Kortländer und Sikander Singh. Bielefeld 2004, S. 491–507; Gerhard Höhn, Christian Liedtke: »Auf der Spitze der Welt«. Mit Heine durch Paris. Hamburg 2012, S. 110ff. Für eine Abbildung des ursprünglichen Grabsteins vgl. Karpeles: Heinrich Heine [Anm. 1], S. 337.

23 Vgl. den Text seiner Ansprache in Goltschnigg/Steinecke, Bd. 1, S. 469ff.

24 Da die Bank als Ganzes konzipiert und gestaltet wurde – und die Tafeln nicht wie Gedenkplaketten nachträglich angebracht wurden –, wird sie hier, analog zu eigens gesetzten Gedenksteinen, als frei stehendes Denkmal betrachtet.

25 Vgl. Axel Seibert: Die Heine-Bank im Bremer Bürgerpark. – In: HJb 42 (2003), S. 164–177.

26 Schubert: »Jetzt wohin?« [Anm. 4], S. 6; Abb. ebd., S. 9.

27 Seibert vermutet – allerdings noch ohne Kenntnis der nun ermittelten Quelle (s. u., Anm. 28) – einen Zusammenhang zwischen den Initiatoren der Bremer Heine-Bank und dieses Gedenksteins. Vgl. Seibert: Die Bank [Anm. 25], S. 173, 164.

28 W[ilhelm]. Scharrelmann: Ein unbekannter »Heine«-Denkstein. – In: Niedersachsen. Illustrierte Halbmonatsschrift für Volks- und Landeskunde, Sprache, Kunst und Literatur Niedersachsens 11 (1905/06), Nr. 18, 15.6.1906, S. 371. Darauf bezieht sich offenbar Mehring, der 1914 einen Heine-Stein »bei Oldenbüttel in einsamer Heide« erwähnt. Vgl. Mehring: Eine neues Heine-Buch [Anm. 15], S. 276. Der Dank für das Auffinden der Quelle gilt Elena Camaiani, Bibliothekarin des Heinrich-Heine-Instituts, Düsseldorf.

29 Vgl. Johannes Feest mit Heinz Bock u. a.: Emil Sonnemann, 1869–1950. Eine Chronik. Bremen 1985.

30 Die Woche (Berlin), 10. Jg., Nr. 41, 10.10.1908.

31 Vgl. Irene Suchy: Lilly Lieser – eine Übersehene. Eine Co-Produzentin der Schönberg'schen Musikgeschichte. – In: Österreichische Musikzeitschrift 63 (2008), H. 10, S. 6–16.

32 Vgl. Buch der Erinnerung. Die ins Baltikum deportierten deutschen, österreichischen und tschechoslowakischen Juden. Bearb. von Wolfgang Scheffler. Hrsg. vom Volksbund Deutsche Kriegsgräberfürsorge e. V. Bd. 1. München 2003, S. 416.

33 Vgl. Schubert: »Jetzt wohin?« [Anm. 4], S. 134ff.

34 Vgl. Ralf Miche, Thomas Falkner: Das Heine-Denkmal in Halle-Trotha. Hrsg. von der Bürgerinitiative Gesundes Trotha e. V. Halle (Saale) 1996; Schubert: »Jetzt wohin?« [Anm. 4], S. 282f.; Martina Springer: Halle hatte die erste Büste. – In: Mitteldeutsche Zeitung (Halle), 5.2.2009.

35 Vgl. Schubert: »Jetzt wohin?« [Anm. 4], S. 167ff.

36 Vgl. Vladimir Pavlovič Tolstoi: U istokov sovjetskovo monumental'novo iskusstva, 1917–1923. Moskau 1983; Jurij Minajevič Pirjutko: »Monumental'naja propaganda« – plan i mif. – In: Iskusstvo Leningrada 3 (1991), Nr. 1, S. 12–21; Christina Lodder: Lenin's Plan for Monumental Propaganda. – In: Art of the Soviets. Painting, Sculpture and Architecture in a One-Party State, 1917–1992. Hrsg. von Matthew Cullerne Browne und Brandon Taylor. Manchester 1993, S. 16–30 (zu Heine ebd., S. 23); Schubert: »Jetzt wohin?« [Anm. 4], S. 237ff. und Constanze Wachsmann: Der sowjetische Heine. Die Heinrich Heine-Rezeption in den russischsprachigen Rezeptionstexten der Sowjetunion (1917–1953). Berlin 2001, S. 37f.

37 Leo Narodny: Early Days in New York. – In: The Uncommon Vision of Sergei Konenkov, 1874–1971. A Russian Sculptor and His Times. Hrsg. von Marie Turbow Lampard, John E. Bowlt, Wendy R. Salmond. Piscataway 2001, S. 179.

38 Das hier verwendete Wort »raspuščennaja« kann auch »liederliche« bedeuten.

39 Vladislav Felicianovič Chodasevič: Sobranije sočineniij v četyrech tomach. Bd. 4: Nekropol', Vocpominanija, Pis'ma. Hrsg. von I. P. Andreeva, V. P. Kočetov u. a. Bd. 4. Moskau 1997, S. 201.

40 Vgl. Anm. 36.

41 Schubert: »Jetzt wohin?« [Anm. 4], S. 240.

42 Die Angabe zum Material stammt, wie auch das Datum des Abbaus, aus der russischen Online-Datenbank »Sankt-Peterburg Enciklopedia«, URL: http://www.encspb.ru/object/2805469978?lc=ru [letzter Zugriff: 28.6.2014].

43 Bei Lassalle wurde der Plan umgesetzt: Von seiner Petrograder Lassalle-Büste aus schwarzem Gips, die 1920 entfernt wurde, schuf Sinaiskij eine Version aus Granit, die von 1923 bis 1937 an derselben Stelle stand. Sie findet sich heute im Bestand des Staatlichen Museums für städtische Skulpturen, St. Petersburg.

44 Eine weitere Statute im öffentlichen Raum ist das Standbild Nikolaj Aleksandrovič Dobroljubovs (1959) an der Ecke Bolschoi Prospekt/Vvedanskaja ulica. Zu seinem Werk vgl. W. S. Speranskaja: Skul'ptor Viktor Aleksandrovič Sinaiskij. Leningrad 1971.

45 Vgl. den Text seiner Rede in Goltschnigg/Steinecke, Bd. 2, S. 302ff.

46 Vgl. Schubert: »Jetzt wohin?« [Anm. 4], S. 195ff.

47 Vgl. ebd., S. 138ff.

48 Vgl. Jeffrey L. Sammons: Die Renovierung der Heine-Büste in Cleveland/USA. – In: HJb 44 (2005), S. 200–203.

49 Kurt Tucholsky: Bänkelbuch. – In: ders.: Gesammelte Werke in zehn Bänden. Hrsg. von Mary Gerold-Tucholsky und Fritz J. Raddatz. Reinbek 1975. Bd. 7, S. 127–130, hier S. 130.

50 Vgl. Peter Kuhlbrodt, Jörg-Michael Junker: Das alte Ellrich. Bilder einer Südharzstadt. Bd. 1. Horb 1997, S. 17f. Für diesen Hinweis sowie weitere Auskünfte bin ich Frau Ingrid Reinhardt, Sachgebietsleiterin Bauamt bei der Stadtverwaltung Ellrich, zu herzlichem Dank verpflichtet.

51 Vgl. Monika Kirst: »Den Findling meinen Sie?« Über ein vergessenes Heinrich-Heine-Denkmal. – In: Leipziger Blätter H. 51, 2007, S. 84–85; Ralf Julke: »Geistige Grenzpfähle«: Erich Schilling und das Leipziger Heinrich-Heine-Denkmal. – In: Leipziger Internet Zeitung, 29.8.2007. URL: http://www.l-iz.de/Bildung/Zeitreise/2007/08/-Geistige-Grenzpf%C3%A4hle--Erich--200708290010.html [letzter Zugriff: 29.6.2014].

52 Vgl. Schubert: »Jetzt wohin?« [Anm. 4], S. 241ff.

53 Die (nicht ganz wortgetreu wiedergegebenen) Heine-Zeilen: »das sichtbare Werk spricht harmonisch den unsichtbaren Gedanken aus: daher auch Lebenskunst: Harmonie des Handelns und unser<er> Gesinnung.« (DHA VIII, 449)

54 Vgl. Anm. 20.

55 Vgl. Joseph A. Kruse: Heine und Düsseldorf. 2., erw. Aufl. Düsseldorf 1998, S. 128f., und Schubert: »Jetzt wohin?« [Anm. 4], S. 278ff.

56 Vgl. ebd., S. 284.

57 Vgl. den Text der Rede bei Walther Victor: Heines Heimkehr. – In: Wochenpost (Berlin), Jg. 3, 1956, Nr. 38, S. 9.

58 Vgl. Werner Hartmann: Heinrich Heine und der Harz. – In: Unterm Brocken. Heimatzeitschrift des Kreises Wernigerode. H. 5, 1960, S. 158. Für diesen Hinweis sowie weitere Auskünfte danke ich Herrn Bernd Wolff, Wernigerode, und Dr. Friedhart Knolle, Nationalpark Harz.

59 Vgl. Edmond Bouchard: Henri Heine et sa Statue. Mit einem Nachwort von Fritz H. Eisner. – In: HJb 9 (1970), S. 134–139; Schubert: »Jetzt wohin?« [Anm. 4], S. 140ff.

60 Vgl. ebd., S. 284ff., und Erich Wulf: Das Berliner Heine-Denkmal von Waldemar Grzimek. – In: HJb 38 (1999), S. 215–224.

61 Vgl. Meyer-Kahrweg: Denkmäler [Anm. 18], S. 381.

62 In der DHA heißt es statt »Geschlecht« »Volk«; vgl. dazu die Lesart ebd., 1197. Textgrundlage für das Zitat auf dem Denkmalsockel war eine Heine-Ausgabe von Elster, Walzel o. a.

63 Vgl. Denkmaltopographie Bundesrepublik Deutschland – Denkmale in Brandenburg. Bd. 1.1: Stadt Brandenburg. T. 1: Dominsel – Altstadt – Neustadt. Bearb. von Marcus Cante u. a. Worms 1994, S. 298ff. Für freundliche Auskünfte danke ich Frau Katrin Witt, Fachgruppenleiterin Denkmalschutz, Stadt Brandenburg an der Havel.

64 Vgl. Anm. 20.

65 Vgl. Hamburger Abendblatt, 4.11.1960.

66 Vgl. Schubert: »Jetzt wohin?« [Anm. 4], S. 296ff., und Stefan Söhn: Die Erinnerung an Heine in Bayern. – In: HJb 50 (2011), S. 183–188, hier S. 185.

67 Vgl. Gisela Bähring, Ellen Jahn, Maria-Luise Krohn: Denkmäler in Rudolstadt. Rudolstadt 2001, S. 25f. Für freundliche Auskunft danke ich Frau Gisela Bähring, Stadtarchiv Rudolstadt.

68 Zit. n. Ferenc Michelisz: Somberek község múltja és jelene. Helytörténeti olvasókönyv. Somberek 2009, S. 372. Vgl. auch die ungarische Version, in der das Zitat aus der Ansprache allerdings fehlt, ebd., S. 183. Ungarischer und deutscher Text geben durch ein Versehen unterschiedliche Einweihungsdaten an (1979 und 1958), Pressemeldungen zeigen, dass 1979 richtig ist. Vgl. z. B. AJR Information. Issued by the Association of Jewish Refugees in Great Britain. Bd. 34, Nr. 12, Dezember 1979, S. 10.

69 Vgl. Das Düsseldorfer Heine-Monument. [Hrsg. vom Presseamt der Landeshauptstadt Düsseldorf]. 2., aktualisierte Aufl. Düsseldorf 1981; Schubert: »Jetzt wohin?« [Anm. 4], S. 321ff.

70 Vgl. Dirk Stemmler: Zum Typus des Denkmals oder Tempels von Ulrich Rückriem.

– In: Städtisches Kunstmuseum Bonn. Sammlung deutscher Kunst seit 1945. [Red. Alfred M. Fischer]. Bonn 1983. Bd. 2, S. 709–710; Schubert: »Jetzt wohin?« [Anm. 4], S. 313ff.

71 Vgl. Klaus Briegleb: Rede wider das Hamburger Heine-Denkmal am 15. Mai 1982. – In: ders.: Opfer Heine? Versuche über Schriftzüge der Revolution. Frankfurt a. M. 1986, S. 421–432; Schubert: »Jetzt wohin?« [Anm. 4], S. 301ff.

72 Vgl. Joachim Petsch: Heinrich-Heine-Denkmal von Arno Breker auf Norderney. Eine Provinzposse? – In: Kritische Berichte. Zeitschrift für Kunst- und Kulturwissenschaften 12 (1984), H. 1, S. 95–98; Hildegard Peters: Ein Heine-Denkmal auf Norderney im Widerstreit. Heinrich Heine – ja! Arno Breker – nein! – In: HJb 23 (1984), S. 156–168; Schubert: »Jetzt wohin?« [Anm. 4], S. 345ff.

73 Ebd., S. 348.

74 Vgl. ebd., S. 349ff.

75 Vgl. Wolfram Zöller: Das Heine-Denkmal von Carin Kreuzberg in Berlin. – In: HJb 39 (2000), S. 200–205.

76 Vgl. Schubert: »Jetzt wohin?« [Anm. 4], S. 306f.

77 Über die Bibliothek, in der sich seit 1945 auch einige aus Deutschland hierher verbrachte Bestände befinden, vgl. Handbuch deutscher historischer Buchbestände in Europa. Eine Übersicht über Sammlungen in ausgewählten Bibliotheken. Hrsg. von Bernhard Fabian. Bd. 8: Rußland. Teil 2. Bearb. von Boris F. Volodin. Hildesheim 2001, S. 85ff.

78 Die Klagenfurter Lyrikerin und Malerin Thea Steiner-Kaltmann hat das Zitat ausgewählt und die Einweihungsrede verfasst. Für alle Informationen danke ich herzlich Herrn Dieter Hölbling-Gauster, dem Obmann der Dichtersteingemeinschaft Zammelsberg.

79 Vgl. Ingrid Maut: Ein Heine-Denkmal von Werner Löwe für das Heilbad Heiligenstadt. – ln: Storm-Blätter aus Heiligenstadt 6 (2000), S. 37–39; Ferdinand Schlingensiepen: Grußwort zur Enthüllung des Heine-Denkmals in Heiligenstadt. – In: ebd., S. 40–42. Für Hinweise danke ich dem Künstler, Herrn Werner Löwe, Heiligenstadt.

80 Vgl. Oh Han-sin: Die neue Heine-Stele in Seoul (Hankuk-Universität). Zur Heine-Rezeption in Korea. – In: HJb 39 (2000), S. 206–208.

81 Vgl. Schubert: »Jetzt wohin?« [Anm. 4], S. 351f.

82 Die Inschrift lautet: »Heinrich Heine 1797–1856, Vorstufe zur großen Heinefigur des Heinedenkmals auf dem Hamburger Rathausmarkt; geschaffen 1981 von Waldemar Otto. Geschenk der Agnes-Gräfe-Stiftung an das Heinrich-Heine-Gymnasium im Jahr 2000.«

83 Vgl. Arie Hartog: Rede zur Einweihung des Bremer Heine-Denkmals am 1. Oktober 2010. – In: HJb 52 (2013), S. 240–244.

84 Vgl. einen Auszug aus der Einweihungsrede vom 9.3.2011 auf der Homepage der Schule unter URL: http://www.heine-gymnasium-wolfen.de/index.php?Bereich=Archiv&Seite=Artikel_90 [letzter Zugriff: 29.6.2014].

85 Vgl. Victoria Meinschäfer: In Bronze gegossen. Das »Buch Heine«. Auf dem Campus steht ein neues Heine-Denkmal. – In: Magazin der Heinrich-Heine-Universität Düsseldorf 2012, H. 4, S. 26–30, und die bei der Einweihung gehaltene Rede von Joseph A. Kruse: Spiegelbilder. Gedanken zum Düsseldorfer Heine-Denkmal 2012. – In: HJb 52 (2013), S. 233–239.

86 Vgl. Dieter Borchmeyer: Heinrich Heine in der Walhalla. Festrede zur Aufstellung der Büste. – In: Bayerische Akademie der Schönen Künste. Jahrbuch 24 (2010) 2011, S. 81–84, sowie die bei gleicher Gelegenheit gehaltene Ansprache von Bayerns Ministerpräsident Horst Seehofer unter URL: https://www.bayern.de/Reden-.345.10318706/index.htm [letzter Zugriff: 28.6.2014].

87 Vgl. gryps: Heine und der Hühner-Hugo. – In: Die Weltbühne 67 (1972), H. 27, 4.7.1972, S. 861.

88 Vgl. die Abbildung in Kruse: Heine und Düsseldorf [Anm. 55], S. 34, sowie Herbert Eulenberg: Worte vor der Enthüllung des Heinedenkmals im Haus zum goldenen Kessel. – In: ders.: Ein rheinisches Dichterleben. Bonn 1927, S. 177–180. Vgl. dazu Sabine Brenner: »Heinrich Heine hat mich gebeten, in seinem Namen folgendes zu erklären.« Der ›rheinische‹ Dichter Herbert Eulenberg und sein literarisches Vorbild Heinrich Heine. – In: Kortländer, Singh (Hrsg.): »... und die Welt ist so lieblich verworren« [Anm. 22], S. 409–417.

89 Nr. 3, 6, 10, 11, 14, 15. Der Gedenkstein bei Hambergen (Nr. 7) ist hier nicht mitgezählt, da nicht sicher ist, ob er zu diesem Zeitpunkt noch vorhanden war.

90 Vgl. Detlef Garbe, Kerstin Klingel: Gedenkstätten in Hamburg. Ein Wegweiser zu Stätten der Erinnerung an die Jahre 1933 bis 1945. Hrsg. im Auftrag der Hamburgischen Bürgerschaft und des Senats der Freien und Hansestadt Hamburg von der KZ-Gedenkstätte Neuengamme und der Landeszentrale für politische Bildung Hamburg. Aktualisierte Neuaufl. Hamburg 2008, S. 33.

91 Die in den Boden eingelassene Gedenkplakette, die 2001 auf dem Frankfurter Römerberg eingeweiht wurde, ist von Willi Schmidt (1924–2011) bildkünstlerisch gestaltet worden. Vgl. die Abbildung in Ulrich Schneider: »Wo man Bücher verbrennt, verbrennt man am Ende auch Menschen.« Zur Erinnerung an die Bücherverbrennung am 10. Mai 1933. Hrsg. im Auftrag der Vereinigung der Verfolgten des Naziregimes – Bund der Antifaschistinnen und Antifaschisten (VVN-BdA). Frankfurt a. M. 2013, S. 21.

92 Vgl. die Abbildung auf der Homepage der inhaltlich wie künstlerisch umstrittenen Kampagne unter URL: http://www.land-der-ideen.de/projektarchiv/walk-ideas/walk-ideas [letzter Zugriff: 29.6.2014].

93 Vgl. Till Schröder: Der Gipfel des Berges flunkert. Am Ende einer abenteuerlichen Vorgeschichte: Vor 20 Jahren nahm die Loreley aus Bronze unterhalb des berühmten Felsens auf einer Hafenmole Platz – In: Süddeutsche Zeitung (München), 29.7.2003.

94 Vgl. die von Tom Hall ebenso gründlich recherchierte wie liebevoll erzählte Geschichte der Statue unter URL: http://www.artswfl.com/public-art-2/fort-myers-river-district-public-art-2/lorelei/lorelei [letzter Zugriff: 29.6.2014].

95 Vgl. Landeszeitung für die Lüneburger Heide Nr. 187, 13.8.1980, Sonderbeilage zum Schützenfest 1980, S. 4. Für diesen Hinweis sowie Informationen über die »Lüneburger Loreley« danke ich sehr herzlich Herrn Prof. Dr. Werner Preuß, Lüneburg.

96 Der wahre Jacob 1893, Nr. 175, S. 1448. Nicht ganz wortgetreu wird hier die neunte Strophe aus Heines Gedicht »Testament« (DHA II, 185) zitiert.

97 »Schützenplitz«: An löbliche Stadtverordneten in Mainz. Frankfurt a. M., 2.5.1894 [Flugblatt]. Heinrich-Heine-Institut, Düsseldorf, Sammlung Heine-Denkmalsstreit. Das Exemplar trägt den Eingangsstempel »Düsseldorf 6.5.1894 / Der Oberbürgermeister«; es wurde also offenbar per Post verschickt.

98 Selbmann: Dichterdenkmäler [Anm. 6], S. 2.

99 Vgl. Vstreča na Elbe [Begegnung an der Elbe]. R.: Grigorij V. Aleksandrov. UdSSR 1949. Restaurierte Fassung, R: Tamara Lisician. UdSSR 1965, 00:18:21.

100 Vgl. ebd., 00:89:59.

101 Vgl. die 2012 von Kirill Soklakov gestaltete, stadtgeschichtliche Website (über die Fleischer in der Ulica Skarnju, eine der ältesten Straßen Rigas) unter URL: http://www.rigacv.lv/articles/hartvig_straus [letzter Zugriff: 28.6.2014]. Dort findet sich ein Foto aus dem Film »Begegnung an der Elbe«, das die Szene mit der Enthüllung des Heine-Denkmals zeigt, und direkt darunter eine spätere, aus ähnlichem Blickwinkel aufgenommene Fotografie der Straße hinter der Petrikirche ohne die Filmkulisse.

Das Heine-Jubiläum 1956
und die Stadt Düsseldorf
Aus den Planungsakten des Kulturamtes

Von Sabine Brenner-Wilczek, Düsseldorf

Das Jubiläumsjahr 1956 spielt für die Heine-Rezeption eine große Rolle. Es ist von Fragen geprägt wie »Was bleibt von Heine nach hundert Jahren?«[1], impliziert aber auch stets die Suche nach einer Selbstverortung und kulturellen Positionsbestimmung. Die wichtigste Gedenkfeier dieses Jahres findet – nicht zuletzt aufgewertet durch die Teilnahme des Bundespräsidenten Theodor Heuss – am 17. Februar zu Heines Todestag in Düsseldorf statt. Max Brod wird als Festredner eingeladen, aber die bereits pressewirksam verkündete Einladung wird wieder zurückgezogen. Dies führt zu Spekulationen und Schlagzeilen wie »Ist Brod als Redner ›untragbar‹? Wurde Düsseldorf von Bonn ›zurückgepfiffen‹?«[2] Was aber war im Hintergrund geschehen? Welche grundsätzlichen Rahmenbedingungen und Rezeptionsstränge bestimmen die Aktivitäten in Düsseldorf? Hier geben die Akten des Kulturamtes im Stadtarchiv Auskunft über die internen Vorgänge rund um den 100. Todestag von Heine.[3] Um die Positionierung des Themas Heine innerhalb der städtischen Verwaltung verorten zu können, lohnt es sich, in den Akten einen Zeitraum von fünf Jahren bis zum Jubiläum zu analysieren, da hierdurch Zusammenhänge und Entwicklungslinien deutlicher werden.

Im Jahr 1951 findet sich ein empörtes Schreiben von Ludwig Rosenberger, Mitglied des »Bundesvorstandes des Deutschen Gewerkschaftsbundes« mit Sitz in Düsseldorf. Hieran wird evident, dass die Verantwortung für das Gedenken an Heinrich Heine von seiner Vaterstadt noch nicht nachhaltig wahrgenommen wird. Rosenberger schreibt am 29. März 1951 dem Oberbürgermeister Josef Gockeln, Freunde in Paris hätten ihn darauf aufmerksam gemacht, dass das Grab des großen Sohnes Düsseldorfs »in einem traurigen Zustand« sei:

> Zur Zeit – oder besser gesagt seit der Nazi-Periode – wird es nicht mehr gepflegt und die Blumen- und Kranzspenden, die Freunde und Verehrer des grossen deutschen Dichters dort niederlegen, werden auf einen nicht gepflegten Hügel gelegt. Die Inschrift und die deutschen Verse, die auf dem Grabstein eingraviert sind, sind kaum noch leserlich und es ist für alle deutschen Demokraten und – ich möchte sagen – für alle Deutschen ein schmerzliches Bewusstsein, das Grab ihres groessten Lyrikers so verkommen zu sehen.[4]

Rosenberger rezipiert Heine hier ausschließlich als Lyriker, was kaum verwundert, da auch das Feuilleton und die Publizistik in dieser Zeit allgemein selten auf Heine verweisen, und wenn überhaupt nur dann, wenn es um denjenigen Teil seiner Lyrik geht, der kaum politisch gedeutet werden kann. Immerhin setzt sich Rosenberger aber für eine positive Erinnerungskultur und eine Positionierung Düsseldorfs für Heinrich Heine ein. Seine Initiative – bezeichnenderweise aus dem Kreis der Gewerkschaften stammend – ist erfolgreich: Die Instandsetzung des Grabes wird beauftragt und, wenngleich stark verzögert, im Jahr 1952 umgesetzt.[5] Das Bekenntnis zu Heine durch die Restaurierung des Grabmals bleibt jedoch zunächst ein singuläres Ereignis, bevor 1953 die Plastik »Harmonie« von Aristide Maillol nach vielen Streitigkeiten auf dem Napoleonsberg aufgestellt wird. Wie zögerlich der Umgang mit Heine ist, zeigt auch der Umstand, dass das am Sockel der Plastik angebrachte Zitat – »Das sichtbare Werk spricht harmonisch den unsichtbaren Gedanken aus. Daher ist auch Lebenskunst die Harmonie des Handelns und unserer Gesinnung« (DHA VIII, 449) – zunächst den Verfasser nicht nennt. Ein redaktioneller Artikel in den »Düsseldorfer Nachrichten« vom 19. Februar 1953 geißelt diesen Umstand: »Diese Worte sind nun in den Sockel eingemeißelt, aber es fehlt noch ein Hinweis, von wem sie stammen. Oder will man etwa den Namen Heine ganz vermeiden und nur als ›unsichtbaren Gedanken‹ über dem Denkmal schweben lassen?«

Obwohl Gremienarbeit üblicherweise eher langsam vonstatten geht, zeitigt dieser Artikel rasche Folgen: Noch am selben Tag beschließt der Kulturausschuss außerhalb der Tagesordnung, den Namen »Heinrich Heine« eingravieren zu lassen.[6] Die Feierstunde zur Einweihung des Denkmals findet am 16. Mai 1953 in Anwesenheit des französischen Hochkommissars François-Poncet statt, die Festrede hält Professor Fritz Strich aus Bern. Bundespräsident Theodor Heuss soll bereits 1953 zur Feierstunde nach Düsseldorf kommen. Trotz seines bekundeten Interesses hält er jedoch seine Teilnahme lange Zeit offen und sagt schließlich mit Verweis auf seinen vollen Terminkalender ab. Eberhard Galley, der Leiter der Heine-Sammlung in der Bibliothek, und seine Mitarbeiter präsentieren anlässlich der Feierlichkeiten 1953 eine kleine Heine-Ausstellung. Die »Düsseldorfer Nachrichten« titeln am 21. Mai 1953 »Für Heine-Kenner und Bibliophile. Landes- und Stadtbibliothek zeigt Heine-Sammlung« und schließen mit dem Satz: »Eine stille und gehaltvolle Ausstellung«. Auch die »Allgemeine Jüdische Illustrierte« lobt am 3. April 1953 das »mit stillem Gelehrtenfleiß und sicherem Geschmack eingerichtete Kabinett« am Grabbe-Platz. Allerdings lassen die Rezensionen erkennen, dass die Heine-Ausstellung sehr klein war und lediglich fachkundiges Publikum anzog, zumal auch das Sammeln der Bestände noch sehr am Anfang stand: »Die Heine-Bibliothek umfaßt heute 3500 Bände und wird alljährlich um etwa 20 bis 30 Neuerwerbungen bereichert. Das Museum besitzt 19 Originalmanuskripte, zuweilen nur Fragmente [...] sowie 27 Briefe von seiner Hand.«

Nennenswerten Zuwachs, der allerdings ohne entsprechendes Presse-Echo bleibt, erfährt die Heine-Sammlung 1954 aus dem Nachlass der englischen Sammlerin Ada C. Dodgshon.[8] Die Stadt Düsseldorf erhält fünf eigenhändige Briefe und sechs eigenhändige Werkmanuskripte, 28 Heine-Bildnisse, 21 Bildnisse von Heines Freunden und Zeitgenossen in Lithographien und Stichen, 21 Landschaftsbilder (inklusive Karten) und 155 Bände Heine-Literatur als Geschenk und muss lediglich die Transportkosten bezahlen.

Im Jahr der Dodgshon-Schenkung findet noch ein anderes, durchaus außergewöhnliches Ereignis in Düsseldorf statt: eine von Schülerinnen und Schülern gestaltete Heine-Matinee. Da die Beschäftigung mit Heines Werk und Wirken in den Schulen der noch jungen Bundesrepublik nicht gefördert wurde – weder in den Lehrbüchern noch in den Curricula ist sie vorgesehen – reduziert sich der Umgang mit Heine in den Schulen auf eine freiwillige Lektüre, die den Lehrerinnen und Lehrern anheimgestellt wird. Am 28. Juli 1954 begehen in Heines Geburtsstadt die »Grammar school« aus Doncaster und das Mädchengymnasium aus Lünen im internationalen Bildungszentrum »Die Brücke« eine Morgenfeier mit Rezitation und Chorgesang. Ein interner Eklat, nämlich der Umstand, dass der Beigeordnete Menken nicht in die Planungen der Kulturveranstaltung in der von den Engländern geführten »Brücke« einbezogen wird, hat zur Folge, dass kein Vertreter des Kulturamtes diese Veranstaltung unterstützt. Auch die Beteiligung einer Düsseldorfer Schule ist nicht vorgesehen. Von diesen Vorgängen unberührt, schreibt der »Mittag« am 29. Juli 1954: »Daß englische Schüler und Schülerinnen aus Doncaster im deutschen Sprechchor und mit englisch gerolltem ›Rrr‹ Heinrich Heines ›Zwei Grenadiere‹ vorsprechen, ist eine sehr schöne Reverenz vor dem Dichter.« Und der begleitende Lehrer Tennebaum verweist auf die Völker verbindenden, europäischen Dimensionen im Werk Heines und spricht »von der Dankesschuld, die er als gebürtiger Deutscher an den Dichter abtragen wolle, weil er seit seiner Jugend aus Heines Dichtungen geschöpft habe.« Er will seinen Schülern »auf diese Weise helfen, das bessere Deutschland kennen zu lernen.« Anhand der Morgenfeier wird deutlich, dass der grundsätzliche Rezeptionsstrang Heines als Vertreter eines »anderen Deutschlands« im Ausland auch in der »Brücke« virulent ist, aber von den Verantwortlichen vor Ort nicht aufgegriffen wird.

Umso überraschender wirkt auf den ersten Blick der Umstand, dass die Feierlichkeiten 1956 mit einem langen Vorlauf geplant werden. Die Düsseldorfer Vorbereitungen und Überlegungen beginnen bereits im Herbst 1954. Mit einem roten »Eilt-Vermerk« versehen schreibt der Beigeordnete Menken an: Dr. Gießler

(Landes- und Stadtbibliothek), Dr. Adriani (Geschichtliche Sammlungen) und Kurt Loup (Dumont-Lindemann-Archiv). In seinem Schreiben vom 25. September 1954 vermerkt er:

> Die Vorbereitungen sollten jetzt schon in Angriff genommen werden, da der 100. Todestag Heines noch in das Haushaltsjahr 1955 fällt und entsprechende Mittel für eine würdige Feier jetzt in den Entwurf des Haushaltsplans 1955 übernommen werden müssen.[9]

Menken bemüht sich um eine Koordinierung der Pläne, natürlich nicht zuletzt, weil »sicherlich in vielen Städten Feierstunden oder besondere Veranstaltungen stattfinden. Als Geburtsstadt des Dichters sollte Düsseldorf hierbei nicht zurückstehen.« Bei diesem Engagement Düsseldorfs spielen natürlich auch grundsätzliche Konkurrenzen und Rivalitäten eine Rolle: Wird Heinrich Heine nach dem Zweiten Weltkrieg in der Deutschen Demokratischen Republik euphorisch gefeiert und durch systematische staatliche Förderung sowie eine sozialistische Lesart seiner Werke in den Stand eines »Nationaldichters« erhoben, gleicht in der jungen Bundesrepublik Deutschland die Annäherung an Heine einem vorsichtigen Herantasten. Menken und die Leiter der Kultureinrichtungen in Düsseldorf haben diesen »Rückstand« durchaus wahrgenommen, und die Feierlichkeit 1956 soll derjenigen der DDR – zumindest als Großereignis – in nichts nachstehen, weshalb Anfragen aus Weimar nur zögerlich beantwortet und Planungen bewusst verschwiegen werden.[11]

Auf das Rundschreiben von Menken antwortet Kurt Loup[12] umgehend, dafür aber inhaltlich wenig innovativ. Noch unter dem Eindruck der Feierlichkeiten von 1953 stehend, schlägt er vor: eine Matinee im Opernhaus mit einem Festvortrag von Fritz Strich, den er als Heine-Kenner und »Schriftstellerpersönlichkeit von Weltruf« lobt; eine Heine-Ausstellung im Schloss Jägerhof, beispielsweise mit dem Titel »Heine und sein Jahrhundert« oder »Heinrich Heine und sein Düsseldorf«; einen Vortragszyklus in der Volkshochschule mit Jörg Mager, Hedda Eulenberg, Erwin Laaths und ihm selbst; einen bibliophilen Sonderdruck mit der Rede von Strich aus dem Jahr 1953 oder einen Faksimile-Druck aus dem Heine-Archiv. Auch in den anderen Antworten der Institutsleiter stecken Anzeichen eines pro domo-Denkens. Der Rücklauf des Leiters der Volkshochschule, Jörg Mager, zeugt von Eigenwerbung.[13] Er plädiert für Rezitationsabende und für einen Vortrag von Raffael Geis (Oberrabbiner in Karlsruhe), den er bereits um einen Beitrag gebeten hat. Selbstbewusst notiert Mager: »Sollte eine größere städtische Feier Februar 1956 stattfinden, so rege ich an, die Heine-Feier der Volkshochschule in das Sommersemester 1956 zu verlegen, in dem das Heine-Thema dem romantischen Grundthema des Semesters entspricht.« Auffällig, aber zeittypisch ist hierbei, dass Mager Heine auf das Bild des Romantikers reduziert.

Die Antwort des Kollegen Adriani[14] bringt abermals Fritz Strich als Referenten, einen Liederabend sowie Rezitationsveranstaltungen ins Gespräch. Außergewöhnlich ist lediglich sein Vorschlag, Heines Tanzpoem zu »Der Doctor Faust« aufführen zu lassen, doch dieser Vorschlag wird gar nicht erst weiterverfolgt. Der Brief von Eberhard Galley trifft vergleichsweise spät ein.[15] Er verweist auf seinen bereits am 24. September 1954 gestellten Antrag zur Sammlung Strauß und appelliert: »Ich möchte noch hinzufügen, daß dieser Nachlaß, wenn es nicht gelingt, ihn eventuell mit Hilfe von Spenden für die Stadt zu erwerben, auf jeden Fall in amerikanischen Besitz übergehen wird, wo er schon seit Jahrzehnten lagert.« Damit ist Galley die einzige Stimme aus dem Kollegenkreis, die – natürlich auch bedingt durch seine Position – das Augenmerk auf die Erweiterung der Sammlung legt und andeutet, dass die Effekte einer Feierstunde rasch verhallt sein werden.

Einige Wochen später steht das Thema »Heine-Jahr« unter Punkt 3 bereits auf der Tagesordnung der Dezernatsbesprechung vom 14. Dezember 1954. Unter der Leitung des Beigeordneten Menken gründet sich eine Arbeitsgruppe, die weitere Ideen für das Jubiläum zusammentragen und die Umsetzung übernehmen soll. Das Thema wird aber bereits rund um die erste Dezernatskonferenz von mehreren Teilnehmern skeptisch begleitet. Und so findet sich in den Niederschriften auch ein amüsanter, aber bezeichnender Schreibfehler, da zu den Vorbereitungen zum »Schiller-Jahr« aufgerufen wird. Insbesondere die von Menken selbst vorgebrachte Idee einer Heine-Publikation wird kontrovers diskutiert:

> Zu der Frage der Notwendigkeit hat Direktor Dr. Peters von den Volksbüchereien ja schon in der letzten Dezernatskonferenz darauf hingewiesen, daß im breiten Publikum ein Bedarf für Heine-Literatur nicht bestehe, und daß auch das Werk Heinrich Heines nicht gerade sehr populär sei.[17]

Auch in der Dezernatskonferenz vom 1. Februar 1955 wird die Diskussion um eine Heine-Publikation wieder aufgegriffen[18], in der Menken die Position vertritt, dass gerade weil Heine – im Gegensatz zu Goethe und Schiller – kaum noch gelesen werde

> [...] umso mehr Veranlassung bestehe, das Publikum an Heine hinzuführen, wozu das Gedächtnisjahr 1956 die beste Gelegenheit gebe. Direktor Dr. Adriani begrüßt das und weist darauf hin, daß in der Ostzone in Bezug auf Heine allerlei geschehe und daß der Westen dem nicht nachstehen dürfe.[19]

Die gewichtigste kritische Stellungnahme in Bezug auf eine Heine-Publikation kommt am 22. Februar 1955 von Gießler, der argumentiert, dass die Rede von Fritz Strich bereits in der Zeitschrift »Das Tor« veröffentlicht worden sei, Galleys

Artikel sich lediglich um die kleine Heine-Sammlung drehe und der von Menken vorgeschlagene Beitrag von Mager nicht gewichtig genug sein. Gießler konstatiert:

> Ein Bedarf des Büchermarkts besteht zur Zeit in Westdeutschland kaum. Man könnte eine solche Festschrift also nur als Geschenkgabe für die Gäste der Feier und einige wenige Interessierte drucken. Auf ein breiteres Publikum, besonders auch aus dem Ausland, ist bei einem wenn auch guten Vortrag über Heine und einem Bericht über die hiesige Heine-Sammlung kaum zu rechnen.[20]

Klug knüpft er aber an die eher harsch anmutende Absage an, indem er einen Lösungsweg aufzeigt: »Eine Erweiterung der Festschrift durch Beteiligung namhafter auswärtiger Mitarbeiter, z. B. Prof. Behrendson, Stockholm, der sich angeboten hat, würde die Kosten erhöhen, aber andererseits auch das Interesse verbreitern.« Die eigentliche Pointe von Gießlers Schreiben mündet jedoch geschickt in seinem grundlegenden Ansinnen:

> Wenn es möglich wäre, den handschriftlichen Nachlaß aus dem Besitz der Familie Strauß rechtzeitig für die Heine-Sammlung zu erwerben, wäre diese Tatsache allerdings Grund genug, die Erwerbung durch eine Publikation einem größeren Kreis bekannt zu machen.[22]

Die anfallenden Kosten – die kleine Lösung ohne auswärtige Beiträge beläuft sich auf ein Volumen von 3.000 bis 4.000 DM – so betont er, könne er aber nicht aus seinem Budget finanzieren, da aus seinen Mitteln »größere wissenschaftliche Veröffentlichungen der Bibliothek« bezahlt werden müssten. Er schlägt jedoch vor, zusätzlich Geld für eine Heine-Publikation im Nachtragshaushalt der Landes- und Stadtbibliothek zu etatisieren. Gießler erhält tatsächlich auf diese Weise Geld aus dem Nachtragshaushalt, und es erscheint eine kleine Publikation zur Heine-Feier 1956, die den Schwerpunkt auf den Ankauf der Sammlung Strauß legt.

Der Leiter der Volkshochschule, Dr. Mager, schlägt Max Brod als Redner für die Feierlichkeiten 1956 vor, da er diesen 1954 bereits mit einem Vortrag über Franz Kafka nach Düsseldorf eingeladen hatte und das Publikum sich überaus begeistert zeigte. In einem Brief vom 10. November 1954[23] empfiehlt er, dass »im Heine-Jahr ein jüdischer Redner über Heine auch zu Worte kommt, nachdem die jüdische Heine-Forschung im dritten Reich vollkommen ignoriert wurde, und die deutsche Heine-Forschung vielleicht heute noch nicht verlorenen Anschluß wiedergefunden hat.«

Die Anweisungen des Beigeordneten Menken bleiben nach der Aktenlage nicht ganz eindeutig, werden aber von mehreren Teilnehmern der Arbeitsgruppe »Heine-Jahr« als goutierende Zusage interpretiert, so dass Brod über Dr. Mager eingeladen und der Presse als Festredner vorgestellt wird. Erst danach spricht der Beigeordnete Menken am 19. Oktober 1955 in Düsseldorf mit Max Brod, und erstmals wird sich Menken der Kostenfrage in vollem Umfang bewusst. Brods lange Anreise aus Tel Aviv und der zu zahlende Verdienstausfall am dortigen Theater werden von Menken umgehend dem Stadtdirektor und dem Oberbürgermeister Josef Gockeln gemeldet.[24] Aber nicht nur die Kosten spielen in der internen Diskussion eine Rolle. Am ersten Dezember erstellt der Oberstadtdirektor Hensel nach einem Gespräch mit Karl Marx, dem Herausgeber der »Allgemeinen Wochenzeitung der Juden in Deutschland«, eine vertrauliche Aktennotiz:

> [...] die Gesellschaft für christlich-jüdische Zusammenarbeit lehnt es ab, als Mitträgerin dieser städtischen Veranstaltung aufzutreten. Herr Marx vertritt den Stadtpunkt, daß alles vermieden werden muß, was geeignet ist, anläßlich dieser Feier Ressentiments zu erwecken und daß der Festredner ein Deutscher und möglichst kein Jude sein soll. Dr. Sieburg, Attaché bei der deutschen Botschaft in Paris im Dritten Reich, käme allerdings unter keinen Umständen in Betracht.[25]

Nur wenige Tage später gibt es erneut einen Aktenvermerk des Oberstadtdirektors:

> Gestern habe mit Herrn Karl Marx, Vorsitzender des Zentralrats der Juden Deutschlands, eine eingehende Aussprache über die Heinrich-Heine-Feier gehabt. Herr Marx hat während meiner Anwesenheit mit dem Bundespräsidenten gesprochen und bei dieser Gelegenheit Herrn Bundespräsidenten Prof. Heuß bitten lassen, sich zu der Frage zu äußern, welchen Redner er für die Veranstaltung als besonders geeignet halten würde.[26]

Am selben Tag notiert Theodor Heuss in seinen Tagebuchbriefen:

> Ich teilte den Düsseldorfern mit, daß sie verrückt seien. Nichts gegen M. Br., der ein zarter gebildeter Mann ist [...]. Aber welche instinktlose Simpelei, einen jüdischen Mann aus Tel Aviv kommen zu lassen! Das heißt, in Deutschland findet sich keiner, der das ›heiße Eisen‹ anfassen will. Und dabei sind hier Dutzende, wenn nicht Hunderte bereit, über Heine zu reden, zumal in der dann repräsentativen Feier.[27]

Marx übernimmt die Aufgabe, Brod in einem inoffiziellen Brief zu bitten, seine Bereitschaft, eine Rede zur Heine-Feier in Düsseldorf zu halten, zurückzuziehen, was dieser auch, ohne großes Aufsehen erregen zu wollen, tut. Die Absage von Max Brod wird von der am 16. Februar 1956 gegründeten und noch sehr kleinen »Heine-Gesellschaft« kritisiert.[28] Insbesondere Werner Steinberg, Gründungsmitglied und Schriftführer, moniert die Kehrtwende der Stadt und die Ausladung Max Brods, der gerade als Jude und Exilant eine ausgezeichnete Wahl gewesen sei.[29] Der neue Redner Kasimir Edschmid wird mit Unterstützung von Theodor Heuss gefunden: Der Ministerialdirigent Hans Bott schreibt dem Düsseldorfer Oberstadtdirektor Dr. Hensel am 7. Dezember 1955:

Wegen des Redners für die Düsseldorfer Heine-Feier hatte der Herr Bundespräsident den guten Einfall, daß Kasimir Edschmid eigentlich der bestgeeignete sei. Er hat sich nämlich schon über den PEN in den internationalen Schriftstellervereinigungen seit 1945 für Heine eingesetzt. Kasimir Edschmid ist ein sehr guter Redner von ausgezeichneter Formulierungskraft. Ich habe bei ihm fernmündlich vorgefühlt [...].[30]

Die Wahl des Festredners fällt somit auf Kasimir Edschmid, zu dieser Zeit Vizepräsident der »Deutschen Akademie für Sprache und Dichtung«. Seine Rede[31] jedoch bleibt farblos und kann keinen bleibenden Eindruck hinterlassen, auch nicht bei Theodor Heuss, der sich im Nachgang über den Festvortrag kaum beeindruckt zeigt. Im Rahmen der Festveranstaltung verkündet Oberbürgermeister Josef Gockeln den Ankauf der »Sammlung Strauß« mit weit über 3000 Seiten aus Heines Nachlass für die Stadt Düsseldorf. Damit wird 1956 neben der Gründung der »Heine-Gesellschaft« ein weiterer nachhaltiger Meilenstein der Heine-Wirkung gelegt. Die »Sammlung Strauß« besitzt für die Heine-Forschung und insbesondere für die spätere historisch-kritische Düsseldorfer Ausgabe eine Schlüsselstellung. Die Streitigkeiten um den Festredner 1956 und die internen Auseinandersetzungen innerhalb der Düsseldorfer Verwaltung zwischen 1951 und 1956 haben keine lange nachwirkenden Folgen, dokumentieren jedoch auf lokaler Ebene zeittypische Rezeptionsstränge und Diskussionen um Heinrich Heine.

Anmerkungen

1 Goltschnigg/Steinecke, Bd. 2, S. 140.

2 Fritz Wiesenberger: Ist Brod als Redner »untragbar«? Wurde Düsseldorf von Bonn »zurückgepfiffen«? Edschmid jetzt Hauptreferent. – In: Neue Ruhrzeitung (Essen), 7. Februar 1956.

3 Stadtarchiv Düsseldorf, Amt für Kulturelle Angelegenheiten (Amt 31)/Kulturamt (Amt 41), 1951–1965, Findbuch bearbeitet von Werner Mayer, Düsseldorf 1999. Hier vor allen Dingen: IV 5395 und IV 5396.

4 Ebd. IV 5395, Bl. 281.

5 Mittlerweile hat die Landeshauptstadt Düsseldorf dauerhaft die Grabpflege auf dem Friedhof Montmartre übernommen. Zudem spendete die Heine-Preisträgerin des Jahres 2010, Simone Veil, einen Teil ihres Preisgeldes für die Restaurierung des Grabmales und setzte damit ein Zeichen der deutsch-französischen Freundschaft.

6 IV 5395, Bl. 400.

7 Allgemeine Jüdische Illustrierte (Düsseldorf), 3. April 1953.

8 Vgl. IV 5395, 12. März 1954, unpaginiert.

9 IV. 5396, Bl. 81.

10 Ebd.

11 Vgl. IV. 5396, Bl. 95.

12 Ebd., Bl. 83.

13 Ebd., Jörg Mager, 29. September 1954, Bl. 84.

14 Ebd., 30. September 1954, Bl. 85.
15 Ebd., 9. Oktober 1954, Bl. 86.
16 Ebd., Bl. 90.
17 Ebd., Menken an Gießler mit der Bitte um Stellungnahme zu einer Heine-Publikation, Bl. 88.
18 Vgl. ebd., Protokoll der Dezernatskonferenz vom 1. Februar 1955, Bl. 90.
19 Ebd.
20 Ebd., unpaginiert.
21 Ebd.
22 Ebd.
23 IV. 5396, Bl. 87.
24 Menken an den Oberstadtdirektor, 19.10.1955. Ebd., Bl. 118: »Leider war die Kostenfrage nicht erörtert worden, die deshalb ins Gewicht fällt, weil Herr Dr. Max Brod seit vielen Jahren in Tel Aviv in Israel lebt, wo er als Dramaturg am dortigen Habima-Theater wirkt.« Der Ältestenrat wird offiziell noch später über die Einladung Brods informiert und zeigt sich entsprechend verstimmt. »Es wurde moniert, daß die Verwaltung ohne Fühlungnahme mit den zuständigen städtischen Körperschaften bereits mit Herrn Max Brod Fühlung aufgenommen hat.« Ebd., Bl. 146.
25 Ebd., unpaginiert.
26 Ebd., 4. Dezember 1955, Aktenvermerk des Oberstadtdirektors. Bl. 152.
27 Theodor Heuss: Tagebuchbriefe 1955–1963. Eine Auswahl aus Briefen an Toni Stolper. Hrsg. von Eberhard Pikart Tübingen 1970, S. 108.
28 Vgl. auch insgesamt zur Geschichte der Heinrich-Heine-Gesellschaft: Susanne Schwabach-Albrecht: In Heines Gesellschaft. Heinrich-Heine-Gesellschaft e.V. Düsseldorf 1956–2006. Düsseldorf 2006.
29 Es ist nicht verwunderlich, dass Theodor Heuss 1960 die Düsseldorfer Ehrenbürgerschaft und die Heine-Medaille der Stadt erhält, Max Brod hingegen 1965 die erste Ehrengabe der Heine-Gesellschaft.
30 IV. 5396, Bl. 170.
31 Vgl. den Text in Goltschnigg/Steinecke, Bd. 2, S. 508ff.

»Nach dem letzten Willen des Verblichenen«
Das große Erbe Carl Heines

Von Sylvia Steckmest, Hamburg

Als 1858 die »Monstre-Krise«[1], die große Wirtschafts- und Bankenkrise in Hamburg, zu Ende ging, hatte Carl Heine, der Sohn des Bankiers Salomon Heine, sicherlich einen großen Teil seines Vermögens eingebüßt – aber nur einen Teil. Manche vertraten zwar die Ansicht, dass er fast pleite gewesen sei, aber dem war nicht so. Als Carl Heine 1865 starb, hinterließ er ein Vermögen von 20 bis 30 Millionen Mark Banco, eine etwa ebenso hohe Summe wie zuvor sein Vater Salomon vererbt hatte (25 Millionen MBco[2]). Nach heutiger Kaufkraftumrechnung könnten das ca. 700 Millionen Euro sein.[3] Sicherlich war Carl Heine vor der Krise noch erheblich reicher, es hieß sogar, er sei einmal der reichste Mann Hamburgs gewesen. Die Verlesung seines Testaments am 10. Juli 1865 im Hamburger Rathaus musste wegen des großen öffentlichen Interesses in den Audienzsaal des Handelsgerichts verlegt werden. 150 Zuhörer fanden sich ein[4], und überall in Deutschland berichtete die Presse ausführlich darüber. Im »Straubinger Tagblatt« hieß es:

> Das Testament erregt begreiflicher Weise großes Aufsehen und legt sowohl von dem kolossalen Reichthum des Dahingeschiedenen wie von seiner Humanität und Freigebigkeit, mit welcher er ihm und den Seinigen im Geschäfte wie im Privatleben geleistete große und kleine Dienste zu vergelten verstand, glänzendes Zeugnis ab. Wie hoch das gesammte Nachlaßvermögen sich beläuft, läßt sich selbstverständlich aus dem Testament nicht ersehen; doch dürfte nach der National-Zeitung das, was der Wittwe nach Abzug aller Vermächtnisse, Geschenke u. s. f. noch übrig bleibt, immer noch 30 Millionen M. B. (15 Mill. Thaler pr. C.) übersteigen.[5]

Beer Carl Heine, jüngstes Kind von Salomon und Betty Heine geb. Goldschmidt, erblickte das Licht der Welt am 21. Januar 1810. Sein älterer Bruder Hermann starb bereits als junger Mann in Rom, zwei weitere Brüder waren vermutlich im frühen Kindesalter gestorben. Somit wurde Carl der Kronprinz und Bankenerbe. Mit 27 Jahren erhielt er Prokura, auch wenn sein Vater, der Patriarch, weiterhin die Oberherrschaft über die Bank Salomon Heine behielt.[6]

Seit Carls Heirat mit Cécile Furtado in Paris im September 1838 bewohnte das Paar in Hamburg ein eigenes Haus an den Großen Bleichen Nr. 28. Nach dem Großen Brand 1842 sollte hier auch das Bankhaus einziehen, denn das alte Bank- und Wohngebäude am Jungfernstieg war gesprengt worden. Salomon Heine hatte die Geschäftsunterlagen, die noch zu retten waren, zuerst bei dem Bankier und Senator Johann Heinrich Gossler untergebracht, da nicht sicher war, ob Carls Haus verschont bleiben würde. Tatsächlich brannte die gegenüberliegende Seite der Straße Große Bleichen ab. Carls repräsentatives Haus war von nun an Privat- und Bankhaus in einem. 1861 aber verkaufte Carl das Gebäude für 75.000 Mark Banco an die Vereinsbank. Er zog daraufhin mit seinem Büro und den Angestellten zum Jungfernstieg, in ein an alter Stelle neu errichtetes Haus, das seiner Schwester Therese vom Vater vererbt worden war. Diese lebte aber mit ihrem Mann Adolph Halle überwiegend in Dresden. Carl hatte von seinem Vater das alte Landhaus in Ottensen geerbt, dem Heinrich Heine einst das bittere Gedicht »Affrontenburg« gewidmet hatte. Therese besaß in demselben Park seit 1838 ein eigenes Landhaus.[7] Doch auch Carl war, wie seine Schwester, seit 1858 nicht mehr oft in Hamburg anzutreffen und tätigte sicherlich nicht mehr viele Geschäfte über die Bank Salomon Heine. Als Mitbegründer der Norddeutschen Bank von 1857 hatte Carl Heine hier weitere Interessen.

Inzwischen hatten Carl und seine Frau sich nach Frankreich zurückgezogen, wo sie in Paris ein Hotel de Ville in der Rue de la Pépinière besaßen. In Rocquencourt bei Versailles gehörte ihnen zudem ein Schloss, das Cécile von ihrem 1848 verstorbenen Bruder geerbt hatte.[8] Nach dem Tod Salomon Heines (1844) war es zu dem großen Streit zwischen den Cousins Carl und Heinrich Heine gekommen, in dem es um das Erbe und die Fortführung der Rentenzahlungen aus Salomons Vermögen an den Dichter ging. Nach dem Tod Heinrich Heines erhielt dessen Witwe eine jährliche Rente von 5.000 Francs. Das war das Doppelte dessen, was Carl ursprünglich mit Heinrich Heine vereinbart hatte. Carl konnte also auch großzügig sein, wenn er nur wollte.

Zwei Jahre vor seinem Tod erkrankte Carl in Paris schwer, wurde aber gesund gepflegt. Seiner damaligen Krankenschwester Delphine Decannettecourt vererbte er später eine stattliche jährliche Rente von 11.000 Francs.[9] Bei dieser hohen Summe – nach heutigem Kaufkraftwert wären das ca. 140.000 Euro – kann man von einer besonders langen und schwierigen Pflege ausgehen, die zudem erfolgreich verlief.

Am 22. August 1863, nach Carls Genesung in Paris, ließ er in Hamburg sein Testament aufsetzen. Darin verfügte er, dass die Bank Salomon Heine erst nach seinem Tod erlöschen solle. Mit der Liquidierung wurden seine beiden engen Mitarbeiter Carl Mosengel und Louis Behrens beauftragt sowie Dr. jur. des Arts. Diese drei Herren waren von ihm auch zu seinen Testaments-Exekutoren ernannt worden.[10]

Noch kurz vor seinem Tod, bei einem Besuch seiner Schwester in Dresden, schrieb Carl 1864 für das Israelitische Krankenhaus in Hamburg, das sein Vater gegründet hatte, die »Fundamentalbestimmungen« auf. Es gab seit jener Zeit eine neue Gesetzeslage für Juden, und dadurch änderte sich auch die wirtschaftliche Lage für das Krankenhaus. 400.000 Mark Courant ließ Carl für das Krankenhaus in guten Staatspapieren anlegen, zur Deckung der Unterhaltskosten. Die jüdische Gemeinde in Hamburg erklärte sich einverstanden, das Krankenhaus in die privatrechtliche Form einer Stiftung umzuwandeln, deren Rechtsfähigkeit der Senat 1866 genehmigte. Per Testament vermachte Carl dem Krankenhaus weitere 60.000 Mark Banco.

Ebenfalls von seinem Vater war 1837 die »Hermann Heine'sche Stiftung« gegründet worden, die vorerst – bis zu einer erfolgten Gleichstellung von Christen und Juden – nur für Juden zugänglich war.[11] Carl hatte bereits am 27. Februar 1848 der Administration der Stiftung mitgeteilt, dass er ihr 100.000 Mark Banco überschreiben lassen wolle, damit jetzt auch Christen in den Genuss der Privatstiftung kommen könnten. Durch sein Testament kamen weitere 100.000 Mark Banco der Stiftung zugute. Ihr Kapital wuchs ständig, es lag sogar noch im Jahre 1914 bei 2 Millionen Mark; aber 1931 musste die Stiftung teils aus Geldmangel, teils aus Desinteresse aufgelöst werden.[12]

Ein weiteres großes Anliegen war für Carl die Gründung einer Gemäldegalerie in Hamburg. Mit 25.000 Mark Banco wollte er den Neubau unterstützen. Dr. August Abendroth als Befürworter und Vorsitzender des »Comité für den Neubau einer städtischen Gemälde-Gallerie« hatte Carl ermuntert, eine große Summe für den Bau zu spenden, damit er als gutes Beispiel vorangehe und ihm hoffentlich Viele folgen würden. Das Konzept ging leider nicht ganz auf. Die meisten der Spenden für den Bau waren erheblich kleiner. Man bat seine Mitbürger, dass jeder nach »dem Maass seiner Kräfte zur Ausführung des Werkes seine Beisteuer gebe.«[13] 300.000 Mark Banco würden gebraucht werden. Doch nur 150.000 Mark Banco kamen zusammen. Verständlicherweise war das Comité damit nicht zufrieden, genauso wenig wie Carl Heine. Dieser schrieb deshalb am 8. April 1861 einen Brief an Dr. Abendroth:

Was die Kunsthalle anbelangt so muß ich auf meinem Entschluß beharren, Ihre Versicherung wird Ihnen noch gegenwärtig sein, es war von einem Monument die Rede, das Hamburg zur Ehre gereichen sollte und von einer großen Summa. – Sie meinten durch meine Zusagung würde in kurzer Zeit der Betrag mit éclat zusammen gebracht werden. Die Bestätigung ist aber leider ausgeblieben! Theils mit Widerwillen, theils mit Anstrengung wurde so mäßig gezeichnet, daß es am zweckmäßigsten gewesen wäre das Projekt aufzugeben, da es so wenig Theilnahme erwarthe; eine Kunsthalle auf forcierte Subscription zu bauen ist nicht geschmackvoll! Für 250 [Tausend] Ct können Sie nicht bauen was einigermaßen den Erwar-

tungen entspricht und dazu fehlen Ihnen noch 40 [Tausend] Ct – ich will durchaus nicht dazu beitragen ein mesquines Bauwerk ins Leben zu rufen oder eines was aus Mangel an Fonds nicht beendigt werden kann. – Es ist ganz und gar in einem Widerspruch mit unserer Verabredung, zufolge der ich gezeichnet – Rechts und Links habe ich mich erkundigt; Architekten und Sachverständige sagen für Bco 300 [Tausend] könne man überaus Hübsches, [?], wenn auch durchaus nichts großartiges bieten, unter dem Preise aber nicht. Von einem Monument, zur Ehre der Stadt und der Beteiligten sei bei diesem Preise jedoch nicht die Rede. Mit meiner Unterschrift will ich nun bis Ende diesen Jahres noch verhaftet bleiben, wenn Sie inclusive meiner auf 25 000 Ct wenigstens 300 000 MBco verlangen, jedoch bitte ich mir von Ihnen die Zusicherung, daß ich meine Unterschrift den Januar 1862 streiche, wenn Sie nicht zu Stande gekommen sind. Es wird Zeit, daß die Polemik endet, denn es hat wirklich den Anschein als wenn man glauben müßte, ich erachte mich aus anderen Gründen zurück zuziehen, als die, die in Wahrheit vorhanden und die ich so oft habe applicieren müssen.
Meine beste Empfehlung
Carl Heine[14]

In einem Schreiben seines engen Mitarbeiters Carl Mosengel ließ er dann mitteilen, dass seine Zusage nur bis zum 1. Januar 1862 Bestand haben würde. Dr. Abendroth meinte ebenfalls: »[...] wenn uns die Bevölkerung im Stich läßt, sollten wir die Sache aufgeben.«[15]

Aber langsam kam doch etwas Bewegung in das Projekt, mehr Spenden trafen ein, und die Bürgerschaft sicherte 40.000 Mark Banco zu. Man begann zu bauen. Am 22. Dezember 1863 war Grundsteinlegung. Carl muss sein Geld inzwischen wieder bereitgestellt haben. Aber erst 1866 war der Bau der Kunsthalle äußerlich vollendet. Man veranschlagte nun Kosten von 350.000 Mark Banco. Das Richtfest am 12. Oktober 1865 konnte Carl nicht mehr erleben.[16]

In seinem Testament hatte Carl Heine der Kunsthalle weitere 200.000 Mark Banco als Legat vermacht. Es war eine Verbrauchsstiftung, das heißt, es durften zumindest in den ersten zwanzig Jahren nur von den Zinsen Erwerbungen getätigt werden. Für lange Zeit waren diese Gelder die einzigen, die der Kunsthalle zur Verfügung standen, auch noch als Alfred Lichtwark 1886 seinen Dienst als Direktor antrat.[17] Die Liste der Werke, die von den Zinsen und auch vom Kapital erworben wurden, ist lang.[18] Sie umfasst 195 Arbeiten, darunter befindet sich das Porträt von Carl Heine, das der Maler Hermann Steinfurth nach einem Foto erstellte. Das größte Werk ist Hans Makarts Monumentalgemälde »Der Einzug Kaiser Karls V. in Antwerpen«. Für das Treppenhaus konnten die Bilder von Arthur Fitger in Auftrag gegeben werden. Viele Gemälde, die von Hamburger Malern stammen und Landschaften in und um Hamburg zeigen, wurden mit den Zinsen nach Carl Heines Wunsch gekauft. Hervorzuheben sind die Altaraufsätze von Meister Franke und Meister Bertram, die Alfred Lichtwark entdeckte. Aber auch viele bekannte und weniger bekannte Bilder, Radierungen, Zeichnungen und Grafiken konnten erworben werden, sogar noch bis 1941, als das letzte Bild für die Kunsthalle gekauft wurde: »Mädchen mit Stier« von Lovis Corinth.

1850 hatte Carl neben seinem Besitz in Hamburg und Paris ein großes Landgut für 400.000 Gulden erworben, das er selber aber vermutlich nur zweimal besuchte. Es hieß Orahovica und lag weit von Hamburg und Paris entfernt im Österreich-Ungarischen Kaiserreich, heute gehört es zu Kroatien. Sein Neffe Hermann Heine hatte die Formalitäten des Kaufs erledigt und war selber dafür dorthin gereist. Über die Gründe des Erwerbs kann man spekulieren. War es nur eine Geldanlage oder eher ein Versuch, einer Nobilitierung näher zu kommen? Der Verwalter des Gutes, Carl Krieger, erhielt aus dem Testament ein Legat von 10.000 Mark Banco, und die Armen des Ortes bekamen zusammen 2.000 Mark Banco. Das Landgut erbte Carls Ehefrau, aber wie lange es tatsächlich in ihrem Besitz war, ließ sich nicht ermitteln. Der Wert von Orahovica wurde im Konto-Buch der Norddeutschen Bank von 1865/66 bereits mit 745.615 Mark Banco angegeben.

1837 hatten Carl Heine, August Abendroth und Adolph Jenquel zusammen für 70.700 Mark Banco die Hamburger Uhlenhorst erworben, die damals noch kein Bauland war, da der erhöhte Wasserspiegel der Alster das Land zu feucht hielt. Erst nach dem Großen Brand von 1842, als der Wasserspiegel abgesenkt wurde, konnte mit der Trockenlegung des Gebiets begonnen werden. Der Verkauf der einzelnen Abschnitte für bauwillige Investoren verlief zuerst sehr schleppend. Im Testament von Carl erscheint unter Notizen: 300.000 MBco Teilwert der Uhlenhorst. Demnach war der Wert bereits stark gestiegen und sollte in den folgenden Jahren weiter steigen.

Das Pariser Wohnhaus in der Rue de la Pépinière wurde im Konto-Buch mit einem Wert von 400.000 Francs angegeben und dazu das Inventar und die Gemälde mit 250.000 Francs (nach heutigem Kaufkraftwert zusammen um die 8 Millionen Euro). Das Landhaus in Ottensen war noch nicht geschätzt worden, nur das Inventar und die Gemälde wurden mit ca. 8.000 Mark Banco vermerkt (um die 2 Millionen Euro). Nach Abzug aller Legate, Renten und Erbschaften blieben für Cécile Heine als Erbin über 13 Millionen Mark Banco übrig, dazu kamen die Häuser und Grundstücke.

Zur Auszahlung der Gelder an die Erben ist noch folgendes zu sagen: Erbschaftssteuer gab es auch schon damals, sie wurde Collateralsteuer genannt und war viel geringer als heute. Bei Legaten, wie bei der Kunsthalle, wurde die Steuer vom Testament bezahlt. Bei Verwandten richtete sich der Steuersatz nach dem Verwandtschaftsgrad. Bei Geschwistern waren 2 Prozent zu zahlen, bei Cousins oder Neffen 7 Prozent, bei entfernteren Verwandten mussten 10 Prozent entrichtet werden. Diese Steuer war schon zu Heinrich Heines Lebzeiten für ihn von 5 Prozent auf 7 Prozent angehoben worden. Verwandte im vierten Grad, die 10 Prozent zu bezahlen hatten, waren Kinder in dritter Generation des gemeinsamen Urahnen.[19] Wir nennen es heute Cousin zweiten Grades. Damit war z. B. Carls Cousine zweiten Grades in Kopenhagen gemeint, Friederike Goldschmidt, eine Nachkommin von Carls Urgroßvater Berend Goldschmidt. Jette Goldschmidt, Carls Großmutter, war dessen Tochter, ihre Brüder waren nach Kopenhagen ausgewandert, und Nachkommen leben dort noch heute.[20] Jene Friederike Goldschmidt war mit Joseph Bendix von Halle verheiratet gewesen, aber seit 1840 verwitwet; sie lebte bis 1887. Schon Salomon Heine hatte sie in seinem Testament bedacht. Sie erhielt eine jährliche Rente von 96 Reichstalern. Sicherlich gab es zu diesem Zweig in Kopenhagen eine enge Beziehung über Friederikes Schwägerin Marianne von Halle, die mit Joseph Hambro verheiratet war, mit dem die Heines gute Geschäfte machten. Sein Sohn hatte in London 1839 die Bank C. J. Hambro & Son gegründet, die auf das Skandinaviengeschäft spezialisiert war und größere Bedeutung erlangte als die Bank Salomon Heine.

Von der großen Anzahl der Seitenverwandten aus der Linie von Carls Großeltern Goldschmidt oder seiner Mutter Betty geb. Goldschmidt sind nur wenige in Carls Testament bedacht worden. Das waren hauptsächlich die Nachkommen der Geschwister seiner Mutter: Wolf, Gottschalk und Bernhard, die kurz vor Carl Heine verstorben waren. Für die Kinder von Wolf und Bernhard gab es je 20.000 Mark Banco zu verteilen. Gottschalk hatte nur eine Stieftochter, Henriette, die bereits Witwe war und als Oberschullehrerin an einer evangelischen Schule tätig war. Die Erben von Bernhard konnten wählen zwischen einer lebenslangen Rente oder einer einmaligen Kapitalauszahlung von 2.642,15 Mark Banco (ca. 65.000 Euro Kaufkraftwert). Die meisten wählten die Rentenzahlung, die sich auch als sehr viel lukrativer erwies. Zwei verheiratete Töchter wählten die Kapitalauszahlung, darunter war Doris Goldschmidt, verheiratet mit Henry Steckmest. Das Paar hatte sieben Kinder; der älteste Sohn hatte gerade sein Studium am Polytechnikum in Hannover abgeschlossen und konnte sich vermutlich mit dem Kapital 1866 in Oslo eine Existenz als Architekt aufbauen. Da er sehr erfolgreich wurde, war das Geld gut angelegt. Nur eine von Bettys vielen Nichten, die bereits im Testament von Salomon Heine bedacht worden war, erhielt weiterhin von ihrem Legat eine Rente von 300 Mark Courant jährlich ausgezahlt, es war Sophie Zender, Enkeltochter von Joel Lion Goldschmidt.[21]

Große Summen als Rente bzw. als Legat erhielten die Angestellten aus der Bank Salomon Heine wie z. B. Carl Mosengel (45.000 Mark Banco), Louis Behrens, J. T. C. Herrfeldt, die Witwe des verstorbenen Angestellten Rudolphy, Moses Liebermann, Carl Merseburg und Hermann Vivié, der auch die Bücher für das 1866 gegründete Stift von Therese Halle geb. Heine führte. Hermann Vivié war ein Sohn Wilhelm Daniel Viviés, der schon bei Salomon Heine als Buchhalter tätig gewesen war. Hermann war der Bruder von Ernst Gottfried Vivié, der als Bildhauer berühmt wurde und von dem Carl Heine eine Plastik besaß. Außerdem wurde er Vizepräsident der Bürgerschaft, war also auch politisch aktiv. Sein Sohn, der Architekt und Baurat Wilhelm Daniel Vivié, sollte später zu den Exekutoren von Carls Testament gehören. Er war ein enger Freund von Alfred Lichtwark, dessen Vater bereits 1837 von Salomon Heine einen Kredit für den Kauf seiner Mühle in Reitbrook erhalten hatte. So schließt sich der Kreis. Anzumerken wäre noch, dass Alfred Lichtwark dafür verantwortlich war, dass das Hamburger Denkmal Heinrich Heines, gestaltet von Hugo Lederer, zuerst in der Kunsthalle aufgestellt werden durfte, bevor es schließlich in den Stadtpark kam, wo es bekanntlich nur eine kurze Lebensdauer hatte.

Für die Legate und Renten wurde Geld zum großen Teil in Hypotheken angelegt. Aus der langen Liste dieser Hypotheken seien hier nur einige interessante genannt: Ernst August Stuhlmann mit seinem Besitz auf der Uhlenhorst, Schöne Aussicht 14, gehörte ebenso dazu wie das Gebäude der Firma M. J. Emden am Hamburger Rödingsmarkt.[22] Auch das Hotel Streit's am Jungfernstieg, das nach dem Brand wieder errichtet worden war, kam in der Liste mit einer Summe von 404.625 Mark Banco vor. Weitere Belegungen zu meist 3 ½ Prozent waren an den Großen Bleichen, an der Esplanade, in der Langen Reihe in St. Georg, Neue Burg, Königstraße und vielen anderen Orten in Hamburg. Nach 1900 wurden die Zinsen um ¼ Prozent erhöht. Weitere Geldanlagen waren Staatsanleihen oder Obligationen. Auffällig sind immer wieder norwegische Staatsobligationen (1865 für 235.000 Mark Banco zu 4 ½ Prozent), die schon bei Salomon Heine oft im Portfolio der Bank auftauchten, denn er pflegte zum norwegischen Konsul in Hamburg eine gute Beziehung. Dazu gab es Altonaer und Kieler Prior- sowie schwedische Tempori-Obligationen. 1906 sind z. B. dänische Inselpfandbriefe zu finden. Vermutlich alle Hamburger Wohltätigkeitseinrichtungen von 1863 sind im Testament berücksichtigt worden. So erhielten z. B. die Taubstummenanstalt 3.000 MBco, das Freimaurerkrankenhaus 5.000 MBco, die Niederländische Armenkasse 2.500 MBco, die Irrenanstalt Friedrichsberg 3.000 MBco, das Asyl für schwach- und blödsinnige Kinder in Alsterdorf 3.000 MBco[23], die Marthastiftung 2.000 MBco und die Hamburger Seemanns-Krankenstation 1.000 MBco. Es spielte für Carl keine Rolle, ob es eine jüdische, evangelische oder katholische Einrichtung war. Auch die christlichen und jüdischen Armen in Hamburg, Altona, Orahovica und in Paris sind allgemein mit Geld bedacht worden. So bekamen jüdische Arme in Hamburg 3.000 Mark Banco und in Paris, aufgeteilt für jeden Stadtteil, insgesamt 39.000 Francs.

Die Angestellten in Hamburg und Paris profitierten ebenfalls vom Testament. Carls Kammerdiener in Paris, C. H. G. Schacht, erhielt 400 Mark Banco

Rente. Die ehemalige Gouvernante Wilhelmine Gädechens erhielt doppelt so viel, und die Gouvernante, die noch in Paris für Carls Adoptivtochter angestellt war, wurde ebenfalls bedacht. Der Nachtwächter Biesterfeld sowie der Ottenser Nachtwächter Jochen Diers, der Kutscher Henri Choisil in Paris, Mathilde Diehl und andere erhielten eine jährliche Rente. Aber auch Matto Mennecke, die Nichte des Malers Herterich, bekam eine Rente. Zu deren Vater müssen die Heines seit frühester Zeit eine enge Beziehung gehabt haben. Vermutlich malte er um 1794 das Porträt von Mathilde Heine geb. Popert, Carls Großmutter, das sich heute im Heine'schen Wohnstift befindet. Ebenso ist die Freundin der Schwester Therese Halle geb. Heine, Malwine Schaedtler, im Testament berücksichtigt worden. Auch die Witwe Heymann geb. Gottschalk erhielt Geld. Sie war die Tochter eines sehr geschätzten Mitarbeiters in der Bank von Salomon Heine.

Die engste Verwandtschaft, wie Carls Schwester Therese und die Nachkommen seiner verstorbenen Schwestern Amalie, Fanny und Friederike, erhielt am meisten Geld. Therese stand ein Legat von 400.150 Mark Banco zu. Nach ihrem Tod sollte das Vermögen den Nachkommen von Friederike Oppenheimer gezahlt werden, die bereits von Carl direkt 500.000 Mark Banco erhalten sollten. Für die Nachkommen von Amalie Friedländer in Berlin standen 300.000 Mark Banco bereit. Die Nachkommen von Fanny Nanne und von ihrem Bruder Emil Schröder bekamen je 100.000 Mark Banco.

Heinrich Heines Schwester Charlotte, die 1866 Witwe wurde, erhielt von Carl 20.000 Mark Banco. Carls Cousin in Dresden, Dr. med. Henry Heine, sollte eine Rente von 2.500 Mark Banco jährlich bekommen, und Anna Hertz, Tochter von Isaac Heine in Bordeaux, erbte 25.000 Mark Banco. Für Emma Gabe, Carls Nichte, waren 50.000 Mark Banco für ihre Hochzeit vorgesehen. Ihre Tante Emma Oppenheimer in Manchester erbte ein Legat von 158.333 Mark Banco. 1880 hieß es, 600.000 MBco seien noch vorhanden, ebenso wie bei ihren beiden Schwestern. Das war das Erbe Salomon Heines von einst 900.000 MBco für jede Enkeltochter, nach Abzug der Steuern und des Geldes, das ihnen zur Hochzeit zur Verfügung gestanden hatte. Wenn jemand von den Geschwistern verstarb, wurde das Geld aus dem Legat den noch Lebenden, den Ehegatten oder Kindern, zugeschlagen. Verstarben männliche Erben, bekamen die Witwen immer die Hälfte der jährlichen Renten zugesprochen.

Das galt genauso für die Renten der Hausangestellten. Die letzte Witwe, die von dem Testament profitierte, war die Witwe des Kammerdieners Schacht in Paris, die noch 1913 eine Rente bezog. Es hieß in einem Schreiben: »Nach dem Krieg wird festzustellen sein, ob die betagte Rentenempfängerin Frau Schacht in Paris noch lebt.«[24] Während des Krieges galt das Erbe der Franzosen als »feindliches Vermögen«. Wenn zuvor für die Legate keine Hypotheken oder andere

Anlagen mehr benötigt wurden, gab man die Anlagen auf; entweder zahlte man das Nachlassvermögen den Erben aus oder Cécile bzw. ihre Erben bekamen das Geld zugesprochen.

Die Haupterbin Cécile Furtado-Heine lebte in Paris bis Dezember 1896. In vielen französischen Zeitungsartikeln wurden ihre Verdienste als Philanthropin gewürdigt. Aber es gab auch Presseberichte, die antisemitische Züge trugen und das große Erbe als nicht legitim anzweifelten. Die Familie Fould-Furtado gehörte einst mit zu den reichsten Familien in Europa. Deutschland hat Cécile aber seit dem Krieg 1870/71 nicht mehr wiedergesehen. Das Landhaus der Schwiegereltern in Ottensen, von Carls Vater geerbt, verkam langsam und wurde nach dem Tod Thereses 1880 abgerissen. Als die Straße am Landgut zur heutigen Elbchaussee verbreitert werden sollte, verlangte Cécile für das Land, das sie abgeben sollte, eine Entschädigung von 40 Mark pro Quadratmeter. Diese Summe wurde ihr verweigert, so dass es zu einer Zwangsenteignung kam und sie dann nur 11 Mark pro Quadratmeter erhielt.[25]

In Versailles ließ sie 1884 auf ihre Kosten eine Synagoge bauen, an der Finanzierung der Pariser und der Brüsseler Synagoge beteiligte sie sich. Sie gründete mehrere Wohltätigkeitseinrichtungen wie eine Krippe und ein Waisenhaus und erhielt aus diesem Grund kurz vor ihrem Tod den Orden der Fremdenlegion verliehen. Seit 1897 trägt die Straße im 14. Arrondissement, wo sich einst das Waisenhaus befand, ihren Namen. Für das Israelitische Krankenhaus in Hamburg gab sie erst nach mehreren Bitten Geld, 1868 sandte sie auch eine Fotografie von sich, die das Krankenhaus erbeten hatte. Im Jahr 2013 wurde bei Christie's in Paris ein Gemälde von Hermann Winterhalter versteigert, das Cécile wie auf diesem Foto zeigt. Vermutlich wurde das Bild nach dem Foto von ca. 1863 gemalt, denn die glänzenden Locken und Zobelpelzspitzen sind auf dem Gemälde matter. Das Kleid war sicherlich ein Modell des Nobelschneiders Fréderic Worth. Der Schätzwert des Bildes lag bei 50.000 Euro, verkauft wurde es für 221.500 Euro; das ist der höchste Preis, der je für ein Porträt von Hermann Winterhalter gezahlt wurde. Schon 2009 war von diesem Maler bei Sotheby's in New York ein ovales Porträt von Paule Furtado-Heine, der Adoptivtochter von Carl und Cécile, unter den Hammer gekommen.

Ihre Tochter Paule und deren Enkel setzten die philanthropische Arbeit der Mutter in Frankreich fort. In den Zeitungsberichten über Céciles Begräbnis sind viele Persönlichkeiten aufgeführt, aber es erscheint keiner darunter mit dem Namen Fould, Furtado oder Heine.[26]

Carl Heine hatte in seinem Testament verfügt:

Cécile Heine, geb. Furtado (1821–1896). Porträt von Hermann Winterhalter

Im Fall ich in Hamburg oder in Ottensen sterbe, soll meine Leiche auf dem Ottenser Begräbnißplatz begraben werden. Meine Executores wollen darnach gleich nach meinem Tode einen Platz daselbst acquiriren, der 3 mahl so groß ist, als ein gewöhnlicher Platz. Ein einfaches, eisernes Gitter ist zu umstellen und der Grabstein hat weiter nichts zu enthalten als mein Name, Geburts- und Todestag.[27]

Beerdigt wurde Carl aber auf dem Friedhof Père Lachaise in Paris. Er war in der Nähe des bei den Pyrenäen gelegenen Landguts von Achille Fould, der mit Carls Cousine Henriette Goldschmidt aus Hamburg verheiratet war, bei einem Ausritt vom Pferd gestürzt, vermutlich in Folge eines Schlaganfalls. In Hamburg wurde ihm zu Ehren die Straße, die zum Israelitischen Krankenhaus führt, Heine-Straße genannt. Als die Nazis an die Macht kamen, wurde sie umbenannt in Hamburger Berg, wie sie auch heute noch heißt. Aber es gibt auf der Uhlenhorst eine Straße, die seinen Namen trägt, die Karlstraße. Hier hatten die Nazis vermutlich nicht gewusst, wer sich hinter dem Namen verbirgt.

Anmerkungen

1 Percy E. Schramm: Kaufleute zu Haus und über See. Hamburgische Zeugnisse des 17., 18. und 19. Jahrhunderts. Hamburg 1949 (Veröffentlichungen der Forschungsstelle für Hamburgische Wirtschaftgeschichte, Bd. 1), S. 435.

2 Vgl. das Testament Salomon Heines im Staatsarchiv Hamburg (StAHbg): Jüdische Gemeinden Nr. 773a. Vgl. dazu auch DHA XV, 1259ff., und Ludwig Rosenthal: Heinrich Heines Erbschaftsstreit. Hintergründe, Verlauf, Folgen. Bonn 1982.

3 Vgl. Gerhard Ahrens: Ein Kaufkraft-Multiplikator als Hilfsmittel für Historiker. – In: Zeitschrift des Vereins für Lübeckische Geschichte und Altertumskunde 84 (2004), S. 289-296.

4 Vgl. Allgemeine Zeitung des Judenthums, Jg. 29, Nr. 31, 1.8.1865, Beilage, S. 477f.

5 Unterhaltungsblatt zum Straubinger Tagblatt Nr. 30, 24.7.1865, S. 120.

6 Vgl. Sylvia Steckmest: Beer Carl Heine. – In: HJb 50 (2011), S. 129–148.

7 Das noch vorhandene Gebäude wird zurzeit in drei Luxusapparetments umgebaut.

8 Das Schloss war 1781 gebaut worden und wurde von Achille Fould, Céciles Onkel, 1824 an die Herzogin de Corrigliano, eine Nichte von König Murat, verkauft. 1829 kaufte es Céciles Großvater zurück. Im Zweiten Weltkrieg befand sich im Schloss ein Waffendepot, das explodierte, was dem Gebäude großen Schaden zufügte. Inzwischen ist es renoviert und beherbergt den Firmensitz von Daimler-Chrysler.

9 Vgl. die entsprechenden Unterlagen in der Deutschen Bank in Frankfurt am Main, Bestand Norddeutsche Bank, Nachlass Beer Carl Heine, Journal mit chronologischen Buchungen der diversen Nachlass-Konten 1865–1898, KO1/1709. Ich bedanke mich bei Herrn Dr. Müller in Frankfurt, der mir freundlicherweise den Zugang zu den Akten ermöglichte.

10 Vgl. das Testament von Carl Heine, StAHbg: Bestand 232–2, Testamentsbehörden, Serie A Carl Heine. Ebenfalls 232–3, H 2102.

11 Vgl. StAHbg: Hermann Heine'sche Stiftung, A 680/0101.

12 Vgl. StAHbg: CI. VII Lit Lb Nr. 18 Vol. Fasc. 2 Invol. 5n.

13 StAHbg: 364–2/1, III 20 Nr. 1.

14 StAHbg: 364–2/1, III 20 Nr. 13.

15 Ebd.

16 Vgl. ebd., Nr. 14 und 17.

17 Vgl. dazu: Ute Haug: Therese Halle und Carl Heine. Zwei Kinder Betty und Salomon Heines und die Hamburger Kunsthalle. – In: Salomon Heine in Hamburg. Geschäft und Gemeinsinn. Hrsg. von Beate Borowka-Clausberg. Göttingen 2013, S. 73–100.

18 Vgl. ebd., S. 95ff.

19 Vgl. Deutsche Bank [Anm. 9], KO1/1709, S. 1.

20 Ich bedanke mich bei Allan Falk in Kopenhagen für die Auskunft zu dieser Linie.

21 Betty Heine geb. Goldschmidt hatte mehrere ältere Halbgeschwister, die aber bereits beim Tod Salomon Heines nicht mehr am Leben waren.

22 Ein Enkel von Meyer Jacob Emden war Max Emden, dem das KaDeWe in Berlin gehörte.

23 Das Geld bekam Pastor Sengelmann, ein Pionier der Behindertenhilfe, der die sogenannten Alsterdorfer Anstalten 1863 gegründet hatte. Als Pastor war er an der St. Michaeliskirche tätig

24 Deutsche Bank [Anm. 9], Korrespondenz 1890–1921, KO1/1711.

25 StAHbg: 424–13, Nr. 716. Acta 456a Abt. XV No 351.

26 Vgl. z. B. Obsèques de Mme Furtado Heine. – In: L'Express du Midi, 6. Jg., Nr. 1725, 14.12.1896, [S. 2].

27 StAHbg: 232–2, Serie A Carl Heine.

Heinrich-Heine-Institut
Sammlungen und Bestände
Aus der Arbeit des Hauses

Neue Wege
Beiträge zu Ästhetik und Politik in Heines Texten
16. Forum Junge Heine Forschung 2013 mit neuen Arbeiten über Heinrich Heine

Von Karin Füllner, Düsseldorf

»Das Heine-Institut, die Heinrich-Heine-Gesellschaft und das Institut für Germanistik der Universität Düsseldorf hatten […] junge Wissenschaftler zum Internationalen Forum Junge Heine Forschung nach Düsseldorf eingeladen. Es findet seit 1998 jährlich statt, immer zum Geburtstag des Dichters im Dezember. Die einladenden Institutionen haben es sich zum Ziel gesetzt, junge Forscher zu fördern und zu vernetzen«, hieß es am 18. Februar 2014 in der »Rheinischen Post« anlässlich der Verleihung des Preises des 16. Internationalen Forums Junge Heine Forschung.[1]

Zum 216. Heine-Geburtstag hatten die Veranstalter im Dezember 2013 sechs junge Vortragende eingeladen. Zakariae Soltani reiste aus Freiburg an, Andrée Gerland aus Tübingen, Anna Danneck aus Freiburg, Eloise Roberts aus Sheffield, Jonas Nesselhauf aus Saarbrücken und Michael Auer aus München.[2] Ein großes Publikum verfolgte die Tagung interessiert.

Zakariae Soltani, der an der Albert-Ludwigs-Universität Freiburg an einem Dissertationsprojekt über »Orientalische Spiegelungen. Alteritätskonstruktionen in der deutschsprachigen Literatur am Beispiel des Orients« arbeitet, untersuchte im ersten Vortrag am Morgen »Heinrich Heines ›Orientalismus‹ als Ausdruck eines ›romantique défroqué‹«. In Abgrenzung von Edward W. Saids Studie »Orientalism« von 1978 und ihrer Rezeption in der Heine-Forschung ging es ihm darum darzustellen, dass die »Alterität des Orients bei Heine keine konstante Größe« sei, sondern »sich je nach den jeweiligen poetologischen, religiösen und politischen Kontexten auch in ihrer literarischen Ausformung« wandle. Beeinflusst von der zeitgenössischen Orient-Begeisterung in Wissenschaft, Literatur und Kunst habe auch Heine zwar die romantisch-exotische Ferne immer wieder als Sehnsuchtsort beschworen, den Eskapismus aber zum Teil durch Überspitzungen und ironische Brechungen ins Lächerliche gezogen. Wie Heine auf diese Weise das orientalisierende Pathos dekonstruiert, zeigte Soltani eindrucksvoll an Textbeispielen mit Bezug auf Indien. In einem zweiten Schritt untersuchte Soltani die »Selbstorientalisierung«[3] des Autors (»Ich bin stolz darauf ein Perser zu seyn« [HSA XX, 136]) als gesellschaftspolitische Positionierung und als Reaktion auf antisemitische Angriffe. Während Heine die Nachahmung orientalischen Dichtens bei anderen persiflierte, so Soltani, sei seine eigene Identifizierung mit dem Orient geprägt gewesen von seinem Judentum.

Heines Judentum spielte auch eine zentrale Rolle im folgenden Vortrag von Andrée Gerland, der über »Ohnmacht und Authentizität in Heines ›Rabbi von Bacherach‹« sprach. Andrée Gerland hat an der Eberhard Karls Universität Tübingen ein Dissertationsprojekt über politische Lyrik in der zweiten Hälfte des 20. Jahrhunderts begonnen. Bevor er Ohnmacht in Heines »Rabbi«-Text untersuchte, fragte er nach der Bedeutung von Ohnmacht in Geschichte und Gegenwart und nach den Diskursen der Ohnmacht. Er betonte das dramatische Potenzial der Ohnmacht als handlungsstrukturierendes Element, ihre besondere Bedeutung als »verlässliches Zeichen für einen integren weiblichen Charakter« und die Erwartung der Authentizität. Als »Schlüsselfigur« von Heines »Rabbi« skizzierte er »die schöne Sara«, die zweimal eine Ohnmacht erleidet, ein erstes Mal, als der Rabbi sie am Rheinufer über die Beweggründe der Flucht aus Bacharach aufklärt, und ein zweites Mal, als der Rabbi in der Frankfurter Synagoge Dank sagt und ihr bewusst wird, dass alle ihre »Lieben und Verwandten« gestorben sind. Die authentische Ohnmacht Saras kontrastiere Heine karikierend mit einer Ohnmachtserzählung der Schnapper-Elle im letzten Buch des »Rabbi« und mache damit deutlich, dass nur Sara »als Bewahrerin der jüdischen Tradition fungieren kann«, weil sie »tugendhaft, sensibel, authentisch ist«.[4] Die Literarisierung der Ohnmacht bei Heine, so Gerlands Fazit, sei sehr viel moderner als bei Kleist und es lohne sich, Heines Affektpoetik weiter zu erschließen.

Nach der Mittagspause, in der es Gelegenheit gab, Gespräche beim gemeinsamen Essen weiterzuführen, stellte Anna Danneck unter dem Motto »Das leichte Volk wird mir zur Last« Ergebnisse aus ihrer an der Universität Freiburg entstandenen Masterarbeit »Zum Frankreichbild in Heinrich Heines Lyrik« vor. Grundlage ihrer Analyse seines Umgangs mit Stereotypen waren sämtliche Gedichte des Autors mit Frankreichbezug, die sie nach drei chronologischen Schaffensphasen geordnet untersucht hatte. Während das Frankreichbild in der Entstehungsphase des »Buchs der Lieder« noch »nicht deutlich umrissen« sei, diene Frankreich in der zweiten Schaffensphase mit der Akzentuierung von Revolution, Freiheit und Fortschritt »meist als politische Kontrastfolie für die deutschen Verhältnisse«. In der Spätphase habe dagegen mit positiver Konnotation »vor allem der Themenkreis der Oberflächlichkeit und Erotik« dominiert. Wie Heine mit den französischen Nationalstereotypen gespielt hat, führte sie exemplarisch überzeugend an seinem Gedicht »Anno 1839« vor. Wenn Heine französischen Geist und deutschen Glauben gegenübersetzt, schreibe seine wache Wahrnehmung von kultureller Differenz Stereotype nicht nur fort, sondern breche sie auch ironisch auf. Heine, so die These, die sie in ihrem Dissertationsprojekt weiter verfolgen wird, benutzt Nationalstereotypen nicht unreflektiert, sondern intentional: »Sie erfüllen meist eine kritische Funktion und dienen dazu, politische Missstände in Deutschland anzugreifen oder Vorurteile und provinzielle Engstirnigkeit zu überwinden.«[5]

Eloise Roberts promoviert an der University of Sheffield über »Heines ›Wintermährchen‹ im Kontext des deutschen Nationalismus der 1840er Jahre« und stellte einen Aspekt ihrer Arbeit unter dem Titel »Der rheinische ›Turm von Babel‹ oder ›Denkmahl von Deutschlands Kraft‹? Der Kölner Dombau bei Weill und Heine« vor. Sehr genau untersuchte sie einen Artikel des Heine-Freundes Alexander Weill, der das Dombaufest in Köln am 4. September 1842 miterlebt hatte und im Oktober 1842 einen Beitrag dazu in der »Zeitung für die elegante Welt« publizierte. Beiden Autoren gemeinsam war die Sicht des Doms als Symbol von »mittelalterlichem Katholizismus und Monarchie«, »zwei Feinden der Glaubens- und Meinungsfreiheit«. Interessant zeigte Eloise Roberts, wie Heine manche Elemente aus Weills Artikel in seinem »Wintermährchen« aufgegriffen und weiter verarbeitet hat. So etwa findet sich Heines Spott über den Zollverein und die Zensur, die beide die Einheit Deutschlands sicherten, bereits im Artikel von Alexander Weill. Während Weill, den Heine ein »passionirtes Daguerrotyp« (DHA X, 283) nannte, Berichterstattung und Kritik deutlich habe trennen wollen, habe Heine sehr viel sublimer »die Wirklichkeit der Ereignisse und seine Auffassung davon immer vermischt«. Weills Artikel ende letztlich optimistisch, da er den restaurativen Tendenzen des Dombaufestes zum Trotz ein einiges und freies Deutschland propagiere. Heine indes entwerfe im »Wintermährchen« eine »düstere Zukunft für Deutschland«[6], beschwöre aber zugleich die Vorstellung einer Utopie.

»Heine und der Kapitalismus« war das Thema des folgenden Vortrags von Jonas Nesselhauf, der sein Masterstudium in Saarbrücken und London mit einer Arbeit über Wirtschaftskrisen in der Literatur abgeschlossen hatte. Er widmete seine Ausführungen »Geld, Börse und ›Bankos‹ in Leben und Werk Heinrich Heines« und ging den biographischen Spuren von Heines Verhältnis zum Geld und zu seinen Geldgebern ebenso nach wie der Kapitalismuskritik des Autors, im Besonderen in »Die Bäder von Lukka«, »Französische Zustände«, in der »Börne«-Denkschrift und in den »Lutezia«-Artikeln. Eindrucksvoll zeigte er, wie Heine »immer wieder fasziniert von den ›Orten des Geldes‹« gewesen sei und die Börsen in Berlin, London und Paris als »Kathedralen des Geldes« beschrieb. Die Faszination sei zugleich verbunden gewesen mit dem kritischen Schreiben gegen das neue System und seinen größten zeitgenössischen Vertreter, den Bankier James de Rothschild, sowie andererseits gerade mit einer persönlichen Bekanntschaft mit eben diesem mächtigen »Propheten« des Geldes. »Wie lässt sich das polyvalente Verhältnis zum Kapitalismus erklären«, fragte Nesselhauf in Bezug auf eine Reihe von aufgezeigten Widersprüchen in Leben und Werk des Autors, angefangen vom schwierigen Verhältnis zu seinem Hamburger Bankiersonkel Salomon. Um »gegen die mächtige Ökonomie anschreiben zu können«, habe Heine sich »selbst den Marktbedingungen unterwerfen« müssen. Allerdings habe er sich »nie abhängig von seinen Geldgebern gemacht«[7] und hierin erkannte Nesselhauf abschließend Heines große Freiheit.

Unter dem Titel »Auf die Verlierer. Heines ›Nordsee‹-Oden« stellte Michael Auer, der an den Universitäten Bonn und Florenz über Jünger, Schmitt, Heidegger und Celan promoviert hat, zum Abschluss der Tagung einen Einblick in sein Habilitationsprojekt zur Ästhetik und Politik der Ode an der Ludwig-Maximilians-Universität in München vor. Ausgehend von Heines Selbsttitulierung als »Hofdichter der Nordsee« (HSA XX, 254) untersuchte er den vom Autor »mehrfach und nachdrücklich« betonten »innovativen Charakter seiner ›Nordsee‹-Lyrik«. Als »Hofdichter« beziehe sich Heine auf die altgriechische Odentradition und vor allem auf ihre Rezeption in Goethes frühen Sturm-und-Drang-Oden. Indes singe Heine, wenn er auch an die Oden-Form anknüpfe, kein Siegerlob und ironisiere die »Verbindung von hoher Lyrik und repräsentativer Politik«. Dass das Innovative der »Nordsee« genau darin zu suchen sei, dass hier »die Oden-Form in der Form überwunden« wird, führte Auer faszinierend vor, indem er Heines zentrales »Nordsee«-Gedicht »Die Götter Griechenlands« vor der Kontrastfolie der idealistischen Geschichtsphilosophie Hegels las. Das lyrische Ich preist nicht die Sieger, sondern hält es mit »der Parthey der besiegten Götter« (DHA I, 416), stimme also »einen Gesang auf die Verlierer« an und konterkariere damit nicht nur die Oden-Form, sondern auch den Anspruch Hegel'scher Philosophie, da es den »teleologisch gerichteten Gang des Weltgeistes an sich irrewerden lässt«. Sehr überzeugend zeigte Auer auf, wie Heine damit in der »Nordsee« einen Übergang von der Poesie zur »Prosa der Moderne« inszeniert.[8]

Den Preis für das 16. Forum Junge Heine Forschung erkannte die Jury[9] dem Beitrag von Michael Auer zu. »In seinem Vortrag ›Auf die Verlierer. Heines ›Nordsee‹-Oden‹ hat der wissenschaftliche Assistent der Universität München gezeigt, wie der in Düsseldorf geborene Dichter neue Wege gewiesen hat. Für diese Rede, die er im Dezember vorgetragen hat, wurde er gestern, am Todestag Heines – der Dichter starb am 17. Februar 1856 in Paris – ausgezeichnet«, informierte die »Rheinische Post« im Februar 2014 über die Preisverleihung.[10]

Anmerkungen

1 Sabine Schmidt: Neue Wege in Heines Dichtung. – In: Rheinische Post, Düsseldorf, 18.2.2014.
2 Zu Konzeption, Organisation und Geschichte des von Heinrich-Heine-Institut, Heinrich-Heine-Gesellschaft und Heinrich-Heine-Universität gemeinsam veranstalteten Forums vgl. auch die Berichte über die vorangegangenen Kolloquien: Karin Füllner: »... eine neue Zeit mit einem neuen Prinzipe«. Das Düsseldorfer Studierenden-Kolloquium mit neuen Arbeiten über Heinrich Heine. – In: HJb 40 (2001), S. 164–173; dies.: »Dieses ist die neue Welt!« Das Düsseldorfer Studierenden-Kolloquium 2001 mit neuen Arbeiten über Heinrich Heine. – In: HJb 41 (2002), S. 245–247; dies.: »und gerade Heine überzeugt mich«. Das Düsseldorfer Studierenden-Kolloquium 2002 mit neuen Arbeiten über Heinrich Heine. – In: HJb 42 (2003), S. 188–191; dies.: »Europäischer Heine«. Das Düsseldorfer Studierenden-Kolloquium 2003 mit neuen Arbeiten über Heinrich Heine. – In: HJb 43 (2004), S. 277–281; dies.: Heinrich Heine: europäisch, musikalisch und kulinarisch. Das Düsseldorfer Studierenden-Kolloquium 2004 mit neuen Arbeiten über Heinrich Heine. – In: HJb 44 (2005), S. 232–236; dies.: Heinrich Heine: Über Groteske, Poesie und Mythos. 8. Forum Junge Heine Forschung 2005 mit neuen Arbeiten über Heinrich Heine. – In: HJb 45 (2006), S. 249–253; dies.: Politik und Maskerade. Von Heine bis heute. 9. Forum Junge Heine Forschung 2006 mit neuen Arbeiten über Heinrich Heine. – In: HJb 46 (2007), S. 223–228; dies.: »Heinrich Heine und die fröhliche Wissenschaft«. 10. Forum Junge Heine Forschung 2007 mit neuen Arbeiten über Heinrich Heine. – In: HJb 47 (2008), S. 246–250; dies.: Musterhafte Vorbilder. 11. Forum Junge Heine Forschung 2008 mit neuen Arbeiten über Heinrich Heine. – In: HJb 48 (2009), S. 227–232; dies.: »Im Namen des Dichters«. 12. Forum Junge Heine Forschung 2009 mit neuen Arbeiten über Heinrich Heine. – In: HJb 49 (2010), S. 250–254; dies.: »Das ausgesprochne Wort ist ohne Schaam«. 13. Forum Junge Heine Forschung 2010 mit neuen Arbeiten über Heinrich Heine. – In: HJb 50 (2011), S. 214–218; dies.: »Emanzipazion der ganzen Welt«. 14. Forum Junge Heine Forschung 2011 mit neuen Arbeiten über Heinrich Heine. – In: HJb 51 (2012), S. 215–220; dies.: Von Skandalen, Positionen, Politik und Poesie. 15. Forum Junge Heine Forschung 2012 mit neuen Arbeiten über Heinrich Heine. – In: HJb 52 (2013), S. 227–232.
3 Zitiert nach dem von Zakariae Soltani vorgelegten Beitrag.

4 Zitiert nach dem von Andrée Gerland vorgelegten Beitrag.
5 Zitiert nach dem von Anna Danneck vorgelegten Beitrag.
6 Zitiert nach dem von Eloise Roberts vorgelegten Beitrag.
7 Zitiert nach dem von Jonas Nesselhauf vorgelegten Beitrag.
8 Zitiert nach dem von Michael Auer vorgelegten Beitrag, der in diesem Jahrbuch abgedruckt ist.
9 Mitglieder der Jury waren in diesem Jahr: Dr. Sabine Brenner-Wilczek, Prof. Dr. Volker Dörr, Dr. Georges Felten, Dr. Karin Füllner, Prof. Dr. Joseph A. Kruse, Renate Loos und Prof. Dr. Manfred Windfuhr.
10 Schmidt: Neue Wege [Anm. 1]. Vgl. auch den Artikel »Dichter und Forscher« in der Neuen Rhein-Zeitung, Düsseldorf, 14.2.2014 und »Heine-Forscher ausgezeichnet« in der Westdeutschen Zeitung, Düsseldorf, 18.2.2014.

»Düsseldorf – Moskau
Städte der Künste in der ersten Hälfte
des 19. Jahrhunderts«
Eine Ausstellung des A. S. Puškin-Museums
und des Heinrich-Heine-Instituts in Moskau

Von Christian Liedtke, Düsseldorf

Zwischen den Partnerstädten Düsseldorf und Moskau bestehen seit langem wirtschaftliche und kulturelle Kontakte, und auch die Kooperation zwischen dem Staatlichen A. S. Puškin-Museum und dem Heinrich-Heine-Institut hat eine lange und gute Tradition. Beide Einrichtungen, die sich dem jeweils berühmtesten Dichter ihrer Stadt widmen, sind durch diese Städtepartnerschaft miteinander verbunden. In den Jahren 2001 und 2002 fanden im Rahmen der Veranstaltungen, die dem zehnjährigen Bestehen dieser Partnerschaft gewidmet waren, in beiden Häusern wechselseitig Ausstellungen zu Leben und Schaffen von Puškin und Heine statt, die beim Publikum großen Zuspruch fanden. Die gemeinsame Ausstellung »Russkij Gejne – Der russische Heine. Russlands Blick auf Heinrich Heine«, 2011 im Heine-Institut veranstaltet und durch viele Exponate aus dem Puškin-Museum bereichert, setzte die Reihe dieser Projekte fort.

2013 war nun das Heine-Institut in Moskau zu Gast, um seinen Teil zu der Schau »Düsseldorf – Moskau. Städte der Künste in der ersten Hälfte des 19. Jahrhunderts« im Puškin-Museum beizutragen. Sinnfällig wurde diese besondere Verbindung schon im Arrangement der Ausstellung: Porträts von Puškin und Heine hingen jeweils an den Stirnseiten der Museumsräume und bildeten so die imaginäre Längsachse, die diese miteinander verband, so wie beide Dichter durch ihre Poesie, aber auch durch ihr Eintreten für die Freiheit und das freie Wort miteinander verbunden waren.

Die Kuratoren, die die Ausstellung auf Seiten des Heine-Instituts konzipiert und realisiert haben, waren Institutsdirektorin Dr. Sabine Brenner-Wilczek und Christian Liedtke. Zu den Prunkstücken aus der Sammlung des Instituts, die im Puškin-Museum präsentiert wurden, gehörte Heines eigenhändiges Albumblatt mit seinem Gedicht »Ein Fichtenbaum steht einsam«, das er 1844 seiner

Nichte Anna Embden widmete. Die Verse aus dem »Lyrischen Intermezzo« waren das erste Heine-Gedicht, das ins Russische übersetzt wurde (1827 durch Fjodor I. Tjutčev); vor allem im 19. Jahrhundert war es in Russland ungemein populär. Mit ihm begann jene besondere Beziehung, die Heines Biograf Gustav Karpeles einmal mit den Worten charakterisierte, es herrsche »zwischen Heine und Russland das Verhältnis wie zwischen dem Spielmann und seinem Mädchen in dem bekannten Lied von Geibel: ›Und legt ihr zwischen mich und sie / Auch Strom und Tal und Hügel, / Gestrenge Herrn, ihr trennt uns nie, / Das Lied, das Lied hat Flügel.‹« Kein anderer ausländischer Dichter erlangte in Russland je eine so große Bedeutung wie Heine. Die besondere Rolle des »Fichtenbaum«-Gedichts in diesem Zusammenhang wurde in der Ausstellung dadurch unterstrichen, dass zusammen mit dem Albumblatt drei verschiedene Übersetzungen davon gezeigt wurden, die alle von großen russischen Dichtern stammen: von Tjutčev, Fet und Lermontov.

Heine ist der wichtigste »kulturelle Exportartikel« Düsseldorfs. Der zweitwichtigste ist die Düsseldorfer Malerschule. Als Sammlungsschwerpunkt im Archivbestand des Heine-Instituts und Fixpunkt des kulturellen Lebens der Stadt im 19. Jahrhundert durfte die Kunstakademie bei dieser Ausstellung nicht fehlen, zumal sie ja zugleich auch ein »Importgeschäft« war: Sie brachte nicht nur Bilder aus Düsseldorf in die Welt, sondern holte auch die Welt in die Stadt, indem sie Künstler aus aller Herren Länder anzog, die hier bei Schadow, Hildebrandt, Lessing oder Achenbach studieren wollten. Künstlerbriefe aus dem Archiv des Instituts sowie die große Lithographienserie »Schattenseiten der Düsseldorfer Maler nebst verkürzten Ansichten ihrer letzten Leistungen« von Henry Ritter und Wilhelm Camphausen (eine Leihgabe der Städtischen Galerie Villa Zanders, Bergisch Gladbach) präsentierten dem Moskauer Publikum Innenansichten der Düsseldorfer Malerschule. Vor allem die Bilder, auf denen Ritter und Camphausen ihre Künstlerkollegen in ihren Ateliers zeigen, umgeben von ihren aktuellen Arbeiten – das ist mit »verkürzten Ansichten ihrer letzten Leistungen« gemeint – fanden durch die vielen interessanten Details, die Auskunft über die Maler mitsamt ihren kleinen Marotten geben, großen Anklang.

Besondere Aufmerksamkeit galt in der Ausstellung der heiteren Geselligkeit und dem produktiven Zusammenspiel von Malerei, Musik und Dichtung, wie es für die Blütezeit der Düsseldorfer Malerschule so charakteristisch war und von dem Felix Mendelssohn Bartholdy 1834 schrieb:

> Wie wir jungen Leute hier zusammenhalten, das ist wirklich ergötzlich. Die Maler untereinander ohne den geringsten Hochmut und Neid, in wahrer Freundschaft, das macht sich gut und wenn Sie dann in einer Kirchenmusik einmal den Baß des Chors ansehen, so lacht Ihnen das Herz im Leibe, weil da ein guter Maler neben dem andern steht, und brüllen alle wie nichts Gutes. Heut früh noch haben wir recht hübsche Musik in der Kirche gemacht,

wo Alles Theil nahm, und gibt dann mal Immermann ein Stück, so malen die ihm Dekorationen, und geben sie ein Fest, so dichtet er ihnen ein Stück dazu und *ich* mache Musik, und das ist alles hübsch und lustig.

In einer einzigen Person verkörpert wird dieses Zusammenspiel der Künste durch Robert Reinick, der bei Schadow an der Düsseldorfer Akademie studierte und Dichter und Maler zugleich war. Sein Kollege Adolph Schrödter schrieb, Reinick sei »das belebende Prinzip, der aesthetische Direktor, die große Herzenswärmflasche« der Düsseldorfer Künstler, denn er stiftete sie immer wieder zu gemeinschaftlichen Unternehmungen an. Dazu zählt das Buch »Lieder eines Malers mit Randzeichnungen seiner Freunde« (1838). Es enthält seine eigenen Gedichte sowie Illustrationen von dreißig Düsseldorfer Künstlerkollegen. Mit Schrödter, Lessing, Schadow, Achenbach, Schirmer, Bendemann, Hildebrandt, Sohn u. v. a. sind alle bedeutenden Vertreter der Düsseldorfer Malerschule in diesem Gemeinschaftswerk versammelt. Es gilt als Meilenstein in der Geschichte der Buchillustration und der Arabeskenkunst.

In der Schauvitrine, die Reinick gewidmet war, wurde auch das Manuskript einer Reinick-Vertonung Robert Schumanns gezeigt: »Sonntags am Rhein«. Das Düsseldorfer Musikleben und vor allem die beiden berühmtesten städtischen Musikdirektoren, Felix Mendelssohn Bartholdy und Robert Schumann, bildeten einen weiteren Ausstellungsschwerpunkt. Zwischen 1850 und 1854 war Robert Schumann in Düsseldorf Musikdirektor und Dirigent des Allgemeinen Musikvereins. Rund ein Drittel seines Gesamtwerks entstand während dieser Jahre, darunter mit der 3. »Rheinischen« Sinfonie ein großes Orchesterwerk, aber auch Festouvertüren, Oratorien und kammermusikalische Werke wie die »Märchenbilder«. Seine Frau Clara war in den Konzerthäusern Europas eine gefeierte Pianistin, als sie 1850 gemeinsam mit ihm und fünf Kindern nach Düsseldorf kam. Nach mehreren Wohnungswechseln zog die Familie 1852 in das Haus auf der Bilker Straße 15. In direkter Nachbarschaft dieses Hauses befindet sich heutzutage das Heinrich-Heine-Institut, das nicht nur eine der weltweit größten Sammlungen mit Originalmanuskripten von Clara und Robert Schumann verwaltet: Mit der in jenem Haus eingerichteten Schumann-Gedenkstätte, die das Heine-Institut aus eigenen Beständen gestaltet hat, leistet es auch einen Beitrag zur musealen Vermittlung von dessen Leben und Werk.

Bei der Auswahl der Exponate aus dem Heine-Institut für die Ausstellung in Moskau wurde der Schwerpunkt auf Stücke gelegt, die in besonderer Weise Verbindungen zwischen den beiden Partnerstädten oder zwischen Deutschland und Russland herstellen. In der Heine-Abteilung war das z. B. das »Fichtenbaum«-Gedicht, in der musikalischen Abteilung Felix Mendelssohn Bartholdys Heine-Vertonung »Wasserfahrt«. Das eigenhändige Albumblatt hat der Komponist mit einer Widmung an »Fräulein Lwoff« versehen: Dabei handelt es sich um die Tochter von Alexeij Fjodorovič Lvov, der 1833 die russische Nationalhymne komponierte. Deren Text, »Bože, Carja Chrani«, stammt von dem berühmten romantischen Dichter Vassilij Andreevič Žukovskij, der seinerseits wiederum eine direkte Verbindung zu Düsseldorf hat, denn hier heiratete er Elisabeth von Reutern, eine Tochter des deutsch-russischen Malers Gerhardt Wilhelm von Reutern.

In der Abteilung über die Düsseldorfer Malerschule stand Andreas Achenbach für die Verbindung zwischen Deutschland und Russland. Aus dem Archiv des Heine-Instituts wurde ein Dokument in russischer Sprache gezeigt: die Urkunde über die Ernennung Achenbachs zum Ritter des kaiserlich-russischen Sankt-Stanislaus-Ordens zweiter Klasse, eine hohe Auszeichnung, die speziell für Ausländer gestiftet worden war. Dem berühmten Landschaftsmaler und Düsseldorfer Akademieprofessor wurde sie 1860 im Namen von Zar Alexander II. verliehen. Als dieser noch »Zarewitsch« war, war sein Hauslehrer – der dann auch einer seiner engsten Vertrauten werden sollte – eben jener später mit einer Düsseldorferin verheiratete Žukovskij, der übrigens auch zu den Übersetzern Heines zählte.

Im ersten Drittel des 19. Jahrhunderts wurde Düsseldorf tiefgreifend umgestaltet. So entstand ab 1804 die heutige Königsallee auf den Resten der alten Befestigung. In diese Zeit fallen auch die ersten Impulse zu einem neuen wirtschaftlichen Aufstieg: die Gründung eines Freihafens und einer Handelskammer; 1837 fand eine erste Industrieausstellung für den Regierungsbezirk Düsseldorf statt. Zahlreiche Düsseldorf-Ansichten aus der grafischen Sammlung des Heine-Instituts, ergänzt durch kostbare Leihgaben aus der Sammlung Alt-Düsseldorf der Familie Conzen, dokumentierten diese Zeit in der Ausstellung anschaulich. In der Zusammenschau mit Moskauer Kunstwerken aus derselben Epoche ergaben sich hier interessante Kontraste und Parallelen, etwa durch die Gegenüberstellung von Modezeichnungen und Alltagsszenen.

Im Mittelpunkt des Moskauer Teils der Ausstellung stand selbstverständlich der Namenspatron des Hauses, in dem sie gezeigt wurde. Hier hing das berühmte Puškin-Porträt von Vassilij A. Tropinin und bildete das Pendant zu dem nicht minder bekannten Heine-Porträt von Gottlieb Gassen, das ihm gegenüber zu sehen war. Auch ein Selbstporträt Tropinins und weitere Puškin-Darstellungen wurden ausgestellt. Das Puškin-Museum kann aus einem reichen Fundus an Originalbeständen schöpfen. Die Sammlung und die Art ihrer Präsentation zeugen von der besonderen Zuneigung Russlands zu Puškin und sind zugleich ein eindrucksvolles Bekenntnis einer Stadt zu »ihrem« Dichter.

So wie das Heine-Institut das gesellige Zusammenleben der Düsseldorfer Maler, Dichter und Musiker zeigte, präsentierte das Puškin-Museum in der Ausstellung die Soireen und Zusammenkünfte der Moskauer Künstlerkreise, etwa im

Die Ausstellungsräume des A. S. Puškin-Museums, Moskau

mondänen Salon der Zinaida A. Volkonskaja, wo Puškin und seine Freunde und alle Geistesgrößen jener Zeit verkehrten. Gemälde und Manuskripte ließen die Gestalten aus diesem Salon lebendig werden: Denis V. Davydov, den mit Puškin befreundeten Poeten und Offizier, der gegen jenen Napoleon kämpfte, den der junge Harry Heine einst in Düsseldorf hatte einreiten sehen; den Schauspieler Michail S. Ščepkin, Sohn eines Leibeigenen, der zum Begründer des modernen russischen Theaters wurde; Aleksander S. Gribojedov, den Theaterdichter, Poeten und Komponisten, der als künstlerische Mehrfachbegabung sozusagen das Moskauer Pendant zu Düsseldorfs Robert Reinick bildet. Gribojedov war auch als Diplomat tätig, und das zeigt einen charakteristischen Unterschied zu den Düsseldorfer Künstlerkreisen: Viele jener Moskauer Schriftsteller gehörten zur Führung ihres Landes und waren den Zirkeln der Macht nahe. Die Moskauer Künstlerszene jener Zeit war Teil einer Adelskultur. Zwar pflegten auch die Düsseldorfer Künstler die Nähe zum Hof, der mit seinem Wohlwollen dem Treiben der Künstler, wie Karl Immermann einmal schrieb, einen »goldenen Rahmen« verlieh, aber ihr Leben war ein durch und durch bürgerliches, ihre improvisierte, heitere, mitunter hemdsärmelige Geselligkeit nicht recht vergleichbar mit der glanzvollen, aber doch auch immer etwas gefährdeten Welt ihrer Moskauer Kollegen.

»Es giebt im Russischen einen Dichter, Puschkin, der außerordentliche Aehnlichkeit mit Dir hat. Seine Werke sind wirklich ungemein schön geschrieben und ganz originell. – Er ist Deiner Beachtung werth.« Diese in jeder Hinsicht zutreffenden Worte schrieb Maximilian Heine am 22. November 1830 an seinen Bruder Heinrich. Maximilian Heine spielte bei dieser Ausstellung eine wichtige Rolle als Bindeglied zwischen Düsseldorf und Russland, denn diese brieflich mitgeteilte Erkenntnis über die Bedeutung Puškins, der zu jener Zeit außerhalb Russlands noch kaum bekannt war, rührte aus eigener, vor Ort gewonnener Anschauung: Maximilian Heine lebte lange Jahre in Russland. Der Beruf des Arztes und der des Offiziers gehörten im 19. Jahrhundert zu den häufigsten Professionen unter den zahlreichen in Russland lebenden Deutschen. Maximilian Heine verband beide miteinander: Als Militärarzt trat er 1829 in russische Dienste. Er ließ sich später in St. Petersburg nieder, arbeitete im Kriegs- und Verkehrsministerium, erlangte diverse militärische Auszeichnungen, den Titel eines Hofrats und wurde sogar in den erblichen Adelsstand erhoben. Die Dokumente dieser bemerkenswerten Karriere eines Düsseldorfers in Russland, die das Heine-Institut in dieser Ausstellung präsentierte, stießen beim Moskauer Publikum auf besonders reges Interesse.

Leibarzt des Zaren war Maximilian Heine allerdings nie. Dass dies in verschiedenen älteren Publikationen über ihn zu lesen ist, mag eine Verwechslung sein, die daher rührt, dass er die Witwe eines Leibarztes von Zar Nikolaus I. heiratete, Henriette von Arendt, geborene Shillingworth. Es ist ein kurioser Zufall der Literaturgeschichte, dass der Bruder Heinrich Heines auf diese Weise indirekt mit dem größten Dichter Russlands verbunden war, denn der verstorbene erste Gatte seiner Ehefrau, der deutschstämmige Nikolaj F. Arendt, war 1837 der Arzt, der den im Duell tödlich verwundeten Puškin bis zuletzt betreut und an seinem Sterbebett gestanden hatte.

Trotz dieser recht speziellen Verbindung durch den Tod – die Verbindung zwischen dem A. S. Puškin-Museum und dem Heinrich-Heine-Institut ist eine durch und durch lebendige. Das hat die fruchtbare Kooperation bei der Ausstellung »Düsseldorf – Moskau. Städte der Künste in der ersten Hälfte des 19. Jahrhunderts« gezeigt. Der Dank des Heine-Instituts gilt Direktor Evgenij Bogatyrev, Abteilungsleiterin Natalja Potjemina sowie allen Kolleginnen und Kollegen beim Puškin-Museum für die herzliche Aufnahme, die sie uns bereitet haben und für die gute, produktive Zusammenarbeit bei der gemeinsamen Ausstellung im Zeichen Puškins und Heines. Wir hoffen, sie bald mit neuen Projekten fortsetzen zu können.

Buchbesprechungen

Beate Borowka-Clausberg (Hrsg.): *Salomon Heine in Hamburg. Geschäft und Gemeinsinn.* Göttingen: Wallstein 2013. 254 S. € 19,90.

Der Band über Heines Onkel Salomon geht zurück auf eine Tagung im April 2011, die in Hamburg vom Verein Heine-Haus veranstaltet wurde. Ziel des 1975 gegründeten Vereins war es zunächst, das 1832 erbaute und mittlerweile unter Denkmalschutz stehende Gartenhaus von Salomon Heine an der Elbchaussee vor dem Verfall zu retten. Nach mehreren Grundrenovierungen, die durch Zuwendungen von Sponsoren und Förderern durchgeführt werden konnten, ist das Haus seit 2001 eine Außenstelle des Altonaer Museums. Der Verein organisiert nunmehr Vorträge, Lesungen, Tagungen und kleine Expositionen, vermehrt seitdem die Germanistin Beate Borowka-Clausberg im Vorstand des Vereins aktiv und federführend tätig ist. Sie hat auch die Tagung konzipiert und den Band im Auftrag des Vereins Heine-Haus herausgegeben. Die Fragestellung des Tagungsbandes nach »Geschäft und Gemeinsinn« knüpft weitsichtig an die philanthropische und mäzenatische Tradition Salomon Heines an, nicht zuletzt um – wie es im Vorwort heißt – »dessen vorbildliche Wirkung für Gegenwart und Zukunft in angemessenes Licht zu setzen«. (S. 8) Unausgesprochen wird hiermit auch eine weitere Aktivität des Vereins Heine-Haus gemeint sein, der in unregelmäßigen Abständen – zuletzt 2012 an den ein Jahr später verstorbenen Georg W. Claussen – die Salomon-Heine-Plakette für mäzenatische Verdienste verleiht.

Der Artikel »Himmel und Hölle. Heinrich Heines Hamburg« von Joseph A. Kruse – nach einem Überblick über Salomon Heine im Porträt inklusive einer kurzen Einführung und Dankesworten von Beate Borowka-Clausberg – ist zu Beginn des Bandes abgedruckt. Er behandelt leitmotivisch und aus einer Heines Schreibweise durchaus entsprechenden, teils assoziativen Vogelperspektive heraus zentrale Dreh- und Angelpunkte wie: Heines Blick auf städtische Metropolen, Zeitläufte, Beruf und Berufung, Liebe und Familie. Dieser Artikel ist auch der umfangreichste Beitrag des Bandes und legt damit auf 32 Seiten »ein überdimensionales Beziehungsgeflecht zwischen einem Dichter und seiner Umgebung« (S. 32) aus, das in vielen anderen Beiträgen wieder aufgegriffen wird.

Auch Gideon Reuveni (Geldverleiher, Unternehmer und Angestellte. Jüdische Bankiers – Ein Überblick) und Klaus Weber (Salomon Heine und der Aufstieg der deutsch-jüdischen Kaufleute und Finanziers im Hamburg des 19. Jahrhunderts. Ein Forschungsdesiderat) präsentieren in ihren Beiträgen Überblicksdarstellungen, die den kultur- und sozialwissenschaftlichen Kontext des Bandes gelungen, wenn auch sehr stark gerafft präsentieren. Anregend ist daher die gute Mischung des Tagungsbandes aus Gesamtdarstellungen und konkreten, quellenbasierten Einzelanalysen, zu denen die Aufsätze von Ute Haug (Therese Halle und Carl Heine. Zwei

Kinder Betty und Salomon Heines und die Hamburger Kunsthalle), Arno Herzig (Salomon Heines Testament und der Jurist Gabriel Riesser), Franklin Kopitzsch (Joseph Mendelssohn. Zur Erinnerung an einen Schriftsteller der Heine-Zeit), Christian Liedtke (»Setzen Sie dem Salomon zu!« Julius Campe und die Familie Heine) und Hargen Thomsen (Das Hamburger Stadttheater in der Ära Friedrich Ludwig Schmidts, 1815–1841) zählen. Diese Analysen wirken forschungsinitiativ und decken Quellenmaterial für eine weitere Beschäftigung mit Salomon Heine und seinem Umkreis auf. So stellt Ute Haug beispielsweise am Ende ihres Beitrags eine Liste der Werke zusammen, die mit den Mitteln des Vermächtnisses von Carl Heine für die Sammlung der Hamburger Kunsthalle erworben wurden. Eine bisherige Forschungslücke schließt der freie Architekt und Denkmalpfleger Alk Arwed Friedrichsen, der sich kenntnisreich und gut bebildert Salomon Heines Wohnhäusern zwischen Hamburg und Dänemark widmet. Abgerundet wird der Tagungsband durch drei fundierte genealogische Beiträge von Jan Peter Wiborg zu Heines Familie in Rinteln, Bückeburg und Hannover, Werner H. Preuss (Die Heines in Lüneburg) und Sylvia Steckmest, die sich mit Salomon Heines Tochter Fanny Schröder und ihren Nachkommen beschäftigt hat. Auch diese regionenbezogenen, genealogischen Beiträge sind durch Abbildungen und Stammtafeln anschaulich und konkret. Insgesamt ist der Band zu Salomon Heine in Hamburg eine Bereicherung, auch für Heine-Philologen, und mag als Nachschlagewerk über zeitgeschichtliche Zusammenhänge ebenso dienen wie zu einer weiteren interdisziplinären Beschäftigung mit den zum Teil nur angerissenen Themen.

Sabine Brenner-Wilczek

Leslie Brückner: *Adolphe François Loève-Veimars (1799–1854). Der Übersetzer und Diplomat als interkulturelle Figur*. Berlin, Boston: de Gruyter 2013 (= spectrum Literaturwissenschaft/ spectrum Literature 34). 553 S. € 129,95.

Das Buch über den Journalisten und Übersetzer, Diplomaten und Lebenskünstler Loève-Veimars stellt eine der öffentlichen Wahrnehmung in Frankreich wie in Deutschland weitgehend entrückte Figur aus der ersten Hälfte des 19. Jahrhunderts vor, deren Verdienste vor allem um die Wahrnehmung der deutschen Literatur und Kultur in Frankreich gar nicht hoch genug bewertet werden können. Als Sohn deutsch-jüdischer Emigranten 1799 in Paris geboren und in der französischen Sprache und Kultur aufgewachsen, übersiedelte er mit der Familie 1814 nach Hamburg, absolvierte dort eine Ausbildung zum Kaufmann und lernte vor allem Deutsch. Gegen 1818 kehrte er nach Paris zurück, arbeitete auch hier zunächst im Kaufmannsberuf, bevor er um das Jahr 1824 schließlich seinen eigentlichen Neigungen zur Literatur und zum Schreiben nachgeben konnte. Die frühen Jahre Loève-Veimars' liegen, vergleichbar denen Heinrich Heines, in einem ziemlichen Dunkel, und es ist ein Verdienst dieser überaus materialreichen Arbeit, alle verfügbaren Zeugnisse zusammengetragen zu haben. Das gilt ebenso für die besser dokumentierten späteren Jahre: Auch hier ist das Material weit verstreut über gedruckte und ungedruckte Quellen, die die Verfasserin in vorbildlicher Weise gesichtet und ausgewertet hat.

Sie entwirft in ihrer Darstellung ein lebhaftes Bild des Übersetzers und Journalisten Loève-Veimars, der von Anfang an seine Deutschkenntnisse, eine Gabe, die im damaligen Frankreich nur wenige besaßen, auszunutzen versteht. Er startet seine Karriere mit Übersetzungen historischer Romane, Unterhaltungsliteratur u. a. von van de Velde und Zschokke und literaturgeschichtlicher Werke und landet dann den großen Coup mit der ersten französischen Gesamtausgabe der Werke E. T. A. Hoffmanns im Verlag Renduel, dem wichtigsten Verlag der französischen Romantiker. Hoffmanns Texte lösten in Frankreich eine Art Erdbeben aus und stellen einen wirklichen Wendepunkt in der Geschichte der französischen Literatur dar. Auch für Loève-Veimars bedeutete die Ausgabe, die in drei Abschnitten und 19 Bänden zwischen 1830 und 1833 erschien, den Durchbruch. Er war jetzt eine gesuchte und anerkannte Feder, schrieb in den 1830er Jahren für die Feuilletons so bekannter Zeitungen wie »Le Temps« und »Journal des Débats« über die verschiedensten Gegenstände, Theaterkritiken vor allem, aber auch Texte über Wissenschaft und Kunst, Politik und Gesellschaft. Zu Beginn der 1830er Jahre wurden dann Zeitschriften wie die »Revue de Paris« und »Revue des Deux Mondes« ein zusätzliches wichtiges Arbeitsgebiet. Bald ist Loève-Veimars mit den wichtigsten Schriftstellern und Intellektuellen der Zeit bekannt. Man sieht ihn in den Salons, in den Opern und Theatern, wo er seine Auftritte als Dandy inszeniert. Zu seinen Bekannten aus den frühen Jahren gehört auch Heinrich Heine, dessen »Reisebilder« er 1832 in Auszügen für die »Revue des Deux Mondes« übersetzt. 1833 folgt dann noch die Übersetzung von »Zur Geschichte der neueren schönen Literatur in Deutschland« für die kurzlebige Zeitschrift »L'Europe littéraire«. Heine zerstreitet sich dann mit Loève-Veimars, der Teile seiner Übersetzungen als »Stücke im Stil Heines« für eine eigene Publikation verwendet. Erst nach dessen Tod 1854 kommt Heine, angeregt durch einen Nachruf von Jules Janin, der den Toten in einem schlechten Licht erscheinen ließ, noch einmal auf seinen ersten Übersetzer ins Französische zu sprechen. Allerdings gelingt es ihm nicht mehr, seinen sehr versöhnlichen und verständnisvollen Nachruf fertigzustellen und zum Druck zu bringen.

Den beiden großen Übersetzungsprojekten Loève-Veimars', der Übersetzung Hoffmanns und der Heines, sind in der Untersuchung jeweils eigene umfangreiche Kapitel gewidmet, wobei zu beiden bereits mehrere Spezialuntersuchungen vorliegen. Sehr detailgenau werden die Übersetzungen analysiert, wobei Überraschungen allerdings ausbleiben. Bereits die Zeitgenossen hatten über die »einbürgernde« Übersetzungspraxis Loève-Veimars' diskutiert, die insbesondere bei Hoffmann viele Zugeständnisse an den französischen Geschmack in Form von Eingriffen in den Text und seine Gestalt machen zu müssen glaubte. Auch bei Heine geht es nicht ohne massive Eingriffe in den Textbestand ab, was man angesichts des beschränkten Raums in der »Revue des Deux Mondes« noch verstehen kann; aber auch die stilistischen Eingriffe sind erheblich und folgen den »moderateren, klassizistischen und bürgerlichen Geschmacksnormen« (S. 338) der Zeitschrift. Während Loève-Veimars' Hoffmann-Übersetzung, trotz der massiven Kritik und verschiedener Konkurrenzunternehmen, die einflussreichste blieb, wurden seine »Reisebilder«-Übersetzungen bald abgelöst von anderen, den deutschen Charakter stärker betonenden Übertragungen. Heine selbst hat aus der Rückschau den eleganten Stil Loève-Veimars' durchaus zu schätzen gewusst und der schwerfälligen Art der getreueren Übersetzungen vorgezogen.

Seit 1836 war Loève-Veimars in den diplomatischen Dienst eingetreten, machte zunächst eine Reise ohne genauer definierten Zweck nach St. Petersburg, diente dann der Julimonarchie von 1840–48 als Gesandter in Bagdad und anschließend ab 1849 der 2. Republik bzw. dem Kaiserreich als Generalkonsul in Venezuela. Der berufliche Aufstieg vom Journalisten zum Gesandten schlug sich u. a. in der Nobilitierung und anderen Ehrungen nieder, die der für solche Dinge sehr empfängliche Loève-Veimars gerne entgegennahm. Anfang 1854 erkrankte er, reiste nach Paris zurück und starb dort am 7. November 1854.

Trotz aller Unzulänglichkeiten seiner Übersetzungen bleibt es das große Verdienst Loève-Veimars', zwei bedeutende Vertreter der neuesten deutschen Literatur, Hoffmann und Heine, erstmals in französischer Sprache vorgestellt zu haben. Er hat auf diese Weise erheblich dazu beigetragen, die traditionelle französische Ignoranz gegenüber Deutschland aufzubrechen und das Interesse der Franzosen insbesondere an der deutschen Kultur zu steigern. Das macht die vorliegende verdienstvolle Untersuchung, die als binationale Promotion in Freiburg und Paris entstand, auf eindringliche Weise deutlich.

Bernd Kortländer

Lucien Calvié: *Heine / Marx. Révolution, Libéralisme, Démocratie et communisme*. Uzès: Inclinaison 2013. 192 S., € 15.

»Marx ist Muss«, titelten jüngst verschiedene Kongressplakate. Dass der Kritiker der politischen Ökonomie vielen zum Verständnis der Gegenwart unverzichtbar erscheint und auch von den Sozial- und Kulturwissenschaften wiederentdeckt wird (vgl. u. a. Jaeggi/Loick [Hrsg.]: Karl Marx –Perspektiven der Gesellschaftskritik. Berlin 2013), hängt zweifelsohne mit der akuten Weltwirtschafts(schief)lage, der kaum überwundenen Bankenkrise und den globalen Protestbewegungen zusammen. Weitere Aufmerksamkeit sichert das 130. Todesjahr von Marx (1818–1883). Pünktlich dazu ist neben der voluminösen Marx-Biographie Jonathan Sperbers (Karl Marx. A Nineteenth-Century Life. New York 2013), in welcher sein Zeitgenosse und Weggefährte Heinrich Heine leider kaum Erwähnung findet, auch eine kompakte französische Studie zur persönlichen und intellektuellen Beziehung beider Exilautoren erschienen. Der Verfasser Lucien Calvié, emeritierter Germanistik-Professor aus Toulouse, hat in den letzten Jahrzehnten zahlreiche Monographien, Editionen, Übersetzungen und Aufsätze zur ›Sattelzeit‹ um 1800 und insbesondere zum Vormärz veröffentlicht. Beobachtungen und Hypothesen aus diesen Arbeiten werden nun in »Heine / Marx. Révolution, Libéralisme, Démocratie et communisme« bewusst nochmals aufgegriffen und pointiert. Insofern thematisiert und reflektiert Calviés neueste Buchpublikation *en passant* den eigenen wissenschaftlichen Werdegang und die europäische Heine- und Marxforschung seit den 1970er Jahren, und zwar auch vom persönlichen Sprachgestus her. Das mag deutschen und an die deutsche Wissenschaftssprache gewöhnten Lesern ungewöhnlich erscheinen, besitzt jedoch einen eigenen stilistischen Reiz und eröffnet vielfältige Bezüge – vor allem zur wirkmächtigen Deutung des Philosophen Louis Althusser, demzufolge das Jahr 1845 einen epistemologischen Bruch, eine »coupure épistémologique« (S. 97), in Marx' Denken markiert und die Verwissenschaftlichung des Marxismus als historischer und dialektischer Materialismus eingeläutet habe.

Die erwähnte These Althussers zu überprüfen und zu modifizieren, ist Calviés Intention, wie bereits aus seinem Vorwort klar hervorgeht (vgl. S. 13f. u. S. 126). In der instruktiven Einleitung wendet er sich außerdem gegen ein bestimmtes, u. a. vom Historiker Heinrich August Winkler repräsentiertes Geschichtsverständnis, das die Bedeutung der gescheiterten deutschen 1848er Revolution negiere (vgl. S. 23–25). Dem Verfasser geht es im Folgenden um eine kritische Neubewertung von Heines und Marxens Ideen, auch und gerade in der *longue durée*, das heißt mit Blick auf deren Nachwirkungen im 19. und 20. Jahrhundert. Calviés methodischer Ansatz ist dabei explizit der *histoire des idées* französischer Provenienz verpflichtet (vgl. S. 98): Anstelle von Texten erläutert er lieber die historischen Filiationen, wobei der Fokus auf dem sogenannten ›kritischen Hegelianismus‹ liegt, worunter der Links- bzw. Junghegelianismus, wie ihn insbesondere Bruno und Edgar Bauer, Arnold Ruge und Moses Hess repräsentierten, verstanden wird (vgl. S. 18f.).

Im Anschluss an einen forschungsgeschichtlich und biographisch ausgerichteten Problemaufriss (vgl. Kap. 1: »Le cas allemand: de Heine au nazisme«, S. 31–49) erklärt Calvié in Kapitel zwei (»L'hégélianisme critique: philosophie, révolution et communisme«, S. 49–73) diesen philosophie-historischen Hintergrund sachkundig, wenn auch mit einer gewissen Bescheidenheit; bekundet er doch, keineswegs als Philosoph, sondern als ideengeschichtlich arbeitender Germanist zu urteilen (vgl. S. 98). Aus dieser Perspektive erscheint ihm die Französische Revolution als maßgeblicher politischer Referenzpunkt des liberalen Hegelianismus der 1820er bis 1840er Jahre allgemein, der eine strukturelle Homologie zwischen der Philosophie (ab Kant und Fichte) und der revolutionären Praxis postulierte (vgl. S. 55), und von Heine und Marx im Besonderen, deren Gesellschaftskonzepte durch das Studium französischer Revolutionshistoriker (bspw. François Mignet, Thiers, Guizot, Louis Blanc) mitgeprägt wurden (vgl. S. 53f.). Eingängig skizziert Calvié die verschiedenen Positionen und Kontroversen – von Ruges ›Autokritik des Liberalismus‹ (S. 62f.) über den ›wahren Sozialismus‹ von Moses Hess und Karl Grün bis zur Kritik von Marx und Engels –, die zur Idee einer neuen, deutschen Revolution und eines notwendigen Übergangs in den Kommunismus führten (vgl. S. 65). Somit zeichnet sich eine Linie von Hegel und Heine über die Brüder Bauer und Hess zu Marx ab (vgl. S. 68), der als Übergangsfigur zwischen kritischem Hegelianismus und einer neuen Denkrichtung, eben dem späteren Marxismus, fungierte (vgl. S. 54).

Noch deutlichere Konturen gewinnen diese Kontinuitäten und Differenzen im dritten Kapitel (»Ruptures hégéliennes: Bruno Bauer, Ruge et Marx«, S. 75–94), in dem Calvié mit ständiger Rücksicht auf divergierende jung- bzw. linkshegelianische Deutungen der Französischen Revolution (vgl. S. 78) und des Weberaufstands von 1844 (vgl. S. 92) Ruges ›elegischen Pessimismus‹ mit Marx' revolutionärem Optimismus‹ kontrastiert (vgl. S. 84f.). Von ihrem Briefwechsel ausgehend erweisen sich Ruges Annahme einer unüberwindbaren deutschen Misere und die revolutionäre Ungeduld von Marx, die Calvié trefflich einen »salto mortale« nennt (S. 84 u. S. 88), als schlechterdings inkompatibel.

Kapitel vier (»La ›coupure‹ de 1845: rupture brutale ou glissement progressif?«, S. 95–114) diskutiert sodann ausführlich die Leitfrage, ob 1845 als abrupte Zäsur oder eher als progressiver Übergang zu etwas Neuem zu verstehen ist. Dabei definiert Calvié den von Althusser diagnostizierten ›epistemologischen Bruch‹ als Passage zum historischen und dialektischen Materialismus, mithin als Abkehr vom Hegelianismus und als Hinwendung zur realen Welt, in der das System des Profits und des Eigentums dominieren (vgl. S. 80). Dokumentiert werde dieser Paradigmenwechsel durch die »Deutsche Ideologie« sowie die »Thesen über Feuerbach« von Marx und Engels (vgl. S. 97); doch erwägt Calvié angesichts des Hegel'schen Realismus, der in der Forschung durchaus umstritten ist (vgl. S. 102–104), auch eine diskrete Kontinuität von Hegel zu Marx, deren Nähe der Althusser'sche Begriff des Bruchs verdecke (vgl. S. 104f.). Die wahre Zäsurerfahrung, so argumentiert Kapitel 5 (»L'échec de 1848: la vraie ›coupure‹?«, S. 115–130), sei für Marx vielmehr die gescheiterte demokratische 1848er-Revolution gewesen, wie seine klassische Analyse und das »Kommunistische Manifest« zeigten (vgl. S. 118). Mit diesen Schriften wechsele Marx sodann methodisch zum Positivismus, was dem Eingeständnis einer doppelten Niederlage, des deutschen Idealismus einerseits und der deutschen Revolution andererseits (vgl. S. 120), gleichkomme und von Calvié mit dem epochalen Scheitern der nationalen Einheit und der großdeutschen Lösung historisch erklärt wird (vgl. S. 125). Im Marx'schen »Kapital« vermutet er durchaus psychologisierend eine kompensatorische Funktion und einen nunmehr subkutanen Idealismus (vgl. S. 129).

War Heine in diesen zwischenzeitlichen Ausführungen relativ wenig präsent, so tritt der Dichter von »Deutschland. Ein Wintermärchen« im sechsten Kapitel (»Heine ≠ Marx: bonapartisme, communisme et ›science de la liberté‹«, S. 131–158) als pessimistischer Gegenpart zu Marx wieder in den Vordergrund (vgl. S. 131). Damit scheint Heine zuerst Ruge angenähert, wird dann jedoch mit seinen Ideen zwischen Ruge und Marx positioniert. Seine wesentliche politische Differenz zu Marx bzw. dem Marxismus zeige sich am deutlichsten am Begriff des Volks (vgl. S. 134) und an der Nationalfrage, die Calvié als ›blinden Fleck‹ in Marx' Theorie identifiziert (vgl. S. 145). Angesichts der ambivalenten Äußerungen zum Kommunismus aus der Vorrede zur »Lutezia« resümiert Calvié (vgl. S. 146–149) sodann, dass Heines und Marx' Kooperation der

Jahre 1843/44 nur provisorisch sei und dem temporär verbindenden Ziel dienen konnte, den teutonischen Nationalismus möglichst wirksam zu bekämpfen (S. 163). Akzentuiert werden in diesem Zusammenhang die Widersprüche im Denken Heines und Marx' (vgl. S. 168), die Stefan Bodo Würffel (Der produktive Widerspruch. Heinrich Heines negative Dialektik. Bern 1986) bereits vor geraumer Zeit analysiert hat. Selbst wenn diese Studie ebenso wie die einschlägigen Arbeiten Gerhard Höhns, Ludwig Marcuses u.a.m. unberücksichtigt bleiben, benennt Calvié doch auch verschiedene Positionen und Desiderate der Forschung – etwa die noch ausstehende Untersuchung staatsrechtlicher Konzepte, deren Bedeutung für den promovierten Juristen Heine sicherlich nachzuweisen wäre (vgl. S. 150–155).

Merkwürdig geraten indes manche der Aktualisierungsversuche Calviés, insbesondere seine skizzierte Linie von Heines Bonapartismus bis zu Stalin und Hitler (vgl. S. 163f. u. 171) und ein unmotiviert wirkender Exkurs zur mediterranen Weisheit, der reichlich heterogene Antikediskurse von Benjamin Constant bis zu J. L. Godards Film »Le mépris« zusammenführt (vgl. S. 128f.). Darüber hinaus finden sich einige Redundanzen, insbesondere die biografischen Analogien und Differenzen zwischen Heine und Marx betreffend, und zum Teil extrem lange, einen ganzen Absatz ausfüllende Sätze (bspw. S. 155), die das Verständnis erheblich erschweren. Wissen sollte der potentielle Leser auch, dass Calviés Studie häufig ohne genaue Zitatnachweise auskommt und insofern essayistisch anmutet. Doch weit wichtiger ist Calviés geleistete Kontextualisierung, die es sowohl erlaubt, Heine und Marx in ihrer Epoche zu verorten als auch immer wieder von Neuem nach der transhistorischen Bedeutung ihrer soziopolitischen Ideen zu fragen.

Robert Krause

Gabriele B. Clemens (Hrsg.): *Zensur im Vormärz. Pressefreiheit und Informationskontrolle in Europa.* Ostfildern: Jan Thorbecke 2013 (= Schriften der Siebenpfeiffer-Stiftung, Bd. 9). 267 S. € 29.

Im April 2011 fand auf Einladung der Siebenpfeiffer-Stiftung im Kloster Hornbach eine Tagung zum Thema »Zensur im Vormärz« statt, deren Beiträge Gabriele B. Clemens, Professorin für Neuere Geschichte und Landesgeschichte an der Universität des Saarlandes, nun ediert hat. Das Thema ist, bezogen auf das Gebiet des Deutschen Bundes, in den letzten 40 Jahren durchaus intensiv erforscht worden. Ausgehend von der Literaturzensur und Zensurfällen bei einzelnen Schriftstellern, hat sich der Fokus der Forschung erweitert auf die Untersuchung von obrigkeitlicher »Kommunikationskontrolle«, die durch geschichts- und rechtswissenschaftliche, presse- und buchhandelsgeschichtliche sowie kulturwissenschaftliche Studien markant vertieft wurden. Nach wie vor widerstreiten bzw. ergänzen sich strukturelle Untersuchungen (Organisation von Vor- und Nachzensur, Theorie und Praxis der Pressefreiheit) und Forschungen zu Einzelfällen (Autoren, Zensoren, Verleger). Es gibt zudem unter dem Stichwort »New Censorship« Ansätze, Zensur und Selbstzensur nicht nur unter dem Aspekt obrigkeitlicher Repression, sondern ebenso als (ungewollter) Auslöser produktiver Reaktionen der Betroffenen zu betrachten. Schließlich ist auf jene komparatistischen Bestrebungen hinzuweisen, das Phänomen der Zensur als ein transnationales Geschehen aufzufassen, das sich in die »werdende Globalität« (Jürgen Osterhammel) des 19. Jahrhunderts fügt. Das vorliegende Werk versteht sich als Beitrag zu diesem letztgenannten Ansatz und darf für sich in Anspruch nehmen, das Thema nicht nur in europäischem Rahmen, sondern auch interdisziplinär behandelt zu haben. Dass für eine grundlegende Überblicksdarstellung die Basis von Tagungsbeiträgen noch nicht ausreichend sein kann, weiß die Herausgeberin. Immerhin hat sie einige Expertinnen und Experten für ihr Vorhaben gewonnen, die neben einzelnen Mitgliedstaaten des Deutschen Bundes (Bayern, Preußen, Österreich, Hansestädte, Luxemburg) die Zensurverhältnisse in Frankreich, Russland, Spanien und dem Königreich beider Sizilien thematisierten. Hinzu kommen Untersuchungen zur Zensur während der Rheinbundzeit in Sachsen (1806–1813) und im Königreich Westphalen (1807–1813). Ein Werk mit dieser thematischen Breite gab es bisher nicht. Allerdings bleibt es im Wesentlichen bei einer additiven Synopse.

Einzig die Herausgeberin versucht im ersten Beitrag des Bandes, »Zensur, Zensoren und Kommunikationskontrolle als europäische Phänomene«, in einer Mischung aus Einführung und Zusammenfassung eine Zwischenbilanz. Sie weist – in Anlehnung an Maximen der preußischen Zensur – auf vier übereinstimmende Intentionen der Zensur in den genannten europäischen Ländern hin: Staatsschutz, Religionsschutz, Schutz von Moral und Sittlichkeit, Persönlichkeitsschutz. Die Rangfolge des Beschützten und die Durchsetzung der Schutzabsichten variierten erheblich, wobei nicht nur das Wechselspiel von Vor- und Nachzensur unterschiedlich zum Tragen kam, sondern auch der Widerspruch von Schutzinteressen und dem Interesse an wirtschaftlicher Entwicklung, für die der prosperierende Buchhandel ein nicht unbedeutender Faktor war. Der Blick über die Grenzen des Deutschen Bundes zeigt nach Clemens des Weiteren, dass die Zensur differenziert war: zwischen Eliten und »Volk«, Stadt und Land, Hauptstadt und Peripherie. Nicht genannt, aber von großer Bedeutung dürfte darüber hinaus zum einen der Wechselzusammenhang von Alphabetisiertheit und Kommunikationskontrolle sein. Hier waren die europäischen Länder zu Beginn des 19. Jahrhunderts stark unterschieden, wuchsen aber im Laufe der Dezennien immer mehr zusammen. Zum anderen müsste als wichtiger Differenzpunkt das jeweilige Wahlrecht benannt werden, denn Pressezensur war auch ein entscheidendes

Mittel der Beeinflussung von Wählern, sofern diese Partizipationsrechte hatten. Auch in diesem Punkt gab es im vormärzlichen Europa erhebliche Unterschiede.

Darauf geht Pierre Horn (»Vom autokratischen Kaiserreich zur konstitutionellen Monarchie: Zensur und Emanzipation der französischen Presse im Vormärz 1804–1848«) in einer sehr gründlichen, den Forschungsstand diskutierenden Untersuchung ein. Dabei zeichnet er besonders für die Jahre 1816/30 bis 1848 ein – gerade für die Heine-Forschung – interessantes Bild von der »Bandbreite an liberalen Gesetzen, repressiven Kodifizierungen von Pressedelikten und autoritären Maßnahmen, je nach Regierungspolitik und Instrumentalisierung von Ereignissen« (S. 38). Die Aufsätze von Helge Buttkereit (»Die verschiedenen Aspekte der Zensur im Leipzig der Rheinbundzeit«) und Claudie Paye (»Zensur und Selbstzensur in einem zweisprachigen Gesellschaftskontext am Beispiel des Königreichs Westphalen«) schildern Varianten der napoleonischen Zensur unter den Bedingungen der französischen Okkupation. Am Leipziger Beispiel zeigt sich dabei, dass der Faktor der Ökonomie als Kennzeichen des modernen Staates stetig Vorrang gewann gegenüber dem konservativen Repressionswunsch des Obrigkeitsstaates.

Die Schwierigkeiten »monarchischen Handelns im konstitutionellen Staat« (S. 84) demonstriert Hannelore Putz in ihrem Beitrag »Konstitutioneller Staat und Zensur im Vormärz – das Königreich Bayern«, mit Schwerpunkt auf den Jahren 1818 bis 1831. Sie legt dar, wie sehr sich das Königreich vor 1830 dem Oktroi der Karlsbader Beschlüsse entziehen konnte, so dass es »zu den fortschrittlichsten konstitutionellen Staaten im Deutschen Bund, wenn nicht sogar in Europa« (S. 94) gehörte. Auch das ist ein interessanter Aspekt für die Heine-Forschung, versuchte der Dichter doch 1828 in München Fuß zu fassen. Noch im Kampf um die bayerische Zensurverordnung vom 28. Januar 1831 konnte sich das Ständeparlament gegenüber dem Monarchen behaupten. Mit der Verschärfung der Karlsbader Beschlüsse ab Juni 1832 (»Sechs Artikel«), der Bayern folgte, kam es dann jedoch zu einer strengeren Pressezensur im Land.

Die Historikerin Bärbel Holtz legt eine aktenfundierte Darstellung der »Zensur und Zensoren im preußischen Vormärz« vor – ein Thema, das seit Friedrich Kapp (1881) mehrfach bearbeitet wurde und grundsätzlich Neues eigentlich nicht mehr zu bieten hat. Das lässt sich von der Erforschung der Zensur in Russland nicht behaupten, und insofern bietet Jan Kusber, Professor für Osteuropäische Geschichte, wegweisende Informationen. Seine Kernthese lautet: Die Zensur im Zarenreich »war zu keinem Zeitpunkt das von ihren Gegnern so beschriebene, umfassende, gar *avant les lettres* totalitäre System, als welches sie [...] lange Zeit betrachtet wurde« (S. 123). Die Zensur war massive Androhung, aber nie im ganzen Land wirksam durchgesetzt; bei Übertreten wurde sie jedoch als Nachzensur fallweise mit drakonischen Strafen verwirklicht. Der Beitragstitel (»Zwischen Öffnung, Abschottung und Verfolgung: Zensur im Zarenreich in der ersten Hälfte des 19. Jahrhunderts«) gibt das – stark an die autokratische Herrscherpersönlichkeiten und deren Erhaltungsinteresse gebundene – Wechselspiel wider. Über den dritten Staat der Heiligen Allianz, Österreich, referiert der Medienrechtler Thomas Olechowski (»Die österreichische Zensur in Vormärz«). Betont wird, dass das gesetzliche Grundgerüst der österreichischen Zensur, in dezidierter Abwendung von josephinischen Reformprinzipien (Förderung der literarischen Öffentlichkeit bei maßvoller Beschränkung durch Zensur), bereits 1795 errichtet war, so dass weder die Karlsbader Beschlüsse noch die Folgemaßnahmen von 1824 und 1834 des Deutschen Bundes im Kaiserreich Verschärfungen nach sich ziehen konnten. Im Gegenteil: Metternichs Streben war es, den Deutschen Bund auf dem Feld der Zensur nach österreichischem Vorbild auszurichten, was ihm bis 1848 allerdings immer weniger gelang. Österreich blieb jedoch bis dahin ein Bollwerk gegen die Pressefreiheit, mit ausnahmsloser Vorzensur und

– bei Importen und inländischen Nachdrucken – mit einer Nachzensur (»Revision«), über deren Strenge noch genauere Forschungen angestellt werden müssen.

Zum Thema »Die Pressezensur in den Hansestädten im Vormärz«, das von dem Historiker Michael Hundt behandelt wird, gibt es zwar Einzeluntersuchungen für Bremen und Hamburg, nicht aber für Lübeck und nicht als Vergleich der Hansestädte, die zusammen mit der freien Stadt Frankfurt die einzigen nicht monarchisch regierten Staaten des Deutschen Bundes waren. Hier liefert Hundt einen fundierten Überblick. Obwohl Republiken, gab es in allen drei Hansestädten keine Pressefreiheit – aber auch keine Presseknebelung, weil die Vorschriften der Karlsbader Beschlüsse (vor allem in Lübeck und Bremen) nicht strikt umgesetzt wurden. Streng überwacht wurde die Berichterstattung über innerstädtische Angelegenheiten – das war eben das vorrangige Interesse dieser Handelsstädte. Ansonsten praktizierte man (vor allem in der Pressestadt Hamburg) eine »wohlkalkulierte Liberalität, die sehr darauf bedacht war, in Wien und Berlin nicht zu große Verärgerung hervorzurufen« (S. 169). Der Beitrag von Norbert Franz und Josiane Weber (»Zensurpolitik des Deutschen Bundes im Dienste monarchischer Machtpolitik: Die Kontrolle von Literatur und Presse im Großherzogtum Luxemburg 1815–1848«) ist dagegen eine Ausdifferenzierung von Thesen, die Gast Mannes und Josiane Weber in ihrem Werk »Zensur im Vormärz (1815–1848). Literatur und Presse in Luxemburg unter der Vormundschaft des Deutschen Bundes« (Luxemburg 1998) vorgelegt hatten. Die Zensurpraxis im Sinne des Deutschen Bundes setzte sich danach erst ab 1839 mit der Abtrennung vom niederländischen Königreich durch.

In Spanien, so führt Jens Späth in seinem Beitrag »Der Krieg der Federn: Pressefreiheit und Zensur in Spanien in der ersten Hälfte des 19. Jahrhunderts« aus, war die Situation im Vergleich zu Mitteleuropa ziemlich anders. Die Basis für eine liberale Reformbewegung war viel zu schwach, so dass mit Ausnahme weniger Kurzphasen von Pressefreiheit keine Rede sein konnte – auch nicht nachdem 1834 die Vorzensur abgeschafft worden war. Späth betont, dass neben den staatlichen Zensurinstanzen bis 1834 auch noch die Inquisition (Santo Officio) als Nachzensur aktiv war. Kirchliche Mitwirkung an der Pressepolitik der einzelnen italienischen Staaten gab es, wie Werner Daum (»Öffentlichkeit und Pressepolitik in Italien in der ersten Hälfte des 19. Jahrhunderts. Restauration und Konstitutionalisierung im Königreich beider Sizilien 1815–1821«) ausführt, auch in Italien. Grundsätzlich galt die Präventivzensur, die aber unterschiedlich streng gehandhabt wurde, eher milde besonders in Oberitalien (Mailand) und der Toskana, strikter im Königreich beider Sizilien.

Etwas angehängt wirkt der letzte Beitrag des Bandes, »Heinrich Heine und die Zensur – Der Dichter als ihr Opfer und geheimer Nutznießer« von Reiner Marx. Kann man wirklich angesichts der von Marx selber aufgezählten Fachliteratur (S. 254, Anm. 8) noch etwas Neues zu diesem Thema bieten? Der Autor versucht es vor der Phalanx von Historikern mit der nicht ganz neuen These, Heines Schreibstil sei ein Produkt der Zensur, und prägt dafür den Begriff »Zensur-Ästhetik« (S. 257), wohl wissend um die lange Tradition von »Sklavensprache« sowie um den von Gerhard Höhn vorgeschlagenen Begriff »Zensursprache«. Marx deutet Heines ästhetisch raffinierte Gegenwehr als Verteidigung von Kunstautonomie, die diesem – hier folgt er Börnes Vorwurf an Heine – letztlich wichtiger gewesen sei als die Revolution (vgl. S. 255).

Der Sammelband ist die Eröffnung einer Forschung, die noch fortzuschreiten hat: interdisziplinär, transnational, epochenübergreifend. Im vorliegenden Band dominiert noch die Disziplin der Historiker, es fehlen transnationale Vergleiche und es wird noch nötiger sein, über die Epoche Vormärz hinaus zu gehen (wie es hier in Ansätzen bereits geschieht). Denn das zeigt sich schon jetzt: Zensur ist kein spezielles Phänomen der Vormärzzeit, und der Deutsche Bund ist in seinem Bemühen um verschärfte Kommunikationskontrolle kein Sonderfall in Europa.

Peter Stein

Peter Drews: *Heine und die Slaven. Die gesamtslavische Rezeption der Werke Heinrich Heines von den Anfängen bis zur Gegenwart. Teil I.* München, Berlin, Washington / D.C.: Otto Sagner 2013 (= Slavistische Beiträge, Bd. 492). 378 S. € 38.

Das Phänomen der großen Popularität Heinrich Heines in den slavischen Sprachen ist gleichzeitig mysteriös und leicht erklärbar. In erster Linie war es die Poesie Heines, die in die Literatur der slavischen Völker einfloss und den dortigen Lesern ein Deutschland und deutsche Gestalten schenkte, die für immer ihre Sympathie gewonnen haben, weil seine Lyrik, Philosophie und sein Humor ihnen sehr nahe waren. In seinem fundierten, umfangreichen Buch hat Peter Drews nun eine ausführliche Analyse des gesamten Themenkomplexes »Heine und die Slaven« vorgelegt. Das ist wirklich eine große Arbeit, weil Heine in der slavischen Kultur eine unermessliche Bedeutung hat und die Rezeption seiner Werke ein Ausmaß erreicht, das man durchaus mit dem der eigenen, nationalen Dichter und Schriftsteller der jeweiligen Länder vergleichen kann.

Das Buch ist nach dem Territorialitätsprinzip strukturiert: Länder wie Russland, Ukraine, Weißrussland, Polen, Tschechien, Slowakei, Slowenien, Kroatien, Serbien, Makedonien, Bulgarien werden getrennt behandelt. Die Übersicht über eine solche Anzahl verschiedener Sprachkulturen, die dennoch miteinander in einer gemeinsamen Sprachgruppe verbunden sind, erscheint sehr nützlich für die Heine-Forschung. Ergänzt wird das Buch um einen zweiten Teil: eine CD mit einer Bibliographie slavischer Heine-Übersetzungen mit über 10.000 Einzeltiteln, die für diese Rezension allerdings nicht vorlag.

In Russland gibt es besonders viele Übersetzungen und Ausgaben von Heine, seine Dichtkunst zog eine Vielzahl von Übersetzern an, einschließlich der größten russischen Dichter; bis heute versuchen die zeitgenössischen Dichter und Übersetzer seine Werke auf neue Weise zu interpretieren und geben sie in der neuen, modernen Sprache wieder, weil sie finden, dass seine Ideen immer noch neu sind und, vielleicht, aktuell wie lange nicht mehr. Die Rezeption der Werke Heinrich Heines auf Russisch nimmt darum einen bedeutenden Teil dieses Buches ein. Zwar hatte Heine selber, wie Drews berechtigt anmerkt, keine Möglichkeit, mit der russischen Kultur und Literatur in Berührung zu kommen. Aber die russische Literatur hat Heine aufgenommen, machte aus den Übersetzungen seiner Lyrik mehr als bloße Übertragungen, indem sie sich diese in Form von Nachdichtungen aneignete und so Heines Werke mit der russischen Seele zu einem harmonischen Ganzen zusammenfügte. Drews betrachtet eingehend die Beziehungen Heines zu russischen Persönlichkeiten des kulturellen Lebens, untersucht die Beeinflussung der öffentlichen Meinung der damaligen deutschen Gesellschaft im Hinblick auf Heines Sicht auf Russen und Russland. Zudem beschreibt er die Entwicklungen seiner Beziehung zur russischen Literatur, insbesondere an Heines Lebensende, als er sich für einige russische Bücher interessierte.

Das Thema »Russland« ist in diesem Buch in vier Teile gegliedert: Der erste Abschnitt behandelt die Zeit von den Anfängen bis zur Mitte der 1860er Jahre, der zweite Abschnitt von der Mitte der 1860er Jahre bis 1917, der dritte Abschnitt von 1917 bis 1945 und der vierte Abschnitt von 1945 bis zur Gegenwart. Was sind die Gründe für diese Aufteilung? Nach Auffassung von Drews hatten diese Epochen in der Entwicklung Russlands eine besondere Bedeutung für die Heine-Rezeption. Deswegen waren die Übersetzungen von Heines Werken und die Erforschung seines Schaffens genau so abhängig von der Zeit wie die russische Literatur selber. Diese Meinung ist völlig berechtigt, obwohl diese Epocheneinteilung, die sich nach äußeren historischen Ereignissen richtet, nur bedingt auf die Heine-Rezeption anwendbar erscheint. Definitiv beeinflussten die Änderungen im politischen und kulturellen Leben des Landes die Sichtweise auf

Heines Werke, aber andererseits blieben diese in unterschiedlichsten Zeiten konstant nachgefragt und gaben selber den Impuls für immer neue Betrachtungen Heines in der jeweils neuen Realität.

Besonders aufschlussreich sind die Forschungen von Drews zu Metrik und Versmaßen im Vergleich von Übersetzungen und Originalen. In Übersetzungen von F. I. Tjutčev, M. N. Katkov, M. L. Michajlov, A. N. Pleščeev und anderen untersucht Drews ihre originellen Lösungen, ihre Annäherung an das Original oder auch ihre Entfernung davon sowie die jeweils individuelle Akzentuierung und Verstärkung von Heines Verskonzeptionen sowie derjenigen der Übersetzer. Den Übersetzungen von Lermontov ist eine eigene Darstellung gewidmet. Zwar hat Lermontov nur zwei Gedichte Heines übersetzt, doch die Kraft ihrer Auswirkung ist kaum zu überschätzen. Berücksichtigung verdient auch die Analyse der Übertragungen des deutschstämmigen A. A. Fet sowie von von L. A. Mej und I. V. Majkov, die ihren Beitrag zur Popularisierung von Heines Lyrik leisteten.

Drews untersucht auch die verschiedenen Zeitschriftenbeiträge anlässlich Heines 100. Geburtstages, die sich deswegen bis 1900 erstrecken, weil sein genaues Geburtsdatum damals nicht bekannt war. Auch belletristische Werke zu Heines Biographie werden hinreichend ausführlich dargestellt, darunter die Novelle »La Mouche« von A. Lundegard. Darin geht es um die Beziehung Heines zu Elise Krinitz. Natürlich kann eine solche belletristische Arbeit keine exakte und sorgfältige Analyse vom Leben und Schaffen des Dichters durchführen, aber sie hat den Vorteil, dass sie die Persönlichkeit des Dichters einem breiten Publikum näher bringt. Drews schildert auch eingehend die Propaganda, die sich in der Sowjetunion nach der Revolution ausbreitete. Diese machte aus dem Dichter, unter Bezugnahme auf Heines politische Satire in »Deutschland. Ein Wintermärchen« und auf seine Freundschaft mit Karl Marx, einen »Trommler der Revolution«. Im Abschnitt über den Zeitraum von 1945 bis zur Gegenwart behandelt Drews zahlreiche und bedeutende Übertragungen von V. Levik und auch die belletrisierte Heine-Biographie von A. Dejč. Die russischsprachige Literaturszene bleibt nach wie vor ein Raum für Heines Werke; in moderne Sprache übertragen bezeugen sie die unauslöschliche Aktualität des Phänomens Heine.

Im Kapitel »Ukraine« berichtet Drews über Übersetzungen von L. Ukrainka und I. Franko, die selbst bedeutende ukrainische Dichter sind. Die Übertragungen vom V. M. Šaškevyč und M. P. Staryc'kyj gelten ihm als besonders beachtenswert. Von Interesse ist, wie Drews das Verhältnis des Übersetzers zum Original und den Beitrag der Übersetzung zum Textverständnis einschätzt: Z. B. gewinnen die Gedichte in der Interpretation von L. Ukrainka und P. O. Kuliš an Expressivität. Drews schreibt auch, dass das Interesse des ukrainischen Publikums für Heine nur gering gewesen sei. Zwischen dem Ersten und dem Zweiten Weltkrieg seien in der Ukraine nicht mehr als 50 neue Übertragungen erschienen. Unter anderen bedeutendsten Rezeptionszeugnissen nennt er die Forschungen von N. Matuzova zu Heines Leben und literarischem Schaffen, die in der zweiten Hälfte des 20. Jahrhunderts verfasst wurden.

Bei der Untersuchung der Situation in Weißrussland merkt Drews an, dass die weißrussische Literatur selbst erst um die Wende vom 19. zum 20. Jahrhundert eine eigenständige Form fand. Und so erschienen dort erste Übersetzungen Heines erst 1927, als der sehr bedeutende Dichter M. Bahdanovičs Heine übersetzte. Hierbei stützte er sich auf die russische Tradition der Auffassung seiner Werke. Dies ist nicht weiter verwunderlich, weil die weißrussische und russische Sprache immer eine große Nähe zueinander hatten, so dass der Übersetzer in seinem Schaffen natürlich von den russischen Übertragungen beeinflusst war. Bemerkenswert ist, dass die erste und bis heute einzige Anthologie von Heines Lyrik in weißrussischer Sprache 1959 veröffentlicht wurde.

Bei seinen Betrachtungen zur Rezeption Heinrich Heines in Polen stellt Drews heraus, dass die entsprechenden Forschungen bis heute nur teilweise zufriedenstellend seien. Drews nennt einige Namen von Wissenschaftlern, die Heines Œuvre im polnischen Kulturraum untersucht haben: Da sind W. Kubacki, der den ersten Versuch einer Zusammenfassung polnischer Forschungsergebnisse unternommen hat, sowie beachtliche Arbeiten von M. Grabowska, die Studien von P. Obraczka und anderen, deren Darstellungen Nutzen brachten. Drews schreibt über bekannte polnische Zeitgenossen Heines, berichtet über die unterschiedlichen Einstellungen dieser Personen in Bezug auf ihren genialen deutschen Kollegen, die von Gleichgültigkeit bis zu tiefem Interesse reichten.

Es kann hier nicht auf die vielen detaillierten Forschungen von Drews zu den anderen slavischen Sprachen eingegangen werden, aber es ist unbestreitbar, dass auch hier in jeder Weise gründliche und beachtliche Arbeit geleistet worden ist.

Der Schwerpunkt des Buches liegt eindeutig auf der literarischen Wirkung Heines, ein Teil widmet sich aber auch den vielen Vertonungen von Heines Gedichten im slavischen Kulturraum, denn diese haben eine gewichtige, eigenständige musikalische Tradition in diesen Ländern herausgebildet.

Drews hat eine sehr wichtige und überaus nützliche Arbeit vorgelegt. Er systematisiert die Erkenntnisse über die enorm vielfältige Bedeutung von Heines Werken in den slavischen Sprachen, er arbeitet die kulturellen Beziehungen der Dichter und Schriftsteller dieser Länder zu Heines Œuvre in den verschiedenen Epochen heraus, beschreibt die Art und Intensität, in der Heine auf die Literaturszenen der hier betrachteten Nationen eingewirkt hat. Durch seine genaue wissenschaftliche Betrachtungsweise gibt das Buch einen ebenso breiten wie detailreichen Überblick über viele Fragen der gesamtslavischen Rezeption der Werke Heinrich Heines und gelangt zu tiefen Erkenntnissen über das Phänomen »Heine und die Slaven«.

Zaira Aminova

Götz Großklaus: *Heinrich Heine – der Dichter der Modernität.* München: Wilhelm Fink 2013. 305 S. € 39,90.

Wer nach vier für die Heine-Forschung derart (im positiven Sinn) turbulent verlaufenen Jahrzehnten des Aufschwungs und der Stabilisierung wiederum seine besondere Begabung zur Heine-Lektüre unter Beweis stellt, hat von vornherein unseren Dank verdient. Wenn nach dem Auftakt solcher Vertrautheit mit unserem Autor, wie sie die Untersuchung von Götz Großklaus unter dem sprechenden Titel »Textstruktur und Textgeschichte« der »Reisebilder« Heines aus dem Jahre 1973 mit dem Untertitel »Eine textlinguistische und texthistorische Beschreibung des Prosatyps« ebenso eindrucksvoll wie speziell gezeigt hat, für denselben kundigen Interpreten nun gewissermaßen als Schlussfanal seiner wissenschaftlich-akademischen Laufbahn auf andere Weise wiederum Heinrich Heine als Dichter der neuen Zeit, nämlich des Wechsels zu unseren eigenen Erfahrungen mit Technik, Wirtschaft, kulturellen Übergängen und neuen Überzeugungen, als derart differenziert zwischen den Epochen stehende Symbolfigur, ja als deutende Instanz zur Debatte steht, kann der Verfasser nur unserer Bewunderung gewiss sein.

Was Großklaus als Emeritus der Deutschen Philologie und Angewandten Kulturwissenschaft an der Universität (TH) Karlsruhe mit dem vorliegenden Heine-Buch leistet, ist fraglos zugleich ein Bekenntnis aus Sachverstand und Zuneigung: Heine ist für ihn nicht ein beliebiger, wenn auch noch so interessanter Autor aus dem Fundus der deutschen Literaturgeschichte. Dieser deutsch-jüdisch-französische Dichter und Schriftsteller hat für ihn die Hand am Puls des Weltgeschehens und gerade für die heutigen Debatten zu den Grenzfällen jeglicher Globalisierung wichtige Erkenntnisschneisen geschlagen, ohne jemals nur die eine Seite zu sehen oder blind gewesen zu sein für die Doppelgesichtigkeit von Entwicklung und Veränderung mit ihren Vorzügen und Nachteilen.

In 14 Kapiteln bringt Götz Großklaus seine anspruchsvollen Auslegungen vor: von der Einleitung über die »großen europäischen Zeitverwandlungen« bis zum Epilog über eine »Antiklassische Avantgarde«. Dazwischen bewegen sich wie die zwölf Apostel die immer gründlich und vorsichtig beleuchteten Komplexe mit ihren nach Ort und Zeit, aber auch Charakterisierungen so bedeutungsvollen heineschen Antriebe: Ob der Harz als »Entzauberung der Natur«, die Korrespondenz zwischen Norderney und Indien als »Unerfreuliche Modernität«, London als Schauplatz der Widersprüche und damit als Anlass für eine »Chronotopologie der Metropole«, Paris als »Hauptstadt der ganzen zivilisierten Welt« oder »Das Dampfschiff auf der Seine vor Saint Cloud«. Das Kapitel »Gare d'Orleans« steht für die »äußere Erscheinung der großen Bewegungsmächte«. »Das daguerreotypische Geschichtsbuch« führt in die heinesche Schreibart ein, die seiner ursprünglich ›supernaturalistischen‹ Kunstauffassung widerspricht. Im Kapitel »Chronotopos« werden die »Schauplätze der Raumzeit«, die »Erscheinungswelt als Ort der Zeichen« sowie das Gegensatzpaar von »Exoterisch – esoterisch« abgehandelt. In »Bilderschrift der Erscheinungswelt« haben die Abschnitte »Beobachtung der Beobachtung«, »Bilderschrift des Körpers«, »Bilderschrift der Räume und Orte« »Pariser Börse vs. Madeleine-Kirche« und »Londoner Börse vs. Pariser Börse vs. Rothschild-Comptoir« ihren Platz.

Selten bietet die reine Aufzählung der inhaltlichen Folge, wie in unserer Besprechung bereits geschehen und anschließend weiter beabsichtigt, schon die Erkenntniswünsche und methodischen Zugriffe eines Verfassers derart griffig an wie in diesem Fall bei Großklaus. Seine Reflexion über Heines »Verschiedenartige Geschichtsauffassung« widmet sich der Reihe nach dem Thema »Kreis und Linie: Wiederkehr und Fortschritt«, beschreibt die »Wahrnehmung beschleunigter geschichtlicher Bewegung«, das »Konzept der Gegenwartszeit« sowie das »irdische

Paradies« und geht zum »Entwurf der Wirklichkeit« sowie zur »Geschichte der Menschheit vs. Weltgeschichte« über, um bei der Überlegung über »Konzepte der Fortschrittsgeschichte« zu enden. Ähnlich sprechend verfährt Großklaus beim XII. Kapitel über »Gegenwelten und Traumbilder«, in dem er unterschiedlichste heinesche Variationen von dessen Weltaneignung aus der Erzählprosa als »Gegenräume – Gegenzeiten«, unter dem Zitat »Hofdichter der Nordsee«, als »Buhlschaft mit der Königin Vashti« aus den »Memoiren des Herren von Schnabelewopski« oder unter der Überschrift »Die Dachkammer des Oheims und das ›Notizbuch des Morgenländers‹ – Die ›Einsamkeit der Scharfrichterei‹ und das ›rote Sefchen‹« vorsichtig-einsichtig entfaltet.

Das anschließende, ja eigentliche Schlusskapitel lautet »Untergangsfurcht und Universaltragödie« und enthält die sechs Abschnitte über die »Dämonen der Umwälzung«, »London und die Beresinabrücke«, »Phobisches und utopisches Potential der Weltgeschichte«, »Ausnahmezustand der Katastrophe«, »Chaotische Drift der Geschichte« sowie »›Romantique défroqué‹: Dichter im Exil«. Bewegend großflächiger könnten Heines Lebenslauf und Werkentwürfe nicht vor einem gemeinsamen Horizont der Modernität beleuchtet werden. Dass dabei immer wieder Bezüge zu Napoleon und Hegel, aber auch Blicke auf Freud geworfen werden, macht die heineschen Beiträge zu einer Weltbetrachtung aus Einsicht und Mitleiden umso tragfähiger.

Weil sich auch im Besprechungsteil des Heine-Jahrbuchs die Bücher verschiedensten Inhalts durch denselben Rezensenten gelegentlich sogar die Hände zu reichen vermögen und 2013 meine Rezension der Arbeit über Heines Bibelkenntnis von Hilde Winter von 2012 anstand (HJb 52, S. 275f.), sei wenigstens auf eine kleine, eher schiefe Deutung hingewiesen, die sich aus dem ansonsten feinsinnigen Beitrag von Bernd Witte aus dem Katalog »Ich Narr des Glücks« zur großen Heine-Ausstellung von 1997 über »Düsseldorf – London – Paris: Heinrich Heines allegorische Lektüre der großen Stadt« in der Paris-Darstellung von Großklaus ergibt und somit fortschreibt (S. 244f.). Der falsche Bezug bzw. die überanstrengte, ja verquere Interpretationsbemühung meint eine Bibelstelle, die sich bei den drei Synoptikern (und verkürzt auch bei Johannes) auf die Leugnung Petri bezieht, der seinem gefangen genommenen Meister heimlich gefolgt ist, auf mehrfache Nachfrage aber leugnet, ihn zu kennen und der nach dem ihm von Jesus selbst vorausgesagten dritten Hahnenschrei endlich hinaus geht und wegen seines Verrats bitterlich weint (Mt 26,75; Mk 16,72 u. Lk 22,62; vgl. Joh 13,38 u. 18,25–27). Das bitterliche Weinen hatte Witte offenbar dazu verführt, Heines Formulierung angesichts der Bestattung so vieler Cholera-Toter auf dem Père-Lachaise aus den »Französischen Zuständen« (»die Nebel der Dämmerung umhüllten wie weiße Laken das kranke Paris, und ich weinte bitterlich über die unglückliche Stadt, die Stadt der Freyheit, der Begeisterung und des Martyrthums, die Heilandstadt, die für die weltliche Erlösung der Menschheit schon so viel gelitten!« [DHA XII, 142]) mit dieser Petrus-Stelle zu verknüpfen. Richtig ist aber zweifellos die bei Lukas vorausgegangene Schilderung von Jesu Annäherung an Jerusalem, dessen Zerstörung er voraussagt und wo es demnach heißt: »Als er näher kam und die Stadt sah, weinte er über sie und sagte: Wenn doch auch du an diesem Tag erkannt hättest, was dir Frieden bringt. [...] Es wird eine Zeit für dich kommen, in der deine Feinde rings um dich einen Wall aufwerfen und von allen Seiten bedrängen. Sie werden dich und deine Kinder zerschmettern und keinen Stein auf dem andern lassen; denn du hast die Zeit der Gnade nicht erkannt.« (Lk 19, 41–44) Heine vergleicht demnach sich selber mit dem der eigenen Passion ins Auge blickenden Jesus (seinem armen »Vetter« aus dem Versepos »Deutschland. Ein Wintermärchen«) und sein neues Jerusalem namens Paris mit dem untergegangenen heiligen Orte seiner Vorväter. Nur seine Trauer über die Not der Stadt Paris vermag er einzig durch die Verstärkung des biblischen Weinens auszudrücken und somit die bekannte Wendung in Bezug auf Petrus ins Spiel zu bringen.

Doch solche kleine Differenz schmälert keinesfalls die intensive Auseinandersetzung von Götz Großklaus mit dem literarischen Muster der Moderne, nämlich Heinrich Heine, dem er so reiche Töne und Einsichten abgewinnt, dass seine Studie in Zukunft gewiss zu den wichtigsten Darstellungen für ein adäquates Heine-Bild als Frucht des Endes unseres 20. und zu einem hoffnungsvollen Beginn des 21. Jahrhunderts gerechnet werden wird.

Joseph A. Kruse

Bernd Kortländer (Hrsg.): »*was die Zeit fühlt und denkt und bedarf*«. *Die Welt des 19. Jahrhunderts im Werk Heinrich Heines*. Bielefeld: Aisthesis 2014 (= Vormärz-Studien XXXII). 323 S. € 39,80.

Spätestens seit Eric Hobsbawms prägendem Begriff des »langen 19. Jahrhunderts« wird dieser Epoche von den Kulturwissenschaften viel Verantwortung zugeschrieben. Das 19. Jahrhundert ist demnach Wendepunkt, Stagnation, Rückwärtsdenken und Fortschrittsexplosion in einem und hat die umwälzendsten Veränderungen in der Mentalität des europäischen Bürgertums ausgelöst. Man kann die gesellschaftlichen Entwicklungen dieser hundert Jahre als Katalysator der Moderne bezeichnen. Kaum ein Schriftsteller wird mit jenem Jahrhundert mehr in Verbindung gebracht als Heinrich Heine, und erst recht keiner wird in Forschung und Öffentlichkeit mehr als dessen Chronist wahrgenommen. Es ist also nur folgerichtig, in einem Band zu den Texten Heines neue Untersuchungen zu diesem Themenkomplex zu versammeln. 2012 fand in Düsseldorf eine Tagung desselben Titels statt, die vom Heinrich-Heine-Institut, der Heinrich-Heine-Universität in Düsseldorf und der Universität des Saarlandes veranstaltet wurde. Der nun vorliegende Band enthält Aufsätze der meisten Gäste der Tagung, darunter eine Vielzahl langjähriger Heine-Expertinnen und -Experten.

Eine Anregung für die Tagung war dem Herausgeber Bernd Kortländer zufolge der Bestseller des renommierten Historikers Jürgen Osterhammel »Die Verwandlung der Welt« (vgl. S. 7). Ähnlich wie dieser war demnach auch der Kongress in verschiedene Sektionen strukturiert, die als thematische oder ideengeschichtliche Klammern funktionierten. Dass diese Struktur für den Tagungsband aufgebrochen wurde, wodurch sich die einzelnen Beiträge nun etwas isoliert voneinander einfach reihen, ist schade, da der Leser lediglich den sehr großen thematischen Bogen des 19. Jahrhunderts als Anhaltspunkt hat. Die fehlende Schwerpunktsetzung bedeutet für den Leser ein wenig Orientierungsverlust.

Erst die Lektüre der einzelnen Beiträge fördert die innere Kohärenz dann doch wieder zutage – nicht auf der Makroebene des Bandes, aber im inhaltlichen Zusammendenken der Phänomene des 19. Jahrhunderts. Und dieses Zusammendenken erfolgt durchweg von langjährigen und erfahrenen Heine-Forscherinnen und -Forschern, deren Kreis fast etwas zu geschlossen wirkt. Die Beiträge gehen verschiedenen thematischen Fluchtpunkten nach.

So beschäftigen sich Michael Werner und Stephan Braese mit Heines politischer Positionierung, seinem Begriff der Nation und der Ökonomie. Werner arbeitet dabei wie immer sehr klug Heines Standpunkt als Dichter der Diskrepanzen heraus – hier die zwischen Nationalismus und Partikularismus, welche im 19. Jahrhundert verstärkt aufbricht. Indem Heine diese Spannung nicht negiert, sondern aushält, »eröffnet er sich den Raum für seine poetische Identität« (S. 25). Braeses Beitrag umkreist den Geldbegriff bei Heine im »Nachraum der ökonomischen Zeichenrevolution«.

Verwandt mit den Konzepten des »nationbuildings« im 19. Jahrhundert sind Aspekte wie Religion, der Umgang mit dem Islam und dem Orient. Die Autoren Volker C. Dörr, Markus Winkler und Florian Trabert (der einzige »Nachwuchsforscher«, dessen Beitrag im Band zu finden ist) nehmen sich dieses Themenkomplexes an. Hervorzuheben ist hierbei vor allem Winklers genaue und interessante Analyse des Barbarenbegriffs des 19. Jahrhunderts sowie dessen Ausstellung als Klischee durch den Autor Heinrich Heine. Trabert stellt Heine dagegen vor allem als Geschichtenerzähler ins Zentrum, dessen Narrativa in Form von »Legenden-Parodien« (S. 279) eine intertextuelle Klammer zur Religionskritik bilden. In Dörrs Analyse des islamischen Orients in Heines Texten kommt der Autor zu dem aufschlussreichen Schluss, dass Heines Orient analog zur zeitgenössischen Rezeption als ein »gewalttätiger, umgrenzter Gegenraum« (S. 94) zum Okzident gelesen werden muss.

Einen anderen Zugang zum 19. Jahrhundert Heines wählen die Beiträge von Sabine Brenner-Wilczek, Gerhard Höhn, Olaf Briese und Paul Peters. In ihren Aufsätzen folgen sie Heines Poetik und seinen Konzepten des Ästhetischen. So nimmt Brenner-Wilczek Heines Literaturkritiken in den Blick, während Briese ein bisher nicht viel beachtetes Motiv Heines untersucht, nämlich »Heines Meere, Flüsse und Bäche«. Höhn beschreibt äußerst kurzweilig und anregend den Pariser Kulturbetrieb im Spiegel von Heines Texten in seinem Beitrag zu »Heines Kontrastästhetik«. Peters schließlich nimmt in seinem Beitrag ein Plädoyer vor, »Heines Revolution der poetischen Sprechweise [...] gerade in der subversiven Annäherung ans Prosaische« (S. 46) zu würdigen.

Vielleicht am dichtesten an Osterhammels Struktur bewegt sich der Herausgeber Kortländer selbst in seinem Beitrag zum Zeitbegriff Heines. Hier beleuchtet er sehr anregend die Veränderung der Idee von Zeit im 19. Jahrhundert, in welchem Geschichte nun »als ein linearer, in eine offene und unbegrenzte Zukunft hinein laufender Prozess« (S. 28) begriffen wird. Heine verfüge in seinem Schreiben laut Kortländer souverän sowohl über die dynamisierte »neue Zeit« als auch über die Zeitlosigkeit im »Reich der Poesie« (vgl. S. 42).

Heine als ein Vordenker der Moderne erhält seine Aufmerksamkeit vor allem in den Beiträgen von Karin Füllner und Michael Perraudin. Füllners Analyse der Darstellung der bürgerlichen Familie in Heines Texten zeigt sehr schön, dass die Utopie der heilen Familie von Heine »mehrfach verzerrt vom Podest geholt« (S. 277) wird. Hier beweist der Kritiker Heine wieder einmal die für ihn so charakteristische Skepsis gegenüber dem bürgerlichen Klischee. Auch Perraudin bescheinigt Heine in seinem Aufsatz »Ungenügen an der Modernität« diese skeptische Haltung gegenüber Konzepten der Moderne, »für die er voller Interesse war, die er aber doch nicht als Grundlage für eine bessere Welt ansehen konnte« (S. 317). Seine sehr konkret dargestellten Thesen illustriert der Autor mit farbigen Abbildungen des 19. Jahrhunderts – ein deutlicher Gewinn für den Band.

Den letzten thematischen Schwerpunkt bilden die Beiträge von Volker Kalisch, Sikander Singh und Ralph Häfner, die mit dem Sektionstitel »Medialität« überschrieben werden könnten. Kalisch macht es sich zur Aufgabe, Heines »verrätselten« (S. 219) Musikkritiken auf die Spur zu kommen und hinterfragt die musikalische Erfahrungsbasis Heines am Beispiel von dessen Paganini-Kritik. Singhs Beitrag »Heinrich Heine geht ins Museum« kommt Heines Sehgewohnheiten in den europäischen Gemäldegalerien auf die Spur und bescheinigt seinen Texten und den beschriebenen Kunstwerken ein aufklärerisches Potential (vgl. S. 173). Ralph Häfner erschließt dem Leser schließlich die diffizile und zugleich äußerst produktive Beziehung Heines zu seinen Verlegern im Beitrag »Heinrich Heines Pariser Berichterstattung und das Verlagshaus Cotta«.

Etwas verwunderlich ist, dass im Autorenverzeichnis des Bandes auch Henriette Herwig aufgeführt wird, deren Beitrag aber fehlt. Diese Leerstelle ist auch eine thematische – ist es möglich, über die Umwälzungen des 19. Jahrhunderts zu sprechen und dabei den Zugang der Gender Studies außer Acht zu lassen? Die vielzitierte »große[] Frauenfrage« (DHA XIII, 91), die Heine selbst in der »Lutezia« so prominent herausstellt, wirft einen langen Schatten aus dem 19. Jahrhundert heraus, der bis heute reicht. Ihre Thematisierung fehlt in diesem Band – und ebenso verwandte, im 19. Jahrhundert brennende Fragen nach der Kategorisierung des Fremden, Devianten, Kranken, der Kategorie der ›Rasse‹ – Fragen, die Osterhammels Buch stark verhandelt, im Tagungsband von Kortländer jedoch eher am Rande stehen. Hier wäre eine Erweiterung der Themenauswahl sicher sehr produktiv.

Insgesamt ist aber festzuhalten, dass die durchgehend sehr hohe Qualität der einzelnen Beiträge einen großen Mehrwert für die germanistische und kulturwissenschaftliche Forschung für das 19. Jahrhundert darstellt und sich dem interessierten Leser eine Vielzahl neuer Anregungen eröffnen. Eine parallele Lektüre des Tagungsbands und des Buchs »Die Verwandlung der Welt« von Osterhammel empfiehlt sich ganz besonders, da sich beide tatsächlich äußerst wünschenswert verklammern lassen.

Anne Stähr

Ariane Martin, Bodo Morawe (Hrsg.): *Dichter der Immanenz. Vier Studien zu Georg Büchner.* Bielefeld: Aisthesis 2013. 184 S. € 28.

Die vier Einzelstudien des vorliegenden Bandes stehen stellvertretend für die in den letzten zehn Jahren erfolgte und als solche postulierte Konstituierung einer primär kulturwissenschaftlich orientierten Büchner-Forschung. Im Rahmen dieses proklamierten Pradigmenwechsels haben sich Ariane Martin und Bodo Morawe bereits verdient gemacht. Sowohl die Philologin als auch der Literaturwissenschaftler bemühen sich intensiv darum, aus ihrer Sicht vernachlässigte oder vermeintlich fehlgedeutete Aspekte im Œuvre Georg Büchners zu illuminieren beziehungsweise neu auszuleuchten. Der von Ariane Martin und Isabelle Stauffer 2012 ebenfalls im Aisthesis-Verlag herausgegebene Sammelband »Georg Büchner und das 19. Jahrhundert« (vgl. die Rezension in HJb 51 [2012]) sei an dieser Stelle stellvertretend für diese ambitionierte Neuausrichtung der philologischen Studien zum Werk Büchners genannt. Die hier zu besprechenden Einzelarbeiten können als Appendix zu dem 2012er Sammelband bezeichnet werden, was jedoch keineswegs als qualitative Wertung gemeint ist. Martin und Morawe sind jeweils mit zwei unterschiedlich substanziellen Beiträgen vertreten, in denen die Aspekte »Poetik und Politik« sowie »Gender und Geschichte« (S. 7) exemplarisch thematisiert werden. Die ersten beiden Studien basieren jeweils auf Vorträgen, die beim 3. Internationalen Büchner-Kongress 2012 in Mainz von den Herausgebern gehalten wurden.

Ariane Martin rückt in dem Beitrag »›Unzucht mit den Würmern‹. Sexualität und Tod bei Georg Büchner« die den Dramen »Danton's Tod« und »Woyzeck« immanente morbide Köperlichkeit in den Fokus ihres wissenschaftlichen Interesses. Sie erkennt in beiden Werken eine eindeutige »Verschränkung des Sexualdiskurses mit dem Todesdiskurs« und weist diese Korrelation entsprechend nach. Dabei ist es vor allem das titelgebende Zitat aus Büchners Revolutionsdrama (»He Danton, du kannst jetzt mit den Würmern Unzucht treiben«. Büchner. Sämtliche Werke und Briefe. Stuttgart 2012, S. 149), das Martin als Ausgangs- und Bezugspunkt dient. Sie weist die unterschiedlichen intertextuellen und kulturgeschichtlichen Referenzen des anzüglich-derben Ausrufs nach, mit dem ein »Weib« aus dem Volk den todgeweihten Danton in der Szene IV/7 des Dramas auf dem Revolutionsplatz begrüßt. In nachvollziehbarer Weise zeigt Martin auf, dass ein »radikaler Köperdiskurs jenseits idealistischer oder romantischer Vorstellungen« dem Drama inhärent ist. Sie weist nach, inwiefern sich Büchner kulturgeschichtlich tradierter Metaphern bedient, um in einem neuen Zusammenhang die körperlichen Bedürfnisse der notleidenden Bevölkerung, bedingt durch den vormärzlichen Pauperismus, evident werden zu lassen.

Bodo Morawes Beitrag »›Die Revolution ist eine und dieselbe‹. Geschichtsschreibung der Gegenwart und hybride Poetik in *Danton's Tod*« beschäftigt sich ebenfalls vornehmlich mit Büchners Erstlingswerk. Dabei thematisiert Morawe zunächst die Frage, ob »Danton's Tod« als ein Geschichtsdrama zu bezeichnen ist. Er negiert in begründeter Weise eine solche Gattungsbestimmung und plädiert, dabei der jüngeren Büchner-Forschung folgend, für eine freiere Charakterisierung, auch um eine »Sackgasse des Historismus« zu vermeiden (S. 28). Morawe zeigt auf, inwiefern der Gegenwartsbezug das Drama durchdringt und Büchner programmatisch eine Aktualisierung der vergangenen Ereignisse anstrebt, die Walter Benjamin als den »Tigersprung ins Vergangene« bezeichnet hat (vgl. S. 30). Laut Morawe war für Büchner »die Französische Revolution (wie für Heine) ›eine mit Jetztzeit geladene Vergangenheit‹« (S. 28). In der Folge untersucht Morawe die »hybride Rhetorik« (S. 38) des handelnden Dramenpersonals und stellt dabei sowohl historische Quellen als auch den Originalton des Dichters heraus. Durch das

Überlagern von »historischer Wirklichkeit und fiktiver Rede« (S. 40) erhalte das Drama die Gestalt eines »jakobinischen Palimpsest« (S. 38). Morawe gründet diese These nachweislich auf den Szenen I/3 und II/7, in denen die Club- und Konventsreden Robespierres enthalten sind. Durch die Technik des Überschreibens soll keineswegs »die Authentizität des Stücks« bewiesen, sondern »Vergangenheit und Gegenwart, die Realität und die Fiktion« kombiniert werden, um so »Widersprüchliches, Gegensätzliches, Unvereinbares zu kontaminieren« (S. 40). Büchner gelinge dies, indem er nicht die Titelfigur mit vermeintlichem Identifikationspotenzial seine eigenen idealistischen Grundsätze darlegen lässt, sondern hierfür den »Schreckensmann« (S. 42) Robespierre erwählt hat. Durch die gelungene »Hybridisierung der Diskurse« entstehe erst die »subversive Kraft« des Dramas (S. 44). Die interpretatorischen Schlüsse aus den beschriebenen Charakteristika sind zwar nicht gänzlich neuartig, sondern entsprechen weitestgehend bereits bekannten Ergebnissen, jedoch liefert Morawe der Büchner-Forschung interessante Termini, um das inhärente, dichte Beziehungsgeflecht und die Verschränkung der Bedeutungsebenen im Drama zu benennen.

In ihrem Aufsatz »Geschlecht, Gewalt, soziale Frage. Die Volkslieder in Büchners Dramen« weist Ariane Martin ebenfalls die Kunstfertigkeit des Schriftstellers nach, mit der er unterschiedlich tradiertes Quellenmaterial in neuartiger Weise kontextualisiert und mit einer von dem originären Sinn abweichenden Funktion ausgestattet hat, was hier vornehmlich »Danton's Tod« betrifft. Durch die importierten »volkskulturelle[n] Versatzstücke« vermittelt Büchner die materiellen und körperlichen Anliegen weiter Teile der durch Repression in ihrer Entfaltung eingeschränkten Bevölkerung in einer ihr angemessenen, genuinen Ausdrucksweise. Entsprechend »singt überwiegend das Volk, die Gruppe der Sansculotten« (S. 47) im Revolutionsdrama. Zwar haben bereits auch andere literaturwissenschaftliche Arbeiten die in den Dramen zitierten Volkslieder partiell analysiert, jedoch nicht in der umfänglichen Weise, in der Martin sich dem Thema gewidmet hat. Zudem kontrastiert die Philologin die verwendeten Elemente der mündlich tradierten Volkskultur mit immanenten intertextuellen Bezügen aus schriftlich überlieferten Quellen. Zu nennen wäre dabei vor allem die offensichtliche Shakespeare-Rezeption, da die vollständige »Schlussszene IV/9 von Büchners Revolutionsdrama [...] grundsätzlich im Rekurs auf Shakespeares *Hamlet* konzipiert« worden ist (S. 97).

Des Weiteren untersucht Martin die gesungenen Genderkonstellationen und entsprechenden Verhaltensmuster im Dramenfragment »Woyzeck«, in dem die »Aspekte Geschlecht, Gewalt und soziale Frage« (S. 100) von zentraler Bedeutung sind. Anhand vieler aufgeschlüsselter Beispiele schildert sie souverän und uneingeschränkt nachvollziehbar, wie die wiedergegebenen Volkslieder »poetisch verdichtet und die Dramen strukurierend die Verstrickung von Gender und Gewalt thematisieren und anhand dieser Verstrickung die soziale Frage sichtbar machen, die es [für Büchner] zu lösen gilt« (S. 126). Auch wenn Martin die beschriebenen literarischen Aspekte im Kontext einer Immanenzphilosophie des Dichters als vermeintlich neuartig wertet, kann die Konklusion, dass Büchner das Volk in den Dramen in seiner Sprache sprechen ließ und diesem »damit literarisch zu seinem Recht verholfen« (ebd.) hat, keinesfalls überraschen, sodass die Ergebnisse einer interessanten, kulturwissenschaftlich ausgerichteten Methodik sich doch in dem etablierten philologischen Büchner-Koordinatensystem eindeutig verorten lassen. Dennoch könnte eine weitere Beschäftigung mit der Genderthematik im Œuvre Büchners von großer Relevanz sein, sodass man hoffen darf, dass diesbezüglich weitere, vertiefende Studien ansetzen werden.

Bodo Morawes Aufsatz »Philosophische Autopsie. Büchners Spinoza« setzt sich noch wesentlich intensiver mit der Büchner'schen Rezeption des Amsterdamer Immanenzphilosophen auseinander. So charakterisiert Morawe Büchner als »Dichter-Philosophen ›sui generis‹« (S. 129) und zeichnet eine fortwährende Lektüre der Schriften Spinozas nach, die bereits in der Schulzeit des Dramatikers ihren Anfang nahm. In seinen Betrachtungen grenzt sich Morawe zudem deutlich von der in der Marburger Büchner-Ausgabe vertretenen Deutung der philosophischen Schriften des Dichters ab. Generell verfehle ein diffuses Philophieverständnis im Kommentar jener Edition »die einschlägige Geschichte der Spinoza-Rezeption von der radikalen Aufklärung über Hegel, Feuerbach, Heine bis zu Marx, Nietzsche und Freud« und »unterlässt es, Büchners Spinoza-Deutung in diesem theoriegeschichtlichen Zusammenhang zu diskutieren« (S. 135). In der Folge analysiert Morawe die Vorlesungsmanuskripte Büchners anhand der drei verschiedenen Editionen: Hamburger (1971), Frankfurter (1999) und Marburger Ausgabe (2010). Er beschreibt die angewandte Vorgehensweise des »Dichter-Philosophen« als »ostentativ, dialektisch und dynamisch« und benennt diese entsprechend als »philosophische Autopsie« (S. 148). Die Verschränkung der immanenzphilosophischen Studien und der Theorie einer sozialen Revolution versucht Morawe anhand von nicht immer gleichwertigen Beispielen aus dem literarischen Werk, den Vorlesungsskripten und der Korrespondenz Büchners zu konstruieren, was zuweilen etwas bemüht und zudem nicht immer überzeugend wirkt. Dennoch gelingt es Morawe, fundiert zu vermitteln, wie tiefgehend und das gesamte Werk durchdringend die Spinoza-Lektüre Büchners gewirkt hat, denn der »Diamant Spinoza hat den Diamanten Büchner geschliffen« (S. 180).

Die Conclusio bezüglich des Sammelbandes fällt differenziert aus. Einerseits erscheint es sinnvoll, sich dem Werk des außergewöhnlichen und seiner Zeit vorausgeeilten Dichters via Methodentransfer neuerlich zu widmen. Gerade kulturwissenschaftlich orientiertes Rüstzeug scheint für dieses Unterfangen geeignet zu sein. Andererseits handelt es sich bei einigen der entwickelten Thesen lediglich um Akzentverschiebungen, die nur bedingt von einem über Jahrzehnte etablierten Büchner-Verständnis abweichen. Dennoch scheint jene angewandte Methodik einer kulturwissenschaftlich orientierten Philologie begrüßenswert und folgerichtig zu sein. Die Büchner-Forschung wird also auch zukünftig durch neue Impulse bereichert werden, sodass man sich der Frage und entsprechenden Antwort aus dem Vorwort des Sammelbandes in jedem Fall anschließen kann: »Büchner und kein Ende? Büchner und kein Ende!« (S. 10)

Jan von Holtum

Janina Schmiedel: »*Sowohl im Leben wie in der Schriftwelt*«. *Untersuchungen zu den Versepen und einigen Zeitgedichten Heinrich Heines.* Hannover: Wehrhahn 2013. 279 S. € 29,50.

Die Paderborner Dissertation hat sich erneut einer Fragestellung zugewandt, die die Heine-Exegese von allem Anfang an umgetrieben hat: Wie verhalten sich Poesie und Leben, Dichtung und Wirklichkeit, vor allem politische Wirklichkeit, bei Heinrich Heine zueinander? Wir erinnern uns: Bereits Ludwig Börne und seine republikanischen Freunde haben gegen den ›Poeten‹ Heine polemisiert, der keinen festen Standpunkt im Leben habe, keinen ›Charakter‹, und der für eine gelungene Formulierung seine Überzeugungen aufzugeben bereit sei. Viel, sehr viel wurde seitdem über dieses Thema geschrieben, auf jeden Fall zu viel, um es vollständig in einer Dissertation aufzuarbeiten. Die Verfasserin hat das Thema von der Seite der Texte her eingegrenzt auf die Versepen und einige Zeitgedichte. Ihre Behauptung lautet, dass es Heine, anders als den Tendenzdichtern des Vormärz, nicht darum geht, mit der Kunst direkt einzugreifen in die Zeitläufte, sondern dass er dem »Ineinandergreifen von Dichtung und Wirklichkeit einen eigenen Charakter« gibt (S. 9) und durch dieses Syntheseverfahren Kunst gewissermaßen zu einem Teil des Lebens werden lässt. Diese These vom »Lebendigwerden der Kunst als Gegenentwurf zur Wirkung der Dichtung in die (politische) Wirklichkeit hinein« (S. 199) bemüht sich die Autorin in ihrer Untersuchung plausibel zu machen.

Zunächst erörtert sie Heines Kunstverständnis im Kontext von Jungem Deutschland und Vormärz und beschreibt seine Verteidigungslinie im Kampf für die poetische Substanz und gegen eine krude Wirkungsästhetik (Kap. 2). Zu Recht sieht sie Heine in den noch stärker ästhetisch geprägten Konzepten des Jungen Deutschland verwurzelt und vermisst in jeweils eigenen Abschnitten seinen Abstand zu den wichtigsten Vormärzlyrikern. Dieser ergibt sich vor allem aus der Verwendung der Ironie und anderer zur Leserirritation beitragender Stilmittel. Das 3. Kapitel widmet sich unter Rückgriff auf Hegels dialektisches Modell dem Versuch, Heines Ansatz als spezifische Form einer Synthetisierung von Kunst und Leben und Alternative zur ›littérature engagée‹ begrifflich zu fassen. Unterfüttert wird das mit Interpretationen der Gedichte »Mir träumte einst von einer Sommernacht« und »Jehuda ben Halevy«. Dabei wird einmal mehr deutlich, wie wenig systematisch Heines Gedankengänge sind und wie schwer es fällt, seine Verwendung der wichtigsten Begriffe (Leben, Kunst, Freiheit etc.) sauber zu beschreiben. Fazit ist an dieser Stelle, dass Heine eine Synthese von Kunst und Leben nur in dem flüchtigen Moment der poetischen Vollendung für erreichbar hält und die Poesie die Möglichkeit einer gelungenen Versöhnung zwar vorzuzeigen vermag, ohne sie freilich herbeizuführen.

Das umfangreichste 4. Kapitel enthält Analysen vor allem der beiden Versepen »Atta Troll. Ein Sommernachtstraum« und »Deutschland. Ein Wintermährchen« und ausgewählter »Zeitgedichte«. Mit einer Art ›close reading‹-Methode wendet die Verfasserin sich zentralen Figuren und Episoden der beiden Epen zu. Für »Atta Troll« sind dies der geheimnisvolle Jäger Laskaro und die Herodias-Figur aus der »Wilden Jagd«. Als eigentliches Thema des kleinen Epos sieht sie, mangels einer konsistenten Handlung, die Geschichte der Poesie selbst, ihrer Möglichkeiten und Vorzüge. Die Mischung aus realistischen und phantastischen Schilderungen, fiktiven und autobiographischen Elementen, aus Tier- und Menschenwelt, Traum und Wirklichkeit hält einzig die Figur des Dichter-Ichs zusammen, das auf all diesen unterschiedlichen poetischen Ebenen präsent ist und sie zu integrieren vermag. Gerade in dieser gleichzeitigen Teilhabe der Dichtung an verschiedenen, teils sogar widersprüchlichen Kontexten äußert sich jenes Element von Freiheit und Reflexion, das Heines Poesie- und Politikverständnis von dem der Tendenzdichter so nachdrücklich unterscheidet.

Sind solche Unterschiede in der phantastischen Welt des »Atta Troll« noch leichter festzumachen, fällt das im »Wintermährchen« mit seinem sehr direkten Bezug zur politischen Wirklichkeit der Heine-Zeit schon deutlich schwerer. Der Autor selbst hat in der Köln-Episode des Epos das Verhältnis von Wort und Tat direkt angesprochen und erkennt, so die Verfasserin, in der Begegnung mit dem Liktor die »Grenzen seiner Autonomie bzw. der Autonomie der Kunst« insgesamt (S. 211). Denn Wort und Tat gehorchen unterschiedlichen Voraussetzungen; die Tat kann sich auch gegen den Sinn des Wortes kehren. Im Blick auf die Barbarossa- und Hammonia-Kapitel des »Wintermährchens« und auf ausgewählte »Zeitgedichte« verdeutlicht die Autorin dann Strategien Heines, mit denen er trotz der beschränkten Möglichkeiten des Dichters dessen Freiheit gegenüber der Macht zu behaupten weiß. Dabei bestätigen sich die Ergebnisse der vorausgehenden Analysen: Es sind immer wieder vor allem Strategien der Irritation, des Ironisierens, des Verschweigens, die Heine einsetzt, um eine ›lebendige Kunst‹ zu schaffen, eine Kunst, die der Bestimmung des Menschen zur Freiheit Ausdruck zu geben vermag.

Auch wenn die bisherige Diskussion des Themas in dieser Untersuchung nicht immer die gebührende Berücksichtigung gefunden hat und angesichts der Fülle der Beiträge wohl auch nicht finden konnte, so weist ihre Grundthese von der Synthetisierung von Kunst und Leben als spezifisch Heine'scher Praxis politischer Dichtung in die richtige Richtung. Der Rezensent hat insbesondere das letzte Kapitel des Buches mit Gewinn gelesen, führt es doch eng am Text und mit ausführlichen Ausblicken auf verschiedene Referenztexte durch einige der schwierigen Passagen der Heine'schen Versepen, die eine Lektüre immer aufs Neue lohnen.

Bernd Kortländer

Nachruf

Marianne Tilch zur Erinnerung

Von Manfred Windfuhr, Kaarst

Der Tod reißt schmerzliche Lücken, die man provisorisch mit Erinnerungen füllt, um damit fertig zu werden. Heine kannte sich gut aus mit der Erinnerung und widmete ihr viele Gedichte und Prosa-Texte. In den »Elementargeistern« nannte er die Vergangenheit die »eigentliche Heimath« der Seele (DHA IX, 52) und verstand sich auf die Merkmale der Mnemonik, der Lehre von der Erinnerung. Man ersieht es aus dem 10. Kapitel des »Schnabelewopski« (DHA V, 181). Mnemonik leitet sich ab von Mnemosyne, bei den Griechen die Muse der Erinnerung. Auch in diesem Punkt kann man von Heine lernen.

Marianne Tilch starb am 24. Mai 2014 im Alter von 71 Jahren. Als ich sie kennenlernte, war sie gerade 30 und begann als Späteinsteigerin ihr Studium am Düsseldorfer Seminar. Sie hatte schon Berufserfahrung, u. a. als Buchhändlerin, also praktischen Umgang mit Drucken. Bei mir lernte sie den Umgang mit Handschriften. Sie wurde Mitglied der textkritischen Arbeitsgruppe, die ich zur Vorbereitung der Düsseldorfer Heine-Ausgabe eingerichtete hatte, um auf der Grundlage von Heine-Handschriften und mit Hilfe des Heine-Index Heines Schreibweise näher zu bestimmen, die Eigenheiten seiner Orthographie, Interpunktion und seines Wortgebrauchs. Wir kamen zu dem Ergebnis, dass Heine entgegen der damaligen Annahme nicht willkürlich, sondern nach bestimmbaren Regeln verfuhr – Grundlage für das Prinzip der Restitutionen in der Ausgabe.

Marianne Tilchs eindeutige Qualifikation für dieses hochspezialisierte Arbeitsfeld war Anlass, sie als Mitarbeiterin bei der DHA einzustellen. Wir haben 25 Jahre aufs engste im Bereich der Handschriftenanalyse, Lesartendarstellung und Textkritik zusammengearbeitet, neben der Kommentararbeit das philologische Zentrum einer historisch-kritischen Ausgabe. Ab 1986 betreute Marianne Tilch als Redakteurin die deutschsprachigen Teile von neun Einzelbänden, nämlich der

Bände II–V, VII, IX, X, XIII und XIV. Beim letzten Band XVI, der 1997 erschien, fungierte sie als Bandbearbeiterin für die Nachträge und Korrekturen. Nach Abschluss der Ausgabe wechselte sie zum Heine-Institut in verwandten Funktionen als Archivarin, noch einmal gut zehn Jahre lang bis 2008. Von 1996 bis 2008 war sie Redakteurin des Heine-Jahrbuchs, und ihre Stilsicherheit sowie ihr scharfer Blick, insbesondere für Zitierfehler, bewahrten so manchen Heine-Forscher, der im Jahrbuch publizierte, vor einem Fauxpas.

Ich erinnere mich aus der Anfangszeit, dass ihr die Zwischenprüfung wie ein Pflasterstein auf der Seele lag. Mit Anfang 30 noch in eine Prüfung zu gehen, das passte ihr gar nicht, das hielt sie für überflüssig, wo wir doch schon so eng zusammenarbeiteten. Was sollte da noch ein förmlicher Akt? Aber sie stellte sich der Nervenprobe, und ich half ihr mit bei der Überwindung der Klippe.

Noch genauer erinnere ich mich natürlich an ihre fachlichen Qualifikationen: Unbestechlichkeit, Nüchternheit und Scharfsinn. Ein Scharfsinn, aus winzigen Indizien produktive Schlüsse zu ziehen, eine ausgesprochen kriminalistische Begabung. Verbunden mit einem ständig wachsenden Detailwissen entwickelte sich hier eine Kollegin, der im Heinebereich nur ganz wenige das Wasser reichen konnten.

Aber ich hebe nicht allein ab auf die Quantität des Wissens, über Detailkenntnisse verfügen manche, sondern mehr noch auf Mariannes messerscharfes Urteilsvermögen. Um fachlich erstklassige Ergebnisse zu erzielen, braucht man auch ein hohes Maß an Vorurteilsfreiheit, gesundem Menschenverstand, kritischem Tiefenblick. Vorgefasste Meinungen, theoretische Konstrukte sind eher hinderlich, den konkreten Einzelfall zu erfassen und zu lösen. Man braucht auch Selbstkritik, um sich zu korrigieren. Wir haben of zusammengesessen und Fehleranalysen vorgenommen, um Fehler nicht zum zweiten Mal zu machen.

Neben ihrer herausragenden Kompetenz als Heine-Expertin verfügte Marianne Tilch über persönliche Eigenschaften, von denen wir alle profitiert haben. Ich nenne ihre Arbeitskraft und ihre ungewöhnliche Hilfsbereitschaft, mit der sie ihr Wissen bereitwillig weitergab: beim Einarbeiten nachrückender Kolleginnen und Kollegen ins Handschriftenlesen, bei der Lösung kniffliger Detailfragen, bei Auskünften über die entlegensten Heine-Bezüge usw. Und es gab als besondere Eigenschaft ihren von vielen gepriesenen Humor. Eine Trauerarbeit sollte sich nicht auf die fachlichen Seiten einer Verstorbenen beschränken, sondern die Persönlichkeit insgesamt im Blick behalten. Vielleicht begegnen wir ihr noch direkter als bei den vorher umrissenen Eigenschaften bei den folgenden Kostproben ihres Humors.

Als erstes zitiere ich den ganz ungewöhnlichen Schluss ihres Nachworts zu Band XVI der DHA, wo sie nach dem Dank an viele Helfer noch an andere Helfer erinnert:

[...] so möchte ich zum Schluss nur noch einen Dank besonderer Art abstatten. Er gilt einigen schnurrenden Geschöpfen, die uns über lange Jahre der Arbeit an der DHA begleiteten und durch ihre liebenswürdige Anwesenheit erfreuten: Luxus, Grappa, Lili, Lou und Larry. (DHA XVI, 833)

Der Dank an die fünf Katzen im Hof des Instituts ist gewiss eine nicht alltägliche Huldigung in einer anspruchsvollen, von vielen ehrwürdigen Institutionen geförderten Ausgabe. Die Katzen traten übrigens nicht alle gleichzeitig auf, sondern nacheinander, höchstens zu zweit.

Bei der zweiten Kostprobe handelt es sich um Nachbildungen im Heine-Stil, die von dem Heine-Freund und Heine-Fälscher Friedrich Steinmann stammen. Steinmann hatte bekanntlich nach Heines Tod in mehreren Publikationen unautorisierte Nachträge zu den Werken unseres Autors herausgeben, in denen er dreist Originaltexte mit eigenen und fremden Nachbildungen vermischte. Nach heftiger öffentlicher Kritik blieb ein ursprünglich für den Verlag Binger in Amsterdam vorgesehener Teil ungedruckt und befindet sich heute in der Koninklijke Bibliotheek in Den Haag. Marianne Tilch schrieb über diesen spektakulären Vorgang 2004 einen instruktiven Aufsatz[1] und schenkte mir zu meinem 70. Geburtstag einen hübschen Auszug aus diesen Steinmann-Falsifikationen. Ihr ironischer Titel lautete: »Lyrische Kostbarkeiten von Heinrich Heine«. Zur Illustration folgen einige Beispiele daraus; das erste passt gut zu den Katzen im Hof.

See-Katzenjammerlied

Kennt Ihr den Katzenjammer zu Land
Und den Katzenjammer zur See?
Vom Spiritus rührt der Eine her,
Der Zweite vom Wasser – o weh!
O weh, o weh, o weh!

Wer Einen genommen über'n Durst,
Und nimmer gegangen in See,
Der kennt wohl den Einen, den Andren nicht,
Den Katzenjammer zur See. O weh! usw.

Erzvater Noah viel lieber trank
Ein Schöppchen als eine Tass' Thee.
Bei der Sündfluth in seinem Kasten er schwamm
Hoch auf der stürmischen See. Juchheh!

Da litt der arme Erzvater gar sehr
Am Katzenjammer zur See,
Verwünschte das Wasser und sehnte sich
Nach dem Lande zurück – o weh!

Und als er vor Anker am Ararat lag,
Da war ihm nicht mehr so weh;
Da griff er durstig zum Gläschen und sprach:
Ich gehe nicht wieder zur See. Juchheh!

Erzvater Noah, du bist mein Mann!
Du trankst dir 'nen tüchtigen Zopf.
Ich mach' es wie du, und faßt mich auch
Der Katzenjammer beim Schopf.

Der Katzenjammer zu Lande ist
Ein Jammer des Jammers – o weh!
Allein der Schrecken der Schrecken ist
Der Katzenjammer zur See.
O weh, o weh, o weh!

Ich

Lachen darf der Großmogul nicht,
Küssen nicht der Pabst,
Wein der Sultan trinken nicht:
Alles du, Himmel, mir gabst!

Pabst, Großmogul, Sultan ich
Mögte drum nicht sein:
Mich erfreu'n, so oft ich will,
Scherz und Kuß und Wein.

Noble Passion in Lappmarken

In Lappland's eisigen Marken
Ist's nasenkalt und graus.
Dort lebt allein der Lappe,
Das Rennthier und die Laus,

Der Lapp' in schlechter Hütte,
Das Rennthier auf der Haid',
Die Laus auf Lappenkopfe,
Behaglicher als Beid'.

Der Lappe lebt vom Renne,
Das Renn vom Moose gut,
Doch besser noch als Beide
Die Laus von Lappenblut.

> Der Sonntag ist ein schlimmer
> Tag für die arme Laus;
> Dann zieht der Lapp' zur noblen
> Passion der Lausjagd aus.
>
> Nicht hat der Lappen-Junker
> Das Recht der Jagd und Hetz;
> Ein Jeder frei darf knicken,
> Ist gleich vor dem Gesetz.
>
> Ihr uckermärkischen Granden,
> Ihr Herren an Elb' und Rhein,
> Lappland's Aristokraten
> Laßt euch ein Beispiel sein!

Man könnte manches sagen zu dieser Mischung von Angelesenem und Holprigkeiten, eine gewisse burschikose Komik ist diesen Versuchen im Heine-Stil aber nicht abzusprechen.

Die letzten Proben stammen aus Tilchs und Kruses im Insel-Verlag erschienenen Bändchen »Heine für Boshafte« (2008). Darin wird der geistreiche und oft ätzende Ton unseres verehrten Meisters nicht nur nachgebildet, sondern original in einer Blütenlese vorgestellt. Marianne war von Prüderie weit entfernt und hätte es gewiss nicht als Taktlosigkeit empfunden, wenn bei diesem Anlass auch einige Krassheiten zur Sprache kommen. Ich zitiere nur Briefstellen und Prosanotizen.

Brief an Mutter Betty vom 4. Dezember 1847:
Meine Frau hat mir bereits mein Weihnachtsgeschenk gekauft (für ihr erspartes Geld) nemlich einen prächtigen Nachtstuhl, der wirklich so prächtig, daß sich die Göttinn Hammonia desselben nicht zu schähmen brauchte. Ich vertausche ihn nicht gegen den Thron des Königs von Preußen. Ich sitze darauf ruhig und sicher und scheiße allen meinen Feinden was! (HSA XXII, 267)

An Gustav Kolb, 17. April 1849:
Hier ist Alles still, denn wir haben, was wir wollen und sogar ein alter Bonapartist wie ich bin, mag allenfalls zufrieden gestellt seyn, wenn er vive Napoléon rufen hört! Dem Kommunismus geht es auch gut, obgleich er über schlechte Zeiten jammert. Wir haben alle kein Geld mehr und somit existirt de facto die communistische Gleichheit. Auch haben wir Weibergemeinschaft; nur die Ehemänner wissen es noch nicht. (HSA XXII, 309)

An Schwester Charlotte, 8. Mai 1824:
Wann gedenkst Du niederzukommen? Siehst Du jetzt, wie gut es ist wenn man rechnen gelernt hat? Schone Dich nur, laufe nicht zuviel, nasche nichts während Deiner Schwangerschaft sonst wird Dein Kind ein Näscher, auch lese jetzt keine Verse, sonst wird das Kind das Du bekommst, ein Poet, – welches wohl ein großes Unglück genannt werden kann. (HSA XX, 158)

Zum Alexander Weill-Vorwort, 1847:
Als ich Heine frug ob der Wihl ihm wirklich 200 Fr koste<te>, antwortete er: ja, aber es war nöthig zu seiner Abreise, und ich ward ihn los. Mit köstlicher Laune erzählte Heine, die Mystifikazionen die er an den armen Wihl ausgelassen, von dessen Narrenstreichen man hier noch viel erzählt und die alle aus der fixen Idee hervorgingen, daß er ein großer Dichter sey- Heine charakterisirte ihn sehr richtig mit den Worten: Wihl ist wahnsinnig, hat aber lichte Momente wo er bloß dumm ist. (DHA X, 309)

Aus den Prosanotizen:
Wenn das Laster so großartig, wird es minder empörend. Die Engländerinn beim Anblick eines ungeheuren Herkules, sie die sonst eine Scheu vor nakten Statuen, war hier weniger choquirt: »bey solchen Dimensionen scheint mir die Sache nicht mehr so unanständig.« (DHA X, 325)

An Franz Liszt vom 12. Oktober 1836 über den Pianisten und Komponisten Kalkbrenner:
Kalkbrenner nemlich befindet sich wohl und gesund. Wir reisten jüngst mit einander auf einem Dampfboote die Seine hinauf, von Paris nach Corbeil; diese Reise dauert gewöhnlich fünf Stunden, wenn man aber mit Kalkbrenner fährt, fährt man von Paris nach Corbeil in zehn Stunden. Gegen diese Windstille des Geistes hilft keine Dampfmaschine. Wir sprachen von der Kunst im Allgemeinen und von der Musik ins Besondere. (HSA XXI, 164)

An den ominösen Friedrich Steinmann vom 4. Februar 1821:
Indessen ich kenne zu gut das Gemüth des Dichters, um nicht zu wissen, dass ein Poet sich weit eher die Nase abschneidet, als daß er seine Gedichte verbrennt. Letzteres ist nur ein stehender Ausdruck für Beiseitelegen. Nur eine Medea kann ihre Kinder umbringen. Und müssen nicht Geisteskinder uns viel theurer sein als Leibeskinder, da letztere oft ohne sonderliche Mühe in einer einzigen Nacht gemacht werden, zu erstern aber ungeheure Anstrengung und viel Zeit angewendet wurde? (HSA XX, 37)

An August Lewald vom 15. Januar 1837:
Ihrem Style muß ich die höchsten Lobsprüche zollen. Ich bin kompetent in der Beurtheilung des Styls. Nur bei Leibe vernachläßigen Sie sich nicht und studiren Sie immer fort die Sprachwendungen und Wortbildungen von Lessing, Luther, Göthe, Varnhagen und H. Heine; Gott erhalte diesen letzten Classiker! (HSA XXI, 177f.)

Manchmal weiß man nicht, welchen Gefühlen eine Träne geschuldet ist: der Trauer oder der Freude, hier dem Vergnügen an der witzigen Überraschung und perfekten Pointe. Auch durch diese ausgewählten Proben dringt etwas von der unverwechselbaren Eigenart der Anthologistin hindurch.[2]

Diese Züge zu einem Marianne-Tilch-Porträt mögen genügen, damit wir sie im Gedächtnis behalten. Wir sind es ihr schuldig; wir werden sie nicht vergessen.

Anmerkungen

1 Vgl. Marianne Tilch: »Impertinenz und Unverschämtheit«, »Zudringlichkeiten und freche Stirn«. Friedrich Steinmanns Heine-Fälschungen. – In: »... und die Welt ist so lieblich verworren«. Heinrich Heines dialektisches Denken. Festschrift für Joseph A. Kruse. Hrsg. von Bernd Kortländer und Sikander Singh. Bielefeld 2004, S. 477–490.

2 Ein schöner Beleg für die Belesenheit und Texterschließung ist auch der stattliche Düsseldorf-Band, den Marianne Tilch zusammen mit Beatrix Müller herausgegeben hat. Darin wird die Stadt am Niederrhein durch Berichte von Bewohnern und Besuchern vom Barock bis zur Gegenwart farbig aufgeschlossen, meist von Künstlern aller Sparten. Das Vorspiel bildet ein fiktives Interview von Italo Calvino mit einem Neandertaler, bei dem im Kommentar nur Angaben darüber vermisst werden, »wann, wo und vor allem in welcher Sprache es geführt wurde«. Düsseldorf. Texte und Bilder aus vier Jahrhunderten. Hrsg. von Beatrix Müller und Marianne Tilch. Stuttgart 1991, S. 13.

Heine-Literatur 2013 mit Nachträgen

Zusammengestellt von Elena Camaiani

1 Primärliteratur

1.1 Gesamtausgaben
1.2 Einzelausgaben und Teilsammlungen
1.3 Texte in Anthologien
1.4 Übersetzungen

2 Sekundärliteratur

2.1 Studien zu Leben und Werk
2.2 Untersuchungen zur Rezeption
2.3 Forschungsliteratur mit Heine-Erwähnungen und -Bezügen

3 Literarische und künstlerische Behandlung von Person und Werk

3.1 Literarische Essays und Dichtungen
3.2 Werke der bildenden Kunst
3.3 Werke der Musik, Vertonungen

4 Rezensionen

5 Allgemeine Literatur mit Heine-Erwähnungen und -Bezügen

1 Primärliteratur

1.1 Gesamtausgaben

1.2 Einzelausgaben und Teilsammlungen

Binden Lesen Schenken: J. W. v. Goethe: Osterspaziergang. H. Heine: Nachtgedanken. Brüder Grimm: Schneewittchen. 3 Klassiker zum Selbstbinden. Bad Arolsen 2012.
Heine, Heinrich: Der arme Peter. Ill. von Peter Schössow. München 2013.

Heine, Heinrich: Buch der Lieder. Hrsg. von Bernd Kortländer. Bibliogr. erg. Ausg. Stuttgart 2006. (Reclams Universal-Bibliothek; 2231).
Heine, Heinrich: Deutschland. Ein Wintermärchen. Mit e. Nachw. von Thomas Rosenlöcher. Frankfurt a.M.; Leipzig 2013. (Insel-Taschenbuch; 4537: klassik).
Heine, Heinrich: Die Harzreise. Hrsg. von Manfred Windfuhr. Stuttgart 2013. (Reclams Universal-Bibliothek; 2221).
Heine, Heinrich: Die Harzreise. Hrsg., mit Anmerkungen und e. Nachw. von Joachim Bark versehen. Stuttgart 2013.
Heine, Heinrich: Heinrich Heine für Große und Kleine. Mit Bildern von Reinhard Michl. Hrsg. von Jan-Christoph Hauschild. Neuausg. München 2013.
Heine, Heinrich: Liebesgedichte. Ausgew. von Thomas Brasch. 3. Aufl. Frankfurt a.M.; Leipzig 2006. (Insel-Taschenbuch; 2822).
Heine, Heinrich: O wie lieb ich das Meer. Ein Buch von der Nordsee. Hrsg. von Jan-Christoph Hauschild. Hamburg 2013.
Heine, Heinrich: Was bedeuten gelbe Rosen? Eine lyrische Blütenlese. Hrsg. von Jan-Christoph Hauschild. Hamburg 2013.

1.3 Texte in Anthologien

Alle Tage ein Gedicht. [Ausgew. von Nele Holdack]. Berlin 2012.
Die besten deutschen Gedichte. Ausgew. von Marcel Reich-Ranicki. Berlin 2012. (Insel-Taschenbuch; 4186).
Deutsche Gedichte. Eine Anthologie. Hrsg. von Dietrich Bode. Erw. Neuausg. Stuttgart 2011. (Reclams Universal-Bibliothek; 8012, 4).
Deutsche Naturlyrik. Eine Auswahl. Hrsg. von Dietrich Bode. Stuttgart 2012. (Reclams Universal-Bibliothek; 18944).
Deutschland – das Buch. Erleben, was es bedeutet. Hrsg. von Gordon Lueckel & Johannes Thiele. Gestaltet von Christopher Knaus. München; Wien 2009.
Es geht um Poesie. Schönste Texte der deutschen Romantik. Hrsg. von Anne Bohnenkamp. Frankfurt a.M. 2013. (Fischer; 19857).
Firlefanz. Ganz und gar und gar und ganz. Sinn- und Unsinnsgedichte. Hrsg. von Jens Sparschuh. Mit Bildern von Susanne Strasser. Berlin [2012].
Der Garten der Poesie. Gedichte. Hrsg. von Anton G. Leitner und Gabriele Trinckler. Neuausg. München 2010.
Gedichte der deutschen Romantik. Hrsg. und eingel. von Yomb May. Wiesbaden 2013.
Gedichte für einen Sommertag. Hrsg. von Gudrun Bull. Neuausg. München 2011. (dtv; 14005).
Gedichte für einen Wintertag. Hrsg. von Gudrun Bull. 5. Aufl. München 2011. (dtv; 13604).
Gedichte für Freunde. Hrsg. von Gudrun Bull. München 2012. (dtv; 14178).
Gedichte zur Weihnacht. Hrsg. von Stephan Koranyi und Gabriele Seifert. Stuttgart 2009.
Geisterstunde. Ein Lesebuch. Ausgew. von Günter Stolzenberger. Frankfurt a.M.; Leipzig 2004. (Insel-Taschenbuch; 3108).
Das große Osterbuch. Hrsg. von Günter Stolzenberger. München 2013. (dtv; 14194).
Ja, die Jugend ... Ausgew. von Rainer Weiss. Frankfurt a.M.; Leipzig 2006. (Lektüre zwischen den Jahren; 2006).
Knaurs Buch der Werte. Hrsg. von Friedrich Schorlemmer. München 2003.

Lass uns mit dem Feuer spielen. Die hundert schönsten Liebesgedichte. Hrsg. von Tobias Lehmkuhl. Berlin 2013.
Lebe glücklich, lebe froh wie der Mops ... Die schönsten Gedichte für die ganze Familie. Hrsg. von Gerlinde Wiencirz. Mit Bildern von Zora. München 2007.
Lesezauber. Advent mit Heine – Briefbuch zum Aufschneiden. 24 Gedichte und Geschichten. Konzept und Textsammlung: Gerlinde Wermeier-Kemper. Münster 2013.
Mit Gedichten durchs Jahr. Ein lyrischer Kalender mit 365 Gedichten. Ausgew. von Daniel Kampa. Zürich 2012. (Diogenes-Taschenbuch; 24179).
Mutter – einfach die Beste. [Dt. Textsammlung: Katrin Gebhardt]. Münster 2003.
Ein Panorama europäischen Geistes. Texte aus drei Jahrtausenden. Ausgewählt und vorgestellt von Ludwig Marcuse. Bd. 3: Von Karl Marx bis Thomas Mann. Zürich 2008.
Die Rose. Ausgew. von Beatrix Müller-Kampel. Frankfurt a.M.; Leipzig 2000. (Insel-Taschenbuch; 2619).
Schlimme Ehen. Ein Hochzeitsbuch. Aus vielen Quellen zusammengetragen von Manfred Koch und Angelika Overath. Limitierte & nummerierte Erstausg. Frankfurt a.M. 2000. (Die andere Bibliothek; 189).
Die schönsten deutschen Gedichte. Hrsg. von Lukas Moritz. Köln 2010.
Die schönsten Weihnachtsgedichte. Ausgew. von Gesine Dammel. Frankfurt a.M.; Leipzig 2006. (Insel-Taschenbuch; 3228).
Die schönsten Wintergedichte. [Fotos: Götz Gußmann]. Stuttgart 2010. (Die kleine Reihe; [2]).
Das Spiel des Lebens. Ausgew. von Hans-Joachim Simm. Frankfurt a.M.; Leipzig 2005. (Lektüre zwischen den Jahren; 2005).
Tausenderlei über die Liebe. 1000 Zitate, Aphorismen, Bonmots und Gedankensplitter über das Thema Nummer Eins. Über Treue und Freundschaft. Frank Weber [Hrsg.]. 5. Aufl. Norderstedt 2012.
»Der Tod ist groß«. Erzählungen und Gedichte aus 800 Jahren. Hrsg.: Margarete Graf. Düsseldorf 2007.
Und meine Seele spannte weit ihre Flügel aus. Hundert deutsche Gedichte. Hrsg. und mit e. Nachw. von Richard Wagner. Berlin 2013.
Von der Toleranz. Ausgew. von Hans-Joachim Simm. Frankfurt a.M.; Leipzig 2007. (Lektüre zwischen den Jahren; 2007).
Von Insel zu Insel. Ein Lesebuch. Ausgew. von Lothar Meyer. Frankfurt a.M.; Leipzig 2004. (Insel-Taschenbuch; 3054).
Was also ist die Zeit? Erfahrungen der Zeit. Gesammelt von Gottfried Honnefelder. 3. Aufl. Frankfurt a.M.; Leipzig 2004. (Insel-Taschenbuch; 1774).
Weihnachten. Gedichte. Ausgew. von Stephan Koranyi. Stuttgart 2011. (Reclams Universal-Bibliothek; 18894).
Weihnachtsgedichte. Hrsg. von Anton G. Leitner und Gabriele Trinckler. Mit Ill. von Julia Jonas. München 2012. (dtv; 14165).
Weiße Blumen. Bilder und Texte. [Textausw. von] Maria-Therese Tietmeyer. 2. Aufl. Frankfurt a.M.; Leipzig 2010. (Insel-Bücherei; 1317).
Die Welt hebt an zu singen. Musik-Gedichte. Hrsg. von Gabriele Sander. Stuttgart 2011.
Winterzauber. Lesung. Der Audiobuch-Adventskalender. Sprecher: Anna Thalbach und Stefan Kaminski. Zeichnungen: Silke Leffler. Freiburg i.Br. 2011. 1 CD.
Zu den Sternen fliegen. Gedichte der Romantik. Ausgew. und hrsg. von Rüdiger Görner. München 2008. (dtv; 13660).

1.4 Übersetzungen

Comparative critical Studies 8, 2011, 1. [Gedichte in engl. Übersetzung von Laurence Lerner S. 106–110].
Izbrannye perevody. V dvuch tomach. Vil'gel'm Levik. Preddisl. G. Kruzkov. Moskau 2007. 2 Bde. [Gedichte in russ. Übersetzung].
»Pered vsemirnoj krasotoju ...« Žemčužiny evropejskoj poèzii. [Tekst parallel. na russkom i inostrannych jazykach]. V perevodach Afanasija Feta. Moskau 2011. [Gedichte in russ. Übersetzung; Paralleldruck mit dt. Originaltexten].

2 Sekundärliteratur

2.1 Studien zu Leben und Werk

Adloff, Kristlieb: »Hier ist kein Jude noch Grieche« (Gal 3,28) oder Ein deutscher Dichter, europäischer Schriftsteller und durch die Taufe nicht abzuwaschender Jude: H. (Harry versus Christian Johann Heinrich) Heine. – In: Ders.: Paulus. Prophet des Gottesreiches. Stuttgart 2013. S. 92–100.
Angelov, Angel Valentinov: Metropolis und Exotik. Heinrich Heine über Leopold Robert und Alexandre-Gabriel Decamps. – In: Monatshefte für deutschsprachige Literatur und Kultur 105, 2013, 1. S. 45–70.
Bachmann, Vera: Durchsicht oder Spiegelung? Heinrich Heines »Seegespenst«. – In: Dies.: Stille Wasser – tiefe Texte? Zur Ästhetik der Oberfläche in der Literatur des 19. Jahrhunderts. Bielefeld 2013. S. 168–192. (Lettre). [Zugl.: München, Univ., Diss., 2010].
Böhm, Alexandra: Heine und Byron. Poetik eingreifender Kunst am Beginn der Moderne. Berlin 2013. (Hermaea; NF 126). [Zugl.: Erlangen-Nürnberg, Univ., Diss., 2010].
Böhmer, Otto A.: Nichts als ein Dichter. Heine und das Selbstbewußtsein der Freiheit. – In: Ders.: Das Abenteuer der Inspiration. Porträts deutscher Dichter von Lessing bis Dürrenmatt. Zürich 2012. S. 221–239.
Braun, Peter: Dichterköpfe. Heinrich Heine. Dortmund 2013. 2 CDs.
Brückner, Leslie: »Der Sumpf, der in der Mitte liegt«. Darstellungen der Julimonarchie bei Heinrich Heine und Adolphe-François Loève-Veimars. – In: HJb 52, 2013. S. 54–73.
Detering, Heinrich: Nachwort. – In: Andersen, Hans Christian: Landschaft mit Poet. Gedichte. Ausgew. und übertr. von Heinrich Detering. Göttingen 2005. S. 107–115.
Enzensberger, Hans Magnus: Ein deutsches Zerwürfnis. Börne und Heine. – In: Ders.: Scharmützel und Scholien. Über Literatur. Hrsg. Von Rainer Barbey. Frankfurt a.M. 2009. S. 523–525. (Suhrkamp Quarto).
Felten, Georges: Odysseus am Rhein. Heines »Ich weiß nicht, was soll es bedeuten« als poetologische Selbstverortung. – In: HJb 52, 2013. S. 24–41.
Filitz, Martin: blieb ich doch immer ein Romantiker. Anmerkungen zu Leben und Werk des jüdischen Dichters Heinrich Heine. [Vortrag im Rahmen des Gemeindenachmittags am Reformationstag, dem 31. Oktober 2006 im Gemeindehaus der Ev.-ref. Domgemeinde Halle]. Halle 2006.
Füllner, Karin: Von Skandalen, Positionen, Politik und Poesie. 15. Forum Junge Heine Forschung 2012 mit neuen Arbeiten über Heinrich Heine. – In: HJb 52, 2013. S. 227–232.

Furtado Kestler, Izabela Maria: Der Begriff »Goethesche Kunstperiode« von Heinrich Heine. – In: Ibero-amerikanisches Jahrbuch für Germanistik 1, 2007. S. 19–29.

Gelbrich, Dorothea: ›Die Götter Griechenlands‹ bei Schiller und Heine. Kleiner Essay anlässlich erneuter Lektüre. – In: In gebrochener Synthese. Beiträge zur Literatur, Kultur und Sprache. Barbara Widawska ... [Hrsg.]. Słupsk 2009. S. 48–61. (Festschrift für Prof. Dr. habil. Klaus Hammer; 1).

Gondorf, Ulrike: Heinrich Heine beendet seine Deutschlandreise. ZeitZeichen, Sendung vom 07.12.2008. WDR. Autorin: Ulrike Gondorf. Red.: Hildegard Schulte. Köln 2008. 1 CD.

Grau, Gerd-Günther: Heinrich Heine und die religiöse Frage. – In: Ders.: Zur Philosophie des Humors. Wilhelm Busch, Heinrich Heine, Sören Kierkegaard. Nordhausen 2012. S. 37–57.

Großklaus, Götz: Heinrich Heine. Der Dichter der Modernität. München 2013.

Habermas, Jürgen: Zeitgenosse Heine. Endlich ist er »unser« – aber was sagt er uns noch? Dankrede [zur Verleihung des Heine-Preises 2012]. – In: HJb 52, 2013. S. 187–200.

Handbuch der deutschsprachigen Exilliteratur. Von Heinrich Heine bis Herta Müller. Hrsg. von Bettina Bannasch und Gerhild Rochus. Berlin [u. a.] 2013. (De Gruyter Reference. De Gruyter Handbook).

Hauschild, Jan-Christoph: »Hofdichter der Nordsee«. Vorwort. – In: Heine, Heinrich: O wie lieb ich das Meer. Ein Buch von der Nordsee. Hrsg. von Jan-Christoph Hauschild. Hamburg 2013. S. 7–12.

Hay, Louis: Le cas Heine ou A quoi sert la critique genetique?! – In: Œuvres & critiques 25, 2000, 1. S. 164–180.

Hessing, Jakob: Heinrich Heine: A better Song. – In: Naharaim 3, 2009, 2. S. 155–176.

Hetmann, Frederik: Über Heinrich Heine. Was gibt's da zu rätseln?. – In: Ders.: Röbbelen, Ingrid; Tondern, Harald: Dichter leben. 35 Portraits von Grimmelshausen bis Grass. Weinheim 2008. S. 186–203. (Gulliver-Taschenbuch; 5529).

Honsza, Norbert: Heinrich Heine: Der Schatten des Juden. Reflexionen nach 157 Jahren. – In: Deutsch-jüdische Identität. Mythos und Wirklichkeit. Ein neuer Diskurs? Norbert Honsza, Przemysław Sznurkowski (Hrsg.). Frankfurt a.M. 2013. S. 49–56. (Polnische Studien zur Germanistik, Kulturwissenschaft und Linguistik; 5).

Honsza, Norbert: Zbuntowany geniusz. Heinrich Heine – biografia. Breslau 2013.

auf der Horst, Christoph: Heinrich Heine und die pathographische Illusion. – In: HJb 52, 2013. S. 116–141.

Jaśtal, Katarzyna: »Biedny krewniak i nieszczęsny marzyciel«. O postaci Chrystusa w twórczości Heinricha Heinego. – In: »Cóż za księga!« Biblia w literaturze niemieckojęzycznej od Oświecenia po współczesność. Pod red. Marii Kłańskiej ... Krakau 2010. S. 259–273.

Jaśtal, Katarzyna: Körperkonstruktionen in der frühen Prosa Heinrich Heines. Krakau 2009.

Jung, Werner: Heines Ort . – In: Ibero-amerikanisches Jahrbuch für Germanistik 5, 2011. S. 45–57. – Dass. in: Ders.: Raumphantasien und Phantasieräume. Essays über Literatur und Raum. Bielefeld 2013. S. 104–112. (Aisthesis-Essay; 40).

Keiser, Wolfhard: Beliebte Balladen interpretiert. 2. Aufl. Hollfeld 2008. (Königs Lernhilfen Deutsch; Klassen 9–13).

Kilchmann, Esther: ›Kein Wasser löscht dieses griechische Feuer.« Heinrich Heines kulturhistorische Reformulierung des klassischen Hellas-Bezugs in ›Die Nordsee‹ und ›Briefe aus Helgoland‹. – In: Vormärz und Philhellenismus. Hrsg. von Anne-Rose Meyer. Bielefeld 2013. S. 287–312. (Forum Vormärz-Forschung: Jahrbuch 18, 2012).

Koopmann, Helmut: Heines verkannte »Aphorismen« und »Fragmente«. Literarische Fehlurteile und Überlegungen zu deren Revision. – In: Ders.: Nachgefragt. Zur deutschen Literatur des 18. und 19. Jahrhunderts. Frankfurt a.M. 2013. S. 187–204. (Das Abendland; NF 37).

Koopmann, Helmut: Heines ›Millennium‹ und Eichendorffs ›alte schöne Zeit‹. – In: Ders.: Nachgefragt. Zur deutschen Literatur des 18. und 19. Jahrhunderts. Frankfurt a.M. 2013. S. 205–230. (Das Abendland; NF 37).

Krausnick, Michail: Dort wo man Bücher verbrennt … »Dichter unbekannt«. Heinrich Heine (1797–1856). – In: Ders.: Es war einmal. Als das Wünschen noch geholfen hat. Norderstedt 2013. S. 5–9. (Reihe Rhein-Neckar-Brücke; 11).

Kruschwitz, Hans: Kämpe und Gourmand der Revolution. Zur Genussdoktrin in Heines »Deutschland. Ein Wintermärchen«. – In: HJb 52, 2013. S. 42–53.

Kruse, Joseph Anton: Himmel und Hölle. Heinrich Heines Hamburg. – In: Salomon Heine in Hamburg. Geschäft und Gemeinsinn. Im Auftr. des Heine-Haus e.V. hrsg. von Beate Borowka-Clausberg. Göttingen 2013. S. 32–63.

Kupferberg, Yael: Von der poetischen Sprache des Diesseits. Heinrich Heine und der Logos des Witzes. – In: Jahrbuch des Simon-Dubnow-Instituts 10, 2011. S. 15–35.

Liedtke, Christian: »Das ästhetische Teegewäsche«. Heinrich Heine und der Tee in der deutschen Dichtung. – In: Teewege. Historie, Kultur, Genuss. (Sonderausstellung vom 30. Juni – 3. November 2013). Hrsg. von Markus Mergenthaler im Auftrag des Knauf Museums Iphofen. Dettelbach 2013. S. 208–213.

Liedtke, Christian: Heinrich Heine, »Wandelnder Traumjäger« und »Hofdichter der Nordsee«. – In: Oehring, Helmut: Sehnsuchtmeer oder Vom fliegenden Holländer. Oper nach dem »Fliegenden Holländer« von Heinrich Heine und Richard Wagner. Uraufführung 8. März 2013 – Opernhaus Düsseldorf. Libretto von Stefanie Wördemann. Auftragswerk der Deutschen Oper am Rhein. Musikal. Leitung: Axel Kober. Inszenierung: Claus Guth. Dramaturgie: Hella Bartnig. Düsseldorf 2013 (Deutsche Oper am Rhein; Spielzeit 2012/13). S. 42–45.

Liedtke, Christian: Kommentiertes Bestandsverzeichnis der Düsseldorfer Heine-Autographen. Neuerwerbungen: 1999–2013. – In: HJb 52, 2013. S. 201–226.

Liedtke, Christian: »Setzen Sie dem Salomon zu!« Julius Campe und die Familie Heine. – In: Salomon Heine in Hamburg. Geschäft und Gemeinsinn. Im Auftr. des Heine-Haus e.V. hrsg. von Beate Borowka-Clausberg. Göttingen 2013. S. 101–119.

Liedtke, Christian: Das verratene Idol. Heinrich Heine und Richard Wagner in Paris. – In: Richard Wagner. Sein Leben, sein Werk, sein Mythos. [Red.: Hella Kemper]. Hamburg 2013. S. 36–37. (Zeit-Geschichte; 2013, 1).

Löck, Alexander: Denkt Ich an Deutschland. Humor und Lebenswelt bei Heine. – In: Literatur & Lebenswelt. Alexander Löck; Dirk Oschmann (Hrsg.). Wien [u.a.] 2012. S. 145–164. (Literatur und Leben; 82).

Marx, Reiner: Heinrich Heine und die Zensur. Der Dichter als ihr Opfer und geheimer Nutznießer. – In: Zensur im Vormärz. Pressefreiheit und Informationskontrolle in Europa. Gabriele B. Clemens (Hrsg.). Ostfildern 2013. S. 249–258. (Schriften der Siebenpfeiffer-Stiftung; 9).

Michaelis, Anne-Gabriele: Die Welt der Poesie für neugierige Leser. Hrsg. und mit e. Vorw. vers. von Jan Michaelis. Bd. 7: Autorinnen und Autoren des Realismus. Heinrich Heine; Gottfried Keller; Theodor Fontane; Marie von Ebner Eschenbach. Leipzig 2012.

Mocović, Snežana: Text als Bild. Das ›Bild‹ der Loreley – Heinrich Heine vs. Nina Hagen. [Die Arbeit wurde unter gleichem Titel bei der SOEGV-Konferenz in Tirana am 17.11.2012 vorgetragen]. Tirana 2012.

Mojem, Helmuth: Heine über Uhland. Literaturgeschichtliche Reminiszenzen. – In: Ludwig

Uhland. Tübinger linksradikaler Nationaldichter. [Anlässlich der Ausstellung, Stadtmuseum Tübingen, 5. Oktober – 2. Dezember 2012]. Hrsg. von Georg Braungart ... Tübingen 2012. S. 43–56. (Tübinger Kataloge; 95).

Morgenroth, Claas: »Zugleich sollte auch mein Name ganz ausgerottet werden aus dem Gedächtniß der Menschen«. Schreiben und Streichen in Heinrich Heines ›Lutezia‹. – In: Schreiben und Streichen. Zu einem Moment produktiver Negativität. Hrsg. von Lucas Marco Gisi ... Göttingen 2011. S. 131–156. (Beide Seiten; 2).

Müller, Ricarda: Den Leser in die Irre führen: die überraschende Wendung im Gedicht. Ein kreatives Schreibprojekt zu Catull und Heinrich Heine. – In: Der altsprachliche Unterricht Latein, Griechisch 51, 2008. S. 66–72.

Perraudin, Michael: Heine's Byron-Translations. How good are they, and how proficient was Heine's English? – In: HJb 52, 2013. S. 74–90.

Peters, George F.: »Jeder Reiche ist ein Judas Ischariot«. Heinrich Heine and the Emancipation of the Jews. – In: Monatshefte für deutschsprachige Literatur und Kultur 104, 2012, 2. S. 209–231.

Pfister, Eva; Liedtke, Christian: Einblicke in eine literarische Ehe. Der Briefwechsel zwischen Autor Heine und Verleger Campe. Deutschlandfunk, Büchermarkt, 6.12.2007. Köln 2007. 1 CD.

Preuss, Werner H.: Die Heines in Lüneburg. – In: Salomon Heine in Hamburg. Geschäft und Gemeinsinn. Im Auftr. des Heine-Haus e.V. hrsg. von Beate Borowka-Clausberg. Göttingen 2013. S. 219–233.

Ranke, Wolfgang: »Die Götter Griechenlands«. Heines Replik auf Schiller und die Romantik. – In: HJb 52, 2013. S. 1–23.

Redlich-Gaida, Anna: Heinrich Heine: ›Jehuda ben Halevy‹ (1851). – In: Handbuch der deutschsprachigen Exilliteratur. Von Heinrich Heine bis Herta Müller. Hrsg. von Bettina Bannasch und Gerhild Rochus. Berlin [u.a.] 2013. S. 321–328. (De Gruyter reference. De Gruyter handbook).

Risch, Anastasia: »... wir schaffen aus Ruinen«. Der Byronismus als Paradigma der ästhetischen Moderne bei Heine, Lenau, Platen und Grabbe. Würzburg 2013. (Philologie der Kultur; 7). [Zugl. leicht überarb. Fassung von: Zürich, Univ., Diss., 2011].

Rohlfes, Joachim: Heinrich Heine: Deutschland. Ein Wintermärchen (1844). – In: Geschichte in Wissenschaft und Unterricht 62, 2011, 9/10. S. 593–608.

Rokem, Na'ama: Prosaic Conditions. Heinrich Heine and the Spaces of Zionist Literature. Evanston, IL 2013. [Zugl.: Stanford, CA, Univ., Diss., 2007 u.d.T.: »Prosaic Conditions. Writing in the modern Mode from Hegel to Bialik«].

Ruffing, Reiner: »Ein neues Lied, ein besseres Lied, o Freunde, will ich Euch dichten! Wir wollen hier auf Erden schon das Himmelreich errichten.« »Deutschland. Ein Wintermärchen« von Heinrich Heine (1797–1856). – In: Ders.: »Ich lasse das Leben auf mich regnen«. 50 philosophische Denkanstöße aus der Literatur. München 2010. S. 105–111.

Scheithauer, Jan: »Land der Philister« – »Land der Freiheit«. Jüdische, deutsche und französische Identitäten beim jungen Heine. Bielefeld 2013. (Vormärz-Studien; 28).

Schmiedel, Janina: »Sowohl im Leben wie in der Schriftwelt«. Untersuchungen zu den Versepen und einigen Zeitgedichten Heinrich Heines. Göttingen 2013. [Zugl.: Paderborn, Univ., Diss., 2012].

Schneider, Rolf: Worte! Worte! Keine Taten! Heinrich Heine und Elise Krinitz. – In: Ders.: Ich bin ein Narr und weiß es. Liebesaffären deutscher Literaten. 3. Aufl. Berlin 2002. S. 46–51. (AtV; 1755).

Singh, Sikander: »Nur eine Kirch' der Liebe ist die Erde.« Heinrich Heines Deutungen des Islam. – In: Islam in der deutschen und türkischen Literatur. Michael Hofmann; Klaus von Stosch (Hrsg.). Paderborn [u.a.] 2012. S. 81–94. (Beiträge zur komparativen Theologie; 4).

Söhn, Stefan: Diese »illiberalste Wissenschaft«. Heinrich Heine und die Juristerei. – In: Dichter als Juristen. Hermann Weber (Hrsg.). Berlin 2004. S. 102–116. (Recht, Literatur und Kunst in der Neuen Juristischen Wochenschrift; 6. Juristische Zeitgeschichte / 6; 18).

Sonkwe Tayim, Constantin: Kulturelle Identität und Differenz. Das Jüdische und das Christliche in Heinrich Heines ›Rabbi von Bacherach‹. – In: Aussiger Beiträge 4, 2010. S. 55–66.

Stähli, Thomas: Spuren ›multipler Autorschaft‹ in Heinrich Heines autobiografischen und kulturgeschichtlichen Schriften. – In: Medien der Autorenschaft. Formen literarischer (Selbst-)Inszenierung von Brief und Tagebuch bis Fotografie und Interview. Lucas Mario Gisi ... (Hrsg.). München 2013. S. 59–68.

Stähr, Anne: »Die entsetzliche Nothwehr einer unglücklichen Frau«. Der Giftmörderinnendiskurs des 19. Jahrhunderts in Heinrich Heines Feuilleton. – In: Das Geschlecht der Anderen. Figuren der Alterität: Kriminologie, Psychiatrie, Ethnologie und Zoologie. Sophia Könemann, Anne Stähr (Hrsg.). Bielefeld 2011. S. 123–134. (GenderCodes; 15).

Stašková, Alice: Heines Sonette – wie romantisch? – In: Politische Romantik im 19. und 20. Jahrhundert. Betreut und bearb. von Ulrich Breuer. Frankfurt a.M. [u.a.] 2012. S. 159–164. (Vielheit und Einheit der Germanistik weltweit; 7. Publikationen der Internationalen Vereinigung für Germanistik (IVG); 7. Akten des ... Internationalen Germanisten-Kongresses; 7).

Stašková, Alice: Weltbezüge in Musik. Heinrich Heines Musikkritik und die französische Romantik. – In: Auftakte und Nachklänge romantischer Musik. Hrsg. von Walter Hinderer. Würzburg 2012. S. 73–92. (Stiftung für Romantikforschung; 56).

Taumer, Winfried: Heine war enttäuscht von Treff mit Müllner. – In: Amtsblatt der Einheitsgemeinde Stadt Teuchern 2013, 8. S. 6.

Theisen, Karl-Heinz: Gedanken zu Heinrich Heine. Mit Herzblut für die wahre Freiheit. – In: Die Bilker Sternwarte 54, 2008, 9. S. 268–269.

Töller, Christian: »... fand ich nicht mehr«. Neues Textfragment aus Heines Wintermärchen. – In: Düssel Depesche. 2013, 8. S. 6.

Unger, Thorsten: »So brauchen wir gar keinen Kaiser.« Zur Barbarossa-Episode in Heinrich Heines ›Deutschland. Ein Wintermärchen‹. – In: Miscelânea de estudos em homenagem a Maria Manuela Gouveia Delille. Coordenado por Maria Teresa Delgado Mingocho ... Bd. 1. Coimbra 2011. S. 455–471.

Unger, Torsten: Altarbilder der Tugend und Sittlichkeit. Heinrich Heine. – In: Ders.: Schillers Kritiker. Freiheitsschwabe und Moral-Trompeter. Erfurt 2013. S. 119–124.

Vöhler, Martin: Sphinx und Ödipus. Konstellationen ihrer Begegnung bei Sophokles – H. Heine – O. Wilde. – In: Fragen an die Sphinx. Kulturhermeneutik einer Chimäre zwischen Mythos und Wissenschaft. Bernadette Malinowski ... (Hrsg.). Heidelberg 2011. S. 51–70. (Beiträge zur neueren Literaturgeschichte; 290).

Wege, Sophia: Wahrnehmung – Wiederholung – Vertikalität. Zur Theorie und Praxis der Kognitiven Literaturwissenschaft. Bielefeld 2013. [Zugl.: München, Univ., Diss., 2011]. [Kapitel 9 »Heine, haltlos« S. 348–399].

Windfuhr, Manfred: »Generalschlüssel zum Verständnis der ›Lutezia‹«. Volkmar Hansens Heine-Studien [Rede]. – In: HJb 52, 2013. S. 245–248.

2.2 Untersuchungen zur Rezeption

Borchmeyer, Dieter: Heinrich Heine in der Walhalla. – In: Bayerische Akademie der Schönen Künste: Jahrbuch 24, 2011. S. 81–84.
Brüggemann, Axel: Nicht Heine, nicht Freud: Wagner! – In: Opernwelt 47, 2006, 4. S. 8–11.
Craciun, Ioana: »Ich bin ein Kind der Revolution.« Zur Gestalt Heinrich Heines in Tankred Dorsts Theaterstück »Harrys Kopf«. – In: Transcarpathica 5/6, 2006. S. 178–203.
Di Benedetto, Arnaldo: Traduttori italiani di Heine nell'Ottocento. Del Re, Nievo, Zendrini, Carducci. – In: Giornale storico della letteratura italiana 587, 2002. S. 361–388.
Drews, Peter: Heine und die Slaven. Die gesamtslavische Rezeption der Werke Heinrich Heines von den Anfängen bis zur Gegenwart. München 2013. (Slavistische Beiträge; 492). [Auf CD-Rom: Übersetzungen von Werken Heinrich Heines in slavischen Sprachen [Bibliographie]].
Gatter, Nikolaus: Der Schwarzbild-Illustrator Heinrich Braun (1852–1892). – In: Schwarz auf weiß 22, 2012, Dez. = 41. S. 10–12.
Goltschnigg, Dietmar: Gedichte über Heine im 20. Jahrhundert. – In: Zeitschrift für deutschsprachige Kultur & Literaturen 20, 2011. S. 321–345.
Hartog, Arie: Rede zur Einweihung des Bremer Heine-Denkmals am 1. Oktober 2010. – In: HJb 52, 2013. S. 240–244.
Kamalieva, N. I.: A. A. Fet i G. Gejne. V intertekstual'nych svjazjach. Obraz solov'ja i rozy. – In: Tekst, proizvedenie, chitatel'. Materialy mezhdunarodnoi nauchno-prakticheskoi konferentsii, 3–4 iiunia 2012 g. Red. kol.: I.E. Iarmakeev ... Penza 2012. S. 128–131.
Kortländer, Bernd: Heinismus in der Musikkritik. – In: »Eine neue poetische Zeit«. 175 Jahre »Neue Zeitschrift für Musik«. Bericht über das Symposion am 2. und 3. April 2009 in Düsseldorf. Hrsg. von Michael Beiche und Armin Koch. Mainz [u. a.] 2013. S. 257–266. (Schumann-Forschungen; 14).
Kruse, Joseph Anton: Spiegelbilder. Gedanken zum Düsseldorfer Heine-Denkmal 2012 [Rede]. – In: HJb 52, 2013. S. 233–239.
Kruse, Joseph Anton: Zentriert und gestaffelt – zwischen Akademie, Universität und Volkshochschule. Das Beispiel Heinrich Heine in Düsseldorf. [Vortrag im Rahmen der Veranstaltungsreihe »Brüder Grimm in Kassel – Auf dem Weg zu einer neuen Präsentation« am 2.7.2009 im KulturNetz Kassel]. Kassel 2009.
Kryeziu, Naim: Hajnrih Hajne: poet i lirise dhe i dashurise. [Vepra letrare e Hajnes dhe jehona e saj te shqiptaret]. Prishtine 2012.
Liebermann, Max: Briefe. Zusammengetragen, kommentiert und hrsg. von Ernst Braun. Bd. 3: 1902–1906. Baden-Baden 2013. (Schriftenreihe der Max-Liebermann-Gesellschaft Berlin e.V.; 2).
Martino Alba, Pilar: Reisebilder, de Heinrich Heine. Primera versión castellana realizada por Lorenzo Gonzáles Agejas. – In: Hieronymus complutensis 11, 2004. S. 123–132.
Meinschäfer, Victoria: In Bronze gegossen. Das »Buch Heine«. Auf dem Campus steht ein neues Heine-Denkmal. – In: Magazin der Heinrich-Heine-Universität Düsseldorf 2012, 4. S. 26–30.
Pabisch, Peter: Die verquerten Folgen der Folgen von ›Heine und die Folgen‹ – eine Stellungnahme. – In: Jahrbuch für internationale Germanistik 42, 2010, 1. S. 25–38.
Peters, Paul: Der Heine-Komplex. Anmerkungen zu einer Wirkungsgeschichte (1907–1956). – In: Weimarer Beiträge 56, 2010, 4. S. 564–605.

Pielenz, Arno; Liedtke, Christian: Die Wehrmacht singt die »Loreley«. – In: HJb 52, 2013. S. 173–178.
Pilgrim, Hubertus von: Schatten der Geschichte. Anmerkungen zu Hamburger Denkmälern. – In: Orden Pour le Mérite für Wissenschaften und Künste: Reden und Gedenkworte 39, 2012. S. 117–125.
Pistiak, Arnold: Revolutionsgesänge? Hanns Eislers Chorlieder nach Gedichten von Heinrich Heine. Berlin 2013. (Pistiak, Arnold: Essays zu Hanns Eislers musikalischem und poetischem Schaffen; 1).
Rathey, Markus: Between Heine, Werner, and Bach. Two Quotations in Mendelssohn's Fifth Symphony op. 107. – In: The musical Times 154, 2013 = H. 1922. S. 57–68.
Reich, Wieland: »In der Matratzengruft« (2007/08). Mauricio Kagels Heinrich Heine. Saarbrücken 2011. (Fragmen; 54).
Röhnert, Jan: Henri, für einen Augenblick. – In: Rolf Dieter Brinkmann. Seine Gedichte in Einzelinterpretationen. Hrsg. von Jan Röhnert und Gunter Geduldig. Bd. 1. Berlin [u.a.] 2012. S. 74–84.
Schäpers, Andrea: Die »Harzreise« auf Spanisch. Was bleibt von Heines Deutschlandbild? – In: HJb 52, 2013. S. 91–115.
Schäpers, Andrea: Las traducciones españolas del ›Harzreise‹ de Heinrich Heine. – In: Anuari de filologia / Literatures contemporànies [2], 2012, 2. S. 21–51.
See, Hans: Heinrich Heines »Heiliger Rock«. Über die nachhaltige Bedeutung der gesammelten Werke eines deutschen Poeten, Querdenkers und Rebellen. Vortragsmanuskript [gehalten am 25. Januar 2013, 19:30 Uhr im Klingspor Museum Offenbach]. Offenbach 2013. [http://see-hans.de/wp-content/uploads/2013/03/Heine-Vortrag-Heiliger-Rock.pdf, Stand: 29.08.2013].
Seufert, Michael: Ein Denkmal für Semper und Heine. – In: Ders.: Levantehaus. Tradition und Moderne. Hamburg 2012. S. 34–55.
Simonek, Stefan: Anschreiben gegen den Kanon. Goethe- und Heine-Reskripte der »Moloda Muza«. – In: Kulturgrenzen in postimperialen Räumen. Bosnien und Westukraine als transkulturelle Regionen. Alexander Kratochvil … (Hrsg.). Bielefeld 2013. S. 231–256. (Edition Kulturwissenschaft; 11).
Soler Sasera, Eva: Heine en español. Del siglo XIX a Diez-Canedo y Max Aub. – In: Hispanorama 124, 2009. S. 42–44.
Sonino, Claudia: »Ich weiß nicht«. Karl Kraus, der Fall Heine und der sogenannte Philosemitismus. – In: Naharaim 3, 2009, 1. S. 65–76.
Steland, Dieter: Maupassant, lecteur de Henri Heine? L'appel au devouément dans ›Boule de suif‹ et dans ›Schnabelewopski. Fragment‹. – In: Romanistische Zeitschrift für Literaturgeschichte 34, 2010, 3–4. S. 321–325.
Töller, Christian: »... müsste ich nach Hause gehen«. Erinnerungsstele vor Heinrich Heines Geburtshaus. – In: Düssel Depesche. 2013, 8. S. 4.
Willhardt, Rolf: Wie aus der Unterschrift eine Überschrift wurde ... Von der »Eule der Wissenschaft« zum Logo mit Heines Namen. – In: Magazin der Heinrich-Heine-Universität Düsseldorf 2010, 2. S. 27–28.
»Zersungene Lieder«. Moderne Volksliederreminiszenzen in Literatur, Medien und Karikaturen. [Hrsg.:] Wolfgang Mieder. Wien 2012. (Kulturelle Motivstudien; 12). [Kap. XXXI »Lorelei« S. 272–304].

2.3 Forschungsliteratur mit Heine-Erwähnungen und -Bezügen

Allard, Sébastien; Cohn, Daniele: De l'Allemagne. – In: De l'Allemagne. De Friedrich à Beckmann. [Cet ouvrage accompagne l'exposition ›De l'Allemagne, 1800–1939. De Friedrich à Beckmann‹ organisée au Musée du Louvre, Hall Napoléon, du 28 mars au 24 juin 2013]. Sous la dir. de Sébastien Allard et Daniele Cohn. Paris 2013. S. 29–111.

Ansel, Michael: »Börne, Heine, Menzel und Consorten ...« oder: Karl Gutzkows Lyrikexperimente. – In: Karl Gutzkow (1811–1878). Publizistik, Literatur und Buchmarkt zwischen Vormärz und Gründerzeit. Hrsg. von Wolfgang Lukas und Ute Schneider. Wiesbaden 2013. S. 149–162. (Buchwissenschaftliche Beiträge aus dem Deutschen Bucharchiv München; 84).

Beyer, Andreas: ›Le Voyage en Italie‹ de Goethe, un programme artistique allemand. – In: De l'Allemagne. De Friedrich à Beckmann. [Cet ouvrage accompagne l'exposition ›De l'Allemagne, 1800–1939. De Friedrich à Beckmann‹ organisée au Musée du Louvre, Hall Napoléon, du 28 mars au 24 juin 2013]. Sous la dir. de Sébastien Allard et Daniele Cohn. Paris 2013. S. 150–160.

Biskup, Maria: Sprachwandel – Bedeutungswandel. Empirische Studien zur Bedeutungsentwicklung der Personalkollektiva im Deutschen vom 18. Jahrhundert bis zur Gegenwart. Dresden 2011. (Dresdener wissenschaftliche Bibliothek; 3). [Zugl.: Warschau, Univ., Diss., 2006].

Bittner, Michael: Ästhetischer Staat oder politische Kunst? Die Poetik Georg Büchners am Ende der Kunstperiode. Dresden 2010. (Oskar-Walzel-Schriften; 2).

Bodenheimer, Nina: »Je ne vois pas pourquoi je ne dirai pas qu'il est St. Simonien«. Pückler-Muskau und die Saint-Simonisten. – In: Fürst Pückler und Frankreich. Ein bedeutendes Kapitel des deutsch-französischen Kulturtransfers. Dokumentation einer interdisziplinären Tagung der Stiftung Fürst-Pückler-Museum – Park und Schloß Branitz und der Forschungsgruppe »Groupe de Recherche sur les Transferts Culturels« des Centre National de la Recherche Scientifique (CNRS), UMR 8547, Paris, ... 21./22. Oktober 2011. Hrsg. von Christian Friedrich ... Berlin; Brandenburg 2012. S. 309–322. (Edition Branitz; 7).

Boge, Birgit: Die Anfänge von Kiepenheuer & Witsch. Joseph Caspar Witsch und die Etablierung des Verlags (1948–1959). Wiesbaden 2009. (Buchwissenschaftliche Beiträge aus dem Deutschen Bucharchiv München; 78). [Zugl.: Aachen, Techn. Hochsch., Habil.-Schr., 2003].

Bomberger, E. Douglas: MacDowell. Oxford [u. a.] 2013. (The master Musicians).

Borowka-Clausberg, Beate: Salomon Heine im Portrait. Einführung und Danksagung. – In: Salomon Heine in Hamburg. Geschäft und Gemeinsinn. Im Auftr. des Heine-Haus e.V. hrsg. von Beate Borowka-Clausberg. Göttingen 2013. S. 7–31.

Botnikova, Alla Borisovna: Nemeckij romantizm. Dialog chudožestvennych form. [Monografija]. Naučnoe izd. Voronež 2004. (Serija Monografii; 2).

Brandt, Andreas: Weltbürgertum und Nationalidee in Fichtes Bildungskonzept. – In: Bildung als Kunst. Fichte, Schiller, Humboldt, Nietzsche. Hrsg. von Jürgen Stolzenberg und Lars-Thade Ulrichs. Berlin; New York, NY 2010. S. 59–68.

Braun, Peter: Dichterhäuser: Orte der Arbeit – Orte der Inspiration? Gedankenstücke I.-VIII. – In: Rolf Escher, DichterOrte. Orte der Arbeit – Orte der Inspiration. Zeichnungen. (Stadtmuseum Münster, 16. März – 16. Juni 2013; Heinrich-Heine-Institut, Düsseldorf, Februar – Mai 2014). Stadtmuseum Münster. [Hrsg. im Auftr. der Stadt Münster: Barbara Romme]. Bönen 2013. S. 9–16.

Brüggemann, Heinz: Mitgespielt: Vom Handeln und Sprechen der Dinge. Thema mit Variationen in Texten der Romantik. – In: Schläft ein Lied in allen Dingen? Romantische Dingpoetik. Hrsg. von Christiane Holm und Günter Oesterle. Würzburg 2011. S. 97–120. (Stiftung für Romantikforschung; 54).

Büchner, Georg: »Wir alle sind Schurken und Engel«. Lektüre für Minuten. Hrsg. und mit e. Nachw. vers. von Jan-Christoph Hauschild. Hamburg 2012.

Burwick, Frederick: ›Der fliegende Holländer‹, als er noch lustig war. – In: »Kann man denn auch nicht lachend sehr ernsthaft sein?« Sprachen und Spiele des Lachens in der Literatur. Hrsg. von Daniel Fulda ... Berlin; New York, NY 2010. S. 19–28.

Busch, Nathanael: Zur Logik des Altdeutschen. – In: Rezeptionskulturen. Fünfhundert Jahre literarischer Mittelalterrezeption zwischen Kanon und Populärkultur. Hrsg. von Mathias Herweg und Stefan Keppler-Tasaki. Berlin; Boston, MA 2012. S. 226–247. (Trends in medieval Philology; 27).

Clemens, Gabriele B.: Zensur, Zensoren und Kommunikationskontrolle als europäische Phänomene. Zwischenbilanz und Problemstellung. – In: Zensur im Vormärz. Pressefreiheit und Informationskontrolle in Europa. Gabriele B. Clemens (Hrsg.). Ostfildern 2013. S. 9–22. (Schriften der Siebenpfeiffer-Stiftung; 9).

Dahrendorf, Ralf: Liberal und unabhängig. Gerd Bucerius und seine Zeit. München 2000.

Delle Donne, Verena: Die Schönheit der Lyrik psychologisch erklärt. Unbestimmtheit, Assoziationen und die Ästhetik der Sprache. Würzburg 2012. [Zugl.: Bamberg, Univ., Diss., 2011].

Dion, Robert: L'Allemagne de liberté. Sur la germanophilie des intellectuels québécois. Würzburg 2007. (Saarbrücker Beiträge zur vergleichenden Literatur- und Kulturwissenschaft; 37).

Enzensberger, Hans Magnus: Scharmützel und Scholien. Über Literatur. Hrsg. Von Rainer Barbey. Frankfurt a.M. 2009. (Suhrkamp Quarto).

Fortmann, Patrick: Autopsie von Revolution und Restauration. Georg Büchner und die politische Imagination. Freiburg i.Br. [u.a.] 2013. (Rombach Wissenschaften/Reihe Litterae; 47).

Frank, Gustav: Bild und Raum. Umbrüche der Episteme und Gutzkows ›Unterhaltungen am häuslichen Herd‹. – In: Karl Gutzkow (1811–1878). Publizistik, Literatur und Buchmarkt zwischen Vormärz und Gründerzeit. Hrsg. von Wolfgang Lukas und Ute Schneider. Wiesbaden 2013. S. 87–102. (Buchwissenschaftliche Beiträge aus dem Deutschen Bucharchiv München; 84).

Franz, Norbert; Weber, Josiane: Zensurpolitik des Deutschen Bundes im Dienste monarchischer Machtpolitik. Die Kontrolle von Literatur und Presse im Großherzogtum Luxemburg (1815–1848). – In: Zensur im Vormärz. Pressefreiheit und Informationskontrolle in Europa. Gabriele B. Clemens (Hrsg.). Ostfildern 2013. S. 171–196. (Schriften der Siebenpfeiffer-Stiftung; 9).

Friedrichsen, Alk Arwed: Salomon Heines Wohnhäuser, oder: Leben zwischen Hamburger Großbank und dänischem Landsitz. – In: Salomon Heine in Hamburg. Geschäft und Gemeinsinn. Im Auftr. des Heine-Haus e.V. hrsg. von Beate Borowka-Clausberg. Göttingen 2013. S. 164–183.

Füllner, Bernd: »... es zieht mich hin zu dem Manne, denn süsser als Honig fließt ihm die Rede.« Karl Gutzkow und Wolfgang Menzel – freundliche Annäherung, erbitterte Feindschaft. – In: Karl Gutzkow (1811–1878). Publizistik, Literatur und Buchmarkt zwischen Vormärz und Gründerzeit. Hrsg. von Wolfgang Lukas und Ute Schneider. Wiesbaden 2013. S. 209–222. (Buchwissenschaftliche Beiträge aus dem Deutschen Bucharchiv München; 84).

Füllner, Bernd: »Der Herbstwind schüttelt die Bäume«. Drei unveröffentlichte Briefe von Ferdinand Freiligrath an Ludmilla Assing aus den Jahren 1871 bis 1874. – In: Das historische Erbe in der Region. Festschrift für Detlev Hellfaier. Axel Halle ... (Hrsg.). Bielefeld 2013. S. 189–202.

Füllner, Bernd: »Kein Verbot, keine Winkelkritik wird je imstande sein, Börne den wohlverdienten Lorbeerkranz zu entreißen.« Zur typographischen Gestaltung der Kopfvignetten in Wolfgang Menzels »Literatur-Blatt« 1831–1837. – In: Imprimatur NF XXIII, 2013. S. 75–88.
Gamper, Michael: Ausstrahlung und Einbildung. Der ›große Mann‹ im 19. Jahrhundert. – In: Das 19. Jahrhundert und seine Helden. Literarische Figurationen des (Post-)Heroischen. Jesko Reiling, Carsten Rohde (Hrsg.). Bielefeld 2011. S. 173–198.
Georg Büchner. (Anlässlich der Ausstellung »Georg Büchner – Revolutionär mit Feder und Skalpell«, Mathildenhöhe Darmstadt im Darmstadtium, 13. Oktober 2013 – 16. Februar 2014; Museum Strauhof, Zürich, 19. März – 1. Juni 2014). Hrsg.: Ralf Beil ... Ostfildern 2013.
Geschichte der deutschen Lyrik. Bd. 3: Klassik und Romantik. Von Mathias Mayer. Stuttgart 2012. – Bd. 4: Zwischen Romantik und Naturalismus. Von Bernhard Sorg. Stuttgart 2012. – Bd. 5: Von der Jahrhundertwende bis zum Ende des Zweiten Weltkriegs. Von Ralf Schnell. Stuttgart 2013. – Bd. 6: Von 1945 bis heute. Von Hermann Korte. Stuttgart 2012. (Reclams Universal-Bibliothek; 18890–18893).
Görner, Rüdiger: Dover im Harz. Studien zu britisch-deutschen Kulturbeziehungen. Heidelberg 2012. (Beiträge zur neueren Literaturgeschichte; [Folge 3], 299).
Goertz, Wolfram: Ein genialer Schurke. Er schuf Großes und hielt sich für den Größten. Die Lebensgeschichte Richard Wagners. – In: Richard Wagner. Sein Leben, sein Werk, sein Mythos. [Red.: Hella Kemper]. Hamburg 2013. S. 14–23. (Zeit-Geschichte; 2013, 1).
Grewe, Cordula: Religion, romantisme et dimension politique de l'image. – In: De l'Allemagne. De Friedrich à Beckmann. [Cet ouvrage accompagne l'exposition ›De l'Allemagne, 1800–1939. De Friedrich à Beckmann‹ organisée au Musée du Louvre, Hall Napoléon, du 28 mars au 24 juin 2013]. Sous la dir. de Sébastien Allard et Daniele Cohn. Paris 2013. S. 168–193.
Hacks, Peter: Das Theater des Biedermeier (1815–1840). Hrsg., eingel. und kommentiert von Peter Schütze. Berlin 2011. [Zugl.: München, Univ., Diss., 1951].
Häfner, Ralph: Au pays de Sylvain. La mythologie de l'espace selon Gérard de Nerval. – In: Literarische Landschaftsbilder. Hrsg. von Florence Pennone ... Freiburg im Üechtland 2008. S. 137–155. (Colloquium Helveticum; 38).
Haug, Ute: Therese Halle und Carl Heine. Zwei Kinder Betty und Salomon Heines und die Hamburger Kunsthalle. – In: Salomon Heine in Hamburg. Geschäft und Gemeinsinn. Im Auftr. des Heine-Haus e.V. hrsg. von Beate Borowka-Clausberg. Göttingen 2013. S. 73–100.
Hemmerle, Joachim: Wenn Quadrate Kreise ziehen. Feuilletons eines Mannheimer Journalisten. Ludwigshafen 2012.
Herweg, Mathias: Anti-antikes Mittelalter. Romantische Identitätssicherung in Eichendorffs ›Geschichte der poetischen Literatur Deutschlands‹ (1857), mit Rückblicken zum ›Marmorbild‹. – In: Rezeptionskulturen. Fünfhundert Jahre literarischer Mittelalterrezeption zwischen Kanon und Populärkultur. Hrsg. von Mathias Herweg und Stefan Keppler-Tasaki. Berlin; Boston, MA 2012. S. 112–150. (Trends in medieval Philology; 27).
Herweg, Mathias; Keppler-Tasaki, Stefan: Mittelalterrezeption. Gegenstände und Theorieansätze eines Forschungsgebiets im Schnittpunkt von Mediävistik, Frühneuzeit- und Moderneforschung. – In: Rezeptionskulturen. Fünfhundert Jahre literarischer Mittelalterrezeption zwischen Kanon und Populärkultur. Hrsg. von Mathias Herweg und Stefan Keppler-Tasaki. Berlin; Boston, MA 2012. S. 1–14. (Trends in medieval Philology; 27).
Herwegh, Georg: Werke und Briefe. Hrsg. von Ingrid Pepperle. Kritische und kommentierte Gesamtausg. Bd. 4: Prosa 1849–1875. Bearb. von Ingrid und Heinz Pepperle. Bielefeld 2013.
Herzig, Arno: Gabriel Riesser. Hamburg 2008. (Hamburger Köpfe).

Herzig, Arno: Salomon Heines Testament und der Jurist Gabriel Riesser. – In: Salomon Heine in Hamburg. Geschäft und Gemeinsinn. Im Auftr. des Heine-Haus e.V. hrsg. von Beate Borowka-Clausberg. Göttingen 2013. S. 64–72.
Hesse, Hermann: Die Briefe. Hrsg. von Volker Michels. Bd. 1: 1881–1904. Berlin 2012.
Hessing, Jakob: Germanistik in Israel oder Die Wiederkehr des Verdrängten. – In: Auf den Spuren der Schrift. Israelische Perspektiven einer internationalen Germanistik. Hrsg. von Christian Kohlross und Hanni Mittelmann. Berlin [u. a.] 2011. S. 7–18. (Conditio Judaica; 80).
Himmelmann, Beatrix: Selbststeigerung. Nietzsches Idee der Bildung. – In: Bildung als Kunst. Fichte, Schiller, Humboldt, Nietzsche. Hrsg. von Jürgen Stolzenberg und Lars-Thade Ulrichs. Berlin; New York, NY 2010. S. 193–214.
Hönig, Christoph: Die Lebensfahrt auf dem Meer der Welt. Der Topos. Texte und Interpretationen. Würzburg 2000.
Hofmann, Michael: Schiller. Epoche – Werk – Wirkung. München 2003. (Arbeitsbücher zur Literaturgeschichte).
Holbein, Ulrich: Er schnitzte sich den Feind nach seinem Pfeil zurecht. Karl Kraus – Kampfclown, Weltenrichter, Racheengel (1874–1936). – In: Ders.: Unheilige Narren. 22 Lebensbilder. Wiesbaden 2012. S. 50–57.
Holbein, Ulrich: Rumpelstilzchen zerfetzt Orpheus. Marcel Reich-Ranicki – Kunstrichter, Bücherpapst, Literaturkritiker (geb. 1921). – In: Ders.: Unheilige Narren. 22 Lebensbilder. Wiesbaden 2012. S. 85–93.
Holm, Christiane: Bewegte und bewegende Dinge. Überlegungen zur Zeitstruktur des Andenkens um 1800. – In: Schläft ein Lied in allen Dingen? Romantische Dingpoetik. Hrsg. von Christiane Holm und Günter Oesterle. Würzburg 2011. S. 243–262. (Stiftung für Romantikforschung; 54).
Holm, Christiane; Oesterle, Günter: Einleitung. – In: Schläft ein Lied in allen Dingen? Romantische Dingpoetik. Hrsg. von Christiane Holm und Günter Oesterle. Würzburg 2011. S. 7–28. (Stiftung für Romantikforschung; 54).
Hoock-Demarle, Marie-Claire: Hermann ou Germania? Les deux corps du mythe national dans l'Allemagne du XIXe siècle. – In: Mythos und Geschlecht = Mythes et différences des sexes. Deutsch-französisches Kolloquium. Hrsg. von Françoise Rétif, Ortrun Niethammer. Heidelberg 2005. S. 19–36.
Ibrahim, Talib M.: Die Darstellung von Naturkatastrophen in der Literatur des 18. und 19. Jahrhunderts. Marburg 2011. [Zugl.: Marburg, Univ., Diss., 2011].
Imbsweiler, Marcus: Die Erstürmung des Himmels. Franz Liszt auf Nonnenwerth. Meßkirch 2011. (Gmeiner Original).
Immer, Nikolaus: »Zwischen den löschpapiernen Abdrücken von Schiller und Göthe«. Gutzkows Literaturkritik im Horizont seiner Klassikrezeption. – In: Karl Gutzkow (1811–1878). Publizistik, Literatur und Buchmarkt zwischen Vormärz und Gründerzeit. Hrsg. von Wolfgang Lukas und Ute Schneider. Wiesbaden 2013. S. 195–208. (Buchwissenschaftliche Beiträge aus dem Deutschen Bucharchiv München; 84).
Jahraus, Oliver: Die 101 wichtigsten Fragen. Deutsche Literatur. München 2013. (Beck'sche Reihe; 7037).
Kasper, Norman: Hotho und Schnaase lesen Tieck. Proto-Ästhetizismus – Ironie(kritik) – kunstgeschichtliche Begriffsarbeit. – In: HJb 52, 2013. S. 142–172.
Kauder-Steiniger, Rita: Die Zeichnungen von Rolf Escher. – In: Rolf Escher, DichterOrte. Orte der Arbeit – Orte der Inspiration. Zeichnungen. (Stadtmuseum Münster, 16. März – 16. Juni

2013; Heinrich-Heine-Institut, Düsseldorf, Februar – Mai 2014). Stadtmuseum Münster. [Hrsg. im Auftr. der Stadt Münster: Barbara Romme]. Bönen 2013. S. 18–23.

Kienzle, Ulrike: Neue Töne braucht das Land. Die Frankfurter Mozart-Stiftung im Wandel der Geschichte (1838–2013). Frankfurt a.M. 2013. (Frankfurter Bürger-Stiftung im Holzhausen-Schlösschen: Mäzene, Stifter, Stadtkultur; 10).

Kilcher, Andreas: »jüdisch-christlich«. Topik und Rhetorik eines Dritten. – In: Morgen-Glantz 22, 2012. S. 19–33.

Kircher, Hartmut: Von Pointen und Widersprüchen. Anmerkungen zu Ludwig Börnes Witz. – In: »Kann man denn auch nicht lachend sehr ernsthaft sein?« Sprachen und Spiele des Lachens in der Literatur. Hrsg. von Daniel Fulda ... Berlin; New York, NY 2010. S. 115–134.

Kittelmann, Jana: »Mit Lucie Sevigné zu Tisch«. Pücklers Rezeption französischer Reiseliteratur. – In: Fürst Pückler und Frankreich. Ein bedeutendes Kapitel des deutsch-französischen Kulturtransfers. Dokumentation einer interdisziplinären Tagung der Stiftung Fürst-Pückler-Museum – Park und Schloß Branitz und der Forschungsgruppe »Groupe de Recherche sur les Transferts Culturels« des Centre National de la Recherche Scientifique (CNRS), UMR 8547, Paris, ... 21./22. Oktober 2011. Hrsg. von Christian Friedrich ... Berlin; Brandenburg 2012. S. 115–130. (Edition Branitz; 7).

Klotz, Volker: Verskunst. Was ist, was kann ein lyrisches Gedicht? Bielefeld 2011.

Klussmann, Paul Gerhard: Warum ist es am Rhein so schön ...? Symbolgeschichte und Landschaftserfahrung am deutschen Strom. – In: In gebrochener Synthese. Beiträge zur Literatur, Kultur und Sprache. Barbara Widawska ... [Hrsg.]. Słupsk 2009. S. 259–272. (Festschrift für Prof. Dr. habil. Klaus Hammer; 1).

Koenen, Gerd: Der Russland-Komplex. Die Deutschen und der Osten 1900–1945. München 2005.

Kösser, Uta: Ästhetik und Moderne. Konzepte und Kategorien im Wandel. Erlangen 2006.

Kohlross, Christian: Überlegungen zu einer deutsch-jüdischen Literaturwissenschaft. – In: Auf den Spuren der Schrift. Israelische Perspektiven einer internationalen Germanistik. Hrsg. von Christian Kohlross und Hanni Mittelmann. Berlin [u. a.] 2011. S. 81–86. (Conditio Judaica; 80).

Konold, Wulf: Felix Mendelssohn Bartholdy und seine Zeit. 3. Aufl. Regensburg 2013. (Grosse Komponisten und ihre Zeit).

Koopmann, Helmut: Konstruierte Wirklichkeiten. Zu Eichendorffs Lyrik. – In: Ders.: Nachgefragt. Zur deutschen Literatur des 18. und 19. Jahrhunderts. Frankfurt a.M. 2013. S. 253–278. (Das Abendland; NF 37).

Koopmann, Helmut: »... immer fesselnde Lektüre, wenn auch viel Dekoratio und die Gefühle überinszeniert.« Zu Hebbels Tagbüchern. – In: Ders.: Nachgefragt. Zur deutschen Literatur des 18. und 19. Jahrhunderts. Frankfurt a.M. 2013. S. 279–300. (Das Abendland; NF 37).

Kopitzsch, Franklin: Joseph Mendelssohn. Zur Erinnerung an einen Schriftsteller aus der Heine-Zeit. – In: Salomon Heine in Hamburg. Geschäft und Gemeinsinn. Im Auftr. des Heine-Haus e.V. hrsg. von Beate Borowka-Clausberg. Göttingen 2013. S. 146–163.

Kortländer, Bernd: Balzac und Deutschland. Deutschland und Balzac. Eine Ausstellung des Heinrich-Heine-Instituts in Zusammenarbeit mit dem Institut français 10. Oktober – 14. November 2010. [Hrsg. von der Landeshauptstadt Düsseldorf, Heinrich-Heine-Institut]. Düsseldorf 2010.

Kosellek, Gerhard: Reformen, Revolutionen und Reisen. Deutsche Polenliteratur. Wiesbaden 2000. (Studien der Forschungsstelle Ostmitteleuropa an der Universität Dortmund; 30).

Krosch, Maria Therese: Inhaltlicher Schwerpunkt: Liebeslyrik in Barock, Romantik und Moderne/Gegenwart. Deutsch-Abitur Nordrhein-Westfalen 2013 und 2014 (Grund- und Leistungskurs). 3. Aufl. Hollfeld 2013. (Königs Abi-Trainer).

Kroucheva, Katerina: Penčo Slavejkovs Leipziger Dissertation als Mythos und Archivale. – In: Germanoslavica 22, 2011, 2. S. 25–54.

Kruse, Joseph Anton: Für und über Musik. Wagners schriftstellerische Arbeit. – In: »Eine neue poetische Zeit«. 175 Jahre »Neue Zeitschrift für Musik«. Bericht über das Symposion am 2. und 3. April 2009 in Düsseldorf. Hrsg. von Michael Beiche und Armin Koch. Mainz [u. a.] 2013. S. 378–388. (Schumann-Forschungen; 14).

Kurzke, Hermann: Georg Büchner. Geschichte eines Genies. München 2013.

Kurzke, Hermann: Thomas Mann. Epoche – Werk – Wirkung. 4., überarb. und aktualisierte Aufl. München 2010. (Arbeitsbücher zur Literaturgeschichte).

Lange, Judith; Schöller, Robert: Von Frauen begraben. Zur Generierung des Frauenlob-Bildes in Mittelalter und Neuzeit. – In: Rezeptionskulturen. Fünfhundert Jahre literarischer Mittelalterrezeption zwischen Kanon und Populärkultur. Hrsg. von Mathias Herweg und Stefan Keppler-Tasaki. Berlin; Boston, MA 2012. S. 210–225. (Trends in medieval Philology; 27).

Lauer, Gerhard: Das Phantasma Rom und sein bürgerliches Fortleben. Zum Funktionswandel des Rombildes in der deutschen protestantischen Literatur des langen 19. Jahrhunderts. – In: Rombilder im deutschsprachigen Protestantismus. Begegnungen mit der Stadt im »langen 19. Jahrhundert«. Hrsg. von Martin Wallraff ... Tübingen 2011. S. 182–202. (Rom und Protestantismus; 1).

Le Rider, Jacques: Faust, humain trop surhumain et Allemand trop allemand. – In: De l'Allemagne. De Friedrich à Beckmann. [Cet ouvrage accompagne l'exposition ›De l'Allemagne, 1800–1939. De Friedrich à Beckmann‹ organisée au Musée du Louvre, Hall Napoléon, du 28 mars au 24 juin 2013]. Sous la dir. de Sébastien Allard et Daniele Cohn. Paris 2013. S. 336–347.

Littschwager, Simin Nina: Verfilmung von Lyrik. Mit Beispielanalysen aus dem Film »Poem«. Marburg 2010.

Lönnecker, Harald: »In Hellas geht die Sonne der Freiheit auf!« Studentische Griechenland-Begeisterung seit 1820. – In: Vormärz und Philhellenismus. Hrsg. von Anne-Rose Meyer. Bielefeld 2013. S. 39–72. (Forum Vormärz-Forschung: Jahrbuch 18, 2012).

Ludwig, Ariane: Opernbesuche in der Literatur. Würzburg 2012. (Epistemata/Reihe Literaturwissenschaft; 735).

Lütteken, Anett: Heinrich von Kleist. Eine Dichterrenaissance. Tübingen 2004. (Studien und Texte zur Sozialgeschichte der Literatur; 96). [Zugl.: Braunschweig, Techn. Univ., Diss., 1998].

Lukas, Wolfgang; Schneider, Ute: Einleitung: Karl Gutzkow. Wandlungen des Buchmarkts im 19. Jahrhundert und die Pluralisierung der Autorenrolle. – In: Karl Gutzkow (1811–1878). Publizistik, Literatur und Buchmarkt zwischen Vormärz und Gründerzeit. Hrsg. von Wolfgang Lukas und Ute Schneider. Wiesbaden 2013. S. 7–20. (Buchwissenschaftliche Beiträge aus dem Deutschen Bucharchiv München; 84).

Mahrenholtz, Katharina: Literatur! Eine Reise durch die Welt der Bücher. 3. Aufl. Dawn Parisi [Ill.]. Hamburg 2012. (Cadeau).

Maillet, Marie-Ange: Einführung [zu: Frankreichbild zwischen Erfahrung und Fiktion]. – In: Fürst Pückler und Frankreich. Ein bedeutendes Kapitel des deutsch-französischen Kulturtransfers. Dokumentation einer interdisziplinären Tagung der Stiftung Fürst-Pückler-Museum – Park und Schloß Branitz und der Forschungsgruppe »Groupe de Recherche sur les

Transferts Culturels« des Centre National de la Recherche Scientifique (CNRS), UMR 8547, Paris, ... 21./22. Oktober 2011. Hrsg. von Christian Friedrich ... Berlin; Brandenburg 2012. S. 75–76. (Edition Branitz; 7).

Maillet, Marie-Ange: Pückler-Muskau und Frankreich, Pückler-Muskau in Frankreich. – In: Fürst Pückler und Frankreich. Ein bedeutendes Kapitel des deutsch-französischen Kulturtransfers. Dokumentation einer interdisziplinären Tagung der Stiftung Fürst-Pückler-Museum – Park und Schloß Branitz und der Forschungsgruppe »Groupe de Recherche sur les Transferts Culturels« des Centre National de la Recherche Scientifique (CNRS), UMR 8547, Paris, ... 21./22. Oktober 2011. Hrsg. von Christian Friedrich ... Berlin; Brandenburg 2012. S. 19–40. (Edition Branitz; 7).

Makarska, Renata: Mehrsprachigkeit oder Mischsprachigkeit? Ostgalizische Literatur Anfang des 20. Jahrhunderts. – In: Kulturgrenzen in postimperialen Räumen. Bosnien und Westukraine als transkulturelle Regionen. Alexander Kratochvil ... (Hrsg.). Bielefeld 2013. S. 141–164. (Edition Kulturwissenschaft; 11).

Mayeda, Akio: Schumann als Redakteur seiner eigenen Schriften. – In: »Eine neue poetische Zeit«. 175 Jahre »Neue Zeitschrift für Musik«. Bericht über das Symposion am 2. und 3. April 2009 in Düsseldorf. Hrsg. von Michael Beiche und Armin Koch. Mainz [u. a.] 2013. S. 197–203. (Schumann-Forschungen; 14).

Mecky Zaragoza, Gabrijela: Der Fall Huitzilopochtlis – Stationen einer Reise. – In: Deutsche in Lateinamerika. Hrsg. von Isabel Hernandez und Oliver Lubrich. Berlin 2011. S. 53–74. (Ibero-amerikanisches Jahrbuch für Germanistik; 4, 2010).

Müller, Thomas Christian: Der Schmuggel politischer Schriften. Bedingungen exilliterarischer Öffentlichkeit in der Schweiz und im Deutschen Bund (1830–1848). Tübingen 2001. (Studien und Texte zur Sozialgeschichte der Literatur; 85). [Zugl.: Zürich, Univ., Diss., 1997/98].

Nerlich, France: Art et identité. La crise de la peinture d'histoire allemande au XIXe siècle. – In: De l'Allemagne. De Friedrich à Beckmann. [Cet ouvrage accompagne l'exposition ›De l'Allemagne, 1800–1939. De Friedrich à Beckmann‹ organisée au Musée du Louvre, Hall Napoléon, du 28 mars au 24 juin 2013]. Sous la dir. de Sébastien Allard et Daniele Cohn. Paris 2013. S. 194–209.

Neumann, Michael: Eine Literaturgeschichte der Photographie. Dresden 2006. (Kulturstudien; 4). [Zugl.: Dresden, Techn. Univ., Diss., 2004/05].

Niehaus, Michael: Dingliche Überlieferung. Zwei Geschichten. – In: Name, Ding. Referenzen. Stefan Börnchen ... (Hrsg.). Paderborn 2012. S. 219–238.

Niem, Christina: Loreley und Mäuseturm. Sagen am Mittelrhein. – In: Der Geist der Romantik in der Architektur. Gebaute Träume am Mittelrhein. Begleitpublikation zur Sonderausstellung »Gebaute Träume« des Landesmuseums Koblenz 3. Juli – 17. November 2002. Wiss. Konzeption: Jürgen Krüger, Henriette Kühl. Regensburg 2002. S. 41–49. (Veröffentlichungen des Landesmuseums Koblenz, Staatliche Sammlung technischer Kulturdenkmäler/B, Einzelveröffentlichungen; 68).

Nowakowski, Mark: Antisemitismus bei Richard Wagner. Versuch einer Ergründung. Norderstedt 2013.

Oehring, Helmut: Mit anderen Augen. Vom Kind gehörloser Eltern zum Komponisten. München 2013. (btb; 74290).

Olechowski, Thomas: Die österreichische Zensur im Vormärz. – In: Zensur im Vormärz. Pressefreiheit und Informationskontrolle in Europa. Gabriele B. Clemens (Hrsg.). Ostfildern 2013. S. 139–152. (Schriften der Siebenpfeiffer-Stiftung; 9).

Ozawa, Kazuko: Das Motto als Aushängeschild der ›NZfM‹. – In: »Eine neue poetische Zeit«. 175 Jahre »Neue Zeitschrift für Musik«. Bericht über das Symposion am 2. und 3. April 2009 in Düsseldorf. Hrsg. von Michael Beiche und Armin Koch. Mainz [u.a.] 2013. S. 77–97. (Schumann-Forschungen; 14).

Peuckert, Sylvia: Hermann Pückler-Muskaus Champollion-Lektüre. – In: Fürst Pückler und Frankreich. Ein bedeutendes Kapitel des deutsch-französischen Kulturtransfers. Dokumentation einer interdisziplinären Tagung der Stiftung Fürst-Pückler-Museum – Park und Schloß Branitz und der Forschungsgruppe »Groupe de Recherche sur les Transferts Culturels« des Centre National de la Recherche Scientifique (CNRS), UMR 8547, Paris, ... 21./22. Oktober 2011. Hrsg. von Christian Friedrich ... Berlin; Brandenburg 2012. S. 147–164. (Edition Branitz; 7).

Pfammatter, Rene: Essay – Anspruch und Möglichkeit. Plädoyer für die Erkenntniskraft einer unwissenschaftlichen Darstellungsform. Hamburg 2002. (Schriftenreihe Poetica; 67). [Zugl.: Freiburg im Üechtland, Univ., Diss., 1999].

Pikulik, Lothar: Frühromantik. Epoche – Werke – Wirkung. 2., bibliogr. erg. Aufl. München 2000. (Arbeitsbücher zur Literaturgeschichte).

Puschner, Marco: Antisemitismus im Kontext der politischen Romantik. Konstruktion des »Deutschen« und des »Jüdischen« bei Arnim, Brentano und Saul Ascher. Tübingen 2008. (Conditio Judaica; 72). [Zugl.: Erlangen-Nürnberg, Univ., Diss., 2007 u.d.T.: »Deutsche« und »Juden«].

Raabe, Paul: Auf den Spuren der oldenburgischen Kulturgeschichte. – In: Das historische Erbe in der Region. Festschrift für Detlev Hellfaier. Axel Halle ... (Hrsg.). Bielefeld 2013. S. 95–102.

Reininghaus, Frieder: Weiterverarbeitendes Musikhandwerk. Helmut Oehrings »Sehnsuchtmeer« in Düsseldorf. – In: Neue Zeitschrift für Musik 174, 2013, 3. S. 74.

Retrospektiven – Perspektiven. Das Institut für Geschichte der Medizin der Heinrich-Heine-Universität Düsseldorf 1991–2011. Hrsg. von Jörg Vögele. Düsseldorf 2013.

Rösch-von der Heyde, Wiebke: Sphinx-Figurationen. Ein kunsthistorischer Überblick. – In: Fragen an die Sphinx. Kulturhermeneutik einer Chimäre zwischen Mythos und Wissenschaft. Bernadette Malinowski ... (Hrsg.). Heidelberg 2011. S. 71–102. (Beiträge zur neueren Literaturgeschichte; 290).

Les Rothschild en France au XIXe siècle. [... à l'occasion de l'Exposition présentée par la Bibliothèque Nationale de France sur le Site Richelieu, Galerie Mansart, du 20 novembre 2012 au 10 février 2013]. Bibliothèque Nationale de France. Sous la direction de Claude Collard et Melanie Aspey. Paris 2012.

Sabin, Stefana: »Es ist ein Unmensch keines Mitleid fähig«. Shakespeares Shylock und der Antisemitismusvorwurf. Göttingen [2012]. (Göttinger Sudelblätter).

Scherer, Stefan: Populäre Künstlichkeit. Tiecks ›Minnelieder‹-Anthologie im Kontext der Popularisierungsdebatte um 1800. – In: Rezeptionskulturen. Fünfhundert Jahre literarischer Mittelalterrezeption zwischen Kanon und Populärkultur. Hrsg. von Mathias Herweg und Stefan Keppler-Tasaki. Berlin; Boston, MA 2012. S. 89–111. (Trends in medieval Philology; 27).

Scherf, Hanno: Hamburgs Rothschild, Wohltäter und Mäzen. – In: Hamburger Ärzteblatt 65, 2011, 06/07. S. 14–19.

Schilling, Jörg: Keep your distance. – In: Ders.: »Distanz halten«. Das Hamburger Bismarckdenkmal und die Monumentalität der Moderne. Göttingen [2006]. S. 309–324. [Zugl.: Hamburg, Univ., Diss., 2003 u.d.T.: »Keep your distance«].

Schings, Hans-Jürgen: Der mitleidigste Mensch ist der beste Mensch. Poetik des Mitleids von Lessing bis Büchner. 2., durchges. Aufl. Würzburg 2012.

Schlegel, August Wilhelm von; Löbel, Maria: »Meine liebe Marie« – »Werthester Herr Professor«. Der Briefwechsel zwischen August Wilhelm von Schlegel und seiner Bonner Haushälterin Maria Löbel. Historisch-kritische Ausgabe. Hrsg. und kommentiert von Ralf Georg Czapla und Franca Victorie Schankweiler. Bonn 2012.

Schloon, Jutta: »Des weiten Innenreiches mitte«. Mittelalter-Imaginationen in der Dichtung Stefan Georges. – In: Rezeptionskulturen. Fünfhundert Jahre literarischer Mittelalterrezeption zwischen Kanon und Populärkultur. Hrsg. von Mathias Herweg und Stefan Keppler-Tasaki. Berlin; Boston, MA 2012. S. 289–307. (Trends in medieval Philology; 27).

Schneider, Christina: Kleiner Opernführer. – In: Richard Wagner. Sein Leben, sein Werk, sein Mythos. [Red.: Hella Kemper]. Hamburg 2013. S. 106–107. (Zeit-Geschichte; 2013, 1).

Schöpflin, Karin: Die Bibel in der Weltliteratur. Tübingen 2011. (Uni-Taschenbücher; 3498).

Schrader, Hans-Jürgen: »Ich lebe in meinem Mutterland Wort«. Sprache als Heimat und Poesieimpuls in deutschsprachiger jüdischer Lyrik der Emigration und in Israel. – In: Auf den Spuren der Schrift. Israelische Perspektiven einer internationalen Germanistik. Hrsg. von Christian Kohlross und Hanni Mittelmann. Berlin [u. a.] 2011. S. 163–192. (Conditio Judaica; 80).

Schumann, Robert: Neue Ausgabe sämtlicher Werke. Hrsg. von der Robert-Schumann-Gesellschaft, Düsseldorf, durch Akio Mayeda und Klaus Wolfgang Niemöller in Verbindung mit dem Robert-Schumann-Haus Zwickau. Orgelwerke: Werkgruppe 1, Werke für Klavier zu zwei Händen; 5: Sonate Nr. 2 für das Pianoforte op. 22. Hrsg. von Michael Beiche. [Partitur]. Mainz [u. a.] 2012.

Sina, Peter: Ludwig Uhland. Poesie als Ordnung des Chaos. – In: Dichter als Juristen. Hermann Weber (Hrsg.). Berlin 2004. S. 86–101. (Recht, Literatur und Kunst in der Neuen Juristischen Wochenschrift; 6. Juristische Zeitgeschichte / 6; 18).

Singh, Sikander: »... einer, der es wahrhaft redlich und rein mit Menschen und Kunst meinte.« Carl Maria von Webers dichterisches Werk und das Problem der literarischen Wertung. – In: »Eine neue poetische Zeit«. 175 Jahre »Neue Zeitschrift für Musik«. Bericht über das Symposion am 2. und 3. April 2009 in Düsseldorf. Hrsg. von Michael Beiche und Armin Koch. Mainz [u. a.] 2013. S. 281–287. (Schumann-Forschungen; 14).

Singh, Sikander: Goethe, Belsazar und der König von Thule. Zur Poetik de Ballade. – In: Wirkendes Wort 61, 2011, 2. S. 195–205.

Steckmest, Sylvia: Von Lust und Leid des Erbens. Salomon Heines Tochter Fanny Schröder und ihre Nachkommen. – In: Salomon Heine in Hamburg. Geschäft und Gemeinsinn. Im Auftr. des Heine-Haus e.V. hrsg. von Beate Borowka-Clausberg. Göttingen 2013. S. 234–248.

Stegmann, Vera: Anna Seghers und ›Crisanta‹. Reflexionen aus der DDR zu ihrem mexikanischen Exil. – In: Deutsche in Lateinamerika. Hrsg. von Isabel Hernandez und Oliver Lubrich. Berlin 2011. S. 165–182. (Ibero-amerikanisches Jahrbuch für Germanistik; 4, 2010).

Steiner, Uwe C.: Die Tücken des Subjektes und der Einspruch der Dinge. Romantische Krisen der Objektivität bei Novalis, Eichendorff und Hoffmann. – In: Schläft ein Lied in allen Dingen? Romantische Dingpoetik. Hrsg. von Christiane Holm und Günter Oesterle. Würzburg 2011. S. 29–42. (Stiftung für Romantikforschung; 54).

Stephan, Inge: Sphinx plus Ödipus. Rückblick auf eine mythische Konstellation. – In: Fragen an die Sphinx. Kulturhermeneutik einer Chimäre zwischen Mythos und Wissenschaft. Bernadette Malinowski ... (Hrsg.). Heidelberg 2011. S. 171–194. (Beiträge zur neueren Literaturgeschichte; 290).

Strobel, Jochen: Die Geschichte von Franz und Felice. Über Brieflektüre und Erzähltheorie. – In: Medien der Autorenschaft. Formen literarischer (Selbst-)Inszenierung von Brief und Tagebuch bis Fotografie und Interview. Lucas Mario Gisi ... (Hrsg.). München 2013. S. 69–86.

Stüben, Jens: Edition und Interpretation. – In: Text und Edition. Positionen und Perspektiven. Hrsg. von Rüdiger Nutt-Kofoth ... Berlin 2000. S. 263–302.

Tam, Donald: Dr. Werner Weinberg. The Sources and Components of his educational Approach. – In: CCAR journal 58, 2011, 4. S. 17–36.

Teinturier, Frédéric: »Zwischenfälle, die manchmal das Beste waren« – Heinrich Mann et la nouvelle. Pratiques d'un genre entre roman et théâtre. Bern [u. a.] 2008. (Contacts/03; 69).

Thomsen, Hargen: Das Hamburger Stadttheater in der Ära Friedrich Ludwig Schmidts, 1815–1841. – In: Salomon Heine in Hamburg. Geschäft und Gemeinsinn. Im Auftr. des Heine-Haus e.V. hrsg. von Beate Borowka-Clausberg. Göttingen 2013. S. 184–202.

Thüne, Eva-Maria; Leonardi, Simona: Wurzeln, Schnitte, Webemuster. Textuelles Emotionspotential von Erzählmetaphern am Beispiel von Anne Bettens Interviewkorpus »Emigrantendeutsch in Israel«. – In: Auf den Spuren der Schrift. Israelische Perspektiven einer internationalen Germanistik. Hrsg. von Christian Kohlross und Hanni Mittelmann. Berlin [u. a.] 2011. S. 229–246. (Conditio Judaica; 80).

Trabert, Florian: »Kein Lied an die Freude«. Die neue Musik des 20. Jahrhunderts in der deutschsprachigen Erzählliteratur von Thomas Manns Doktor Faustus bis zur Gegenwart. Würzburg 2011. (Germanistische Literaturwissenschaft; 1). [Zugl: Düsseldorf, Univ., Diss., 2010].

Trimborn, Jürgen: Arno Breker. Der Künstler und die Macht. Die Biographie. Berlin 2011.

Tunner, Erika: Lorelei – voyageuse entre l'Allemagne et la France. – In: Mythos und Geschlecht = Mythes et differences des sexes. Deutsch-französisches Kolloquium. Hrsg. von Françoise Retif, Ortrun Niethammer. Heidelberg 2005. S. 117–124.

Vormbaum, Thomas: Strafrecht und Religion in Dantes »Göttlicher Komödie«. – In: Literatur, Recht und Religion. Tagung im Nordkolleg Rendsburg vom 18. bis 20. September 2009. Hermann Weber (Hrsg.). Berlin; Münster 2010. S. 57–90. (Rechtsgeschichte und Rechtsgeschehen; 11).

Wagner, Meike: Theater und Öffentlichkeit im Vormärz. Berlin, München und Wien als Schauplätze bürgerlicher Medienpraxis. Berlin 2013. (Deutsche Literatur – Studien und Quellen; 11). [Zugl.: München, Univ., Habil.-Schr., 2011].

Wagner, Richard: Nimm meine ganze Seele zum Morgengruße. Die schönsten Briefe. Hrsg. und mit e. Vorw. vers. von Joachim Mischke. Hamburg 2013.

Wasserloos, Yvonne: »Alles soll von wahrhaft künstlerischem Wert sein«. (Un-)Würdige Musik in den ›Nordiske Musikblade‹ 1872–1875. – In: »Eine neue poetische Zeit«. 175 Jahre »Neue Zeitschrift für Musik«. Bericht über das Symposion am 2. und 3. April 2009 in Düsseldorf. Hrsg. von Michael Beiche und Armin Koch. Mainz [u. a.] 2013. S. 288–307. (Schumann-Forschungen; 14).

Weber, Hermann: Kirchliches Bücherverbot. Der römisch Index. Bericht über den Vortrag von Judith Schepers. – In: Literatur, Recht und Religion. Tagung im Nordkolleg Rendsburg vom 18. bis 20. September 2009. Hermann Weber (Hrsg.). Berlin; Münster 2010. S. 45–54. (Rechtsgeschichte und Rechtsgeschehen; 11).

Weber, Klaus: Salomon Heine und der Aufstieg der deutsch-jüdischen Kaufleute und Finanziers im Hamburg des 19. Jahrhunderts. Ein Forschungsdesiderat. – In: Salomon Heine in Hamburg. Geschäft und Gemeinsinn. Im Auftr. des Heine-Haus e.V. hrsg. von Beate Borowka-Clausberg. Göttingen 2013. S. 132–145.

Weidner, Daniel: Bibel und Literatur um 1800. Paderborn 2011. (Trajekte). [Zugl.: Berlin, Freie Univ., Habil.-Schr., 2009].
Weissberg, Liliane: Die Magie der weiblichen Stimme. Eine romantische Sängerin auf der Bühne und in der Literatur. – In: Auftakte und Nachklänge romantischer Musik. Hrsg. von Walter Hinderer. Würzburg 2012. S. 111–134. (Stiftung für Romantikforschung; 56).
Wiborg, Jan Peter: Aufsteiger aus dem Weserbergland. Familie Heine in Rinteln, Bückeburg und Hannover. – In: Salomon Heine in Hamburg. Geschäft und Gemeinsinn. Im Auftr. des Heine-Haus e.V. hrsg. von Beate Borowka-Clausberg. Göttingen 2013. S. 203–218.
Wilhelmer, Lars: »Ein rasendes Toben erfüllt den Raum«. Die Eisenbahn als transitorischer Ort in literarischen Texten des 19. Jahrhunderts. – In: Industriekulturen. Literatur, Kunst und Gesellschaft. Marcin Goaszewski; Kalina Kupczynska (Hrsg.). Frankfurt a.M. [u. a.] 2012. S. 153–164. (Giessener Arbeiten zur neueren deutschen Literatur und Literaturwissenschaft; 33).
Willems, Gottfried: Geschichte der deutschen Literatur. Bd. 3: Goethezeit. Wien [u. a.] 2013. (Uni-Taschenbücher; 3734).
Woesler, Winfried: Der Editor und ›sein‹ Autor. – In: Editio 17, 2003. S. 50–66.
Wohlleben, Doren; Malinowski, Bernadette; Wesche, Jörg: Zur kulturhermeneutischen Disposition des Sphinx-Mythos. Einleitende Überlegungen. – In: Fragen an die Sphinx. Kulturhermeneutik einer Chimäre zwischen Mythos und Wissenschaft. Bernadette Malinowski ... (Hrsg.). Heidelberg 2011. S. 7–24. (Beiträge zur neueren Literaturgeschichte; 290).
Zegowitz, Bernd: Der Dichter und der Komponist. Studien zu Voraussetzungen und Realisationsformen der Librettoproduktion im deutschen Opernbetrieb der 1. Hälfte des 19. Jahrhunderts. Würzburg 2012.

3 Literarische und künstlerische Behandlung von Person und Werk

3.1 Literarische Essays und Dichtungen

Andersen, Hans Christian: Landschaft mit Poet. Gedichte. Ausgew. und übertr. von Heinrich Detering. Göttingen 2005. [Gedicht mit Heine-Bezug »Meine Entschuldigung« S. 37].
Bischitzky, Vera: Für Heinrich Heine oder Der Schalet. – In: Tartuffel 2013. o.S. [http://www.tartuffel.de/rubrik-phaenomene/artikel/heinrich-heine-schalet-tscholet.html, Stand: 7.10.2013].
Brasch, Thomas: Die nennen das Schrei. Sämtliche Gedichte. Hrsg. von Martina Hanf und Kristin Schulz. Berlin 2013. [Gedicht »Vor Wort für Heine« S. 380].
Durchbetete Wege. Rom – Jerusalem – Santiago de Compostela – Kevelaer. Klaus Hurtz. [Handzeichn.: Bert Gerresheim]. Mönchengladbach 2007. [»Die Wallfahrt nach Kevlaar« von unterschiedlichen Persönlichkeiten geschrieben S. 81–133].
Gutmann, Hermann: Heinrich Heines Großvater war, wie man damals sagte, »Plünnhöker« in Hannover. – In: Ders.: Hannöversche Geschichten. Von Liebe, Wurst und Lüttje Lagen. Bremen 2012. S. 68–71.
Heine, Heinrich: Liebesgedichte. Ausgew. von Thomas Brasch. 3. Aufl. Frankfurt a.M.; Leipzig 2006. (Insel-Taschenbuch; 2822). [Gedicht »Vor Wort für Heine« von Thomas Brasch S. 9].
Kästner, Erich: Heinrich Heine und wir. – In: Ders.: Das Erich-Kästner-Lesebuch. Hrsg. von Christian Strich. [17. Aufl.]. Zürich [2004]. S. 251–252. (Diogenes-Taschenbuch; 20515).
Krausnick, Michail: Es war einmal. Als das Wünschen noch geholfen hat. Norderstedt 2013. (Reihe Rhein-Neckar-Brücke; 11). [Gedicht »Heinrich Heine 1972« S. 8].

Majakovskij, Vladimir V.: Liebesgedichte. Ausgew. und mit e. Nachw. vers. von Kurt Drawert. Frankfurt a.M.; Leipzig 2008. (Insel-Taschenbuch; 3347). [Gedicht »In Heines Manier« S. 26].
Petersen, Jens: Vergiftung, flüsterte mein Lied. Mein Sohn ist ein Nebel. Klassiker vergoogelt. Hamburg 2010. [Heine-Verfremdungen mit dem Google-Übersetzungsprogramm].
Scherm, Gerd: Der schändliche Skandal Heine-Platen. Schauspiel. Norderstedt 2013.
Spengler, Tilman: Haben Sie das wirklich alles im Kopf? Glücksfälle der Weltliteratur. München 2012. [Heine S. 110–116].
Weinbörner, Udo: Paris, die Liebe und der Tod. Eine Geschichte in zehn Abschnitten über Heinrich Heine in Paris. – In: Ders.: Goethe, Schiller & Company. Erzählungen. Berlin 2011. S. 98–131.
Wördemann, Stefanie: Sehnsuchtmeer oder Vom fliegenden Holländer. Oper nach dem »Fliegenden Holländer« von Heinrich Heine und Richard Wagner. [Libretto]. – In: Oehring, Helmut: Sehnsuchtmeer oder Vom fliegenden Holländer. Oper nach dem »Fliegenden Holländer« von Heinrich Heine und Richard Wagner. Uraufführung 8. März 2013 – Opernhaus Düsseldorf. Libretto von Stefanie Wördemann. Auftragswerk der Deutschen Oper am Rhein. Musikal. Leitung: Axel Kober. Inszenierung: Claus Guth. Dramaturgie: Hella Bartnig. Düsseldorf 2013 (Deutsche Oper am Rhein; Spielzeit 2012/13). S. 51–63.

3.2 Werke der bildenden Kunst

farbfieber: mural / streetart / urbanart / düsseldorf. Farbfieber e.V. Düsseldorf; [Einl.: Norbert Sievers]. Düsseldorf 2012. [Heine-Streetart].
Gatter, Nikolaus: Der Schwarzbild-Illustrator Heinrich Braun (1852–1892). – In: Schwarz auf weiß 22, 2012, Dez. = 41. S. 10–12.
Rolf Escher, DichterOrte. Orte der Arbeit – Orte der Inspiration. Zeichnungen. (Stadtmuseum Münster, 16. März – 16. Juni 2013; Heinrich-Heine-Institut, Düsseldorf, Februar – Mai 2014). Stadtmuseum Münster. [Hrsg. im Auftr. der Stadt Münster: Barbara Romme]. Bönen 2013. [Heine S. 60–67].

3.3 Werke der Musik, Vertonungen

Jontef: Im blauen Mond September. Tübingen 2011. 1 CD & Beih. [»Was treibt und tobt mein tolles Blut«, »Und wüsstens die Blumen«].

4 Rezensionen

Bartholomae, Joachim; Keppel, Christopher: »Schlaffe Ghaselen« und »Knoblauchgeruch«. Platen, Immermann und Heine streiten über freche Juden, warme Brüder und wahre Poesie. Hamburg 2012. – Rez.: Angelo Alfieri: War Heinrich Heine ein Schwulenfeind? in: queer. de [http://www.queer.de/detail.php?articleid=18471, Stand: 02.02.2013].
Bernstein, Susan: Virtuosity of the nineteenth Century. Performing Music and Language in Heine, Liszt, and Baudelaire. Stanford, CA 1998. – Rez.: Susan F. Crampton-Frenchik in: French Review 77, 2003, 1. S. 154–155.

Böhm, Alexandra: Heine und Byron. Poetik eingreifender Kunst am Beginn der Moderne. Berlin 2013. (Hermaea; NF 126). [Zugl.: Erlangen-Nürnberg, Univ., Diss., 2010]. – Rez.: Regina Roßbach: Das Recht der Literatur in: literaturkritik.de 2013, 8. [http://www.literaturkritik.de/public/druckfassung rez.php?rez id=18149, Stand: 01.08.2013].

Bütow, Wilfried: Kennst Du Heinrich Heine? Texte von Heine für junge Leser. Weimar 2006. – Rez.: Jürgen Baurmann: Kennst du ...? – Weltliteratur für junge Leser in: Praxis Deutsch 37, 2010 = 219. S. 62.

Fritzlar, Lydia: Heinrich Heine und die Diaspora. Der Zeitschriftsteller im kulturellen Raum der jüdischen Minderheit. Berlin [u. a.] 2013. (Europäisch-jüdische Studien / Beiträge; 3). [Zugl.: Potsdam, Univ., Diss., 2009]. – Rez.: Rolf Hosfeld in: HJb 52, 2013. S. 263–264.

Harry ... Heinrich ... Henri ... Heine. Deutscher, Jude, Europäer. Grazer Humboldt-Kolleg, 6.–11. Juni 2006. Dietmar Goltschnigg ... (Hrsg.). Berlin 2008. (Philologische Studien und Quellen; 208). – Rez.: Peter Böhm in: German Studies Review 32, 2009, 3. S. 690–691.

Heine und die Nachwelt. Geschichte seiner Wirkung in den deutschsprachigen Ländern. Texte und Kontexte, Analysen und Kommentare. Dietmar Goltschnigg und Hartmut Steinecke (Hrsg.). 3 Bde. – Rez.: Hans Otto Horch: Deutsch-jüdische Weltliteratur II. Heine und die Nachwelt – Kafka-Handbuch in: Aschkenas 20, 2010, 2. S. 521–529. – Rez.: Joseph A. Kruse in: Zeitschrift für Germanistik 22, 2012, 3. S. 689–691.

Heine und die Weltliteratur. Ed. by T. J. Reed and Alexander Stillmark. Oxford [u. a.] 2000. (Legenda). – Rez.: anonym in: Forum of modern Language Studies 39, 2003, 1. S. 104.

Heine, Heinrich: Der arme Peter. Ill. von Peter Schössow. München 2013. – Rez.: Bernhard Hubner in: alliteratur.com [http://www.alliteratus.com/pdf/lg_bil_klass_peter.pdf, Stand: 15.03.2013].

Heine, Heinrich: Aus den Memoiren des Herren von Schnabelewopski. Regie: Anna-Lea Dittrich. Gelesen von Stefan Kaminski. Hamburg 2011. 2 CDs. (GoyaLiT). – Rez.: Denise Burkhard in: alliteratur.com [http://www.alliteratus.com/pdf/mm_hoer_klass_schnabelewopski.pdf, Stand: 15.03.2013].

Heine, Heinrich: Cuadros de viaje. Introd., trad. y notas Isabel García Adánez. Madrid 2003. (Biblioteca universal Gredos; 9). – Rez.: Ana Pérez in: Revista de Filología Alemana 12, 2004, 4. S. 247–265.

Heine, Heinrich: Lutetia. Correspondances sur la politique, l'art et la vie du peuple. Trad., annotation et postface par Marie-Ange Maillet. Paris 2011. (Bibliothèque Franco-Allemande). – Rez.: Laurent Margantin: Liberté de Heinrich Heine in: Quinzaine litteraire 2012, Nr. 1058. S. 13. – Rez.: Alain Montandon in: Revue de littérature comparée 87, 2013, 1. S. 104–105.

Heinrich Heine und die Kunstkritik seiner Zeit. Akten des Internationalen und interdisziplinären Kolloqiums, Paris, 26.–30. April 2006. Hrsg. von Ralph Häfner. Heidelberg 2010. (Euphorion/Beihefte; 57). – Rez.: Lara Elder in: Modern Language Reviews 106, 2011, 3. S. 906–907. – Rez.: Alain Montadon in: Revue de littérature comparée 85, 2011, 2. S. 237–238.

Höhn, Gerhard; Liedtke, Christian: Auf der Spitze der Welt. Mit Heine durch Paris. Hamburg 2010. – Rez.: Marie-Ange Maillet in: Études germaniques 67, 2012, 4. S. 674. – Rez.: Michael Perraudin in: Modern Language Review 108, 2013, 1. S. 320–321.

Housman, Alfred E.; Heine, Heinrich: Housman and Heine. A neglected Relationship. Transl. by Gaston Hall. Additional Studies by Linda Hart ... Ed. by Jeremy Bourne. Bromsgrove 2011. – Rez.: Ritchie Robertson in: Translation and Literature 21, 2012, 2. S. 261–262.

Joeres, Yvonne: Die Don-Quijote-Rezeption Friedrich Schlegels und Heinrich Heines im Kontext des europäischen Kulturtransfers. Ein Narr als Angelpunkt transnationaler Denkansätze. Heidelberg 2012. (Beiträge zur neueren Literaturgeschichte; [Folge 3], 305). [Zugl.: Gießen, Univ., Diss., 2012]. – Rez.: Jan von Holtum in: HJb 52, 2013. S. 269–271.

Jung, Werner: Heinrich Heine. Paderborn 2010. (Uni-Taschenbücher; 3436). – Rez.: Georgeta Vancea in: Zeitschrift für Germanistik 22, 2012, 1. S. 213–214.

Kircher, Hartmut: Heinrich Heine. Marburg 2012. (Literatur kompakt; 1). – Rez.: Sandra Heppener in: HJb 52, 2013. S. 272–274.

Maillet, Marie-Ange: Heinrich Heine. Paris 2006. (Voix allemandes). – Rez.: Lucien Calvié in: Études germaniques 66, 2011, 1. S. 197.

Morawe, Bodo: Citoyen Heine. Das Pariser Werk. Bielefeld 2010. 2 Bde. – Rez.: Patrick Eiden-Offe in: Zeitschrift für Germanistik 22, 2012, 2. S. 442–444. – Rez.: Thomas Lange in: Archiv für hessische Geschichte 69, 2011. S. 419–420.

Rhetorik als Skandal. Heinrich Heines Sprache. Kalman Kovacs (Hrsg.). Bielefeld 2009. – Rez.: Alice Stašková in: Jahrbuch für internationale Germanistik 49, 2010, 2. S. 116–118.

Robertson, Ritchie: Mock-epic Poetry from Pope to Heine. Oxford [u. a.] 2009. – Rez.: Michael Edson in: Notey & Queries 60, 2013, 1. S. 155. – Rez.: Richard Terry in: Modern Language Reviews 107, 2012, 2. S. 595–596.

Salomon Heine in Hamburg. Geschäft und Gemeinsinn. Hrsg. von Beate Borowka-Clausberg (i.A. des Heine-Haus e.V.). Göttingen 2013. – Rez.: Thomas Andre in: Hamburger Abendblatt vom 14.6.2013.

Schuhmann, Klaus: Rezeptionsgeschichte als Zeitgeschichte. Goethe, Schiller, Hölderlin und Heine im literaturgeschichtlichen Kontext des 20. Jahrhunderts. Leipzig 2010. – Rez.: Rüdiger Bernhardt in: Weimarer Beiträge 58, 2012, 1. S. 154–158.

Sousa, Karin: Heinrich Heines »Buch der Lieder«. Differenzen und die Folgen. Tübingen 2007. (Untersuchungen zur deutschen Literaturgeschichte; 131). [Zugl.: London, Univ., Diss., 2006]. – Rez.: Michael Perraudin in: Modern Language Reviews 105, 2010, 2. S. 593–594.

Stähr, Anne: »... eine Mischung von Sinnlichkeit und Witz ...« Ironische Inszenierung der Geschlechter in Heinrich Heines ›Lutezia‹. Bielefeld 2012. (Vormärz-Studien; 23). [Zugl.: Berlin, Humboldt-Univ., Diss., 2011]. – Rez.: Rolf Löchel: Lachen ist tödlich – auch für Geschlechterklischees in: literaturkritik.de 2012, 10. [http//www.literaturkritik.de/public/rezension.php?rezid=17067, Stand: 23.07.2013]. – Rez.: Jeffrey L. Sammons in: Monatshefte für deutschsprachige Literatur und Kultur 105, 2013, 2. S. 340–342. – Rez.: Janina Schmiedel in: Forum Vormärz-Forschung: Jahrbuch 18, 2012. S. 355–357.

Stuhlmann, Andreas: »Die Literatur – das sind wir und unsere Feinde«. Literarische Polemik bei Heinrich Heine und Karl Kraus. Würzburg 2010. (Epistemata/Reihe Literaturwissenschaft; 594). [Zugl.: Hamburg, Univ., Diss., 2010]. – Rez.: Karl Ivan Solibakke in: Modern Austrian Literature 44, 2011, 1. S. 100–103.

Vom Salon zur Barrikade. Frauen der Heine-Zeit. Hrsg. von Irina Hundt. Mit e. Geleitw. von Joseph A. Kruse. Stuttgart; Weimar 2002. (Heine-Studien). – Rez.: Mechthilde Vahsen in: querelles-net 2003, 10. [http://www.querelles-net.de/index.php/qn/article/view/205/213, Stand: 18.02.2013].

Winter, Hilde: Heinrich Heine und »das Buch«. Funktionen der Bibelzitate und -anspielungen in seinen Werken und Briefen. Hildesheim [u. a.] 2012. [Mit e. Datenbank auf CD. Zugl.: Darmstadt, Univ., Diss., 2010]. – Rez.: Martin Bollacher in: Germanistik 53, 2012, 3–4. S. 582. – Rez.: Joseph A. Kruse in: HJb 52, 2013. S. 275–276.

Wolff, Bernd: Der Klippenwandrer. Heines Harzreise. Dornach 2012. – Rez.: Klaus Seehafer in: alliteratus.com [http://www.alliteratus.com./pdf/ws_kult_lit_klippenwandrer.pdf, Stand:

15.03.2013]. – Rez.: Torsten Seewitz in: fragmentum.de [http://www.fragmentum.de/tag/heinrich-heine, Stand: 07.10.2013].
Wortmann, Simon: »das Wort will Fleisch werden«. Körper-Inszenierungen bei Heinrich Heine und Friedrich Nietzsche. Stuttgart; Weimar 2011. (Heine-Studien). – Rez.: Alexandra Böhm in: Germanistik 53, 2012, 3–4. S. 582–583. – Rez.: Anne Stähr in: HJb 52, 2013. S. 277–279.

5 Allgemeine Literatur mit Heine-Erwähnungen und -Bezügen

Arche-Literatur-Kalender 2014. [Heine im Februar].
Arsprototo 2013, 2. [Heine-Brief S. 14 (Sammlung Wustmann, Leipzig)].
Bakunin, Michail A.; Ball, Hugo: Michael Bakunin – ein Brevier. Hrsg. von Hans Burkhard Schlichting unter Mitarb. von Gisela Erbslöh. Göttingen 2010. (Ball, Hugo: Sämtliche Werke und Briefe. Veröffentlichungen der Deutschen Akademie für Sprache und Dichtung; 86).
Bienert, Michael: Literarisches Berlin. 100 Dichter, Schriftsteller und Publizisten. Wohnorte, Wirken und Werke. 3. Aufl. Berlin 2013. (Der Dichter-und-Denker-Stadtplan).
Elben, Helga: Zu Franz Liszt. Blätter mit Zeugnissen von und mit Franz Liszt. Unikatbuch. Köln 2011. [Zu der Ausstellung im Heinrich-Heine-Institut »Göttlich – dämonisch. Zum 200. Geburtstag von Franz Liszt«, 7. Dezember 2011 bis 29. Januar 2012].
Engels, Matthias: Sentimentale Eichen. Münsterland-Krimi. Oldenburg 2012.
Entdecke Deinen Stadtbezirk. Eine Projektdokumentation von Grundschulkindern in Zusammenarbeit mit der Geschichtswerkstatt Düsseldorf. Idee und Konzept: Wolfgang Scheffler, Julia Harke. Düsseldorf 2013. 2 Bde.
Gabriel, Werner: Düsseldorfer Leben. Fotografien 1970 bis 2010. Düsseldorf 2013.
Gerda-Henkel-Stiftung <Düsseldorf>: Jahresbericht 2012. S. 72.
Germany at its Best – Nordrhein-Westfalen. Deutschland von seiner besten Seite. NRW.INVEST GmbH. Essen 2013.
Giese, Thomas: Freiligrath in Düsseldorf. – In: Terz 02.11, 2011. S. 14–15.
In der Ferne das Glück. Geschichten für Hollywood. Hrsg. von Wolfgang Jacobsen und Heike Klapdor. Übers. aus dem Engl. von Gesine Schröder. Berlin 2013.
Juchniewicz, Christel: Rheinkreuzfahrt. [Von Basel bis Amsterdam – Europas romantischste Flusslandschaft entdecken. Mit Köln, Düsseldorf und Straßburg]. München 2009. (Merian live!).
Kammann, Petra: 725 Jahre Düsseldorf. – In: ... in Rheinkultur 2013, 3. S. 15.
Kiewitz, Susanne: Der Rhein. Ein Reisebegleiter. Berlin 2010. (Insel-Taschenbuch; 3474).
Kluge, Alexander: Laudatio auf Jürgen Habermas. [Rede zur Verleihung des Heine-Preises 2012]. – In: HJb 52, 2013. S. 179–186.
Le Carré, John: Für mich war es Liebe beim ersten Hören. Der berühmte englische Schriftsteller preist in einer Rede die deutsche Sprache: als Zugang zu einer aufregenden Nation und erlesenen Kultur. – In: Focus 2013, 28. S. 110–111.
Liedtke, Rüdiger: 111 Orte in München, die man gesehen haben muss. Köln 2013.
Mandelbach, Christina: Die Befreiung des Eisvogels. Kleeblätter der Hoffnung. Lebensbetrachtungen. Frankfurt a.M. 2007.
Moritz, Rainer: Madame Cottard und eine Ahnung von Liebe. Roman. 3. Aufl. München; Zürich 2009.
Müller, Ernst: Auf den Spuren deutscher Dichter. Ein literarischer Reisebegleiter. Darmstadt 2012.

Ein Panorama europäischen Geistes. Texte aus drei Jahrtausenden. Ausgew. und vorgestellt von Ludwig Marcuse. Zürich 2008. 3 Bde.

Pfennig, Anke: Schmuggler, Henker, Serienmörder. Spektakuläre Verbrechen und ihre Schauplätze in Düsseldorf. Halle (Saale) 2013. (Krimiführer Düsseldorf).

Rheinreise. Mit Kunst und Poesie durch das mittlere Rheintal. Michael Apitz. Hünfelden 2011.

Richard Wagner – Der fliegende Holländer. Romantische Oper in drei Aufzügen. [Premiere am 26. Februar 2006 im Nationaltheater]. Bayerische Staatsoper. München 2006.

Schiff, Hermann: »Varinka, oder: Die rothe Schenke« und andere Erzählungen. Mit e. Nachw. hrsg. von Olaf Briese. Hannover 2013. (Bibliothek des 19. Jahrhunderts; 10).

Schlaffer, Heinz: Geistersprache. Zweck und Mittel der Lyrik. München 2012.

Treuenfeld, Andrea von: Mit Heine durch den Hafen. – In: Der Hamburger 18, 2013. o. S.

Varnhagen von Ense, Rahel: Rahel. Ein Buch des Andenkens für ihre Freunde. Hrsg. von Barbara Hahn. Göttingen 2011. 6 Bde.

Walbrecker, Dirk: Robert Schumann. Ill. von Maren Blaschke. Mainz 2010. (Komponistenporträts für Kinder).

Weissweiler, Eva: Erbin des Feuers. Friedelind Wagner. Eine Spurensuche. München 2013.

Windfuhr, Manfred: Deutsch-französische Symbiose: literarisch, sprachlich und optisch. Bernd Kortländer zum Abschied [Rede]. – In: HJb 52, 2013. S. 249–252.

Hinweis:

Aktuelle Neuerscheinungen der Heine-Literatur (auch außerhalb des von dieser Jahresbibliographie abgedeckten Zeitraumes) werden fortlaufend in den Online-Katalog der Bibliothek des Heinrich-Heine-Instituts eingearbeitet und können dort recherchiert werden. S. URL: http://www.duesseldorf.de/heineinstitut/bibliothek/ (dort unter »Online-Katalog«).

Veranstaltungen des Heinrich-Heine-Instituts und der Heinrich-Heine-Gesellschaft e.V.

Januar bis Dezember 2013

Zusammengestellt von Karin Füllner

13.01.2013	Astrid Gehlhoff-Claes. Zum 85. Geburtstag: Mit Rolfrafael Schröer, Prof. Dr. Joseph A. Kruse, Bruno Kehrein und Michael Serrer. Veranstalter: Heinrich-Heine-Institut, Heinrich-Heine-Gesellschaft und Literaturbüro NRW.
17.01.2013	»... das kommt mir nicht aus dem Sinn«. Heine und die Welt des Märchens. Vortrag von Christian Liedtke. Veranstalter: Heinrich-Heine-Institut.
23.01.2013	Zeichen, Symbole, Idole. Zum 75. Geburtstag von Horst Landau. Veranstalter: Heinrich-Heine-Institut, Heinrich-Heine-Gesellschaft und Literaturbüro NRW.
27.01.2013	Finissage der Ausstellung »Märchenhaft«. Michael Maar liest »Hexengewisper«. Veranstalter: Heinrich-Heine-Institut.
28.01.2013	Industriemuseum Cromford Heine meets Museum Cromford. Veranstalter: Heinrich-Heine-Gesellschaft und Freunde und Förderer des Industriemuseums Cromford e.V.
30.01.2013	Literaturabend Voyage. Mit Elisabeth Buchloh, Marlies Blauth, Ina-Maria von Ettingshausen, Karin Flörsheim und Gepa Klingmüller. Musikalische Untermalung: Harry Meschke. Veranstalter: Heinrich-Heine-Institut und Verein Düsseldorfer Künstlerinnen e.V.
05.02.2013	»Und alles wird erinnert«. Ryszard Krynicki und Bernhard Hartmann sprechen über die Poesie von Julia Hartwig. Veranstalter: Heinrich-Heine-Institut und Polnisches Institut.

13.02.2013	Vernissage der Treppenhaus-Ausstellung »Herbert Eulenberg neu entdecken«. Veranstalter: Heinrich-Heine-Institut.
14.02.2013	Reihe: Universität in der Stadt. Gehirndoping: Schlauer werden auf Rezept. Vortrag von Dr. Thorsten Trapp. Veranstalter: Heinrich-Heine-Universität Düsseldorf, Heinrich-Heine-Institut, Evangelische Stadtakademie, VHS Düsseldorf.
21.02.2013	Postpoetry 2012. Preisträger-Lesung. Mit Hermann-Josef Schüren und Jason Bartsch. Moderation: Jürgen Nendza. Veranstalter: Heinrich-Heine-Institut in Kooperation mit der Gesellschaft für Literatur in NRW e. V. und Aura09 mit Unterstützung des MFKJKS und der Kunststiftung NRW.
21.02.2013	»Le concert c'est moi – et les femmes sont toutes à mes pieds«. Hommage an Franz Liszt. Mit Slavomir Olzamowski (am Flügel) und Fabienne Hesse (Spiel und Gesang). Textfassung und Spiel: Gila Abutalebi; sprachliche Beratung: Florence Luxen; Organisation: Herwig Nowak. Veranstalter: Heinrich-Heine-Institut, Freunde des Institut français Köln e. V. und Institut français Düsseldorf.
22.02.2013	Kunsthalle Düsseldorf Reihe: Kunsthalle BÜHNE. Porträtabend: Helmut Oehring. Mit Helmut Oehring, Matthias Bauer, Christian Liedtke und Dr. Hella Bartnig. Veranstalter: Deutsche Oper am Rhein, Kunsthalle Düsseldorf und Heinrich-Heine-Institut im Rahmen der Aufführung »SehnSuchtMEER oder Vom Fliegenden Holländer«.
05.03.2013	Internationaler Frauentag 2013. Rose Ausländers »Jerusalem«. Vortrag von Prof. Dr. Birgit Lermen. Veranstalter: Heinrich-Heine-Institut und Heinrich-Heine-Gesellschaft.
06.03.2013	Liebermann-Villa am Wannsee, Berlin Heinrich Heines »Rabbi von Bacherach«. Rheinromantik und Selbsterfahrung. Vortrag von Prof. Dr. Joseph A. Kruse. Veranstalter: Liebermann-Villa und Heinrich-Heine-Gesellschaft.
07.03.2013	Reihe: Universität in der Stadt. Die europäische Staatsschuldenkrise: ein Ende in Sicht? Vortrag von Prof. Dr. Heinz-Dieter Smeets. Veranstalter: Heinrich-Heine-Universität Düsseldorf, Heinrich-Heine-Institut, Evangelische Stadtakademie, VHS Düsseldorf.
10.03.2013	Ausstellungseröffnung Michael Ende – Die Wiederverzauberung der Welt. Mit Anton Bachleitner, Dr. Sabine Brenner-Wilczek und Christin Günther.

Veranstaltungen 309

	Eine gemeinsame Ausstellung des Heinrich-Heine-Instituts mit dem Düsseldorfer Marionetten-Theater und der Labyrinthe-Gesellschaft für phantastische und visionäre Künste e. V.
12.03.2013	Mitgliederversammlung der Heinrich-Heine-Gesellschaft e. V. Veranstalter: Heinrich-Heine-Gesellschaft.
12.03.2013	Heine-Denkmäler. Bert Gerresheim im Gespräch mit Prof. Dr. Joseph A. Kruse. Veranstalter: Heinrich-Heine-Gesellschaft.
19.03.2013	Zwischen Paris und dem »deutschen Kartoffelland«. Heine und Wagner in ihren Koordinaten. Vortrag von Dr. Hella Bartnig. Musikalische Mitwirkung: Felix Rathgeber (Bassbariton) und Christian Dammann (am Flügel). Veranstalter: Heinrich-Heine-Institut und Heinrich-Heine-Gesellschaft in Zusammenarbeit mit der Deutschen Oper am Rhein im Rahmen der Aufführung »SehnSuchtMEER oder Vom Fliegenden Holländer«.
20.03.2013	Reihe: Eine Stunde mit … Dr. Winrich Meiszies. Gespräch mit Michael Serrer. Veranstalter: Heinrich-Heine-Institut und Literaturbüro NRW.
21.03.2013	Reihe: Archiv aktuell. Nylands Kleine Rheinische Bibliothek. Mit Nina Heidrich, Dr. Wilfried Kugel, Michael Serrer, Dr. Enno Stahl und Martin Willems. Veranstalter: Heinrich-Heine-Institut in Zusammenarbeit mit der Nyland-Stiftung und Edition Virgines.
03.04.2013	Osterferienprogramm im Heinrich-Heine-Institut. Kleine Fantasiewerkstatt. Im Rahmen der Sonderausstellung »Michael Ende – Die Wiederverzauberung der Welt«. Veranstalter: Heinrich-Heine-Institut.
07.04.2013	Reihe: Heine heute. Lea Singer liest »Verdis letzte Versuchung«. Moderation: Prof. Dr. Norbert Eke. Veranstalter: Heinrich-Heine-Institut und Heinrich-Heine-Gesellschaft.
14.04.2013	Dieter Forte. »Das Labyrinth der Welt«. Buchpräsentation. Es lesen Dr. Olaf Cless, Ingrid Süverkrüp, Dieter Süverkrüp. Mit Martina Kuoni und Dr. Karin Füllner. Veranstalter: Heinrich-Heine-Gesellschaft, Heinrich-Heine-Institut, Heinrich-Heine-Salon, Literaturbüro NRW, S. Fischer Verlag. Mit freundlicher Unterstützung des Kulturamtes der Landeshauptstadt Düsseldorf.
20.04.2013	Nacht der Museen im Heine-Institut. »Rheinwärts« mit Heine. Themenführungen durch die Ausstellungen: Der politische Heine (Christin Günther), Heine in Frankreich (Dr. Jan-Christoph Hauschild), Heines Reisen (Dr. Sabine Brenner-Wilczek), Heines Familie (Jan Birger von Holtum), Heines Frauen (Dr. Karin Füllner), Heine im Bild (Christian Liedtke).

	Performances: Die Düsseldorfer Musikdirektoren und Komponisten Felix Mendelssohn Bartholdy, Robert Schumann und Ferdinand Hiller. Mit Tobias Koch (Klavier), Eva Koch (Sopran), Dr. Ursula Roth und Christian Liedtke (Einführungen). Romantische Werke aus der Komponisten-Feder von Carl Frühling und Paul Juon. Rheinwärts – Klares, Kitschiges und Komisches über den Rhein. Mit Axel Gottschick (Rezitation) und Annette Maye (Klarinette). Musik in den Ausstellungsräumen. Veranstalter: Heinrich-Heine-Institut.
23.04.2013	Tag des Buches mit Führungen, Lesungen und Buchangeboten. Mit Elise Langer, Christian Liedtke, Dr. Enno Stahl und Martin Willems. Veranstalter: Heinrich-Heine-Institut.
27.04.2013	Palais Wittgenstein Rufus Beck liest »Momo«. Veranstalter: Heinrich-Heine-Institut und Düsseldorfer Marionetten-Theater. In Kooperation mit dem Kulturamt der Landeshauptstadt Düsseldorf.
30.04.2013	Konzert-Lesung. Oscar Wilde: »Der Glückliche Prinz«. Mit Stefan Heucke und zehn Schülerinnen und Schülern der Clara-Schumann-Musikschule Düsseldorf. Veranstalter: Heinrich-Heine-Institut und Clara-Schumann-Musikschule Düsseldorf.
02.05.2013	Reihe: Universität in der Stadt. Judith – Gefährdete Braut und schöne Witwe. Vortrag von Prof. Dr. Dagmar Börner-Klein. Veranstalter: Heinrich-Heine-Universität Düsseldorf, Heinrich-Heine-Institut, Evangelische Stadtakademie, VHS Düsseldorf.
04./05.05.2013	Reihe: Text&Ton. Heinrich Heine und Felix Mendelssohn Bartholdy. Sektfrühstück in der Bibliothek des Heine-Instituts mit literarisch-musikalischem Programm. Moderation und Rezitation: Dr. Karin Füllner und Dr. Ursula Roth. Am Flügel: Helmut Götzinger. Veranstalter: Heinrich-Heine-Institut und Heinrich-Heine-Gesellschaft.
07.05.2013	Die Bücherverbrennungen vom 10. Mai 1933 – Mythos und Wirklichkeit. Vortrag von Dr. Jan-Pieter Barbian. Veranstalter: Heinrich-Heine-Institut und Heinrich-Heine-Gesellschaft.
12.05.2013	Elisabeth Ulrich liest »Schattenbilder« von Herbert Eulenberg. Veranstalter: Heinrich-Heine-Institut.
24.05.2013	Führung auf den Spuren Heines und Schumanns durch Düsseldorf. Leitung: Dr. Sabine Brenner-Wilczek und Dr. Irmgard Knechtges-Obrecht. Veranstalter: Heinrich-Heine-Institut und Robert-Schumann-Gesellschaft.
25./26.05.2013	Paris, Treffpunkt: Passage des Panoramas

»Heine und die Frauen«. Ein literarischer Heine-Spaziergang im Pariser Montmartre-Viertel. Leitung: Dr. Bernd Füllner und Dr. Karin Füllner.
Veranstalter: Maison Heinrich Heine, Paris, in Zusammenarbeit mit Heinrich-Heine-Institut und Heinrich-Heine-Gesellschaft.

01.06.2013 Beuys – Die Biographie. Hans Peter Riegel stellt im Gespräch mit Christiane Hoffmans sein neues Buch vor.
Veranstalter: Heinrich-Heine-Institut und Aufbau-Verlag.

03.06.2013 Reihe: Archiv aktuell. Hermann Spix liest »Ich will in viele Leben schlüpfen«. Annäherung an den Schriftsteller Josef Ippers.
Veranstalter: Heinrich-Heine-Institut und Literaturbüro NRW. Mit freundlicher Unterstützung der Gesellschaft für Literatur NRW.

06.06.2013 Reihe: Universität in der Stadt. Ist die Wunderwaffe stumpf geworden? Antibiotika heute. Vortrag von Prof. Dr. Heike Brötz-Oesterhelt.
Veranstalter: Heinrich-Heine-Universität Düsseldorf, Heinrich-Heine-Institut, Evangelische Stadtakademie, VHS Düsseldorf.

13.–16.06.2013 Bücherbummel auf der Kö
Heinrich-Heine-Institut und Heinrich-Heine-Gesellschaft präsentieren sich.
Veranstalter: Heinrich-Heine-Institut und Heinrich-Heine-Gesellschaft.

13.06.2013 »Herzkeime«. Ein Abend zwischen den Welten zweier Frauen: Nelly Sachs und Selma Meerbaum-Eisinger. Mit Martina Roth (Gesang und Schauspiel) und Johannes Conen (Bewegtbild, Komposition und Gitarre).
Veranstalter: Heinrich-Heine-Institut, Heinrich-Heine-Gesellschaft und Gesellschaft für Christlich-Jüdische Zusammenarbeit Düsseldorf. Mit freundlicher Unterstützung des Kulturamtes der Landeshauptstadt Düsseldorf. Im Rahmen der 3. Düsseldorfer Literaturtage.

15.06.2013 Hofgarten, vor dem Theatermuseum Düsseldorf
Reihe: Reisebilder. Literatur im Hofgarten. Andreas Stichmann liest »Das große Leuchten«. Moderation: Maren Jungclaus.
Veranstalter: Heinrich-Heine-Institut, Literaturbüro NRW, Theatermuseum, Düsseldorfer Schauspielhaus und Zakk. Mit freundlicher Unterstützung des Kulturamtes der Landeshauptstadt Düsseldorf. Im Rahmen der 3. Düsseldorfer Literaturtage.

15.06.2013 Experimentale. Literatur und Medien. Mit Dagmara Kraus, Marc Matter, Valeri Scherstjanoi, Kunsu Shim, Gerhard Stäbler, Dorian Steinhoff u.a.
Veranstalter: Heinrich-Heine-Institut in Kooperation mit Robert-Schumann-Hochschule, Heinrich-Heine-Universität und FH Düsseldorf. Mit freundlicher Unterstützung des Kulturamtes der Landeshauptstadt Düsseldorf. Im Rahmen der 3. Düsseldorfer Literaturtage.

16.06.2013	Reihe: Heine heute: Eva Menasse liest »Quasikristalle«. Moderation: Dr. Karin Füllner. Veranstalter: Heinrich-Heine-Institut, Heinrich-Heine-Gesellschaft und VHS Düsseldorf. Mit freundlicher Unterstützung des Kulturamtes der Landeshauptstadt Düsseldorf. Im Rahmen der 3. Düsseldorfer Literaturtage.
19.06.2013	Rollenspiele – »Seid was Ihr schreibt!«. Ausstellungsvernissage und Lesenacht. Mit Martin Conrath, Axel von Ernst, Klas Ewert Everwyn, Sabine Klewe, Alexander Konrad, Wulf Noll, Jens Prüss, Regina Ray, Dorian Steinhoff, Monika Voss und Barbara Zimmermann. Moderation: Dr. Sabine Brenner-Wilczek, Dr. Karin Füllner und Maren Jungclaus. Veranstalter: Heinrich-Heine-Institut und Literaturbüro NRW. Mit freundlicher Unterstützung des Kulturamtes der Landeshauptstadt Düsseldorf. Im Rahmen der 3. Düsseldorfer Literaturtage.
20.06.2013	Dieter Forte. »Das Labyrinth der Welt«. Buchpräsentation. Es lesen Dr. Olaf Cless, Ingrid Süverkrüp, Dieter Süverkrüp. Einführung: Dr. Lothar Schröder. Veranstalter: Heinrich-Heine-Institut, Heinrich-Heine-Gesellschaft, Heinrich-Heine-Salon und Literaturbüro NRW. Mit freundlicher Unterstützung des Kulturamtes der Landeshauptstadt Düsseldorf. Im Rahmen der 3. Düsseldorfer Literaturtage.
22.06.2013	Reihe: Text&Ton. Heine, Paris und die Musik. Sektfrühstück in der Bibliothek des Heine-Instituts mit literarisch-musikalischem Programm. Moderation und Rezitation: Dr. Karin Füllner und Dr. Ursula Roth. Am Flügel: Helmut Götzinger. Veranstalter: Heinrich-Heine-Institut und Heinrich-Heine-Gesellschaft. Im Rahmen der 3. Düsseldorfer Literaturtage.
22.06.2013	Hofgarten, vor dem Theatermuseum Düsseldorf Reihe: Reisebilder. Literatur im Hofgarten. Abbas Khider liest »Brief in die Auberginenrepublik«. Moderation: Maren Jungclaus. Veranstalter: Heinrich-Heine-Institut, Literaturbüro NRW, Theatermuseum, Düsseldorfer Schauspielhaus und Zakk. Mit freundlicher Unterstützung des Kulturamtes der Landeshauptstadt Düsseldorf. Im Rahmen der 3. Düsseldorfer Literaturtage.
23.06.2013	Finissage der Ausstellung »Michael Ende – Die Wiederverzauberung der Welt«. Warum das Bergwerk der Bilder in Hollywood nicht funktioniert: Zur Filmadaption von Michael Endes »Die unendliche Geschichte«. Vortrag von Dr. Tobias Kurwinkel. Moderation: Christin Günther. Veranstalter: Heinrich-Heine-Institut. Im Rahmen der 3. Düsseldorfer Literaturtage.
29.06.2013	Hofgarten, vor dem Theatermuseum Düsseldorf Reihe: Reisebilder. Literatur im Hofgarten. Annett Gröschner liest »Mit der Linie 4 um die Welt«. Moderation: Dr. Karin Füllner.

Veranstaltungen 313

                Veranstalter: Heinrich-Heine-Institut, Literaturbüro NRW, Theatermuseum, Düsseldorfer Schauspielhaus und Zakk. Mit freundlicher Unterstützung des Kulturamtes der Landeshauptstadt Düsseldorf. Im Rahmen der 3. Düsseldorfer Literaturtage.

05.07.2013	Literarischer Tagesausflug der Heine-Gesellschaft nach Detmold. Veranstalter: Heinrich-Heine-Gesellschaft.
06.07.2013	Ausstellungseröffnung. Loreley und andere Lieder – musikalischer Heine-Sommer 2013. Begrüßung: Dr. Sabine Brenner-Wilczek, Einführung: Jan von Holtum. Veranstalter: Heinrich-Heine-Institut.
10.07.2013	Literatur-Salon in Heines Gesellschaft. Veranstalter: Heinrich-Heine-Gesellschaft.
11.07.2013	Jan-Christoph Hauschild liest »Georg Büchners Frauen«. Veranstalter: Heinrich-Heine-Institut.
07.08.2013	Sommerferienprogramm des Heinrich-Heine-Instituts. Mit Brief und Siegel. Schreiben wie zu Heines Zeiten. Veranstalter: Heinrich-Heine-Institut.
21.08.2013	Sommerferienprogramm des Heinrich-Heine-Instituts. Auf den Spuren Heinrich Heines durch Düsseldorf. Veranstalter: Heinrich-Heine-Institut.
05.09.2013	Reihe: Universität in der Stadt. Wie arbeitet das menschliche Gehirn? Vortrag von Prof. Dr. Christine Rose. Veranstalter: Heinrich-Heine-Universität Düsseldorf, Heinrich-Heine-Institut, Evangelische Stadtakademie, VHS Düsseldorf.
07.09.2013	Lesezelt am Burgplatz Heine und Düsseldorf. Zum 725. Stadtjubiläum. »Heinrich Heine: Grenzenlos poetisch«. Rezitation: Karsten Lehl und Nina Sträter. Moderation: Dr. Sabine Brenner-Wilczek. Veranstalter: Heinrich-Heine-Institut.
08.09.2013	Lesezelt am Burgplatz Heine und Düsseldorf. Zum 725. Stadtjubiläum. »Heinrich Heine: Dichter dran«. Rezitation: Florian Jahr. Moderation: Dr. Karin Füllner. Veranstalter: Heinrich-Heine-Institut.
11.09.2013	Reihe: Mittwochs in Schumanns Salon. »Es ist des Edierens kein Ende ...«. Vortrag von Dr. Michael Beiche. Am Flügel: Tobias Koch. Veranstalter: Robert Schumann-Gesellschaft in Kooperation mit dem Heinrich-Heine-Institut.

12.09.2013	Reihe: Heine heute. Uwe Timm liest »Vogelweide«. Moderation: Dr. Karin Füllner. Veranstalter: Heinrich-Heine-Institut und VHS Düsseldorf.
20.09.2013	Reihe: Archiv aktuell. Kajo Scholz-Abend. Mit Hansjürgen Bulkowski (Text), Julian Dzeyk (Schlagzeug), Axel Hippe (Text), Jens O. Hoffmann (Text), Jean-Laurent Sasportes (Tanz), Bernd Wiesemann (Klavier, toy piano) und Lisa Ortkras. Moderation: Dr. Karin Füllner und Dr. Enno Stahl. Veranstalter: Heinrich-Heine-Institut.
21./22.09.2013	Reihe: Text&Ton. Heine, Paris und die Musik. Sektfrühstück in der Bibliothek des Heine-Instituts mit literarisch-musikalischem Programm. Moderation und Rezitation: Dr. Karin Füllner und Dr. Ursula Roth. Am Flügel: Helmut Götzinger. Veranstalter: Heinrich-Heine-Institut und Heinrich-Heine-Gesellschaft.
25.09.2013	Reihe: Eine Stunde mit … Bernd Desinger. Gespräch mit Michael Serrer. Veranstalter: Heinrich-Heine-Institut und Literaturbüro NRW.
06.10.2013	Reihe: Heine heute. Hannes Stein liest »Der Komet«. Moderation: Dr. Karin Füllner. Veranstalter: Heinrich-Heine-Institut und Heinrich-Heine-Gesellschaft.
09.10.2013	Das Düsseldorfer Stadtjubiläum von 1888. Vortrag von Dr. Benedikt Mauer. Veranstalter: Geschichtsverein in Kooperation mit dem Heinrich-Heine-Institut.
10.10.2013	Haus der Universität Reihe: Universität in der Stadt. Die Düsseldorfer Gemäldegalerie im 18. Jahrhundert. Ein Beitrag zum 725. Jubiläum der Landeshauptstadt Düsseldorf. Vortrag von Prof. Dr. Hans Körner. Veranstalter: Heinrich-Heine-Universität Düsseldorf, Heinrich-Heine-Institut, Evangelische Stadtakademie, VHS Düsseldorf.
13.10.2013	Wanderin zwischen den Kulturen und Sprachen. Diana Canetti zum 70. Geburtstag. Moderation: Dr. Ariane Neuhaus-Koch. Lesung: Elisabeth Ulrich. Veranstalter: Frauen-Kultur-Archiv der Heinrich-Heine-Universität Düsseldorf und Heinrich-Heine-Institut.
14.10.2013	Moskau, Staatliches A. S. Puškin-Museum Ausstellungseröffnung Düsseldorf und Moskau – Städte der Künste. Literatur, Musik und Bildende Kunst in der ersten Hälfte des 19. Jahrhunderts. Mit Jevgenij Bogatyrev, Dr. Sabine Brenner-Wilczek und Christian Liedtke. Eine gemeinsame Ausstellung des Staatlichen A. S. Puškin-Museums und des Heinrich-Heine-Instituts im Rahmen der Städtepartnerschaft Düsseldorf-Moskau. Veranstalter: Staatliches A. S. Puškin Museum, Moskau.

Veranstaltungen 315

15.10.2013	Reihe: Brasilien – Das Gastland der Frankfurter Buchmesse in Nordrhein-Westfalen. Adriana Lisboa liest »Der Sommer der Schmetterlinge«. Moderation und Übersetzung: Philipp Holstein, Kulturredakteur der Rheinischen Post. Einführung und deutscher Text: Dr. Karin Füllner. Veranstalter: Heinrich-Heine-Institut. Mit Unterstützung des Kulturamtes der Landeshauptstadt Düsseldorf.
16.10.2013	Itzik Manger über »Hitler und Heine«. Vortrag von Dr. Efrat Gal-Ed. Veranstalter: Heinrich-Heine-Institut.
19./20.10.2013	Reihe: Text&Ton. Heinrich Heine und Richard Wagner. Sektfrühstück in der Bibliothek des Heine-Instituts mit literarisch-musikalischem Programm. Moderation und Rezitation: Dr. Hella Bartnig, Deutsche Oper am Rhein, und Dr. Karin Füllner. Am Flügel: Michael Zieschang. Veranstalter: Heinrich-Heine-Institut und Heinrich-Heine-Gesellschaft.
22.10.2013	Reihe: Nähe und Ferne. Martin Horváth liest »Mohr im Hemd oder Wie ich auszog, die Welt zu retten«. Moderation: Dr. Karin Füllner.
23./25.10.2013	Herbstferienprogramm im Heine-Institut. Auf die Bühne – fertig – los! Theater mit Gedichten von Heinrich Heine. Mit Sonni Maier. Veranstalter: Heinrich-Heine-Institut.
27.10.2013	Polnisches Institut Heine zu Gast. Reihe: Text&Ton. Heine, Paris, Polen und mehr. Sektfrühstück mit literarisch-musikalischem Programm. Moderation und Rezitation: Dr. Karin Füllner und Dr. Ursula Roth. Akkordeon: Petra Speh-Morgner. Veranstalter: Polnisches Institut, Heinrich-Heine-Institut und Heinrich-Heine-Gesellschaft im Rahmen des Jubiläumsprogramms »20 Jahre Polnisches Institut Düsseldorf«.
05.11.2013	»Welch Vergnügen gewährt das Reisen!« Heine-Rezitation und Bilderschau. Rezitation: Karsten Lehl. Begrüßung: Dr. Sabine Brenner-Wilczek, Einführung: Elise Langer M.A. Veranstalter: Heinrich-Heine-Institut.
06.11.2013	Eine Stunde mit … Dr. Gregor Jansen. Gespräch mit Dr. Sabine Brenner-Wilczek. Veranstalter: Heinrich-Heine-Institut und Literaturbüro NRW.
07.11.2013	Haus der Universität Reihe: Universität in der Stadt. Was Knochen verraten – Die Arbeit der forensischen Archäologie. Vortrag von Dr. Peter Pieper. Veranstalter: Heinrich-Heine-Universität Düsseldorf, Heinrich-Heine-Institut, Evangelische Stadtakademie, VHS Düsseldorf.

16.11.2013		Abschlussveranstaltung des 5. Düsseldorfer Lesefestes. Resonanzen – Lyrik und Prosa Heinrich Heines mit Olaf Reitz und Harro Eller. Heine in anderen Sprachen mit Antonia Annoussi, Yoko Harada, Annie Mesguen und Kahled Osman. Veranstalter: Jugendamt der Landeshauptstadt Düsseldorf, Netzwerk »Düsseldorf liest vor«, Regionale Arbeitsstelle zur Förderung von Kindern und Jugendlichen aus Zuwanderungsfamilien (RAA) in Kooperation mit dem Heinrich-Heine-Institut.
19.11.2013		Goethes Eckermann. Vortrag von Dr. Bernhard Fischer. Veranstalter: Heinrich-Heine-Institut und Heinrich-Heine-Gesellschaft.
27.11.2013		Judenhass als Vermächtnis. Die Tradierung des Antisemitismus bei den Wagners. Vortrag von Dr. Eva Weissweiler. Veranstalter: Heinrich-Heine-Gesellschaft und Gesellschaft für Christlich-Jüdische Zusammenarbeit.
30.11.2013		Robert-Schumann-Gedenkstätte Adventsprogramm für Kinder. Weihnachten bei den Schumanns. Kinderaugen im Kerzenschein. Veranstalter: Heinrich-Heine-Institut und Robert-Schumann-Gesellschaft.
30.11./01.12.2013		Reihe: Text&Ton. Heinrich Heine und Robert Schumann. Sektfrühstück in der Bibliothek des Heine-Instituts mit literarisch-musikalischem Programm. Moderation und Rezitation: Dr. Karin Füllner und Dr. Ursula Roth. Am Flügel: Helmut Götzinger. Veranstalter: Heinrich-Heine-Institut und Heinrich-Heine-Gesellschaft.
07.12.2013		16. Internationales Forum Junge Heine Forschung. Neue Arbeiten über Heinrich Heine. Vorträge und Diskussionen. Mit Vorträgen von Zakariae Soltani, Andrée Gerland, Anna Danneck, Eloise Roberts, Jonas Nesselhauf und Dr. Michael Auer. Begrüßungen: Dr. Sabine Brenner-Wilczek, Prof. Dr. Volker Dörr, Prof. Dr. Joseph A. Kruse. Leitung und Moderation: Dr. Karin Füllner. Veranstalter: Heinrich-Heine-Institut, Heinrich-Heine-Gesellschaft und Heinrich-Heine-Universität Düsseldorf.
07.12.2013		»Kulturelle Blütezeiten. Düsseldorf – Moskau im 19. Jahrhundert«. Vortrag und Bilderschau mit Dr. Sabine Brenner-Wilczek und Christian Liedtke. Veranstalter: Heinrich-Heine-Institut.
11.12.2013		Dorian Steinhoff liest »Das Licht der Flammen auf unseren Gesichtern«. Veranstalter: Heinrich-Heine-Institut.
14.12.2013		Palais Wittgenstein, Institut français und Heinrich-Heine-Institut Heine pur … 2. Heine-Nacht in der Bilker Straße. Mit Dževad Karahasan, Ulrich Schütte, Trung Sam, Martin Waltz, Isabelle Kusari, Sulki Park, Thomas Karl Hagen, Matthias Fuhrmeister, Soo Jin Yim-Heil, Aurélie Thépaut, Björn

Kuhligk, Jan Wagner und der FH Düsseldorf, FB Medien. Begrüßungen und Moderationen: Dr. Sabine Brenner-Wilczek, Dr. Karin Füllner, Dr. Pierre Korzilius, Prof. Dr. Joseph A. Kruse, Elise Langer, Christian Liedtke, Hans-Georg Lohe, Dr. Enno Stahl, Prof. Dr. Karin Welkert-Schmitt.
Veranstalter: Heinrich-Heine-Institut, Heinrich-Heine-Gesellschaft und Institut français.

Ankündigung des 18. Forum Junge Heine Forschung 5. Dezember 2015 im Heine-Institut in Düsseldorf

Zum 218. Heine-Geburtstag veranstalten das Heinrich-Heine-Institut der Landeshauptstadt Düsseldorf, die Heinrich-Heine-Gesellschaft e. V. und die Heinrich-Heine-Universität Düsseldorf gemeinsam das 18. Forum Junge Heine Forschung mit neuen Arbeiten zu Heinrich Heine und zur Heine-Zeit. Es findet statt am Samstag, den 5. Dezember 2015, 10–18 Uhr, im Heinrich-Heine-Institut. Für das beste vorgetragene Referat, das von einer Jury ausgewählt wird, stiftet die Heinrich-Heine-Gesellschaft e. V. einen Geldpreis.

Zur Information über Konzeption und Ausrichtung des Forum Junge Heine Forschung verweisen wir auf die Berichte in den Heine-Jahrbüchern seit 2001. Anmeldungen für Referate (30 Min.) sind mit einem kurzen Exposé (1 Seite) bis zum 1. September 2015 per E-Mail zu richten an:

Dr. Karin Füllner
Heinrich-Heine-Institut
Bilker Str. 12–14
40213 Düsseldorf
E-Mail: karin.fuellner@duesseldorf.de

Abbildungen

S. 7 — Zeitgenössische Ansicht von Norderney
Heinrich-Heine-Institut, Düsseldorf

S. 20 — Clemens August Freiherr Droste zu Vischering (1773–1845)
Heinrich-Heine-Institut, Düsseldorf

S. 45 — »Ja, die Weiber sind gefährlich ...«. Passage über Madame de Staël aus Heines »Geständnisse«-Manuskript, 1852
Heinrich-Heine-Institut, Düsseldorf

S. 85 — Heines »Briefe aus Berlin« im »Kunst- und Wissenschaftsblatt« des »Rheinisch-Westfälischen Anzeigers«, 1822
Heinrich-Heine-Institut, Düsseldorf

S. 128 — Titelseite einer russischen Übersetzung von Heines Werken, 1904
Heinrich-Heine-Institut, Düsseldorf

S. 161 — Louis Herrmann (1836–1915)
Aus: Adolph Kohut: Berühmte israelitische Männer und Frauen in der Kulturgeschichte der Menschheit. Bd. 2. Leipzig 1901, S. 106

S. 171 — Heine-Denkmal 1 (Korfu), Ölgemälde von unbekanntem Künstler, Heinrich-Heine-Institut, Düsseldorf

S. 172 — Heine-Denkmal 2 (Mayombe), aus: Ost und West (Berlin), 14. Jg., H. 4, April 1914

S. 173 — Heine-Denkmal 3 (Wuppertal), aus: Düsseldorfer Stadt-Anzeiger, 19.02.1931

S. 174 — Heine-Denkmal 4 (New York), Jim Henderson / Wikimedia Commons

S. 175	Heine-Denkmal 5 (Paris), Aazarus / Wikimedia Commons Heine-Denkmal 6 (Bremen), Heinrich-Heine-Institut, Düsseldorf
S. 176	Heine-Denkmal 7 (Hambergen), aus: Niedersachsen, Jg. 11 (1905/06), Nr. 18, 15.6.1906, S. 371
S. 177	Heine-Denkmal 8 (Wien), aus: Die Woche (Berlin), 10. Jg., Nr. 41, 10. 10. 1908
S. 178	Heine-Denkmal 9 (Hamburg), Staatsarchiv Hamburg
S. 179	Heine-Denkmal 10 (Halle), aus: Der Weltspiegel, 18. 08. 1912
S. 180	Heine-Denkmal 11 (Frankfurt a. M.), Harald Fester Heine-Denkmal 12 (Moskau), Heinrich-Heine-Institut, Düsseldorf
S. 182	Heine-Denkmal 13 (St. Petersburg), Heinrich-Heine-Institut, Düsseldorf Heine-Denkmal 14 (Hamburg), Staatsarchiv Hamburg
S. 183	Heine-Denkmal 15 (Altona), Staatsarchiv Hamburg Heine-Denkmal 16 (Cleveland), Heinrich-Heine-Institut, Düsseldorf
S. 184	Heine-Denkmal 17 (Ellrich), Ingrid Reinhardt, Stadtverwaltung Ellrich
S. 185	Heine-Denkmal 18 (Leipzig), Markus Wollina / kunst-am-wege.de
S. 186	Heine-Denkmal 19 (Düsseldorf), Wikimedia Commons Heine-Denkmal 20 (Düsseldorf), Heinrich-Heine-Institut, Düsseldorf
S. 187	Heine-Denkmal 21 (Ludwigsfelde), Lienhard Schulz / Wikimedia Commons Heine-Denkmal 22 (Brocken), Paklos / Panoramio.com
S. 188	Heine-Denkmal 23 (Ilsetal), Frank Mikolajczyk / Harzlife.de Heine-Denkmal 24 (Toulon), James561 / Wikimedia Commons
S. 189	Heine-Denkmal 25 (Berlin), Jotquadrat / Wikimedia Commons
S. 190	Heine-Denkmal 26 (Wuppertal), Atamari / Wikimedia Commons Heine-Denkmal 27 (Brandenburg), Stadt Brandenburg an der Havel, FG Denkmalschutz
S. 191	Heine-Denkmal 28 (Hamburg), Hoffmann und Campe Verlag, Archiv
S. 192	Heine-Denkmal 29 (München), Rufus46 / Wikimedia Commons Heine-Denkmal 30 (Rudolstadt), Z thomas / Wikimedia Commons
S. 193	Heine-Denkmal 31 (Somberek), Exit /Wikimedia Commons

Abbildungen

	Heine-Denkmal 32 (Düsseldorf), Heinrich-Heine-Institut, Düsseldorf
S. 194	Heine-Denkmal 33 (Bonn), Hans Weingartz / Wikimedia Commons; Heine-Denkmal 34 (Hamburg), Markus Bülck
S. 195	Heine-Denkmal 35 (Norderney), Elvaube / Wikimedia Commons
S. 196	Heine-Denkmal 36 (St. Goarshausen), Henning Heinemann / Wikimedia Commons Heine-Denkmal 37 (Eisenhüttenstadt), Synke Nepolsky
S. 197	Heine-Denkmal 38 (Berlin), Jotquadrat / Wikimedia Commons Heine-Denkmal 39 (Düsseldorf), Heinrich-Heine-Institut, Düsseldorf
S. 198	Heine-Denkmal 40 (Düsseldorf), Wiegels / Wikimedia Commons Heine-Denkmal 41 (Moskau), moscow-i-ya.livejournal.com
S. 199	Heine-Denkmal 42 (Weitensfeld); Dieter Hölbling-Gauster
S. 200	Heine-Denkmal 43 (Heiligenstadt), Heinrich-Heine-Institut, Düsseldorf Heine-Denkmal 44 (Seoul), Heinrich-Heine-Institut, Düsseldorf
S. 201	Heine-Denkmal 45 (Berlin), Axel Mauruszat / Wikimedia Commons Heine-Denkmal 46 (Halle), VH-Halle / Wikimedia Commons
S. 202	Heine-Denkmal 47 (Hamburg), Hans-Joachim Liedtke Heine-Denkmal 48 (Bremen), Katharina Rosen
S. 203	Heine-Denkmal 49 (Bitterfeld-Wofen), Thomas Meixner Heine-Denkmal 50 (Düsseldorf), Ivo Mayr
S. 233	Cécile Heine, geb. Furtado (1821–1896). Porträt von Hermann Winterhalter, Wikimedia Commons
S. 245	Die Ausstellungsräume des A. S. Puškin-Museums, Moskau Heinrich-Heine-Institut, Düsseldorf

Hinweise
für die Manuskriptgestaltung

Für unverlangt eingesandte Texte und Rezensionsexemplare wird keine Gewähr übernommen. Ein Honorar wird nicht gezahlt.

Es gelten die Regeln der neuen deutschen Rechtschreibung.

Bei der Formatierung des Textes ist zu beachten:

Schriftart Times New Roman 14 Punkt, linksbündig, einfacher Zeilenabstand, Absätze mit Einzug (erste Zeile um 0,5 cm); ansonsten bitte keine weiteren Formatierungen von Absätzen oder Zeichen vornehmen, auch keine Silbentrennung.

Zitate und Werktitel werden in doppelte Anführungszeichen gesetzt. Langzitate (mehr als drei Zeilen) und Verse stehen ohne Anführungszeichen und eingerückt in der Schriftgröße 12 Punkt. Auslassungen oder eigene Zusätze im Zitat werden durch eckige Klammern [ ] gekennzeichnet.

Außer bei Heine-Zitaten erfolgen die Quellennachweise in den fortlaufend nummerierten Anmerkungen. Die Anmerkungsziffer (Hochzahl ohne Klammer) steht vor Komma, Semikolon und Doppelpunkt, hinter Punkt und schließenden Anführungszeichen. Die Anmerkungen werden als Endnoten formatiert und stehen in der der Schriftgröße 10 Punkt am Schluss des Manuskriptes. Literaturangaben haben die folgende Form:

Monographien: Vorname Zuname des Verfassers: Titel. Ort Jahr, Band (römische Ziffer), Seite.

Editionen: Vorname Zuname (Hrsg.): Titel. Ort Jahr, Seite.

Artikel in Zeitschriften: Vorname Zuname des Verfassers: Titel. – In: Zeitschriftentitel Bandnummer (Jahr), Seite.

Artikel in Sammelwerken: Vorname Zuname des Verfassers: Titel. – In: Titel des Sammelwerks. Hrsg. von Vorname Zuname. Ort Jahr, Band, Seite.

Verlagsnamen werden nicht genannt.

Bei wiederholter Zitierung desselben Werks wird in Kurzform auf die Anmerkung mit der ersten Nennung verwiesen: Zuname des Verfassers: Kurztitel [Anm. XX], Seite.

Hinweise für die Manuskriptgestaltung 323

Bei Heine-Zitaten erfolgt der Nachweis im laufenden Text im Anschluss an das Zitat in runden Klammern unter Verwendung der Abkürzungen des Siglenverzeichnisses (hinter dem Inhaltsverzeichnis) mit Angabe von Band (römische Ziffer) und Seite (arabische Ziffer), aber ohne die Zusätze »Bd.« oder »S.«: (DHA I, 850) oder (HSA XXV, 120).

Der Verlag trägt die Kosten für die von der Druckerei nicht verschuldeten Korrekturen nur in beschränktem Maße und behält sich vor, den Verfasserinnen oder Verfassern die Mehrkosten für umfangreichere Autorkorrekturen in Rechnung zu stellen.

Das Manuskript sollte als »Word«-Dokument oder in einer mit »Word« kompatiblen Datei per E-Mail (an: christian.liedtke@duesseldorf.de) eingereicht werden.

Mitarbeiterinnen und Mitarbeiter des Heine-Jahrbuchs 2014

Dr. Zaira Aminova, Lessingstr. 6a, 41061 Mönchengladbach
Dr. Michael Auer, Ludwig-Maximilians-Universität, Schellingstraße 3, 80799 München
Dr. Sabine Brenner-Wilczek, Heinrich-Heine-Institut, Bilker Str. 12–14, 40213 Düsseldorf
Elena Camaiani, Heinrich-Heine-Institut, Bilker Str. 12–14, 40213 Düsseldorf
Prof. Dr. Volker C. Dörr, Lehrstuhl für Neuere Deutsche Literaturwissenschaft, Heinrich-Heine-Universität Düsseldorf, Universitätsstraße 1, 40225 Düsseldorf
Dr. Karin Füllner, Heinrich-Heine-Institut, Bilker Str. 12–14, 40213 Düsseldorf
Dr. Martin Hollender, Staatsbibliothek zu Berlin, Unter den Linden 8, 10117 Berlin
Jan von Holtum, Heinrich-Heine-Institut, Bilker Str. 12–14, 40213 Düsseldorf
Prof. Dr. Bernd Kortländer, Rheinallee 110, 40545 Düsseldorf
Dr. Robert Krause, Deutsches Seminar, Albert-Ludwigs-Universität Freiburg, Platz der Universität 3, 79085 Freiburg
Prof. Dr. Joseph A. Kruse, Heylstraße 29, 10825 Berlin
Christian Liedtke, Heinrich-Heine-Institut, Bilker Str. 12–14, 40213 Düsseldorf
Sebastian Lübcke, Justus-Liebig-Universität Gießen, Institut für Germanistik, Neuere deutsche Literaturgeschichte und Allgemeine Literaturwissenschaft, Otto-Behaghel-Straße 10, 35394 Gießen
Prof. Dr. Alfred Opitz †
Dr. Arnold Pistiak, Zeppelinstr. 14471 Potsdam
Dr. Gabriele Schneider, Gartenkampsweg 13 d, 40822 Mettmann
Dr. Anne Stähr, Fehmarner Str. 15, 13353 Berlin
Sylvia Steckmest, Heegbarg 9, 22391 Hamburg
Prof. Dr. Peter Stein, Lüner Weg 30a, 21335 Lüneburg
Renate Sternagel, Sieglindestraße 8, 12159 Berlin
Markus Vahle M.A., Johanniterstr. 17, 52064 Aachen
Prof. Dr. Manfred Windfuhr, Frankfurter Weg, 41564 Kaarst

MIX
Papier aus verantwortungsvollen Quellen
Paper from responsible sources
FSC® C105338

If you have any concerns about our products,
you can contact us on
ProductSafety@springernature.com

In case Publisher is established outside the EU,
the EU authorized representative is:
**Springer Nature Customer Service Center GmbH
Europaplatz 3, 69115 Heidelberg, Germany**

Printed by Libri Plureos GmbH
in Hamburg, Germany